・台湾妇女／性别研究文丛・

Gender Perspective
Challenges and
Reconstruction

Gender Perspective
Challenges and Reconstruction

性别视角：
挑战与重建

- 王金玲 林维红／主编
- 姜佳将 高雪玉／副主编

社会科学文献出版社
SOCIAL SCIENCES ACADEMIC PRESS (CHINA)

目录

编　序 …………………………………………………………… / 1

一　身份与性别意识

从凯特·肖邦《觉醒》反思婚姻中妻职、母职与
　女性情欲处境 ………………………………………… 彭莉惠 / 3
性别的相对主体性与性别权力思考逻辑的型构
　——西方性别历史中之性别秩序的社会建构 ……… 陈敏郎 / 42
东方论述与当代西方女性书写
　——莒哈丝、桑塔格与汤亭亭的中国想象 ………… 黄心雅 / 68
从美国平权修正案的争议看男女平权和母亲角色 …… 俞彦娟 / 92

二　生活与性别角色

依靠与平等
　——论吉泰（Kittay）《爱的劳动》 ………………… 吴秀瑾 / 125

女人和男人的工作与家庭
　　——攸关时间 ································· 徐宗国 / 145
农家妇女劳动力的新诠释
　　——理论的回顾与概念的澄清 ················· 杜素豪 / 180
社区妇女环境教育目标之发展及其争议点之探讨 ··· 王顺美　周如芬 / 197
妇女与都市公共空间安全
　　——文献回顾 ································· 毕恒达 / 223

三　科学/科技与性别检视

检视社会学教科书
　　——女性主义的观点 ························· 曾嬿芬等 / 237
插花的女人
　　——台湾的教育社会学教科用书性别意识之检视 ········ 杨巧玲 / 286
"女性主义教育学"的 1998～2004 ··················· 杨幸真 / 310
性别权力与知识建构
　　——《亲职教育》教科书的论述分析 ············· 游美惠 / 326

后　记 ··· / 358

编　序

　　台湾大学人口与性别研究中心妇女与性别研究组（台大妇女研究室）成立于 1985 年，是台湾最早成立的妇女研究机构，一直以推动妇女/性别研究、增进妇女权益为宗旨，并以华文作为国际语言的理念出版《女学学志：妇女与性别研究》（*Journal of Women's and Gender Studies*）和《妇研纵横》（*Forum in Women's and Gender Studies*）两刊物，二十余年来，见证了台湾妇女与性别研究的成长与茁壮。

　　《女学学志：妇女与性别研究》原名《妇女与两性学刊》，于 1990 年创刊，自第 13 期起改为现名，并由年刊改为半年刊，但期号连续，至 2006 年 6 月，已出版 21 期。该刊是华文世界妇女/性别研究领域重要的学术刊物，内容横跨多种学门，提供各方专家相互交流与对话的平台，凝聚各地学者共同对妇女/性别议题进行深入讨论。该刊借由专题的设计，拓展研究方向，并重视地域间的差异性，以严格的双向匿名审查制度，呈现全球华文社群多元的性别研究成果。

　　《妇研纵横》前身为《妇女研究通讯》（曾更名为《妇女与两性研究通讯》《妇女与性别研究通讯》），创刊于 1985 年，自 66 期起改版并更为现名，一年发行四期，至 2006 年 7 月，已出版 79 期。每期针对不同的学门、研究方法、活动乃至社会议题或现象等拟出专题，邀集相关领域的学者或专家发表文章，不仅呈现出学术上的研究发展走向，亦显示出性别研究与当今社会脉动的高度关联性，裨益妇女/性别研究及实务工作，使学术研究成果能够普及化，为各地妇女/性别研究信息的传播与交流带来莫大的贡献，是华文社群中落实妇女研究和推广性别意识的重要媒介。

为促进两岸之间的交流与了解，台湾大学妇女研究室召集人林维红与浙江省社会科学院社会学研究所所长王金玲合作，多次开会研商，定出议题，以《女学学志：妇女与性别研究》与《妇研纵横》中的论文为主，辅之以其他刊物中的论文，编选成《台湾妇女/性别研究文选》，以简体字排版发行。前四册论文的著作时间从20世纪80年代至2007年，内容横跨文学、史学、哲学、社会学、教育学、医学、心理学、地理学等领域，兼顾对国外新兴女性主义流派和思想及女性主义经典的介绍和重新阅读。基本内容如下：

第一册以"性别视角：文化与社会"为名，主要议题包括："文化与性别形塑""职场与性别权力""和平与性别暴力"三大内容。

文化与性别形塑：着重于讨论中国传统社会对妇女角色的形塑与妇道的养成；兼论古代男性在政治场域中如何利用女性化的意象作为君臣角力的筹码。

职场与性别权力：旨在分析和讨论古今社会职场中的性别关系与权力，检视个人的职业选择与职场的性别化如何受到当时的文化价值及性别关系的影响，以及妇女在其中的主体性。如，明代的三姑六婆虽为当时社会所鄙视，却主导了边缘地带总总俗务的处理，并成为疏通男女世界的管道。

和平与性别暴力：深度探讨家庭暴力、性别暴力与校园性骚扰等各种形式的暴力，并说明女性主义致力于终止暴力与倡导和平等实务贡献。

第二册以"性别视角：生活与身体"为名，主要议题包括"生活与性别空间""亲属与性别关系""身体与性别政治"三大内容。

生活与性别空间：借由观察厨房、校园等生活与学习空间的分布和配置，挖掘空间所隐含的社会身份或阶级间的权力关系，揭示女性如何抗拒性别宰制，并从中找到自身认同。

亲属与性别关系：三篇选文分别从工业化、母女观点差异和生命周期转变等因素，探讨性别关系对亲属关系的影响，并观察女性在工作、休闲与家庭意识形态上的自觉与赋权过程。

身体与性别政治：深探父权脉络下，台湾女性的身体与医疗处置如何受到切割与异化，分析台湾性教育的话语观点如何处理性取向及社会性别等的差异，解释婚姻暴力中妇女身体受虐的政治含义。

第三册名为"性别视角：回顾与反思"，内容包含"性别与学科反思""性别与知识建构"等议题。所选文章分析了相关学门教科书的论述所呈现出来的性别意识，检视"科学研究"与"自然事实"背后所蕴含的性别偏见；反思了古典医书、知识及"妇女与工作研究""女性更年期研究""性别与空间"等相关学术领域的发展，进一步提出了学术研究应有的问题意识与研究方法上的建议。

第四册名为"性别视角：挑战与重建"，主要是从女性主义和本土这两个角度对已有的知识及体系进行挑战，并努力进行重建工作。其中涉及的内容包括：探讨性别建构，说明传统思考模式下性别秩序的建构逻辑是从权威性权力的角度建构一种层级性的性别秩序。然而，就性别相对主体性的角度来看，性别权力又表现为一种相对的互动关系，而不全然是一种从属关系。

从两部女性主义哲学与文学的经典著作——《论爱的劳动》与《觉醒》出发，进一步讨论女性主义对依靠的关怀伦理之评价，并以此反思婚姻中妻职、母职与女性的情欲处境。

探究当代西方女性书写如何援引、挪用东方论述（Orientalism）的精神，以女性他者（female Other）凌驾种族他者（racial Other），生产出女性东方主义的文本，作为爱德华·萨伊德（Edward Said）有关东方论述的补充。

以"生物时间"与"生态时间"的概念，来讨论实际生活面向上，生态女性主义（ecofeminism）对于我们观看"性别—环境"的议题，能有什么可以超越过去女性主义者所提出的观点。

以美国女性主义者推动性别平权修正案所遭遇的挫败作为借鉴，检讨男女无差异的平权主张，实难完整且彻底地探讨母亲角色的问题。

本丛书得以出版，要特别感谢王金玲所长的奔波与协助，还要感谢所有作者的慷慨授权。此外，本丛书所选录的台湾大学毕恒达教授的《妇女与都市公共空间安全——文献回顾》一文于1995年发表于《性别与空间研究室通讯》创刊号；林维红教授的《妇道的养成——以晚清湘乡曾氏为例的探讨》一文于2000年发表于"第三届国际汉学会议"。前者虽置于"性别与知识建构"议题内，然因论及空间经验，亦可同"生活与性别空间"

议题相互参照；后者以清朝曾国藩家族的家训文献为例，说明"妇道"的养成与教育息息相关，并指出男性不仅扮演家训制定者角色，也可以是实际教育者、监督者，故将此文编入"文化与性别形塑"议题内。

谨以此丛书庆祝台湾大学妇女研究室成立22周年，并献给所有为妇女与性别研究领域有所奉献的专家学者。

台湾大学妇女研究室召集人

林维红　谨志

2007年9月1日

一　身份与性别意识

从凯特·肖邦《觉醒》反思婚姻中妻职、母职与女性情欲处境

彭莉惠*

一 前言

凯特·肖邦（Kate Chopin）《觉醒》（*The Awakening*）①一书1899年出版，主要描绘美国南方社会贵族阶级的生活。在那样的社会脉络中，女人的角色僵化地依附男主外/女主内的性别分工，女人扮演着妻职、母职与拘谨的性角色，在身份定位上被归属于男性。此书主要叙述女性自我在婚姻处境中被压制及被束缚而产生了极度的郁闷与悲伤。故事开始于女主角（艾德娜）全家到一个岛上（格蓝岛）度假，邂逅了男主角（劳伯特）而唤醒（awaken）了她追求自我的能量/动力，她也从这一过程中意识到自我经济/人格/灵魂独立的必要性，进而勇于探索自我与实现自我。

---

* 彭莉惠，时为台湾政治大学社会学系博士班研究生。原文刊于《女学学志：妇女与性别研究》2003年第16期。

致谢辞：本文之完成，受惠于东吴大学谢瑶玲教授所开授的女性主义课程甚多，在此致上谢意。另外，特别谢谢两位匿名评审极为用心的评论，乃至于接受这篇文章的刊登，对于一位学界的新鲜人而言，此番雀跃欣喜的心境，不是感激涕零可以形容的。当然，一切文责，应由笔者自负。

① 本文分析依据的文本是1996年台北女书出版，杨瑛美译的《觉醒》。此译文因通顺流畅，且对原文意译的掌握相当精练，深获读者肯定。诚如台大外文系林耀福教授所言："读杨瑛美女士的《觉醒》，我们不但没有恐惧与怀疑，还感到愉快和信任，整体而言，这是一本高水平的译作，值得推荐。"

《觉醒》极具革命与颠覆的特性,以致曾被一般舆论与出版界强力打压,作者因而受到严重打击,几乎被消音(silenced),乃至唾弃,结果在《觉醒》出版后五年即与世长辞。笔者认为《觉醒》所揭示的意义,不仅指涉女性的自我觉醒,更广义的包括人对自己真实生命的存有、对自己的独立灵魂负责的觉醒。

本文的关注焦点,在于女主角的妻子处境、母职经验以及婚姻中女性情欲追求的可能,并检视艾德娜(Edna)位居婚姻的边缘战斗位置与命定的女性角色争战/对抗所显现的启发与实践意义。笔者试图采用一种批判的女性主义视角来观看婚姻内"妻职""母职""女性情欲"的处境,① 并挖掘《觉醒》一书所蕴含的丰富意涵,以作为关于促进女性现实处境的自我反思(reflection)与培力(empowerment)。②

二 妻子——"神圣"的称号?

波伏娃(Beauvoir,又译波娃)曾提到婚姻是传统社会指派给女人的命运。③ 婚姻最大的象征意义在于将生育纳入一种合法的社会系统里面。而这个合法的社会系统就是以家族为基本单位来延续的。④ 妻子角色具有很强烈的"工具性格",主要是执行生育任务以便让家族得以延续。艾德娜对于妻子的角色天真地以为"一旦身为先生所崇拜的贤妻,她(艾德娜)觉得自

---

① 本文从妻职、母职与女性情欲处境三方面来探讨女性在婚姻中的困境,除了小说文本,更旁征援引了其他相关的观点或文献。必须先交代的是,本文着重《觉醒》所显现的女性丰富蕴含;强调的是,冀求提供关于女性现实处境的反思与培力,故,本文视不同脉络,援引各种跨时空、跨地域的作品或研究调查,与《觉醒》相互参照、印证,以凸显女性在婚姻制度中所面临的景况。
② M. Hilary 将 empowerment 定义为一种意涵着拥有控制自己行为、感觉、思想、发展的能力。然而过去较常见到"赋权"或"充权"的翻译名词,这其中似乎含有外力强加、他人给予的意涵,会抹杀了主体增长、培养出权能的能动过程,所以近来已渐有增权/增能/培力/彰权益能/权力增长等概念名词所取代(转引自游美惠,2002:98)。
③ Beauvoir Simone de:《第二性——第二卷:处境》,杨美惠译,台北:志文,1992,第6页。
④ 赵蕙铃:《人口生育与性别秩序的社会建构——初探"女人史"一书的性别分析观点》,《妇女与两性学刊》1996年第7期。

己或许可以在现实生活中占个尊严的地位……"① 但是这个所谓的"尊严"地位,在现实生活中,似乎成了一个"美丽的""梦幻的""称号"——让她在似乎触及/幻及的同时,却又感到莫名的落寞。这样的心境与狄金荪(Emily Dickison)在她的诗"这,是我神圣的称号"中的描述相当切合。

> 这是我神圣的称号:
> 没有证书的
> 妻子。
> 最尊贵的地位
> 赐予了我——
> 受难者耶稣的皇后。
> 高于所有人,只除了
> 君王——
> 订婚,但没有上帝
> 常赐给我们女人的那种狂喜,
> 当两个人
> 互赠宝石,
> 互赠黄金,
> 出生——婚宴
> 死亡——
> 同一天
> 三重胜利
> "我的丈夫"
> 女人们这么说着
> 奏响美妙的乐曲。
> 是这样的么?②

---

① Chopin K.:《觉醒》,杨瑛美译,台北:女书,1996,第46页。
② Bradstreet, A. 等:《我,生为女人——美国卷》,钱满素等译,台北:猫头鹰,2001,第90~91页。

"女人们这么说着/奏响美妙的乐曲。是这样的么?"对于艾德娜来说,这样对婚姻制度美好的想象以及作为妻子幸福美满、尊贵神圣的身份,她强烈地质疑。她说道"婚礼是世界上最可悲①的场面之一"。② 她用一个极为负面与激动的词形容婚礼——"可悲",由此可以体会到艾德娜的婚姻经验令她充满沮丧与郁闷。可以先回到《觉醒》文中去了解她的整体婚姻生活状况:她的婚姻就一般的女性来说,是令人称羡的,不仅住在一栋高雅/舒适的豪宅中,有着成群的仆人,最重要的是有个事业有成的丈夫。但尽管如此,艾德娜仍旧觉得闷闷不乐,甚至常常莫名地悲伤与愤怒。

……她脱下戒指,丢到地毯上,看到它就躺在那里,不禁狠狠用鞋跟踩了几下,想踩碎它,但是她细小的鞋跟不仅没有在那闪耀的小圆圈上造成任何刻痕,甚至可以说是分毫未损。③

这种悲伤的根源来自社会(特别是她的先生"庞先生")对于婚姻中的妻子、母亲的僵化角色规范与艾德娜期待的自我(self)存有之间产生的冲突和矛盾。④ 对于女人与发展自我的关系,布洛克(Block)⑤ 提出:"女人很难发展其自我功能(ego functioning),因为女人的自我与文化规范相抵触,女孩们的性别角色社会化程度与她们的自主感与自尊感有负面的相关,因此自主能力与自尊对女性的角色而言是有所抵触的。"这种自我与社会的

---

① 卡拉·柴特金(Clara Zetkin,1857)就提道:"在这个丑陋的世界里,性别和婚姻对各个阶级社会阶层的妇女而言,包含了真正的冲突,真正的痛苦。"这或许可作为艾德娜可悲婚礼的批注。请参阅 Susan Alice Watkins(Watkins, S. A.:《女性主义》,朱侃如译,台北县:立绪,1995,第 91 页)。
② Chopin K.:《觉醒》,杨瑛美译,台北:女书,1996,第 139 页。
③ Chopin K.:《觉醒》,杨瑛美译,台北:女书,1996,第 111 页。
④ 笔者必须先交代的是,此整篇文章论述脉络的安排,试图区分《觉醒》文本中主要的三个议题,包括婚姻中的妻子处境、母职经验与女性在婚姻中情欲追求的可能。这"妻职""母职""情欲"三者皆与女性自我的失落及其对自我的探寻有极密切的关联性。因此在本节,笔者将聚焦文本中女性在婚姻中对妻职的经验、感受、反思与其自我挣扎的复杂情感。但必须再次申明,女性"自我"的被压抑皆会受制于女性的角色、责任而有相当深刻的显现。不过此节为了以女性在婚姻中的妻子角色为述写的主要范畴,因此关于母职或女性情欲的内容皆"暂时"留待下段做更详细的申论。
⑤ 刘惠琴:《母女关系的社会建构》,《应用心理研究》2000 年第 6 期,第 149 页。

抵触与矛盾，致使女人往往摆荡在"不平稳"的情绪浪潮中追寻自我。

艾德娜在婚姻中就感受到无名的困顿与复杂的情绪：

> 有的日子她会不由自主地觉得快乐，高兴自己还活着，还能呼吸，也高兴自己整个人和阳光、色彩、气味、热度都是南方昼日完美的一部分。①

> 有的日子她会不由自主地觉得很不快乐，好像没什么值得高兴或悲哀，或活或死都一样，人生像是混乱的地狱，而芸芸众生也不过是些盲目的蠕虫，挣扎爬向不可避免的毁灭。②

美国社会主义女性主义作家以夏绿蒂·柏金斯·吉尔曼最著名，并且有人认为在她最好的小说《黄色壁纸》中，她也对19世纪英裔美国中产家庭的女人被派定之角色提出了有力的控诉。丁乃非说："吉尔曼的叙事体所控诉的，不仅是强迫指定的休养方式，而是婚姻与家庭机制，以及大多数她那个社会阶级的女人所期待的驯服于家庭内的妻母角色。'婚姻/家庭'模子如此缠人，深陷其中的女人总想往外爬，然而就在爬的过程中，又被纠缠，……甚至断了头。"③ 这描写的是在强大的婚姻规训里，当女性被压抑的自我想要摆脱束缚时，却仍旧会陷入窘境而无法逃脱。

其实早在17世纪，"理察·那皮尔（Richard Napier）医生的档案资料就指出，女性精神病患几乎是男性病患的两倍"。……他进而发现，在他的病人当中，各个社会阶层抱怨婚姻压力和郁闷的女病患，都比男病患多，她们对子女也有较多的焦虑，而且日常生活常感到消沉沮丧。"婚姻对女人而言，有助长忧虑的效果，相关的研究结果都说明婚姻制度增加了女性得心理疾病的机会，但却降低了男人得心理疾病的可能性。"④ 此外，"莫拉扎克（Maracek）指出，未就业的已婚女性往往是心理疾病高危险群患者，也

---

① Chopin K.：《觉醒》，杨瑛美译，台北：女书，1996，第121页。
② Chopin K.：《觉醒》，杨瑛美译，台北：女书，1996，第121页。
③ 丁乃非：《他乡的评论》，《当代》1998年第129期，第131页。
④ Showalter. E.：《妇女·疯狂与英国文化》，周芬清译，《当代》1992年第69期，第83~84页。

是心理药物的主要使用者。"① 这是从一个婚姻中女性跟心理疾病的关联来检视婚姻对女性心灵的折损。由此也可以想见,不悦的婚姻对艾德娜的心理有多大的冲击。值得注意的是,这种心理的冲击/强烈的情感,对于女性的自我成长也有某种作用。荣格(C. Jung)在《基督教时代》中就提到,促进自我成长的因素来自"冲撞"——冲突、困扰、气愤、悲伤等种种情境。换言之,适度的环境冲突和一些挫折是自我成长的最佳条件②。文中,艾德娜就经历了相当激动的情绪:

> 心灵深处却激起一股强烈的情感,摇撼着,鞭打着她的灵魂,如同那浪潮日日冲击着她曼妙的身躯一般。她全身颤抖得哽咽着,双眼因泪水而迷蒙。③

另外,贝蒂·傅瑞丹在她的《女性迷思》(*The Feminine Mystique*)④ 一书中也呼应她(艾德娜)对婚姻"可悲"的指称。《女性迷思》对于将自己安顿在家庭的堡垒、全心奉献给丈夫子女的妇女所显现出的挣扎、复杂的情感,掌握得非常深刻。尤其是,这些女性在婚姻中的处境以至对于自我角色的"含糊""无名"产生的绝望困顿,让女性不断去探求自己到底是谁。对于艾德娜来说,想在婚姻中追寻自我,似乎并不乐观,甚至暗示着希望渺茫:

> 她在寻找自我,在这半暗半明,与她的心情完全相符的柔和境地中步步寻找着自我。可是在黑暗中繁星点点的苍穹传来的声音却丝毫不能抚平她的心情,它们像在嘲弄她,那悲惨的声音听起来了无信心与希望。⑤

---

① 刘惠琴:《女性主义与心理学》,载王雅各布编《性属关系(上):性别与社会、建构》,台北:心理,1999,第149页。
② 吴文熏:《女性成长之孤独、希望与自我觉醒——从凯瑟琳·帕特森三本作品谈起》,台东师范学院儿童文学所硕士论文,2000,第50页。
③ Chopin K.:《觉醒》,杨瑛美译,台北:女书,1996,第60页。
④ Friedan. B.:《女性迷思》,李令仪译,台北:月旦,1995。
⑤ Chopin K.:《觉醒》,杨瑛美译,台北:女书,1996,第61页。

从凯特·肖邦《觉醒》反思婚姻中妻职、母职与女性情欲处境

其实女性这种摆荡在自我与他人之间的矛盾,有一种漫长的社会化(socialization)历程。对此,王瑞香在阐述米勒(Millett)的说法时说道:"社会透过社会化使两性顺从所规定的气质、角色、地位……,藉由学校、教堂、家庭结构而将男性支配女性的意识形态合理化,并促使女性内化,而认为自己不如男人。这套意识形态十分有力,因为这样的制度化往往使男性保有其所压迫之女性表面上的同意。社会利用妇女畏于被视为不正常、不可取的心理,成功地使她们接受僵硬的性别角色规定并服从父权制度。"① 这种性别角色对于女性的角色期望(role expectation)最主要的形式为:为他人(小孩/先生)放弃自我,顺服他人(先生/长辈)。因此,"顺服"这个主要的女性角色特质也会在婚姻中被要求与期待,而形塑某种夫妻互动关系。哈莉特·泰勒·密尔(Harriet Taylor Mill)于1851年出版的《女性解放》(*Enfranchisement of Women*)一书中,即认为夫妻关系犹如主人与奴隶的关系一般,对已婚的妇女而言,她失去了迁徙的自由、选择职业的自由,以及改善生活的机会。②

究竟艾德娜与庞先生之间的互动方式及关系为何?我们可以从下面这个对话窥见一般。当她的好友提出"可惜庞先生晚上不太爱待在家里,我想要是他多待在家一些,你们或许会——恕我直言——会比较融洽"。艾德娜有一个很有意思的回答:

他在家的话我怎么办?我们彼此又没有什么话好说。③

这透显出他们的互动有某种沉闷与死寂的内涵在里面。从艾德娜与庞先生的互动模式可以发现,他们除了没有太多对话及交流外,他们的互动很重要的特点是这是"一种单向的沟通模式"。这个"单向性"是具有"方向"的——庞先生以一种独断的、自我及强迫的方式向他太太"倾倒"。

---

① 王瑞香:《基进女性主义》,载顾燕翎编《女性主义理论与流派》,台北:女书,1996,第110页。
② 林芳玫:《自由主义女性主义》,载顾燕翎编《女性主义理论与流派》,台北:女书,1996,第11页。
③ Chopin K.:《觉醒》,杨瑛美译,台北:女书,1996,第114页。

当晚，庞先生从克联饭店回来时已经十一点了。他心情非常好，兴致高昂，话很多，一进门就把早在睡觉的太太吵醒了。他边换衣服边告诉她这一天所听到的所有趣事、新闻……。她很累，半梦半醒地应着。①

　　他觉得她太不够意思了，他是她生存唯一的目的，居然对他的事那么无动于衷，对他所说的话那么不重视。②

这样的情形我们可以对照《谁是第二性——法国卷》③ 一书中，当代法国最时髦女作家弗杭苏瓦·莎冈（Francoise Sagan）在其小说中的描述。她的小说《流云》对于夫妻在共同生活中所经验的冲突内涵与微妙关系有细致的刻画。此文的男主角对他的女性朋友这样谈论他与妻子的关系："她是我愿意喂养的唯一一头母鹿。""简而言之，我妻子吃饱了，想要别的东西。我努力去喂她，但她受不了。然而我手里一直拿着这枚沉甸甸的果实呢！我想给她怎么办？"而他的女性朋友回答道："你可以设想一下她手中也有一枚果实。不过，你这个比喻让我感到很不愉快。你本来不应该把自己当作一个慷慨的慈善家，而应该去想想她也有东西要给别人，去理解她……"同样地，就庞先生而言他无法去理解或反省到他的妻子也有她的需求，需要去诉说去分享，而不能只是不断强迫地喂予他的妻子。他设想的妻子，不仅应该绝对且务必随时地应他的需求、意愿作为"应声'物'"，④更重要的是，还需要爱心、耐心、细心地令他感到被尊重；而不是"无动于衷／不重视"，尽管他的妻子已在熟睡中。

　　在这样的互动关系中，显现着极权与专制的压迫内容。艾德娜已察觉到，并且在历经了各种能量的赋予（包括游泳经验及情欲经验的开拓。为

---

① Chopin K.：《觉醒》，杨瑛美译，台北：女书，1996，第 22 页。
② Chopin K.：《觉醒》，杨瑛美译，台北：女书，1996，第 22 页。
③ Pizan. C. 等：《谁是第二性——法国卷》，吴芬等译，台北：猫头鹰，2001，第 516～517 页。
④ 对于庞先生而言，艾德娜的确像是他的某种物品，"他的视线盯住一顶从海滩缓慢移进的白色遮阳伞，清清楚楚看见它正在橡树瘦长的枝干间行走……洋伞继续慢慢前进，粉红条纹的伞下正是他的妻子——庞特里耶太太"。从叙述中，可以看到庞先生以一种观"物"的视角来看他太太。

了不赘述以及集中火力探讨婚姻中的夫妻关系与女性处境,因此详细描述请参阅本文后半部分相关分析)后开始追寻自我,试图找到自我,进而开始想要翻转与反抗她与庞先生的互动模式。

"不准你整个晚上待在外面,你得马上进来。"她真想知道丈夫以前也曾这样对她说话吗?她以前有没有屈服?当然有;她记得有。以这时的感觉,她真不明白为什么以前要屈服呢?①

"我要待在外面,我不想进去,也不准备进去。不要再那样子对我说话,我不会回答你的。"②

她任由家事变得一团糟。③

只要太太还默默顺服他,庞先生可以说是一直都是相当客气而有礼的先生,可是她最近那种反常的行为完全把他弄糊涂了。他先是震惊,后来看她完全不顾妻子的责任就开始恼怒。④

因此,一旦艾德娜不顺服先生,甚至不担任家务执行者,庞先生显得相当的生气与不解。庞先生的生气是因为艾德娜的行为举止与他所期望的女性角色规范相违背,意即艾德娜应该遵守所谓的女人应该有的角色规范,符合她的性别角色。那什么是女性的性别角色?依据刘惠琴整理的凯勒(Keller)的分析,性别角色的核心成分包括:① 将女性生命核心集中在婚姻、家庭与小孩;② 仰赖男人提供的物质与地位;③ 强调女人的抚育功能(nurturance);④ 鼓励女人为他人存在(other oriented),而不是自己存在(self oriented),鼓励女人从丈夫及孩子处获得替代性成就,而非直接自己取得成就;⑤ 强调女人的美丽、性感及其他取悦男人的特征;⑥ 抑制并处罚女人的主动性(initiative)、肯定性(assertive)、攻击性(aggressive)及对权力的追求(power striving)。⑤ 上述对于女性性别角色

---

① Chopin K.:《觉醒》,杨瑛美译,台北:女书,1996,第71页。
② Chopin K.:《觉醒》,杨瑛美译,台北:女书,1996,第71~72页。
③ Chopin K.:《觉醒》,杨瑛美译,台北:女书,1996,第137页。
④ Chopin K.:《觉醒》,杨瑛美译,台北:女书,1996,第119页。
⑤ 刘惠琴:《女性主义与心理学》,载王雅各布编《性属关系(上):性别与社会、建构》,台北:心理,1999,第147~148页。

内涵的分析，说明了女人若想要自我实现，唯有透过人际取向特质（如体贴、爱人等）来体现，而对其他特质如理性、独立及自我肯定等，则必须抑制。尤其重要的是，女性追求自主、独立会被视为"自私""不正常的"。所以当艾德娜不遵从这些性别角色规范时，庞先生气得斥责艾德娜"太荒唐"：

> 我觉得身为一家之主又是两个孩子母亲的女人，不为全家的舒适费心，反而把时间浪费在画室里，简直太荒唐！①

将时间拿去画画而不为家庭费心，这算不算荒唐，恐怕不同的时代脉络和社会阶段有不同论断。尤其"荒唐/不荒唐""正常/不正常"涉及一个社会所谓多数人的评判标准与价值，那到底谁是不正常，谁荒唐，就要看谁在界定，在什么样的脉络中界定以及其中的权力关系为何。但对于"正常"所隐含的"危险"与"被捆绑"可能，笔者非常同意埃米莉·狄金荪（Emily Dickinson）一首关于"疯狂"的诗所描述的内容：

> 许多疯狂都有神圣的感受
> 对一只明亮的眼而言，
> 许多的感受，都是最彻底的疯狂
> 这是大多数人
> 在此，正如所有都将倾向
> 承认你是正常的
> 你也是最危险的
> 被铁链捆绑。②

---

① Chopin K.：《觉醒》，杨瑛美译，台北：女书，1996，第120页。
② 此主要参阅吴文熏（吴文熏：《女性成长之孤独、希望与自我觉醒——从凯瑟琳·帕特森三本作品谈起》，台东师范学院儿童文学所硕士论文，2000）的翻译。将此与狄金荪（Dickinson）的原文进行对照可发现，此翻译颇能掌握原意，同时亦贴合《觉醒》中艾德娜被界定的"荒唐""不正常"亦可能显现的是"明亮"、神圣以及不被捆绑的蕴含。

究竟何者为正常与不正常的界定，常可以被视为支配者（男性）①对于被支配者（女性）的一种权威（authority）的确立与强化。吉恩·贝克·米勒（Jean Baker Miller）的《女性新心理学》（*Toward a New Psychology of Women*）（1976）对于支配者与被支配者（附庸者）的特质及其中的权力运作内涵有相当清楚的说明。她说道："被支配者常被描写成具备支配者所欣赏的心理特质，并受到鼓励去发展这些特质——服从、百依百顺、被动、温驯、依赖、缺乏主动精神、无能履行/决定/思考……。如果这些被支配者具备这些特质，就会被视为社会适应良好。然而，被支配者如果有可能或已发展出其它的个性特质——如聪明才智、主动进取、自我肯定等，反而会被视为不正常，至少是特殊的。……由于文化中各种'正常标准'皆由支配者决定，在此限制下，更难真正了解被支配者。若被支配者开始表达不满并付诸行动，就会令支配者惊讶不已，认为她们不正常，……所以他们对表示沮丧与愤怒的女性大惑不解。"

> 有时候庞先生会怀疑他太太是否心理有点不平衡？他看得很清楚她不太正常，不太像她自己；换句话说，他看不出来事实上她是越来越像她自己，每一天都像在脱掉我们在众人面前穿的衣服、戴的面具那样地抛开虚假的自我。②

由此可以看出，庞先生并不是真正认识她的太太——艾德娜，或可说他无法细微地理解到艾德娜开始了一种朝着对自我真实生命负责的历程——她开始活出她自己、活得像个人，而不再悲哀地、麻木地戴着虚伪的"面具"

---

① 从心理分析的角度来看男性与支配者的关联性时，凯勒（Keller）就指出早在被培养独立能力时，孩童在心理上就已经被灌输了男性与支配（dominate）混为一体的文化观。所谓的主体建立，又得通过自我与其他主体和客体事物的分割。她的客体事物关系理论（object relations theory）的中心点，在于这个心理独立情况一方面形成了自立、能力和主宰的快感，另一方面却出现被隔离、企图与他人他物连接而被拒绝时所引发的一份忧虑。故而孩童的成长过程，往往处于一方面害怕损害客体事物而另一方面面对自我丧失的两难局面。若是最后要达致一份安全感，他就得顺从文化价值观的要求，将身份认定放在父权之上（王建元：《"科学怪人"一百八十年——典范转移·女性主义科学、文化研究》，《当代》1998年第132期，第73～74页）。

② Chopin K.：《觉醒》，杨瑛美译，台北：女书，1996，第120页。

苟且残活。这个"面具"跟何金兰引述法国女性主义评论家伊蕊格莱（Luce Irigaray）在《另一女性之反射镜》（*Speculum, de l'autre femme*）中关于父权意涵中"镜像"的讨论有异曲同工之妙。她说："男性以其父权体制的角度、观点来建构女性，使女性成为父权制的镜像；当女性一起发言时，'女性话语'会出现，然而一旦有男性在场便立即消失。因此女性的主体丧失，只能依照男性的标准而存在，压抑自己以印照男性的伟大杰出，成为男性的镜子，也就是父权制镜像。"用一种比较批判的分析视角来说，艾德娜所戴的"面具"与伊蕊格莱的"镜像"具有相同的"工具"性格，以服膺"伟大""法力无边"的男性。说穿了"面具"所显现的意涵/形象，就是父权社会安排给女人的一种遮掩"自我"、掩饰"人性"，而冀求女人无欲、无抗的一种超然的、虚幻的"神格"存在，来成就男性"征服女性"的大业。因此，女性将"面具"卸除，代表她们对男性"独断的""一厢情愿"的天真烂漫价值的"抵抗形式"，以一种崭新的面貌去为她自己的生命负责，同时"夺"回身为人的尊严与姿态。

这样的反应与转变，对庞先生来说是不易理解的。该如何处理艾德娜异常（对庞先生而言，只要艾德娜不顺服他，就是一种异常的怪异行为）的行为举止，庞先生其实是充满矛盾的复杂心理，最后只好依循医生的建议，让艾德娜随她自己的意愿，而不加以干涉或介入。

> 庞先生不想介入自己的影响力或威权，他要采纳孟德莱医生的忠告，让她随意爱做什么就做什么。①

这样的处理方式透显出，庞先生在无法理解艾德娜的"怪异行为"后，无力地求助孟医生，希望能够解决他心中的疑惑与担忧——这是一种微妙的心理——因为不解所产生的心理忧虑与某种害怕及威胁。李小玲说，作为控制一切的主人，男性主体的心理也充满矛盾。② 他们一方面享受了对女性的占有、摆布，为她们的顺服而欣赏她们、赞美她们；另一方面却不能

---

① Chopin K.：《觉醒》，杨瑛美译，台北：女书，1996，第148页。
② 李小玲：《男权的魔方——论中国性文化的形成与转变》，《文明探索丛刊》1999年第16期，第154页。

不时时感受到女性潜在的威胁——他们从来不曾完全地了解女人，懂得女人。女人人性深处的某种力量与智慧虽然不能诉诸笔墨语言，却是他们能时时感受到而无法破译和控制的，因此，面对女人，他们的身心难免会有一种恐慌。① 这样就因不能理解女人而产生了对无法掌控的威胁的焦虑心态。对于艾德娜的父亲而言，对女人采取权威与强制的手段最能"震住"这神秘、野性力量的作为，尽管他的妻子就是如此被推进坟墓的，他仍旧传授了这套"秘诀"给他的女婿，告诫他要"好好"待他的女儿。

> 上校（艾德娜的父亲对庞先生）坚定地说道："权威与强制②都是必要的，相信我的话，驭妻之道无他，凡是强制、要坚决。"上校或许不明白自己的妻子就是如此被强制地推进坟墓的。庞先生隐隐约约有些印象，不过觉得为时已晚，没有重提的必要。③

性别的区分对于艾德娜的父亲来说，是清楚的区隔：男性/女性、强制者/被强制者、权威者/弱者，诚如廖炳惠所言："性别区分"既是生理的、

---

① 这种女性对于男性潜在的威胁，可参考桃乐思·丁乃斯坦（Dorothy Dinnerstein）的观点。她在1977年出版的《美人鱼与牛头人身怪：性别分派与人类厄运》（*The Mermaid and the Minotaur: Sexual Arrangement and Humane Malaise*）中详述了社会一旦由女性寡占垄断绝大部分的养育职责，会造成不平衡的性别分派，也就是说在寡头母职（monopoly of motherhood）的教养下，男性会视女性为神秘幽闭不可解的谜，如同来自深邃黑暗的海底王国的美人鱼，拥有孕育万物的神奇力量，使人（特别是男性）畏惧。这种无意识畏惧女人掌权，要追溯至婴童期全然依赖专断母职的残余经验，那使男性心理遭受挫折、欲望不得满足、人格权尚未建立的无力阶段。男性长大成人后脱离了寡头母职的控制，便反过来压制女性，排斥女性与他并驾齐驱，并利用女性来满足他性交生子的欲望，如同一头牛头人身怪一般泯灭人性。详细论述请参阅李金梅（李金梅：《寡头母职——牛头人身怪的由来》，《当代》1991年第62期，第98页）。另一种说法是，此恐慌是一种男性在心理上对于女性的先天性恐惧。这种恐惧主要是针对女性的生育能力。请参阅赵蕙铃（赵蕙铃：《人口生育与性别秩序的社会建构——初探〈女人史〉一书的性别分析观点》，《妇女与两性学刊》1996年第7期，第152页）。
② 权威与强制通常通过语言系统加以强化与体现。也就是说，"遗传上的差异，决定了个人的本性，女性或男性，这可说只是生理上'自然的'差异。可是一旦通过语言符号的系统和认定，男性、女性就会被分化成两种不同的性别特质。就因为这样，所以具有阳具的男性，透过语言规范权力，使得社会成为了象征父权结构的系统，而在这其中女人也成为一种特定的论述了"（维登，1994：109，转引自苏慧仪：《台湾女性小说家作品中"婚变"主题研究》，私立静宜大学中国文学所硕士论文，2001，第81页）。
③ Chopin K.：《觉醒》，杨瑛美译，台北：女书，1996，第149页。

心理的，也是社会、政治的……，权威一直是和男性密不可分的。女性乃是无能为力的弱者，套用弗洛伊德的说法，是个"匮缺"，是"缺乏阳物的"。这种强制者/被强制者、权威者/弱者的区分在社会关系以及日常生活实践中，不断被证成与强化。① 吴秀瑾在《从自己的房间到自己的身体——论女性与哲学》一文中，归结福柯（Foucault）的"柔性身体"（docile body）和布迪厄（Bourdieu）的"社会习性"（Habitus）能够充分说明男女之所以有别（性别差异、智识能力和社会分工）的历史与社会根源，② 是客观结构中所形成的认知范畴，分类并区分男/女、主/从、尊/卑、身/心等之阶层关系，体现于日常生活中的各类行动，固定化为男女行为不可逾越之定则与常规。③

另外，陈惠馨提到在西蒙·波伏娃与许多阶层的妇女谈话后，突然发现"这个世界是男人的世界""许多的妇女终其一生只是相对的个体，她的幸福是由别人，尤其是男人，来决定的"。④ 女人被男人决定的不只是幸福，甚至是最"微薄"的自由，这可从劳伯特的话窥见一般："……我记得曾经听说过有些男人会释放他们妻子自由。"⑤

> 什么庞特里耶先生释放我自由？我已经不再是庞先生可以任意或留着或丢弃的财产之一，我会选择我想要的。万一哪天他说："劳伯特，给你啦，祝你们快乐，她是你的了。"我一定会笑你们两个！⑥

其实这种将女人看作附属于男人的"财产"，一种"次等"的"相对"存有的看法，一直是一种相当巩固的认知。安·迪克逊（Anne Dickason）

---

① 廖炳惠：《女性主义与文学批判》，《当代》1986 年第 5 期，第 36 页。
② 此柔性身体是指文化总体关系之体现，是权力关系场所，但是权力在积极制造机制中，也会在同样的"场所"（身体）上遇到阻力。另外，社会习性这个概念也是从社会总体关系中形成的，从特定生存条件（地理、经济、政治）之历史规律性，具体形塑其中集体成员的性向、爱好和社会习性（Habitus）。
③ 吴秀瑾：《从"自己的房间"到"自己的身体"——论女性与哲学》，《哲学杂志》2000 年第 33 期，第 16 页。
④ 陈惠馨：《西蒙·德·波娃的世界》，《当代》1986 年第 6 期，第 96 页。
⑤ Chopin K.：《觉醒》，杨瑛美译，台北：女书，1996，第 218 页。
⑥ Chopin K.：《觉醒》，杨瑛美译，台北：女书，1996，第 219 页。

在《解剖与命运——生物学在柏拉图的妇女观中所扮演的角色》(Anatomy and Destiny: The Role of Biology in Plato's Views of Women) 一文中，就攻击柏拉图在《对话录》中所持的论点："女性乃是由行为不符正义的要求的男性灵魂所投生而成的，先天地，是一种'次等'① 的存在。"② 同样地，西蒙·波伏娃在《第二性》(Second Sexuality) 中也陈述了类似的观点：女人从一开始，在她自发存在与"另一者"存在的身份之间，就具有一种冲突矛盾。她被教导去取悦别人时，必须要将自己变成一种"物"别人才会欢喜，因此她应该放弃自发与主动性。很庆幸地，在《觉醒》一书中，我们看到艾德娜的妻职角色已摆脱在婚姻中居于先生"第二性"的从属地位。她说"我已经不再是庞先生可以任意或留着或丢弃的财产之一"，这是一种很清楚/坚定的申明，自己不再是任何人的财产，她只附属于自己，因此谁释放她的自由，以及将她视为可以转让的说法，令她感到可笑。艾德娜在婚姻的处境中，尽管追寻自我的路途艰辛地显得漫长，但终究她醒悟到追寻"第一性"存有，是一种作为人的权利，以及为自己的独立灵魂负责的路径。

三 母职的巨大"吞没"

"母职不是女人可以选择做或不做的，母职（对女人而言）是天生的，本质的。当男人早就可以有五花八门的工作让他们挑拣时，母职，却仍旧是绝大部分女人无可避免的命运。"③ 劳丽·莱尔 (Laurie Lisle) 提到，"尽管母职 (motherhood) 被奉为至高无上，母亲受到的对待却常常很差，这种矛盾会造成有可能成为母亲的人感到焦虑及无力。母亲对孩子照顾教养得

---

① 这种将女性化约为"次等""隶属"(subjection) 的说法还包括"女人的身体是一个心智尚未驯化的生物性躯体""女人的器官是一种比较低下的男性器官复制品""女性是不完整的男性""女人是有过失的男性"。因此，女性并不是"完整"的人，没有理性的自我控制力，需要男性约制、教育，并归属于男性的管辖。详细说法请参阅陈敏郎（陈敏郎：《西方性别历史中之性别秩序的社会建构——性别的相对主体性与性别权力思考逻辑的形构》，《妇女与两性学刊》1996 年第 7 期，第 172 页）。
② 蔡美丽：《女性主义哲学——人类文化新纪元之开拓》，《当代》1986 年第 5 期，第 27 页。
③ Rothman B. K., *Recreating Motherhood* (New York: Norton, 1989), 22~23.

好是理所当然的，照顾教养得差则受到谴责。"① 因此，当庞先生认为他的孩子已发烧，此时此刻正在隔壁房间病得快死，而艾德娜（孩子的妈）竟然没有发现时，他非常生气：

> 他责备她不够用心，对孩子常常那么疏忽，如果照顾孩子的责任不是母亲的，究竟还会是谁的呢？他自己单单忙经济业务都分身乏术了，怎么可能同时出现在两个地方呢？一个在外面为生活奔走，一个在家里保护小孩免受伤害？他用平板单调的语气喋喋不休地抱怨着。②

值得注意的是，对生气的庞先生而言，他相信"照顾孩子的责任当然是母亲的"，因为他"必须为生活而奔走，不可能去照顾孩子"。这是抱持着一种"男主外/女主内""母亲角色/情感照顾孩子；父亲角色/经济喂养孩子"的性别角色分工的态度。进一步而言，母亲角色与母职有必然强烈与不可置疑的关联性，而父职则在于提供经济的支持。诚如卡普兰（Kaplan）所说，"母亲角色可定义为一个必须负有与养育、服务和安抚孩童等相关的责任的社会角色"。③ 依此定义，普拉扎（Plaza）阐述道，"母职是执行上述相关任务而产生的一连串普遍被社会所认同的行为、规范与意识形态。……女性在社会中不仅孕育子女，而且比男性花更多时间在养育照顾子女上。亲职的分工中，社会普遍认同父职是提供母子经济的支持，而非实际的照顾工作，母职诚然是外在于所谓的父职之外而独立存在的"。④ 庞先生这种对"妻职＝母职"的角色期待，导致了他对妻子的严厉责备。沉重的/无法卸除的母亲角色负荷以及被莫名的苛责（她肯定"他"的儿子没有发烧，整天都好好的），使艾德娜"一直不停地哭，……为什么会哭成这样她也说不上来，刚才那种情况在她的婚姻生活中也不是不寻常……"⑤ 尤

---

① Lisle L.：《如果你没有小孩：挑战无子污名》，严韵译，台北：女书，2001。
② Chopin K.：《觉醒》，杨瑛美译，台北：女书，1996，第23页。
③ Kaplan M. M.，*Mothers' Images of Motherhood: Cases Studies of Twelve Mothers*, London: Routledge, 1992, 5.
④ 张瀞文：《女性的母职：社会学观点的批判分析》，《社教双月刊》1997年第77期，第20页。
⑤ Chopin K.：《觉醒》，杨瑛美译，台北：女书，1996，第24页。

其这样的情绪让她产生一种无名的郁闷：

> 不知从意识何处突然涌上一股难以言喻的抑郁之感，隐隐叫她整个人都很痛苦，像一抹阴影、一团迷雾掠过了她灵魂的夏日。①

艾德娜隐约地知道这种母职经验，迫使她必须放弃她自己。如同张瀞文引述卡普兰（Kaplan）的发现所言："许多女性在履行母职当中，她们不可能完成作为一个人的自我了解和自我实现。"② "一个'称职'的母亲必然是付出的，没有自我地完全致力于完成宗族与社会赋予的神圣工作。"③ 意即女人必须在母职当中经历一种与自我实现决裂的过程。从一个比较激进的角度来分析，艾伦（Jeffner Allen）在她的《母职：女人的毁灭》（Motherhood: The Annihilations of Women）一文中，剖析到母职其实只是父权社会压迫女性的强制意识形态机制，结果造成女人的毁灭④。此外，她亦认为，母职对女人是危险的，因为延续了强迫女性（females）必须成为女人（women）的结构，同时否定了女性以自身去创造自我主体性以及开放、自由的世界。不过，尽管母职可能抹灭或阻碍女人认识自己与世界的机会，却仍旧相当普遍地，甚至全面地在不同时空地域中显现。

> 庞太太不是妈妈型的女人，而这个夏天格蓝岛上到处都是妈妈型的女人。她们很容易辨认，四处鼓动着翅膀，张开起保护的羽翼，唯恐心肝宝贝遭到任何或真或想象出来的伤害。这些女人视儿女为偶像，崇拜自己的先生，并且为抹煞自己，像守护天使般长出一对翅膀，是最神圣的天职。⑤

---

① Chopin K.：《觉醒》，杨瑛美译，台北：女书，1996，第24页。
② 张瀞文：《女性的母职：社会学观点的批判分析》，《社教双月刊》1997年第77期，第21页。
③ Lisle L.：《如果你没有小孩：挑战无子污名》，严韵译，台北：女书，2001，第21页。
④ Allen J., Motherhood, "The Annihilation of Women", In M. Pearsall ed., Women and Values, Belmont, Calif.: Wadsworth, 1986, 91–101.
⑤ Chopin K.：《觉醒》，杨瑛美译，台北：女书，1996，第28页。

这些所谓妈妈型的女人就是指"四处鼓动着翅膀，张开起保护的羽翼，唯恐心肝宝贝遭到任何或真或想象出来的伤害"的女人，"这些女人视儿女为偶像，崇拜自己的先生"，她们不但信仰着母职是一种当然的、神圣的职责，并且"乐于其中"。对于母职，拉提诺夫人愉快地说："一个女人如果能为孩子牺牲生命，那还有什么不能牺牲的？圣经不是这样说的吗？"① 接续拉夫人这段话可以进一步去阐述，"母职是一种非个人性的社会行动，也非只从属于家庭与婚姻制度下，我们必须视母职为集体意识的结果，此集体意识已是社会中的一般成员所共有的整套信仰与感情的一部分，并成为独立于家庭制度外的另一社会制度"。② 莱尔（Lisle）写道："若是从一个历史的视野来看，母职被认为是一种在父权下生存的方式。"③

另外，德博尔德、威尔逊和马拉维（Debold、Wilson & Malave）从一种父权工业社会所蓄意型构的"浪漫迷思"，来阐析母职（motherhood）是工业社会与父权文化共同形成的一种设计，他们称之为母职的浪漫迷思（romantic myth）。④ 在工业革命、经济市场兴起以后，女人在传统工作——如食物制造、衣服、医药、手工业等——中的专业性与权威性被去除后，女人非但不能"合理"地进入"公"的工作世界，反倒是男性专家们一直鼓吹"浪漫式的解决方案"（romantic solution），让女人们留在家里，继续与工作世界隔离。母职就是此"浪漫方案"的一个产物。"浪漫"一词，顾名思义充满着"灿烂""美好""希望""享受"的意涵，但也隐含着一种"短暂""欺蛮""邪恶""血淋淋"的现实可能。英国小说家墨娜·凯德莫纳·凯尔德（Mona Caird）提道："在我们当前的社会状态中，母性是束缚女人的符号、封印、方法及方式。它由女人自身的血肉打造出铁链，它由女人自己的爱和本能中编织出丝弦。"⑤ 这种母性的"血肉"打造的经验所显现的恐惧、疼痛、麻痹，在生育的过程中达到高峰。当艾德娜去看她的

---

① Chopin K.：《觉醒》，杨瑛美译，台北：女书，1996，第102页。
② 张瀞文：《女性的母职：社会学观点的批判分析》，《社教双月刊》1997年第77期，第22页。
③ Lisle L.：《如果你没有小孩：挑战无子污名》，严韵译，台北：女书，2001，第37页。
④ Debold E., Wilson M. & Malavé I., *Mother Daughter Revolution: From Good Girls to Great Women*, New York: bantam, 1993.
⑤ Watkins S. A.：《女性主义》，朱侃如译，台北县：立绪，1995，第151页。

好友阿黛儿生产时所感受到的一种模糊无力的激动,清楚地透显出她对于母职经验最初始的不安与漠然的回忆。

> 艾德娜开始觉得不安,突然有一种模糊的恐惧袭来。她自己的类似经验像在遥远以前,不太真实,不太记得;约略只记得一种近似快乐的痛苦,一种强烈的哥罗仿麻醉药味,一种麻痹的知觉,以及清醒之后发现自己方才创造了一个小小的生命。①
>
> 她但愿自己没来——她大可以编理由不来——但是艾德娜没有走,她正极其痛苦地见证这一番折磨,心中充满对自然之道强烈且公然的反抗。②

这种"心中充满对自然之道强烈且公然的反抗"的描述在当时是罕见的。③ 何文敬写道:在19世纪的父权文化里,很少作家像肖邦一样,把女性生育所承受的苦痛赤裸裸地呈现在读者面前,因为她(他)们惯于将母亲精神化,对于肉体上的折磨往往略而不提。④ "大部分的社会科学家如今都已相信,为人母的欲望是后天培养而非与生俱来的。"⑤ 社会学家南西·秋多若(Nancy Chodorow)也提出:"女人生孩子是出于一种社会化导致的对亲密的需要,而非出于自然本能、性别社会化,或者是增产主义的压力。"⑥ 因此,从母职不是先天自然本能(乐于生养孩子或当妈妈),而是后天建构的观点来看,对艾德娜所呈现的一种沉重、矛盾、郁闷及复杂的母职感受,就较能够理解与同理,而不加以批判与评价。

---

① Chopin K.:《觉醒》,杨瑛美译,台北:女书,1996,第223页。
② Chopin K.:《觉醒》,杨瑛美译,台北:女书,1996,第223页。
③ 将"生育"还原到历史的脉络来看,可以发现不论是哲学家、神职人员、医学家还是法律学者的论述皆将女人的唯一功能指向生育,尤其重要的是,生育本身是让人恐惧的。特别在生育过程中可能产生因感染而导致的死亡甚至不孕等种种可能。请参阅赵蕙铃(赵蕙铃:《人口生育与性别秩序的社会建构——初探"女人史"一书的性别分析观点》,《妇女与两性学刊》1996年第7期,第148页)。
④ 何文敬:《凯特·肖邦〈觉醒〉中三位父权人物》,载单德兴编《第三届美国文学与思想研讨会论文集:文学篇》,台北:"中央研究院"欧美研究所,1993,第256页。
⑤ Lisle L.:《如果你没有小孩:挑战无子污名》,严韵译,台北:女书,2001,第100页。
⑥ Lisle L.:《如果你没有小孩:挑战无子污名》,严韵译,台北:女书,2001,第103页。

她对两个孩子的喜爱并不稳定，有些冲动式的，有时会热烈地拥他们入怀，有时又将他们抛诸脑后。……她对自己都不愿意承认他们不在她反而有如释重负之感，好像卸下了自己盲目扛起的重责——命运还没有让她准备好去扛重担。①

　　的确，检视历史也可以清晰地知道，"母职似乎是社会性而非生物性的建构，因为它只在某些情况下才为人所喜，在其它情况下通常不受赞许——例如当孕妇是青少女、未婚、同性恋，或者领社会福利金的时候"。②在一份1955年对无子婚姻的妻子的研究中也指出："无子的妻子被形容为内向而适应不良的，言下之意是说她们有人格问题，因此拒绝母职这一角色，但后来的社会学家提出，因无子而受到的谴责可能才是困扰她们的因素。"③意即就一个社会的普遍价值来说，女人与生育/母职的角色有一种"命定"的"绝对"关系，这是一种女人的天职与不可推卸的义务。因此唯有"精神错乱的、基因有缺陷的、性偏好异常的、长期卧病的，或者是稀有的天才"，④才享有可以不生小孩而不受责备的权利——被放逐的权利。可惜的是，艾德娜并不被归属于这些范畴内，因此生育、养育的命运依旧环绕着她的整个生命世界。这种视母职为沉重负荷的规制，通常必须通过一个驯化及内化的过程。安菊·瑞曲（Adrienne Rich）说："我们通常是透过痛苦的自律和自我麻痹，学到那些所谓'天生'的特质：耐心、自我牺牲，愿意没完没了地重复一个人在社会化过程中的那些琐碎的例行公事。"⑤

　　一般女人的处境、位置是"第二性"的，除了相对并附属于男人而存在外，最重要的是放弃自我以及接受没有自我的我。但对于追求"重生"的艾德娜来说，她不愿意做"第二性"的女人，因此她不想为任何人放弃自我，包括她的孩子。她曾对拉提诺夫人说过：

---

① Chopin K.：《觉醒》，杨瑛美译，台北：女书，1996，第47页。
② Lisle L.：《如果你没有小孩：挑战无子污名》，严韵译，台北：女书，2001，第102页。
③ Lisle L.：《如果你没有小孩：挑战无子污名》，严韵译，台北：女书，2001，第101页。
④ Lisle L.：《如果你没有小孩：挑战无子污名》，严韵译，台北：女书，2001，第11页。
⑤ Lisle L.：《如果你没有小孩：挑战无子污名》，严韵译，台北：女书，2001，第37页。

（她）绝不会为孩子、或为任何人放弃自己。①

"我不要再被逼着去做任何事，我不要出国，不要被干涉。没人有权利——也许除了小孩以外——即使是小孩……"②

这样的描述或许可视为作者肖邦在自己的母职/妻职体验中，经历到被迫放弃自我以及被干涉、束缚后的一种深刻的觉醒（awakening）或是一种洞见（view）。回顾肖邦的生平背景，"她在结婚前即从事写作，1870年结婚后，为了照顾家庭只好放弃写作。婚后十年间她一共生了五男一女，负担之重可想而知"。③ 这种母职/妻职的包袱，即使现代同为作家的安菊·瑞曲也深刻地呼应：现代女人有理由充分地感觉到这个选择是逃不掉的两者只能择其一：母职或独立人格，母职或创造力，母职或自由……。这种在自保和母性之间的深层冲突，可以造成——就像我所体验的——一种最原始的苦闷。④

育有一子的法国作家玛格莉特·莒哈丝（Margaret Duras）将母职形容成一种受虐的激情，一种"巨大的吞没所有母职的本质，疯狂的爱"，⑤ 这是很贴切的形容。艾德娜写道：

> 看到小孩她真是高兴！他们小小的臂膀紧紧抱着她，结实红润的脸，贴着她自己焕发的脸颊时，她快乐得都快哭了。她饥渴得，不能满足似的，紧盯着小孩的面孔。⑥

必须要注意的是，艾德娜现在愉悦的母职经验是在一定基础以及某种自我状态下的体验。这个基础是艾德娜得以中断沉重的母职一段日子后与孩子难得相聚，再者此时的艾德娜已脱胎换骨，除了搬到自己的房子、经

---

① Chopin K.：《觉醒》，杨瑛美译，台北：女书，1996，第102页。
② Chopin K.：《觉醒》，杨瑛美译，台北：女书，1996，第225页。
③ Toth E., *Kate Chopin* (New York：Morrow, 1990), 372.
④ Rich A. C., *Of Woman Born：Motherhood as Experience and Institution*, New York：Norton, 1976.
⑤ Lisle L.：《如果你没有小孩：挑战无子污名》，严韵译，台北：女书，2001，第105页。
⑥ Chopin K.：《觉醒》，杨瑛美译，台北：女书，1996，第191页。

济自主，更享受了追寻自我所给她带来的喜悦，因此现在的母职经验是令她激动地/饥渴地想要紧紧留住。这在某种程度上呼应了安菊·瑞曲的论点，女人如果自己能掌控怀孕与生小孩的事情，并且父权中教养子女的绝对权力能够转移给母亲，那么为母经验将有快乐或创造的潜力。①

此外，从艾德娜先前到后来对母职的叙述，可以看出很大的转折：

命运还没有让她准备好去扛重担（母职）。②
饥渴得，不能满足似的，紧盯着小孩的面孔。③

这样的变化也可从互动论的角度来看，母职经验会在生活历程里，因母亲角色与孩子在亲子互动中衍生出特殊情感特性，而强化女性自我与母职的自然联结。诚如刘惠琴从符号互动论（symbolic interaction）的观点来分析母职时指出："个体与角色，与社会规范之间，存在着协商互动的过程，透过互动中的角色'扮演'④（role taking）与角色创造（role making）的行动，将意义（meaning）在自我（self），他人（others）与情境（situations）之间双向来回地传递……。母职是个人在社会情境中与实际他人或假想他人共同建构出来的文化范本（script），当社会情境改变时，此文化范本易透过层层协商对话活动，作弹性的修改。"这也赋予行动者艾德娜对于母职的感受产生了不同的意义。⑤

必须注意的是，尽管母职给艾德娜带来了某种愉悦与满足，但她仍旧内藏着更多无以名状的情感矛盾与复杂心情——是一种苦闷，一种自我独立生命力与"神圣母职"的不断"争战"。历程所经过的煎熬、沮丧、自责、愧疚，甚至无法摆脱的郁闷产生的莫名的愤怒不断持续地、无止尽地回绕在艾德娜的生命中。这种困顿的矛盾不易消除，"女性要想积极地改变，必须得先觉察'女性化'的社会角色与依赖、焦虑和恐惧等心理问

---

① Rich A.C., *Of Woman Born: Motherhood as Experience and Institution*, New York: Norton, 1976.
② Chopin K.：《觉醒》，杨瑛美译，台北：女书，1996，第47页。
③ Chopin K.：《觉醒》，杨瑛美译，台北：女书，1996，第191页。
④ 作者原将 taking 翻译为"取代"，笔者认为译成"扮演"较为贴切。
⑤ 刘惠琴：《母女关系的社会建构》，《应用心理研究》2000年第6期，第106页。

题之间的双绑关系（double bind）。所谓'双绑关系'是指社会角色对个人的矛盾要求，如要做个'女人'，就不能做个独立自主的'健康人'。这种矛盾若未能察觉，个体即会因反叛社会化而适应不良"。① 这种自我与女人角色的矛盾以及带来的沮丧可从艾德娜与孟德莱医生的谈话中看出。她说道：

> 我是常觉得沮丧，但是我只不过是想依照自己的意愿行事，这当然太苛求了，尤其还得践踏别人的生命、别人的心意及看法——这都无所谓——但是我却不要践踏那两个小生命。②

在自我的意愿与母职的既定责任之间来回摆荡的艾德娜心情常充斥着矛盾。述说"自己太苛求""不要践踏两个小生命"是一种"自我挣扎"与"自我说服"的过程。这样痛苦煎熬的体验，艾德里安菊·瑞曲（Adrienne Rich）在《当我们死后苏醒》（When We Dead Awaken）一文中，做了激动的响应。"她恨自己竟像希腊神话中弑子的米蒂亚（Medea）般无法用自己无已的牺牲、无尽的爱与关怀去呵护自己的骨肉。她更日复一日在这种压抑与爆发的憎恨的循环中备受折磨，满心愧疚，既觉得对不起孩子，也觉得对不起自己。正如她诗中所言，母亲已迸裂为两半，其中一半已无法去爱。她将母亲圣洁伟大的意象转化为孩子的梦魇，而且把自己比作被禁锢在笼中的鸟，无助地在未上锁的门前伫立，因爱而铩羽断翅。"③ 对于艾德娜来说，母职与自我的不断来回"争战"，尽管造成自己伤痕累累，但那种撕裂的、锥心的痛依旧是值得的——毕竟她想要"清澈"地对待自己的生命，并且不允许幻象污浊她"独立的灵魂"。她说道：

> 过去的日子就像在做梦一般——但愿可以沉睡不醒——醒来却发

---

① 刘惠琴：《女性主义与心理学》，载王雅各布编《性属关系（上）：性别与社会、建构》，台北：心理，1999，第155页。
② Chopin K.：《觉醒》，杨瑛美译，台北：女书，1996，第226页。
③ 张小虹：《叛离母职的诗人：安竺·瑞琪》，载《后现代/女人：权力、欲望与性别表演》，台北：时报，1993，第128~129页。

现——啊，也好，或许醒过来终究是比较好的，即使得受苦，也总比一生都被幻象所蒙蔽得好。①

而且艾德娜清楚地知道就算"劳伯特是她唯一想亲近的人"，"她也明白，有朝一日，即使是他，以及对他的思念，也会从她的生命中消失，离她而去。两个稚子俨然是击垮她的对手，清晰地浮现在眼前。他们征服她，强迫她往后的一生，都得屈为自己灵魂的奴隶……"② 这些矛盾痛苦与无解的难题，在于艾德娜认为尽管"他们都是她生命的一部分，可是却不应该认为可以连她的躯体和灵魂都占有！"③ 苦痛的不是她无能为力，而是她没办法逃避与抹灭身为母亲这个"真实"。"然而，她知道有一个可以逃避他们的办法。"④ 那就是选择一种"完满"⑤ 的"自我完成"——结束自己的生命。西尔维亚·普拉斯（Sylvia Plath）在她的《边缘》一诗中，对艾德娜的觉悟有很贴近的刻画。

> 这个女人完成了自我。
> 她死亡的
> 身躯露出功成业就的微笑，
> 古希腊一种必然性的幻觉
> 在她宽松衣袍的卷折里流畅
> 她赤裸的
> 双脚像是说：
> 我们走了这么远，总算到了头。
>
> 两个孩子蜷缩着，像白蛇，
> 身边都有只小小的

---

① Chopin K.：《觉醒》，杨瑛美译，台北：女书，1996，第225页。
② Chopin K.：《觉醒》，杨瑛美译，台北：女书，1996，第231页。
③ Chopin K.：《觉醒》，杨瑛美译，台北：女书，1996，第233页。
④ Chopin K.：《觉醒》，杨瑛美译，台北：女书，1996，第231页。
⑤ 笔者指的"完满"是意涵某种心理状态——饱满、完全的一种心理满足状态。请参阅文本24页艾德娜以优雅、不畏惧的姿态与海融为一体。

奶瓶，如今已变空。

她把孩子窝回
自己的身体像一朵
闭合的玫瑰花瓣
当花园里
一片肃杀，香味流血般
从夜晚花卉甜美、深邃的喉咙飘散。
月亮一点也不觉得伤心，
从骨制的帽兜朝外张望。
对这样的事她早就习以为常。
她幽暗的部分发出碎裂声曳步前行。①

四　情欲的唤醒（awakening）与
培力（empowerment）②

奥菊·罗德（Lorde Audre）在1978年发表的"The Uses of the Erotic: The Erotic as Power"中说道，"情欲"是发自内心的一股力量，是对女人生命力的一种肯定，是一种被赋予力量的创造性能源，一种应该在语言、历史、舞蹈、爱情、工作生活中重新去述说的知识和实践；而一旦拥有了情欲的启蒙，女人就会变得比较不愿意去接受无力感，以及放弃、绝望、自我抹杀、沮丧，与自我否定的感觉。③ 这种情欲力量深刻地唤醒了艾德娜。

---

① Bradstreet A. 等：《我，生为女人——美国卷》，钱满素等译，台北：猫头鹰，2001，第518~519页。
② M. Hilary 将 empowerment 定义为一种意涵着拥有控制自己行为、感觉、思想、发展的能力（2001：847）。然而过去较常见到"赋权"或"充权"的翻译名词，这其中似乎蕴含有外力强加、他人给予的意涵，会抹杀了主体增长、培养出权能的能动过程，所以近来已渐为增权/增能/培力/彰权益能/权力增长等概念名词所取代（转引自游美惠，2002：98）。因此，本文以"培力"一词彰显女人主体的能动位置。
③ Lorde A., "The Uses of the Erotic: The Erotic as Power", *The Lesbian and Gay Studies Reader*, eds. H. Abelove, M. A. Barale & D. M. Halperin, New York: Routledge, 1993, 341.

>　　我爱你，只爱你，只爱你一人。是你去年夏天把我从漫长的恶梦中唤醒，……我的劳伯特……①

　　我们可以注意到的是，《觉醒》一书中艾德娜对于劳伯特强烈的情欲表达，以及下段与厄络宾的亲密互动，主要是在她搬入新房后拥有自己的空间与经济自主的情况下才出现的。这种情欲的力量与个体（self）的自主性之间有着微妙、辩证的关联性，意即情欲力会对个体产生唤醒、领悟的作用，引导女性去省思自己的位置（position）与处境，甚而产生一种勇于改变自我的决断力，而一旦个体可以规划自我的生活，与掌握独立的物质资源时，反而更促进女性去体验开拓不同情欲经验的勇气与可能。因此在书中我们看到艾德娜开始去感受一种情欲的激动，也促使她对于人生意义有更深层的体会。

>　　他们（厄络宾与艾德娜）持续默默望进对方的眼睛里，他趋前吻她时，她紧箍住他的头好让他的唇对着她的。②
>　　这是她一生中，第一次真正触动她的本性、挑起回应的吻，是一把燃烧的火炬，点燃了她的欲望。③
>　　最重要的是，她已经有了一种体悟，好像眼前的雾散了，她可以好好看人生，可以去了解人生的意义。④

　　同样地，何春蕤翻译的赖希关于19世纪美国社会的性历史的文章中，也呼应了这种女性自我的情欲显现与经济自主有相当的关系，并同时与婚姻制度产生了一定的冲突。⑤"妇女因为劳动民主化而得到机会参与生产工作，在经济上逐渐向独立自主迈进，在生活方式和情感心理上也倾向更多样的需求，因而在婚姻家庭制度内强制要求的、一向极为有限的情欲运作

---

① Chopin K.：《觉醒》，杨瑛美译，台北：女书，1996，第220页。
② Chopin K.：《觉醒》，杨瑛美译，台北：女书，1996，第170页。
③ Chopin K.：《觉醒》，杨瑛美译，台北：女书，1996，第170页。
④ Chopin K.：《觉醒》，杨瑛美译，台北：女书，1996，第171页。
⑤ 何春蕤：《性革命：一个马克思主义观点的美国百年性史》，载何春蕤编《性/别研究的新视野：第一届四性研讨会论文集（上）》，台北：元尊，1997，第35页。

管道中，凸显出其威权的本相。这两股由资本主义经济发展所形成的根本变迁一旦汇集，就使得情欲的需求和婚姻家庭的道德之间产生了基本矛盾。"

尤其我们必须注意到的是，这样的文本描述在当时19世纪末的美国保守社会自然是引起了轩然大波。"由于《觉醒》之题材涉及女主角红杏出墙，加上作者同情女主角的立场，所以书一出版就遭受到严重的抨击。芝加哥《时代先锋报》（the Chicago Times-Herald）——（多么讽刺的名字）斥为'性小说'（sex fiction）；《文学报》（Literature）认为《觉醒》'基本上是低俗的故事'；洛杉矶《周日时报》（Los Angeles Sunday Times）则指责书中追求独立自主的女主角为'笨女人'，并批评她'自私、善变'。"① 看到这些如此严厉、惨不忍睹的评论，与"义正词严"的贬抑宣称，可以想见当时的社会脉络对于情欲（性欲）（sexuality）以及女性主动情欲的压制是多么的强烈。不过，我们先来检视看看那些所谓舆论"公正权威"所指的"性小说""低俗的故事"是什么样的"性"与"低俗"。

> 艾德娜弯下身吻他（劳伯特），柔柔、轻轻、凉凉的一吻，隐含的那股情欲却贯穿了她整个人，之后，她自他身旁走开，他伴随着她，将她拥入怀中，只是这样贴近着。她抬起手，将他的脸颊贴向自己的，动作充满爱意和柔情。他再度探索她的唇。②
>
> 她双手捧着他的脸，深深望着，永远不移开视线一般。她吻他的额头，眼睛，脸颊和双唇。③

这些片段的描述是在仔细阅读全文后所能找到的最"限制级"、最"大胆露骨"，有涉及所谓"性的"或套他们的话称为"低俗"的故事。看起来，整个舆论封杀《觉醒》与其说是因为小说本身述写到关于这个隐（讳/晦/秽）的"性禁忌"与"婚外情欲"；倒不如说是因为此小说挑战了男性

---

① Toth E., *Kate Chopin*, New York: Morrow, 1990. 转引自何文敬《凯特·肖邦"觉醒"中三位父权人物》，载单德兴编《第三届美国文学与思想研讨会论文集：文学篇》，台北："中央研究院"欧美研究所，1993，第256~257页。
② Chopin K.:《觉醒》，杨瑛美译，台北：女书，1996，第217页。
③ Chopin K.:《觉醒》，杨瑛美译，台北：女书，1996，第218~219页。

对性"诠释"以及"性（情欲）享用"①独霸的当然性地位与权威，因此，凯特·肖邦遭到了"禁声（发声）/禁生（生存）"的命运。这其中也显现了男性对于女性主动追求情欲、掌握身体自主的焦虑性。黄暄对于男性这种焦虑有相当深刻的论述：女性身体的生理诱惑力，使男性产生了又爱又恨的矛盾情绪。②"贞节"便是以身体实践道德上的围堵，全面地将女性的身体置于控制之下，透过道德论述的发言权，宰制女性的身体意识。黄氏进而说：对于守贞的要求，是女体物化后，男性占有终极欲望（"完整"拥有）的展现。在这样"被占有"的"女性客体化"的思想脉络下，女性的情欲"自主"等于直接挑战了男性的"主权"地位，也因此对"淫荡"的制裁，压抑了女性情欲展现的空间。在"纵"欲的世界里，只有被女性诱惑的男性，与天性淫荡的女性。一方面要求女性负起最大的道德责任，另一方面却赋予男性唯一的主动权力，使女性承担了性控制下的双重不利。

这样严格地对女性进行性规制以及性控制的双重不利，尤其体现在已婚女性的情欲处境中。早在16世纪初，意大利作家卡斯堤及欧内（Baldassare Castiglione，1478~1529）在畅销全欧的经典名著《朝臣》（*The Courtier*，1528）一书中，就曾借着不同人物的对话，论及女性如何面对婚外情的问题。③书中有人认为，纵使女性在婚姻中得不到幸福，也应谨守已婚妇女的本分："因为我们常常无法克制自己，不去爱自己不该爱的人。如果朝廷中有贵妇因为丈夫的不是或第三者的热情，而不自禁地坠入情网，我希望她只对自己的内心默认这份感情的存在就好。她不应给这位爱慕她的男性任何表露心迹的暗示，也不应该在言语上、动作上，或藉由任何方式让他确信这份心意的存在。"此外《朝臣》一书中，男性对于已婚女性的情感表现，也提出了一种告诫的论点："她必须更懂得谨言慎行，并且尽全力避免别人在她背后论断是非。她不只应无瑕可挑，也应避免一切猜疑。因为当

---

① 由历史来看，男性不断地压制女性的性欲，非洲的女性割礼、传统中国社会的缠足、中古时代欧洲跟在女性身边的随扈和贞操带，显示各种文化中的男人都担心女性的性欲过强。请参阅Helen Fisher（Fisher, H.：《第一性——女人的天赋正在改变世界》，庄安祺译，台北：先觉，2000，第215页）。
② 黄暄：《〈莺莺传〉之性别解读（毒?!）——女性身体、欲望与价值秩序》，《妇女与两性研究通讯》2000年第55期，第27页。
③ 花亦芬：《文艺复兴时代欧洲女性感情生活的枷锁》，《历史月刊》2000年第151期，第55页。

女人需要为自己辩护时，她所能运用的资源远少于男性。"这种对女性情欲"控制""告诫""提醒"的论点，到后来艾德娜现身的19世纪末似乎并未有些微的松动。

值得注意的是，这种对女性严苛的性约束在不同地域及时间有其普遍性。"劳伦斯·斯通（Lawrence Stone）在钻研十五至十八世纪英国社会关于婚姻家庭方面的变迁中也发现：男女的性经验一直有严格的双重标准，妻子只要通奸行为被揭发就必然逃不过严厉的处罚。相较之下，丈夫的通奸①一向被视为一个遗憾但是可以谅解的缺点。"② 此外，福柯（Michel Foucault, 1926~1984）在《性史》（The History of Sexuality）中梳理整个欧洲的历史也同样发现，性在身体和言谈中的体现是从一个相对开放的时期走向了一个越来越受压抑和虚伪的年代。钟怡雯在阐述福柯的观点时说道："这个历程的变化时间是在十九世纪，欢笑被'维多利亚时代资产阶级的沉闷夜晚'所代替，性欲被限在家门之内，甚至只限于父母的卧房，变成了索然无味而实用的东西。性等同于'生产'，一切不符合一种严格的、压抑性的和虚伪的准则的行为、言语和欲望都要受到严厉的禁止。福柯揭示：我们的性欲是同某种别的东西连在一起的，这种'别的东西'是权力的具体形式。性作为一种生命的原始形式，却必须在权力机制的控制下被压抑，成为体制的一部分，听任体制的摆布。"③

不过，我们必须谨慎地注意到，福柯对于性的观点不仅是从一种被压抑的权力形式切入的，更重要的是这种权力对于性是有积极产制（production）愉悦的能力的。吉登斯在《亲密关系的转变：现代社会的性、爱、欲》中阐述福柯的权力观时提到"权力"在福柯的《性史》中主要表现为一种"约束或限制"的力量，但是福柯后来领悟到，权力是一个动员（mobilizing）

---

① 根据桃乐思·丁乃斯坦（Dorothy Dinnerstein）的论点，男性拈花惹草的杂交习性，也与"寡头母职"有关。亦即男性钦慕与畏惧母性的生育力，因此极力避免在性关系上被某个女性所约束，因为一对一的守贞规范会唤起男性爱恨寡头母职的记忆，会错以为又再度重回那段暗淡岁月，因此，男性非常排斥、反感女性要求性忠贞的平等。请参阅李金梅（李金梅：《寡头母职——牛头人身怪的由来》，《当代》1991年第62期，第99页）。

② Giddens A.：《亲密关系的转变：现代社会的性、爱、欲》，周素凤译，台北：巨流，2001，第10页。

③ 钟怡雯：《主体生命的觉醒——莫言小说中的肉体和欲望的合理性逆转》，《中国现代文学理论季刊》1997年第6期，第281~282页。

现象，而不只是约束或限制而已，而且那些承受权力规训的人在反映上也根本不一定是柔顺的，因此，权力可以促进（性）愉悦的产生，而不是只和愉悦对立。① 我们可以在艾德娜邀劳伯特出游的描述中，看到这种权力约制形式也转换成了某种主动积极的能动性。

> "告诉他我要去尚奈尔岛，船已经等着了，叫他动作快一点。"……以前她从没有找过他、叫过他，好像从来没有需要过他。她似乎不觉得自己这样子要求他来陪伴有什么不寻常。②

不过，这样的主动性仍旧内含着各种复杂交缠的深刻情感。在下文中艾德娜就提到一种婚外情欲经验无法同人言说的"孤独""边缘"处境。这种言说的困境有其相当的社会与性别结构的限制。黄暄对于此性欲望建构的性别社会意义提出了清晰的论述：就男性而言，性行为的节制是为了证成精神上的更生与自我道德操守，抗拒欲望是身体与心灵上的"锻炼"；就女性而言，却是道德彰显的手段，是避免扰乱秩序的机制。当然，除非她们将性事转移到母性上——为另一个男性道德服务。然而，在不赋予自主权的前提下，女性却又必须承担"性的控制"的责任，乱性罪在红颜，尤物背负着"为蛟为螭，必妖其人"的原罪。因此，面对这种婚外的情欲责难与承受的压力，相对于男性而言，女性的负荷是非常沉重的。这可以显示在当劳伯特要离开到墨西哥时，艾德娜表现了相当激动而又极力压制的情欲。

> 艾德娜激动地咬着手帕，极力地压抑、隐藏那份困扰她、撕裂着她的感情，那份对别人甚至于对自己都得隐藏的感情。她双眼盈满着泪水。③

---

① Giddens A.：《亲密关系的转变：现代社会的性、爱、欲》，周素凤译，台北：巨流，2001，第19页。
② Chopin K.：《觉醒》，杨瑛美译，台北：女书，1996，第74页。
③ Chopin K.：《觉醒》，杨瑛美译，台北：女书，1996，第98页。

必须注意到这种对女性的性压制有其阶级（class）性格。"社会的阶层越往下看，礼教的制约（至少形式上）越没有上层社会那么严苛。"① 此外，何春蕤阐释赖希的论点时说道："对于性的欲望和需求赖希和所有社会建构论者一样，认为个人的性欲强度及需求性质，总是在'性'的社会发展中逐渐形成的，婚姻则是主要规范情欲的制度。他也观察到，在他所处的历史阶段中，性——不管作为观念还是实践——虽然已经发展到无法在既有婚姻道德所允许的关系中得到满足，但是婚姻中许多妻子和孩子在经济上的依赖位置却仍然要求婚姻道德继续巩固，以维持婚姻制度的存在及其所提供的保障。"② 所以在《觉醒》一书中，阿黛儿对艾德娜叮咛说："为孩子想想，艾德娜，为孩子想想，一定要记得他们。"③ 这也正如凯特·米利特（Kate Millett）所提醒的：女性寄生物质资源的"边缘性格"，将使女人倾向于保守的观念与行为，而继续巩固婚姻制度的"正当性"与"持续性"。对于这种"为孩子想""记得他们"的叮咛与"追求自我情欲"的坚持这两者何者为先，艾德娜有一个相当举棋不定的摆荡过程。

我们可以看出艾德娜开始活出自己，并且想为自己做些事。她与拉夫人谈道："我觉得自己应该重新提起画笔，总觉得很想做点什么？"④ 同时她更清楚地知道突然爆发的情绪无助于事，而开始有意识地采取实际的行动。

> 她不再像以前那样突然爆发，采取无用的举动。她开始想做什么就做什么，完全跟着感觉走，全然不管星期二的会客日，不回拜扑空的访客，也不再徒劳想当个完美的女主人，只是随心所欲、来去自如，在可能的范围之内，一切率性而为。⑤

在可能的范围内依照自己的意愿来行事，让艾德娜的生命更有光彩，

---

① 花亦芬：《文艺复兴时代欧洲女性感情生活的枷锁》，《历史月刊》2000年第151期，第51页。
② 何春蕤：《性革命：一个马克思主义观点的美国百年性史》，载何春蕤编《性/别研究的新视野：第一届四性研讨会论文集（上）》，台北：元尊，1997，第35页。
③ Chopin K.：《觉醒》，杨瑛美译，台北：女书，1996，第223页。
④ Chopin K.：《觉醒》，杨瑛美译，台北：女书，1996，第116页。
⑤ Chopin K.：《觉醒》，杨瑛美译，台北：女书，1996，第119页。

同时显现在饱满、精神奕奕的外观上,让她更加容光焕发。当孟德莱医生应庞先生的求助来探寻他异样/异常的妻子时,他的确看出了艾德娜有些异样;但不是那种古怪的、病态的、庞先生所描述的令人担忧的艾德娜——因为她充满朝气,精神抖擞,闪耀着生命力。

> 星期四孟德莱医生到庞家吃饭,他察觉不出庞太太有任何她先生所说的那种病态的迹象。她兴致高昂,容光焕发。①
>
> 他(孟德莱医生)发现她是有一种微妙的改变,不再是那个无精打采的女人,眼前的她正悸动着生命力,讲起话来又热切又有精神,举手投足之间,完全没有压抑之气,她让他联想到刚在太阳底下苏醒过来的一只美丽而光滑的动物。②

这样的转变连她的朋友维特也观察到了,他说道:"都市气氛让她变得更迷人了,不知怎么地,她不像同一个女人。"③ 一个生活灰暗、无精打采的女人,转变为迷人的,讲起话来热切有精神的女人,像个刚在太阳底下苏醒过来的一只美丽而光滑的动物,的确是很大的转变。依循着小说的脉络来看,这个转变的关键在于:艾德娜"找到"自我,"活得"像自己,我们更进一步深究可发现,在这个"找"自己的过程中,艾德娜早期的游泳经验与情欲经验是很重要的启发与培力。

> 一天晚上,她像个刚学走路的孩子,跌跌撞撞得突然意识到本身的能力,第一次勇敢地、信心十足地自己走,她快乐得几乎想大叫。④
>
> 她突然有一种狂喜,好像自己的灵魂多了一种意义非凡的力量,她变得更大胆、更狂妄,不免高估了自己的能力;她要远远的游出去,游到别的女人从来不曾游到过的地方!⑤

---

① Chopin K.:《觉醒》,杨瑛美译,台北:女书,1996,第145页。
② Chopin K.:《觉醒》,杨瑛美译,台北:女书,1996,第146页。
③ Chopin K.:《觉醒》,杨瑛美译,台北:女书,1996,第128页。
④ Chopin K.:《觉醒》,杨瑛美译,台北:女书,1996,第63页。
⑤ Chopin K.:《觉醒》,杨瑛美译,台北:女书,1996,第64页。

从凯特·肖邦《觉醒》反思婚姻中妻职、母职与女性情欲处境

这种游泳经验的跌跌撞撞过程，以及到后来克服挫折成功地自己游，让她意识到自我某种能力的显现及相当的自信，甚至她开始大胆地想"游到别的女人所没到过的地方"。其中很重要的心理机制运作效果，在于在这个经验中她获得了一种肯定自我的满足，不必与不须依赖别人而成就的激动，及过程中因挫折连连所导致在成功后深刻体悟到的自我生命的无限可能。

艾德娜无法解释自己既然想和劳伯特去海边为什么先要拒绝，然后又依着冲动跟他走？她的内心似乎有一种曙光出现，一方面照亮她眼前的路，另一方面又禁止她走上这条路。刚开始这曙光让她困惑，它引导她去梦想、去深思、去感受那隐藏的痛苦，甚至于叫她在那一个午夜纵情痛苦。总之，庞太太开始领悟自己在宇宙中的地位，并且意识到个人与自己的内心世界及外在世界二者之间的关联性。①

艾德娜的情欲经验让她"开始领悟自己在宇宙中的地位，并且意识到个人与自己的内心世界及外在世界二者之间的关联性"。这种情欲的力量，呼应了安德鲁·罗德（Audre Lorde）的观点："对于不恐惧发现情欲的女人来说，它提供很好的补充及煽动性的力量。……一旦我们去经历它，我们将可以知道去渴望。经由充分的经历我们将会感觉并认识到它的力量而以荣耀及自我尊重的方式去探求。"② 进一步去思考情欲经验与追求自我及意识自我存在的关联性时，笔者认为在情欲经验的过程中，女性在社会中特有的情欲边缘的位置、被压迫与被监控的性格，促使女性在追求自主情欲时，必须创发出更具战斗力的坚定意志、更大的勇气以及更纤细敏锐的神经，以应付强大社会无所不在的情欲压迫机制，并且保持随时警戒备战（笔者所说的备战并不单指应付他人的指责，更重要的是从不断的脑力激荡中思索自己的位置）的心理机制，也促使女性更敏锐地感觉到自己与外在世界的关联性、冲突性与矛盾性，而这些过程衍生出的勇气能量与智慧，

---

① Chopin K.：《觉醒》，杨瑛美译，台北：女书，1996，第37页。
② Lorde A.，"The Uses of the Erotic: The Erotic as Power", *The Lesbian and Gay Studies Reader*, eds. H. Abelove, M. A. Barale & D. M. Halperin, New York: Routledge, 1993, 340.

也促使女性勇于对生命、自我进行反思并试图改变现状。

对于要开拓婚姻外的情欲经验，艾德娜相当敏锐地认识到依赖先生物质资源的给予将阻碍/断绝发展的可能。因此她说道：

> 想抛开对先生的忠贞，就得同时抛开他给她的施予。……她心里想着，无论如何，她已经下定决心除了自己之外永远不再属于其它任何人。①

这样一种抛弃/摆脱经济依赖位置的见解，凯特·米利特（Kate Millett）在《性政治》（*Sexual Politics*）一书中也有清晰的揭示，性政治里现实物质资源对实践自我极具重要性。② 此文中还论及女性必须自觉仰赖剩余物质所处的"边缘性"地位，有碍于自我的解放。因此，除非女性有意识地认知到这种拟似"寄生物"的卑屈位置，否则女性要争取自主、自我解放仍旧遥远。我们可以看到艾德娜将这种必须远离"寄生"位置的意识付诸实践——搬离舒适、高雅、美丽、令众女人羡慕的豪宅。

> 庞特里耶夫妇的豪宅坐落在新奥尔良著名的漫步大道上，是一栋双拼的大别墅，……屋内的摆设以传统的眼光来看，可说尽善尽美：柔软的地毯、门窗上品味高雅的窗帘、墙上精挑细选的画作、花缎桌巾，样样都是丈夫不比庞先生阔绰的仕女们所欣羡忌妒的。③

这样的豪宅对艾德娜的意义，除了象征她先生的另外一件"财产"外，充其量只是一个"令人窒息的神庙禁地"。④ 尤其这个房子所象征的"家"对她来说，从来不具归属感。"那栋大房子我照顾累了，反正，那房子从来不像是我的，根本不像个家。"⑤ 很重要的是，在搬离这个"美丽的壳"时，

---

① Chopin K.：《觉醒》，杨瑛美译，台北：女书，1996，第164页。
② Millett K., *Sexual Politics*, Garden City, N.Y.：Doubleday, 1970.
③ Chopin K.：《觉醒》，杨瑛美译，台北：女书，1996，第107页。
④ Chopin K.：《觉醒》，杨瑛美译，台北：女书，1996，第172页。
⑤ Chopin K.：《觉醒》，杨瑛美译，台北：女书，1996，第162页。

艾德娜意识到不带走任何她先生所施予的东西。"家（豪宅）里面只要是她自己买的、只要不是她先生施予的东西，她都请人运到新家（鸽笼），不足之处，自己再花钱添置。"① 而后搬到她自己的家，尽管小，不见得舒适，但那种无法描述的自由、喜悦、温暖的心情可以在艾德娜自己的话语中清楚理解。

> 鸽笼②令她很开心，马上就有家的温馨……。她有种感觉，好像社会阶级降低，精神层面却相对提升了。在为自己摆脱人情义务时所跨出的每一步，都更增强她身为一个独立个体的力量，更扩展了自我。③

西蒙·波伏娃于1966年访问日本时的一次演讲中曾指出，④ 维吉尼亚·伍尔夫（Virginia Woolf）名为《自己的房间》（A Room of One's own）的小书写得极妙："这个房间是一种现实同时也是一种象征。要想能够写作，要想能够取得一点什么成就，你首先必须属于你自己，而不属于任何别人。"⑤ 套用艾德娜的用语来说：（这）是一种摆脱人情义务、扩展自我、增强力量的象征；也是一种渴望情感、人格、经济独立的真实。这样的领会，很深刻地是来自情欲力量的唤醒（awakening）与培力（empowerment），使她的生命更具意义与自主性：

> 她开始用自己的双眼环顾四周，用自己的眼睛去看，去了解生命中更深一层潜在的意义，由于自己的灵魂渴望独立，她再也不能满足于"以别人的意见为意见"了。⑥

---

① Chopin K.：《觉醒》，杨瑛美译，台北：女书，1996，第172页。
② 这是形容艾德娜的新房。此"鸽笼"的称呼是她女仆（爱伦）的创意，形容艾德娜的房子小得像是鸽笼一样。
③ Chopin K.：《觉醒》，杨瑛美译，台北：女书，1996，第191页。
④ 转引自何金兰《女性自我意识：主体/幻象/镜像/主体——剖析蓉子〈我的妆镜是一只弓背的猫〉一诗》，《台湾诗学季刊》1999年第29期。
⑤ 何金兰：《女性自我意识：主体/幻象/镜像/主体——剖析蓉子〈我的妆镜是一只弓背的猫〉一诗》，《台湾诗学季刊》1999年第29期，第8页。
⑥ Chopin K.：《觉醒》，杨瑛美译，台北：女书，1996，第191页。

五　结语

对于"好"女人的描绘，一般的传统有着根深蒂固的信仰，即"所有的道德规范及时代感情都告诉她们说，女人的天性、职责，就是为别人而活，她们的本性就是彻底的自我牺牲，不能有自我的生活，她们只被允许拥有先生或孩子"。① 因此当一个女人不再为别人而活，本性也不再是自我牺牲，反而勇于探寻自我，甚至于追求婚外自我的情欲可能时，在一个性别角色规制僵化的社会中，她自然易被视为毒蛇猛兽般的"坏"女人，随之而来的打压、挞（罚）、诋毁甚至驱逐是不足为怪的。因此，艾德娜的好友提醒她要跨越抑或翻转传统，自己必须要有更坚强、更决断的意志，以免遭受更大的伤害与残酷的处罚。诚如日本学者上野千鹤子在《父权体制与资本主义》一书中所说：要抵抗强势的父权并非一件容易的事。父权体制的思想可以说是无所不在，再加上由父权体制所建立起来的经济物质基础，更是透过男性来支配女性。②

> 想要飞越传统和偏见的鸟儿得要有强壮的翅膀，小东西伤痕累累、精疲力竭地掉回地面的景象真悲惨。③

这样"想飞越传统和偏见的鸟儿"像是凯特·肖邦比喻自己的一种"移转/拟物性"的写法，以投射她写《觉醒》所冀求表达的突破传统的象征意义。没想到结局也呼应她自己所说的"小东西伤痕累累、精疲力竭地掉回地面的景象真悲惨"。"一只断了羽翼的飞鸟在空中扑打，旋转，拍动着羽翼，无力地画着圈子下坠，坠入水中。"④ "因出版《觉醒》所谓一般舆论认为'性小说'、'低俗的故事'而受到严重打击的肖邦，从此遭出版

---

① Mill J. S.：《论妇女的附属地位》，临渊译，载顾燕翎、郑至慧编《女性主义经典：十八世纪欧洲启蒙，二十世纪本土反思》，台北：女书，1999，第 11~12 页。
② 上野千鹤子：《父权体制与资本主义：马克思主义之女性主义》，刘静贞、洪金珠译，台北：时报出版，1997，第 49 页。
③ Chopin K.：《觉醒》，杨瑛美译，台北：女书，1996，第 169 页。
④ Chopin K.：《觉醒》，杨瑛美译，台北：女书，1996，第 232 页。

界冷落,作品因而锐减;这位落落寡欢的女作家,就像她所创造的艾德娜,在父权体制下,几乎被消音(silenced),乃至唾弃,结果在《觉醒》出版后五年即与世长辞。"①

最后作者安排艾德娜以"重生"的姿态,优雅、毫不畏惧地与海融为一体。"生平第一次,她(艾德娜)光裸着身躯,站在晴空之下任由阳光、海风、浪潮的摆布。晴空之下,赤裸着身躯站着多奇怪,多荒唐!可是又是多么甜美啊!她觉得自己像是一个初生的婴儿,正张大眼睛看这个似曾相识的世界。"② 这样的"重生"除了给读者更多的想象空间与启发外,想必作者也经历了某种形式的自我完成(除了情绪的抒发,更重要的是自我觉醒意识的证成)。

诚如仙瑞拉·吉儿伯斯和苏珊·古芭(Sandra Gilbert & Susan Gubar)在阐述作者意图与文本内涵本身的关联性时,以关于疯女文本为例说道:"十九世纪的女作家笔下精神散乱的女人出没字里行间,这类型的虚构人物象征着女作家对于父权制上的僵硬传统的愤怒,而疯女人形同作者的替身,是作者焦虑和激愤的化身。假借替身的暴行,女作家得以实现本身热烈的欲望,来逃离男性掌握的家门和文字情节的发展。"③ 不论作者是有意图的安排,还是为实现自己的某种欲望,笔者认为一个好的作品,正如何金兰所说:"唯有清楚的'女性自我意识',自己完全属于自己,自在地飞翔,体认'自我主体'坚决拒绝成为父权制或任何一人的'幻象'与'镜像',女性书写才能取得更高的成就,女性文本才具有长久以来缺乏的'极大颠覆性'。"④

《觉醒》这部小说的总体价值很难评定,因为蕴含太多深刻、丰富的意义不易去计量与言喻,不论是对于女性本身(作者/读者)的启示/唤醒、还是对某时代/社会意义的纪录/揭示,甚至于对不公义社会真实的反抗、

---

① Toth E., *Kate Chopin*(New York:Morrow, 1990).转引自何文敬《凯特·肖邦〈觉醒〉中三位父权人物》,载单德兴编《第三届美国文学与思想研讨会论文集:文学篇》,台北:"中央研究院"欧美研究所,1993,第256页。
② Chopin K.:《觉醒》,杨瑛美译,台北:女书,1996,第232页。
③ Showalter E.:《妇女、疯狂与英国文化》,周芬清译,《当代》1992年第69期,第84页。
④ 何金兰:《女性自我意识:主体/幻象/镜像/主体——剖析蓉子〈我的妆镜是一只弓背的猫〉一诗》,《台湾诗学季刊》1999年第29期,第9页。

控诉、颠覆的开创性/革命性书写,都是此文本或是作者带给我们的深刻"觉醒"。

参考文献

陈惠娟、郭丁荣:《"母职"概念的内涵之探讨——女性主义观点》,《教育研究集刊》1998 年第 41 期。

游美惠:《增能/增权/培力/彰权益能/权力增长(empowerment)》,《两性平等季刊》2002 年第 19 期。

蓝佩嘉:《颠覆母职》,《当代》1991 年第 62 期。

顾燕翎、郑至慧编《女性主义经典:十八世纪欧洲启蒙,二十世纪本土反思》,台北:女书,1999。

Atwater, L., *The Extramarital Connection*: *Sex*, *Intimacy*, *and Identity*, New York: Irvington, 1982.

Baumeister, R. F., "Gender Differences in Erotic Plasticity: The Female Sex Drive as Socially Flexible and Responsive", *Psychological Bulletin*, 126, 2000: 347 – 374.

Choi, P. Y. L. & Nicolson, P., *Female Sexuality*, New York, London: Harvester Wheatsheaf, 1994.

Delphy, C., *Close to Home*: *A Materialist Analysis of Women's Oppression*, London: Hutchinson, 1984.

Edwards, J.; N. & Booth, A., "Sexuality, Marriage, and Well-being: The Middle Years", In A. S. Rossi ed., *Sexuality Across the Life Course*, Chicago: University of Chicago Press, 1994, 223 – 259.

Forbes, Joan., S., "Disciplining Women in Contemporary Discourses of Sexuality", *Journal of Gender Studies*, 5, 1996: 177 – 189.

Forbes, R. & Tanfer, K., "Sexual Exclusivity among Dating, Cohabiting and Married Women", *Journal of Marriage and the Family*, 58, 1996: 33 – 47.

Glass, S. P. & Wright, T. L., "Justifications for Extramarital Relationships: The Association Between Attitudes, Behaviors, and Gender", *Journal of Sex Research*, 29, 1992: 362 – 387.

Hilary, M, Power: "Social and Interpersonal Aspects", In J. Worell ed., *Encyclopedia of Women and Gender*, 1, San Diego: Academic Press, 2001: 847 – 858.

Humm, M., *A Reader's Guide to Contemporary Feminist Literary Criticism*, New York; London: Harvester Wheatsheaf, 1994.

Jackson, S. & Scott, S., eds., *Feminism and Sexuality*: *A Reader*, New York: Columbia Press, 1996.

Miller, J. B., *Toward a New Psychology of Women*, Boston: Beacon Press, 1976.

Miller, J. B.:《支配与附庸》,郑至慧等译,载顾燕翎、郑至慧编《女性主义经典:十八世纪欧洲启蒙,二十世纪本土反思》,台北:女书,1999。

Warhol, R. R. & Herndl, D. P., Eds., *Frminisms*: *An Anthology of Literary Theory and Criticism*, New Brunswick, N. J.: Rotgers University Press, 1997.

性别的相对主体性与性别权力思考逻辑的型构

——西方性别历史中之性别秩序的社会建构

陈敏郎*

一 前言：女人与性别历史

就西方的历史经验而言，对于性别历史的理解与建构方式，长期以来，男人为历史建构主体的论述情境是毫无疑义的。故而，对于女人在历史建构过程中同时具有其主体性意义的揭举与摆置，从而作为重新理解性别历史建构模式的基础与策略，事实上是一件艰难的工作。关于女人的历史主体性位置及其意义，法国年鉴学派史家杜比和裴洛特在《记述女人史》(Writing the History of Women) 一文中，首先提出了这样一个兼具讽论与挑战的严肃问题："女人有历史吗？"

无可否认地，女人的地位与角色长期以来一直是被放置在一个晦暗不明或停滞的世界（immobile world）中，以至于在历史剧本中我们常常感觉不到女人的声音和气息，在社会认知上女人则往往是处在不能"走出户外"的图像之中。如同齐默尔所指出的，以男性特质为核心的文化形塑，是一个长期的"历史事实"（historical fact）；[①] 或是像汤玛斯所说的，两性关系

---

* 陈敏郎，时为台湾东海大学社会学研究所博士班研究生。原文刊于《妇女与两性学刊》1996 年第 7 期。笔者感谢高承恕教授，陈介玄、翟本瑞副教授对本文初稿的指正，"东亚社会经济研究中心"师长同仁的参与讨论，以及审查委员的建设性意见。

① Simmel, Georg, *Georg Simmel: On Women, Sexuality, and Love*, London: Yale University Press, 1984, 99.

的不平衡，是一种历史的型构过程。① 在以男性特质为主轴的性别历史建构模式底下，由于对某种性别秩序的持续关切，女人事实上是有意地被忽略了，许多关于女人之历史与社会处境的素材因而不被保留。在一篇有关古罗马女人社会生活情境的研究中，罗赛拉就指出，巴比伦神话乃至圣经中所描述的，基本上是一个没有女人的世界。② 这种情况或许随着记述能力的提升与普及，以及记述对象的相对丰富而有所转变，然而"女人的情节"相对于"男人的故事"仍是贫乏许多。这样的结果就有如潘特尔所感叹的：世界是不公平的，就好比虽然世界上大部分是乡村，但是我们对于城市的了解远多于乡村；尤有甚者，当少数的城市人占据着历史舞台中心时，大多数的人就变成没有自由或是陌生的人了。对于女人历史情境的认识，无怪乎他要说："让女人自己说话是困难的。"③

虽然如此，这并不意味着重新定位女人之历史地位的企图是不可能的。从日常生活言行的观点（perspective of practice）来看，"历史素材"与"历史事实"之间不一定是可以等同看待的。因此，有关女人生活情境的历史素材固然可能极为匮乏，但也绝不能因此抹灭女人实际上参与着种种社会行动的历史事实。正如杜比如和裴洛特指出的："没有一件悲剧的发生，完全没有女人泪水的合音。"④ 即便在不是以女人为主要记述对象的历史素材当中，女人面貌的表显也并非完全付之阙如。例如，作为人类社会存在与社会组成最根本的制度性基础，早从古代社会以来，婚姻即象征着女人生命的成就，如同战争是男人生命的成就一般。⑤ 婚姻自古以来即作为主要的社会制度，牵涉着社会整体秩序的维持，拒绝婚姻即有违社会秩序。因而

---

① Thomas, Y., "The Division of the Sexes in Roman Law", *A History of Women*, ed. P. S. Pantel, Cambridge: Harvard University Press, 1992, Vol.1, 90.
② Rousselle, A., "Body Politics in Ancient Rome", *A History of Women*, ed. P. S. Pantel, Cambridge: Harvard University Press, 1992, Vol.1, 296.
③ Pantel, P. S., "Representations of Women", *A History of Women*, ed. P. S. Pantel, Cambridge: Harvard University Press, 1992, Vol.1, 3; Pantel, P. S., "The Woman's Voice", *A History of Women*, ed. P. S. Pantel, Cambridge: Harvard University Press, 1992, Vol.1, 473.
④ Duby, Georges & M. Perrot, "Writing the History of Women", *A History of Women*, ed. P. S. Pantel, Cambridge: Harvard University Press, 1992, Vol.1, ix.
⑤ Lissarrague, F., "Figures of Women", *A History of Women*, ed. P. S. Pantel, Cambridge: Harvard University Press, 1992, Vol.1, 152.

婚姻同时是男女两性在其生命历程中的一个重要里程碑。① 因此，在一些有关结婚仪式的古老壁画描绘中，我们可同时看到男女两性所扮演的社会角色。

换言之，在理解人类历史文明的型构过程时，无论在社会生活、经济生活、政治生活，还是在文化生活中，女人都扮演着一个无法从人类总体文明进程中分割出去的角色。在那些传统以来一直被认定只与男人密切相关的宗教、军事、政治、商业等领域的种种生活言行之中，女人并未缺席，甚至在其中同样有其无可替代的位置。总之，对于女人地位、两性关系乃至性别历史的理解，可以在这些人类长期社会生活的遗留痕迹中，重新开启新的认知视野。事实上，这同时也意味着一种理解历史与社会实践的观点的转换。正如同勒鲍德所言，没有对于男性社会规范下之心象和论述的解码（decoding），女人的历史是无法想象的。因为，两性关系并不是一个"自然的事实"，性别秩序事实上是持续不断的社会建构过程的结果；同时，此一不断进行社会定义的过程及其结果，更可以进一步地说明社会变迁的原因和结果。②

是故，若就性别关系（gender-relation）的真义而言，我们将可了解到"女人史"同时也必然是"男人史"。因而，对性别历史的表述有必要从一个"性别的相对主体性"（relative subjectivity of gender）的角度，重新去面对与考察男女两性的历史与社会处境。就性别关系乃至性别历史的重新理解而言，虽然"性别的相对主体性"的考量在知识的认知层次上具有重大意义，但是上述对于女人的历史情境及其社会处境的反省与慨叹，不可否认地，也正说明着西方传统性别关系的一般面貌，及其所经历之社会与历史的建构过程。

二 西方传统性别秩序的社会建构基础

一般而言，对于性别关系的界定与讨论，不论从社会地位、政治参与、

---

① Zaidman, L. B., "Pandora's Daughters and Rituals in Grecian Cities", *A History of Women*, ed. P. S. Pantel, Cambridge: Harvard University Press, 1992, Vol. 1, 362 – 365.
② Thebaud, F., "Explorations of Gender", *A History of Women*, ed. F. Thebaud, Cambridge: Harvard University Press, 1994, Vol. 5, 2 – 4.

经济活动还是宗教行为等诸多生活言行的表现方式来观察，都是在说明某种性别权力（gender-power）的分配模式。事实上，性别权力的分配模式即彰显着某种性别秩序（gender-order）的界定方式和建构逻辑。简而言之，性别秩序的成形与彰显，豁显着男女两性相对的权力关系与社会关系；而性别秩序在两性相对之权力关系和社会关系上的表现，则可进一步说明在西方的传统性别历史之中，性别秩序乃是某种社会建构过程的本质：诸多的社会力量（social forces）共同参与着西方传统性别秩序的形塑。对于性别秩序之认知态度的形塑，就西方的历史经验而言，至少有三个线索是值得注意的，一是古老而源远流长的神话信仰与宗教生活；二是神圣不可侵犯的知识建构及其论述氛围；三是作为政治统治形式的法律制度和国家角色。这些社会力量共同产生的作用，即成为西方传统性别秩序主要的社会建构基础。

（一）神话信仰与宗教生活

早自古希腊罗马时代，甚至更早以前，神话的构筑与流传对于古代西方的宗教与社会生活，乃至社会秩序的建立就具有一定的影响力。莉莎瑞格在古代遗留下来的雕塑艺术与瓶饰绘画等作品中发现，古希腊罗马的神话描述，与西方古代日常生活的景象有某种重叠性。神话的表述与日常生活的情境，从这些文化遗产的表现来看并没有太大的差别。① 另外尽管有一篇关于母权社会（matriarchy）的讨论对巴贺芬（J. Bachofen）建立母权社会的迷思仍多有争论，但是我们也因此看到神话对古代社会的性别区分及其社会秩序的影响。②

往往在宗教活动与信仰中，即很清楚地表现了两性权力的分配情形，并从而彰显了传统性别秩序的基本模态。在西方古代社会中，宗教祭祀活动常常与整体社群权力的展现有关，尽管在任何情况下，男人都是表达此一社会权力的主要代表人与领导者。在神话信仰与宗教活动的规约之下，

---

① Lissarrague, F., "Figures of Women", *A History of Women*, ed. P. S. Pantel, Cambridge: Harvard University Press, 1992, Vol. 1, 228–229.
② Georgoudi, S., "Creating a Myth of Matriarchy", *A History of Women*, ed. P. S. Pantel, Cambridge: Harvard University Press. 1992, Vol. 1, 449–463.

女人甚至不能像男人一样食用某些祭祀品。比如祭祀用的酒，只有男人才能享用，因为人们相信，只有男人才有与神接触、沟通的能力，也因而才有资格共享祭神的珍贵贡品。① 总体而言，在主要的宗教祭祀活动中，女人被迫处在一个"边缘化"（marginalization）的位置。所谓边缘化，就是在一些表现社群权力的重要祭典仪式上，弱化女人参与宗教活动的意义。有女人出现的公共祭典，由于和社群权力及其利益的表现无关，因而被认为必定是异邦人的祭典；若干与女人有关的祭典不能在白天举行，也不能在城中进行，因为它被归为与奴隶或其他社会边缘人同一类的祭典。换言之，因为女人必定不能"理性"地操作宗教事务，女人主事的宗教仪式也就被视为异端。女人在西方古代神话信仰和宗教活动中处在一种被边缘化的位置，也使女人与"迷信"具有亲近性的论调，常常成为罗马文学中的一种老生常谈。②

因此我们可以看到，神话信仰以及宗教生活和古代社会规范的建构之间，事实上存在一种关联性。神话信仰与宗教活动成为日常生活的一部分，并成为体现与保障原始社会秩序的重要工具。至少在西方古代社会中，信仰生活与社会生活之间具有高度的同构性：社会规范常常借由某些古老的神话信仰来合法化其存在的理由与无上的效力；而社会规范的执行也能保障这些信仰与仪式的神圣不可挑战性。在信仰生活当中，一旦人们对于自然的不可抗力无法解释，社会就需要一些有罪的、边缘的团体，来承担一切可能的罪过。女人在古代信仰生活中所处的边缘性位置，自然使她们成为承担某些莫名后果的首要牺牲者，尤其是那些最老、最丑、最穷的女人。③ 西方传统性别秩序的社会建构过程，明显受到神话信仰与宗教生活的影响：神话信仰与宗教生活合法化某种性别秩序的模式，并使之成为一种社会规范的形式；而社会规范所具有的正当性，则持续保障着宗教信仰建构某种性别秩序的特殊权力。

---

① Scheid, J., "The Religious Roles of Roman Women", *A History of Women*, ed. P. S. Pantel, Cambridge: Harvard University Press, 1992, Vol. 1, 379–380.
② Scheid, J., "The Religious Roles of Roman Women", *A History of Women*, ed. P. S. Pantel, Cambridge: Harvard University Press, 1992, Vol. 1, 397–400.
③ Sallmann, J., "Witches", *A History of Women*, eds. N. Z. Davis & A. Farge, Cambridge: Harvard University Press, 1993, Vol. 3, 448.

宗教信仰下的生活规制及其社会规范，长期以来都是建立一种性别秩序的重要社会基础，并彰显了性别关系所存在的一种"层级距离"（hierarchical distance）。中古时期，女人对丈夫、孩子、家庭负有种种义务，而教会与社会对于一个好女人或好妻子的期待只有一个，就是"毫无过失"（irreproachability）。从而，对于女人生活言行的评判始终存在双重门槛：在宗教生活上，女人必须遵奉善心德行，时时在圣经教论与圣人言行中反躬自省，唯有如此，女人才有可能被免除原罪；而在俗世生活上，社会上的家常闲话与街头议论攸关女人的声名毁誉，而女人唯一一件值得被公开赞扬的事，就是有好的声誉。[1] 当然，关于类似"女人是男人的肋骨"这种常被用来描绘进而论述女人劣等性的陈腔滥调，日后不乏有识才教士试图将这种男女之间的肉骨关系，以强调夫妻之间互惠关系之名来加以转化，然而即便是在基督教文明鼎盛时期，一个"好妻子""好女人"仍有许多的"客观标准"存在。两性之间的不平衡关系在西方的信仰与宗教生活底下，事实上仍然在延续。神话信仰与宗教生活作为西方传统性别秩序的社会建构基础，对于人们认识性别权力以及性别关系的影响，无疑将根深蒂固而且流传久远。

（二）知识建构及其论述氛围

指定女人所应扮演的角色，长期以来同样已构成一套知识的意识形态体系。早在古代社会之时，女人所具有的生育能力，就已经是男人在社会上所掌握之优越性地位的一大威胁。在《创造一种母权迷思》（"Creating a Myth of Matriarchy"）一文中，吉尔固迪即指出，一些希腊神话对于赋予女人一种原始力量与受崇拜的位置感到惧怕。神话是古老社会规范的基础，以及原始知识建构的起源，在神话中将女人排除于受敬重的位置之外，同时是试图将女人排除在希腊历史，甚至所有历史之外。[2] 在古罗马社会中，对于女人的生理期、贞操、结婚年龄、怀孕、生育、避孕、堕胎等与婚姻

---

[1] Vecchio, S., "The Good Wife", *A History of Women*, ed. C. Klapisch‑Zuber, Cambridge: Harvard University Press, 1992, Vol. 2, 127–128.

[2] Georgoudi, S., "Creating a Myth of Matriarchy", *A History of Women*, ed. P. S. Pantel, Cambridge: Harvard University Press, 1992, Vol. 1, 463.

契约有关的事，都有一套相应而完整的知识传说。而这一整套知识传说所要确立的一个核心观念与诠释方向是，即便是女人所独具的生育能力，基本上也是不关女人的事。① 种种对于两性关系的知识诡辩，以及对两性差异的有意识的区辨，归根结底，是为了确认与巩固男人所拥有之社会权力与地位的优越性。

知识的建构与论述模式能够导引某种社会知识架构的形成。而在西方的历史经验中，虽然建构性别关系知识的唯一声音来自男人，但并不是所有的男人都拥有这个权力。有能力决定人们应该如何看待女人的人，主要是那些控制着知识与文字流传的僧侣和都会人士。② 在这些少数拥有知识记述能力和权力的神职人员眼中，女人、金钱与名位是男人的三大敌人，在这些知识特权人士的"凝视"之下，女人尤其是男人最亲密的敌人。③ 古代乃至中古时期的西方社会，宗教信仰是知识建构的重要基础和主要泉源，神学、医学、哲学对于女人的意想、表述与诠释的知识建构，基本上归从于宗教的启示和教诲。在神学理论上，女人的贞操以及和人类一切罪恶来源有关的宗教信仰，至少从 9 世纪开始，即是教会想象与定位女人角色的中心思想。亚当是灵魂，夏娃只是肉体，对抗肉体的诱惑成为主要的宗教教论。12 世纪中叶起，这样的警告与训诫扩及更广大的教本、伦理与法律规范，到了 14 世纪更成为裁判手册的基本原则。④ 在神学理论中，女人要获得救赎必须赎罪两次：一次是由于原罪，另一次则是因为身为女人。就此而言，对于那些建构神学知识的高层僧侣或都会人士而言，在宗教信仰中反映出某种性别秩序自然是一个不容辩驳的方向。

在医学上，传统的知识思辨方式对于性别秩序的建构同样产生了一种固着的作用。西方在 13 世纪首次出现了人体解剖学，但是任何的观察结果仍要以符合"女人的身体是一个心智尚未驯化的生物性躯体""女人的器官

---

① Rousselle, A., "Body Politics in Ancient Rome", *A History of Women*, ed. P. S. Pantel, Cambridge: Harvard University Press, 1992, Vol. 1, 302 – 316.
② Klapisch-Zuber, C., "Including Women", *A History of Women*, ed. C. Klapisch-Zuber, Cambridge: Harvard University Press, 1992, Vol. 2, 7.
③ Dalarun, J., "The Clerical Gaze", *A History of Women*, ed. C. Klapisch-Zuber, Cambridge: Harvard University Press, 1992, Vol. 2, 1 – 23.
④ Dalarun, J., "The Clerical Gaze", *A History of Women*, ed. C. Klapisch-Zuber, Cambridge: Harvard University Press, 1992, Vol. 2, 31 – 40.

是一种比较低下的男人器官的复制品"等固有的"理论基础"为主。即使若干理论随着解剖观察的进步而被放弃，各种源于古代贯穿中古的医学思想，其强韧的生命力依然不断在后世延续。大医学家希波克拉提斯的思考取向，不但成为中古生理学知识的主要分类架构，更在中古世纪之后持续留存了好几个世纪。文艺复兴时期的解剖学虽然已经和传统智慧有所分裂，但仍然不足以对中古以来的医学理论构成挑战。①

而有关性别秩序的哲学思想，主要表现在穿透中世纪的亚里士多德式的思想中："女性是不完整的男性"（a female is an incomplete male）、"女人是有过失的男人"，进而在有关人性问题的哲学讨论中，逐渐确认了女人的脆弱、不稳定、不理性与情感性等人格特质。这些指涉女人不过是"长大了的小孩"的人格特质，同时就是女人必须接受更多教养的主要理由。亚里士多德教诲之下的男女德行是，男人必须能有效地执行权力，而女人则要能正确地履行秩序，从而形成卡萨格兰蒂所说的一种女人必须被"保护管束"（custody）的哲学思辨原则。② 即使到了文艺复兴、启蒙运动的时代，乃至18、19世纪，对于性别秩序的哲学论述，仍然延续着一种传统语言的性格。就像卡斯纳贝特所指出的，虽然基于平等原则之下，调和两性之间不平等的努力不是没有，但是18世纪对于性别关系秩序普遍的社会意识形态仍是："男人是女人的最终依归"（man was the final cause of woman）。在她看来，卢梭、孟德斯鸠乃至康德的性别思想，基本上也仍在延续着这一类的概念。③

中古以来对性别关系的知识建构与社会教论，不论是神学、医学还是哲学的论述氛围，都同样明白地表现出西方传统性别秩序的基本形貌。如同古代以来在宗教生活与神话信仰之下所形塑的性别秩序建构逻辑一样，当时所有"知识上"的不解，都同样从女人身上寻求"稳当的答案"。在神学上，不洁、邪恶的女人是男人腐化、堕落的根源；对于疾病、不孕、阳

---

① Thomasset, C., "The Nature of Woman", *A History of Women*, ed. C. Klapisch-Zuber, Cambridge: Harvard University Press, 1992, Vol. 2, 53 – 59.
② Casagrande, C., "The Protected Woman", *A History of Women*, ed. C. Klapisch-Zuber, Cambridge: Harvard University Press, 1992, Vol. 2, 87 – 89.
③ Crampe-Casnabet, M., "A Sampling of Eighteenth-Century Philosophy", *A History of Women*, eds. N. Z. Davis & A. Farge, Cambridge: Harvard University Press, 1993, Vol. 3, 347.

萎的医学认定，同样将矛头指向女人；而有关社会道德的哲学思辨，女人不但在社会认知上成为罪恶的工具，更是使罪恶成为公开事实的祸首。对于女人拥有"生物性再生产"能力的原始恐惧，使男人不得不透过各种知识建构与论述的管道，形塑一种特殊的性别概念；借由某种"社会性再生产"规则的营造，进而达成某种性别秩序的建立。借用卡萨格兰蒂的话来说，女人在人类知识建构的过程中，成为一个"测试团体"（testing group）。即使是到了现代，如同吉尔吉斯所指出的，与女人有关的价值和道德义务，仍然在各种"危险的场所"，如街上、舞会、市集雅座等社会聚会场所中，不断地被测量与检验。①

我们可以发觉，女人在西方传统性别秩序中的位置，相当程度上对应着既存的社会实验。亦即一个社会秩序在建构的同时，也在确立一种性别秩序。从女人生理构造到女性心理特质的种种知识理论，要指出的就是女人在传统性别秩序中的相对劣等性（inferiority）。从古代开始，学者的论文、百科全书、官方文本、民俗风情，都公然地在共同形塑着这一股神秘的力量。因此，作为一种社会建构的基础，知识建构及其论述氛围同样说明了西方传统性别秩序的社会建构的过程与本质：知识的建构确立了某种社会价值，表明着某种性别秩序的模式；而社会价值则保障着知识论述持续建构某种性别秩序的正当性。传统性别秩序的知识建构之所以能传之久远，正是因为它们与大部分的社会价值相一致。②

（三） 法律制度和国家角色

西方从古代乃至基督教文明时期以来，在宗教信仰对日常生活的支配性影响力之下，神学的、医学的、哲学的知识论述，逐渐认定从而正当化了男人在西方传统的性别关系乃至性别秩序中的相对优越性（superiority），以及女人的相对劣等性。除此之外，西方传统性别秩序底下的性别关系与性别权力的界定，基本上是一种法律建构（legal construct），而不是一种自

---

① Giorgio, Michela De, "The Catholic Model", *A History of Women*, eds. G. Fraisse & M. Perrot, Cambridge: Harvard University Press, 1993, Vol. 4, 189.
② Berriot-Salvadore, E., "The Discourse of Medicine and Science", *A History of Women*, eds. N. Z. Davis & A. Farge, Cambridge: Harvard University Press, 1993, Vol. 3, 353–355.

然事实（natural fact）。男性的"法定亲属关系"只是相对于女性"自然亲属关系"的一种抽象的法律规定，它界定了一种人际联带（interpersonal bond）的新形式，并在"法律上"赋予它合法性，从而具有一种权威性。事实上，相对于女人因为生育能力而与之俱来的自然联带，正是必须透过这一层"法律关系"的建立，父权权威才可能穿透并掌握这种人际联带的关系。①

在罗马法中我们即可看到，父权体系的权利继承形式，基本上即是法律建构的基础。就"法定继承"权而言，是因为拥有某些权利，才在"法律上"有继承的必要。法律既是一种父系权利联带的建构，因此也就唯有父系权利才有权利继承之必要，并作为法律建构的主要原则和基础。相对而言，"法律上"并不存在母系权利继承的问题，因为母系联带根本不具任何"法定继承"的权利。母系联带在罗马法中被承认的部分是相当有限的：在"法律上"，女人永远只是一个"单独的法律个体"（single legal unit）。②不论生前死后，女人的法律地位仅及于自身，女人对于自己以外的其他人，基本上没有任何法律主张的权利。女人在法律上作为一个单独的个体，因而也就没有所谓的"法定继承人"了。女人作为一个"单独法律个体"的观念，在西方经验中事实上延续得非常久远。甚至直到二次大战结束之前，欧洲大部分国家和北美地区仍不承认已婚妇女的市民权利。她们在"法律上"的权利附属于丈夫的意志之下，没有丈夫的授权，女人不得在法庭上作证或签署任何文件。

法律形式是国家权力的一种表现，从而国家角色对性别秩序的形成也有着直接的影响。在西方经验中，在古代与中古及至中古后期的旧式政权中，女人事实上很少受到国家的关注，其位置就如同女人在过去的历史学者眼中一样，往往只被视为战争的受害者，与幼童、老弱、奴隶同属一种地位。③ 20世纪两次世界大战，女人被动员为备战的祖国服务，战争虽然使

---

① Thomas, Y., "The Division of the Sexes in Roman Law", *A History of Women*, ed. P. S. Pantel, Cambridge: Harvard University Press, 1992, Vol. 1, 92.

② Thomas, Y., "The Division of the Sexes in Roman Law", *A History of Women*, ed. P. S. Pantel, Cambridge: Harvard University Press, 1992, Vol. 1, 95.

③ Duby, Georges & M. Perrot, "Writing the History of Women", *A History of Women*, ed. P. S. Pantel, Cambridge: Harvard University Press, 1992, Vol. 1, xv.

女人被国家赋予了前所未有的自由和责任,很多藩篱被打破,战时的动员也使女人得以介入传统一向由男人所占据的若干部门,如工业生产、运输工作乃至成为军人,很多机会因而向女人开放,但是欧洲各式的现代政府在试图将其女性市民"国家化"(nationalization)时,事实上只是标举女人作为救援、抚慰的象征意义,性别关系的整体改变仍然有限。因而即使旧式政权结束,现代国家来临,女人走进现代世界的脚步仍远远落在男人后面。更因为孩子成为国家战后重建的主要关怀,"回到家里"再度成为女人神圣的市民义务。[①] 1920年代投票权的争取被视为妇女解放运动的征兆,但是现代国家对于女人之家庭责任的要求,使女人仍难以参与公共活动。[②]

19世纪末20世纪初,日趋活跃的妇女运动与民主主义、社会主义、无政府主义等政治运动均有着明显的策略性联盟关系,而这对于现代欧美妇女运动与女性主义的发展亦有进一步的强化作用。[③] 各式各样的改革主义、解放主义乃至激进主义,对于女人介入意识的形塑,以及西方性别权力与性别关系的认知方式,均有着重要的影响。西方现代福利国家的兴起,更是使妇女地位以及传统的性别关系产生了根本性的转变,国家福利使女人可以不再依赖婚姻或家庭制度来获得生存上的保障,从而使家庭、婚姻、生育也可能不再成为一件必要与长久的事。[④] 当然,现代福利国家的形成和是否有妇女运动的存在息息相关,女人对国家福利政策的影响以及所得到的待遇,在不同的国家形态底下有着极为不同的面貌。[⑤] 总之,国家角色的持续变动,对于西方传统性别秩序的建构也不断产生着新的影响。

[①] Thebaud, F., "The Great War and the Triumph of Sexual Division", *A History of Women*, ed. F. Thebaud, Cambridge: Harvard University Press, 1994, Vol. 5, 30–40; . Thebaud, F., "In the Service of the Fatherland", *A History of Women*, ed. F. Thebaud, Cambridge: Harvard University Press, 1994, Vol. 5, 17–18; Thebaud, F., "Explorations of Gender", *A History of Women*, ed. F. Thebaud, Cambridge: Harvard University Press, 1994, Vol. 5, 8.

[②] Sohn, Ann-Marie, "Between the Wars in France and England", *A History of Women*, ed. F. Thebaud, Cambridge: Harvard University Press, 1994, Vol. 5, 92–119.

[③] Kappeli, Ann-Marie, "Feminist Scences", *A History of Women*, eds. G. Fraisse & M. Perrot, Cambridge: Harvard University Press, 1993, Vol. 4, 486.

[④] Lefaucheur, N., "Maternity, Family, and the State", *A History of Women*, ed. F. Thebaud, Cambridge: Harvard University Press, 1994, Vol. 5, 448.

[⑤] Bock, G., "Poverty and Mothers' Rights in the Emerging Welfare", *A History of Women*, ed. F. Thebaud, Cambridge: Harvard University Press, 1994, Vol. 5, 432.

三　性别秩序的建构逻辑

从前面对于西方传统性别秩序之社会建构基础的讨论中，我们不难发现，不论是经由宗教信仰、知识论述还是国家角色，对于西方传统性别秩序所进行的社会建构模式，都是试图将女人限定在一定的历史与社会界限内，如此也才可以持续不断地对其进行掌握和检视。因此，与女人有关的丰富讨论，事实上和建立乃至维系一种普遍的社会秩序有关。就西方社会而言，从古罗马乃至中古以来，对于女人所存在的种种心象（images），事实上多于对女人实体存在（realities）的真正认识。因此，历史长期以来所传达的女人图像，并不是女人自身生活情境的唯一展现。然而，某种建构的图像行之久远，从而使想象与描述结合成为一种语言，进而成为传记文学与其读者之间的语意传达工具时，隐论（metaphor）或想象即常常可能被转化成为实体存在。[①]

长期以来，何以是女人必须被探讨，并没有太多的证据可以说明。卡斯纳贝特曾经指出，在男人惊异于女人的美貌和魅力，而深深被吸引的同时，众多文本即开始强调女人的脆弱、羞怯和轻佻；而女人"最大的缺点"正是她的生理机能。[②] 萨尔维多也认为，知识文本对于女人的兴趣，大部分表现在对女人所具有之生育能力的关注，但是为什么谈女人，本身就是个问题。[③] 从上面的讨论中我们也可以了解到，如果男人是社会权力的掌握者和知识建构的主体，那么权力支配以及知识论述的对象就必须是女人了。然而，我们也可以从另一种观点感受到，女人在性别权力的展现上，同样可能存在主体性意义的表现，而不仅只具有"被支配、被论述"的客体性意义。

[①] Frugoni, C., "The Imagined Women", *A History of Women*, ed. C. Klapisch-Zuber, Cambridge: Harvard University Press, 1992, Vol. 2, 387–390.

[②] Crampe-Casnabet, M., "A Sampling of Eighteenth-Century Philosophy", *A History of Women*, eds. N. Z. Davis & A. Farge, Cambridge: Harvard University Press, 1993, Vol. 3, 325.

[③] Berriot-Salvadore, E., "The Discourse of Medicine and Science", *A History of Women*, eds. N. Z. Davis & A. Farge, Cambridge: Harvard University Press, 1993, Vol. 3, 349.

（一）层级性别秩序的建构逻辑：一种权威性权力的角度

西方从古代社会以来，权威透过男性来展现是殆无疑义的。在所谓"男性本质"的社会中，首要顾及的如果是男人社会权力与地位的优先性，对于性别关系的思考，自然也就可以此为逻辑建构的基点。对于西方传统性别秩序的种种社会建构所关切的，事实上也就是一种对于"男性性别权力之连续性"的主张：男性的性别权力必须在各个社会生活领域优于女性。男性性别权力之连续性的宣称，是一种从"权威性权力"（authorized power）的角度，对于性别秩序所进行的一种建构逻辑。这种性别秩序乃至社会秩序的建构逻辑，使女人成为思考和论述上的客体，并因而成为一种"心象的再现"（representation of imagery）。① 由权威性权力所定义的性别关系和性别秩序，同时是一种社会道德规范与价值标准的展现，这其中也隐含着男人对女人有意识的想象和无意识的贬抑。在权威性权力的思考脉络底下，无法承认女人的主体性，因而也就没有任何女人论述形式的存在，从而女人必须依赖男人、丈夫对妻子负有责任，这些界定男人与女人相对之权利义务的安排也就成为"自然的事"。胡夫顿指出，中古以来甚至直到18世纪，西方社会无法忍受与面对独立的女人，正是因为她们有违自然的安排。自然论使独立的女人因为违反自然，而遭受大众的极端憎恶。萨尔曼在《女巫》（Witches）一文中即指出，不结婚的女人或是寡妇尤其容易受到社会的猜忌与非难，"女巫"因此常被用来指涉那些不结婚或单身的女人。②

权威性权力以一种社会规范与价值的形式展现，所强调的无疑是一种从上而下的贯穿力量。上述"女巫"这一名词对于这种由上而下的力量，即可提供很好的说明：除了反映人与超自然关系的一种特殊的宗教观感之外，同时也表明着那些"既老又丑的女人"必须为激起社会恐惧负起责任的社会观感。通常这也就是对于那些挑战权威性权力所界定之规范者的回

---

① Crampe-Casnabet, M., "A Sampling of Eighteenth-Century Philosophy", *A History of Women*, eds. N. Z. Davis & A. Farge, Cambridge: Harvard University Press, 1993, Vol. 3, 319.

② Sallmann, J., "Witches", *A History of Women*, eds. N. Z. Davis & A. Farge, Cambridge: Harvard University Press, 1993, Vol. 3, 445–448.

报。关于权威性权力所形塑的宗教观感，《身体与心灵》（Bodies and Hearts）一文的作者尼拜瓦告诉我们，直到19世纪，女人仍然不断地被告诫而且必须相信，她们的身体是灵魂最大的敌人，是通往走漏风声救赎之路的主要障碍。① 至于女性特质的脆弱性，乃至女人在本质上就是一种弱势性别（weaker sex）的社会观感，在权威性权力的界说底下，同样有其长远的影响力。从权威性权力的角度之下所建构的性别秩序，界定了女人应有的角色、地位与权利，总体来说就是女人在法律、宗教、政治、经济等社会活动上的无职能（incapacity）与边缘化。这主要即是为了避免男性性别权力的优越性受到动摇，从而使男性性别权力的连续性得以畅顺无阻。

从人类社会发展的总体历史来看，在将武力（might）转变成权利（right）的过程中，使男性本质成为客观的标准，在建构一种权力支配关系的思考逻辑之下有其优越性。在这个逻辑底下，传统意义下的女人只能是男人的补充物（complement）。② 这也就无怪乎一个男性本质的文化或社会建构模式，长久以来就是那么"自然"了。从而布林在《依靠想象的评判》（Judging by Image）一文中明白地指出，性别问题是一个很大的禁忌，性别角色的违反"将使整个世界被翻转"。③ 我们可以说，男人对于女人性别角色的关切，是真实地在回应此一"严肃"的社会生存问题，从而成为从权威性权力的角度建构一种"层级性性别秩序"（hierarchical gender order）的正当借口。随着一些古老传统与流传积习而来的想象图样，事实上也是在表现男人对女人的一种幻想、期待乃至惧怕。

因而，一种强调男性性别权力之连续性的思考逻辑，对于性别关系与性别秩序的认定方式，无疑是与人类社会形成的主轴，以及对于社会秩序的思考有关的。生育期望、婚姻制度以及家庭组织，长期以来一直是人类社会形成与延续的主要内涵。生育是人类寻求传宗接代的生物性本能，不要说一般人希望能代代相传，那些拥有统治特权的王公贵族，更期望世代

---

① Knibiehler, Y., "Bodies and Hearts", *A History of Women*, eds. G. Fraisse & M. Perrot, Cambridge: Harvard University Press, 1993, Vol. 4, 325.

② Simmel, Georg, *Georg Simmel: On Women, Sexuality, and Love*, London: Yale University Press, 1984, 104-105.

③ Borin, F., "Judging by Images", *A History of Women*, eds. N. Z. Davis & A. Farge, Cambridge: Harvard University Press, 1993, Vol. 3, 252.

交替地顺利进行,这是一种持续的生物性再生产过程。而婚姻制度对于社会秩序而言,更是一件严肃的事情,"严肃到必须做最精确的控制"。[1] 生育期望结合婚姻制度与家庭组织而具有其社会正当性,从而成为延续人类生命最根本的社会性再生产结构。对于女人的认知,集中在对其"生物性再生产"能力的关切,并透过宗教信仰、知识论述以及国家角色,持续进行某种社会建构的过程,以延续从权威性权力的角度来控制和支配"社会性再生产"过程的企图。性别社会史的重心,千百年来可以说表现在对于此一"双重再生产过程"的持续关注上。在这个关系着人类存续的过程中,女人是必须被"精确控制"的对象。就在男人"努力"地将想象与惧怕掺杂的虚幻情结,转化成种种社会论述的真实情节的同时,女人所拥有的资产全部成为负债,资产愈丰富,负债也就愈沉重。

从西方的性别历史来看,社会的组成形态乃至主要的发展过程,事实上不能脱离"生育、婚姻与家庭"此一兼具双重再生产功能的基本结构的型构和维续。在这个复杂的过程中,立基于男性性别权力连续性的思考逻辑之下,所呈现的是一种层缘距离的性别关系,从而形成一种具有等差之分的层级性性别秩序。在这种具有层级等差关系的性别秩序之下,无可讳言,男人同时担任着主事者与发言人的角色,制定种种论述规则(rules of discourse),使女人为了成为"社会的一部分",必须永远是"家庭的一部分"。[2] 进入家庭即意味着必须走进婚姻,进一步才能完成生育的目的。而女人一旦进入"生育、婚姻与家庭"的双重再生产结构之中,性别关系与性别权力的展现,也就同时进入权威性权力的角色所建构之层级性性别秩序的认知模式了。如此我们也就不难明白,在层级性性别秩序的建构逻辑底下,要使一个女人遭受怀疑是如何轻而易举。在层级性性别秩序的建构逻辑之下,女人就如同卡斯坦所描绘的,有如一个潜在的罪犯。[3] 西方传统社会中之宗教信仰、知识论述与国家角色,对于性别关系的社会建构及其

---

[1] Duby, G., "The Courtly Model", *A History of Women*, ed. C. Klapisch-Zuber, Cambridge: Harvard University Press, 1992, Vol. 2, 258.

[2] Casagrande, C., "The Protected Woman", *A History of Women*, ed. C. Klapisch-Zuber, Cambridge: Harvard University Press, 1992, Vol. 2, 78.

[3] Castan, N., "Criminals", *A History of Women*, eds. N. Z. Davis & A. Farge, Cambridge: Harvard University Press, 1993, Vol. 3, 478.

所形成的一种双重再生产结构,除了呈现出女人曾经身处的社会情境之外,也确实型构出一种层级性的性别秩序。但这是两性关系唯一的历史面貌吗?是了解性别秩序的唯一方式吗?

(二) 性别秩序建构逻辑的再思考

关于女人的历史情境及其社会处境的讨论,常常围绕在有关"不平等""解放"等议题上,进而使男人与"公领域"以及女人与"私领域"的区辨方式,渐渐在现代性别历史的研究中成为一种颇具权威性的看法。就性别历史的研究而言,汤玛斯在试图重新定位有关两性社会地位研究上的问题意识时指出,某种社会较有利或较不利于两性平等的说法,并不能解释男女两性的社会地位。性别差异是一种在公共领域上的建构,但是不平等的架构在理解性别关系时,就已经将女人排除在公共生活之外了。因而,用平等作为测度参数,从而把女人的历史当成性别平等的进展或后退,对于性别关系的理解将会是一种误导。[1]

另外,潘特尔指出,对于两性之空间区分的研究,应特别注意性别角色的一般情况,同时必须避免时代误置的问题。公／私与男／女的对称性思考不一定是完全合适的方式。[2] 莉莎瑞格的研究即告诉我们,婚礼早在古代社会就是一种公共活动,新娘在这些壮观场面中更是主要的焦点;提水是女人的家计工作之一,而提水的地方则常常是女人聚会的公共场所,女人在那里交换各种生活讯息。[3] 即使在缺乏女性主体论述与资料遗留的古代社会,上述两性空间区分的对称性思考逻辑,也不能完全说明社会对性别差异的认定方式。女人出现在公共场所的意义,或是形成公共沟通的事实,不能在某种理论语意的建构中被否认。因此,公、私或内、外的区别不但无法完全说明两性空间区分的主要意义,对性别关系的讨论也将很容易进入支配与被支配、剥削与被剥削的理论性架构之中。

---

[1] Thomas, Y., "The Division of the Sexes in Roman Law", *A History of Women*, ed. P. S. Pantel, Cambridge: Harvard University Press, 1992, Vol.1, 89–90.

[2] Pantel, P. S., "Women and Ancient History Today", *A History of Women*, ed. P. S. Pantel, Cambridge: Harvard University Press, 1992, Vol.1, 470.

[3] Lissarrague, F., "Figures of Women", *A History of Women*, ed. P. S. Pantel, Cambridge: Harvard University Press, 1992, Vol.1, 150, 197–200.

当然，婚姻仪式固然彰显了女人的角色，但是在传统的婚姻与家庭制度底下，女人面对一个陌生的丈夫和陌生的家庭，夫妻之间的关系可能是暴力多于欢娱，因而支配与剥削的理论架构对于性别关系的理解并非毫无意义。层级性性别秩序之社会建构逻辑的意义，即是说明着某种支配关系的存在。然而，社会生活是高度复杂的历史复合体，并不存在统一性的社会面貌或社会特质。如同柴德曼在讨论古希腊城邦的市民生活和女人地位时所指出的，日常生活中的许多家计仪式，事实上可能是在女人的掌握之下。① 这种情境在现今社会中同样清楚可见。除此之外，即使早在古代社会，虽然所谓的公领域或社会秩序是在男性掌握权威性权力的情况下所界定的，但是与市民生活有关的公共活动或仪式仍然不可能完全没有女人的角色。因此祖伯认为，今日的学者若完全使用公/私二元论来架构性别关系的论述，是在重复中世纪社会思想家的错误，而仍然处在他们的符咒之下。②

对于女人在层级性性别秩序的逻辑之下显得极为有限的法律职能，以及女人在必须从属于家计生活的专制规范下参与商业、艺术乃至宗教活动的事实，及其在性别关系中所彰显的意义，必须以更真实的态度去面对。种种日常生活言行之中的无可替代性与不可或缺性（indispensability），说明了女人在当时的历史与社会情境下或许没有"法律职能"（legal capacity），但这并不代表她们的"生活职能"（life capacity）也不存在。长期以来所彰显的社会面貌，虽然一再表明着层级性性别秩序的社会建构过程及其所形塑的种种规范惯例，然而，社会惯例或规范制度从来就不一定是社会生活言行的真实反映。这正如汤玛斯所言，许多的现象若就"社会再现"（social representation）的层次范围上看来，或许是真实的；但若从"制度实体"（institutional reality）的层次范围上来看，却可能是错误的。③

不可讳言，在西方传统的性别历史中，女人长期被驱逐在"历史的阴

---

① Zaidman, L. B., "Pandora's Daughters and Rituals in Grecian Cities", *A History of Women*, ed. P. S. Pantel, Cambridge: Harvard University Press, 1992, Vol. 1, 376.
② Klapisch-Zuber, C., "Including Women", *A History of Women*, ed. C. Klapisch-Zuber, Cambridge: Harvard University Press, 1992, Vol. 2, 4.
③ Thomas, Y., "The Division of the Sexes in Roman Law", *A History of Women*, ed. P. S. Pantel, Cambridge: Harvard University Press, 1992, Vol. 1, 89 – 90.

影"底下。"历史的阴影"确实是对于女人处在层级性性别秩序建构逻辑之性别历史中的一种表述方式,然而"男人是压迫者,女人是被支配者"的标准迷思,并没有让原本晦暗不明的历史时空增加多少亮度。历史岂可能如此简单?事实总是远比我们所能想象的复杂得多:"生活充满了矛盾:世界在被粗暴地推向同一,但同时,它在根本上依然是多样的。"① 年鉴史学大师布劳岱对于历史复杂性这般素朴的观点,是值得我们企图掌握所谓"历史实体"(historical realities)时,必须深加考虑的告诫。不平等的性别关系在层级性性别秩序的建构逻辑之中确实是存在的,但性别历史事实上也存在一个"移转的空间"(shifting zone)。这个转移的空间所说的,是女人在无可避免的受害角色之外,仍有可能透过各种策略的运用,使她们成为历史中活跃的行动主体。② 表面来看,处在男人的多方压抑之下,女人似乎总是温驯地往男人想象和期待的路上走。但是,在女人身上不断覆盖种种压力的同时,男人似乎也不知不觉地在与这种"非凡的企图"艰苦搏斗。男人不完全主导着压迫与企图的进行吗?还是女人在不断地激发着男人要"胸怀大志"?历史中岂有绝对和唯一的性别行动主体?

从某种规范制度及其社会再制的角度,去理解与定位性别关系和性别秩序的建构逻辑,固然看到了性别关系中存在"历史阴影",但这种角度同时也可能是让"历史阴影"始终成为无法真实了解性别关系的一种有效托辞。即使在规范制度及其社会再制的过程中,女人不具有法律职能,或因此而社会地位低下,但是非但女人所掌握的生活职能可能呈现为另一种社会事实,更可能在规范制度及其社会再制形塑"正式权力"的各种机制中,原本就存在一种"非正式权力"的影响作用。事实上,整体社会规范的认定在要求女人的同时,遭遇到若干抵制和挑战往往是无可避免的,从而任何的社会规范与社会认定也会不断地被重新考虑。例如,女人必须贞洁、忠诚、自我克制的社会规范,同样可能在传统性别秩序关系的互动过程中,逐渐地成为男人也必须恪遵的社会律例。对于性别权力与性别关系的互动

---

① Braudel, F., *Civilization & Capitalism 15th – 18th Century*: *The Structures of Everyday Life*, N. Y. : Harper & Row, Publishers, Inc. Press, 1981, Vol. 1, 272.
② Davis, N. Z. & A. Farge, "Women as Historical Actors", *A History of Women*, eds. N. Z. Davis & A. Farge, Cambridge: Harvard University Press, 1993, Vol. 3, 4.

方式,乃至性别秩序的建构逻辑,就此观点的考虑,应当存在另一种同时注重两性性别主体性的思考方式。

(三)相互性性别秩序的建构逻辑：一种生活言行权力的观点

女人在社会、政治、经济、文化等领域的相对劣等性,乃至于被边缘化的社会形象,基本上是一种从法律职能的角度,来衡定性别权力与建构性别秩序的观察结果。如前所述,男女两性的相对主体性,在这种认知角度下并没有被充分地彰显出来。齐默尔在所谓"客观文化"的分析中,固然确认了男性垄断客观文化建构的历史事实,然而也不忘指出,"男性原则"只是客观文化的一个面向。对于女人的"合法厌恶"(legal antipathy)本是基于她们与合法法律相对立,事实上,在男性标准无法测量之时,女性特质的文化将是一种不同原则的表现方式。如此,客观文化将以两种完全不同节奏的存在模式(mode of existence)展现。① 此一看法对于性别权力与性别秩序之建构逻辑的重新思考,具有理论上的重要意义。在性别之相对主体性的考量之下,生活职能的观点将把焦点放置在性别权力之相对形式的影响上,从而在两者所产生的相互作用中,重新面对性别秩序的建构逻辑,及其所可能彰显的意义。

权威性权力的角度固然能彰显一种具有规范性特质的力量与作用,只是生活言行的复杂性与多样性,往往使若干规范制度并不完全具有实质意义。当女人的工作场所不在家庭,或是女人对家计生活具有更大的生产贡献,甚至女人不结婚也能在社会生存,成为普遍存在的社会事实时,也即表明了性别权力之相对形式的具体存在。显而易见的是,在性别关系上,男人固然有展现其性别权力的种种途径,但是事实上,女人也有表现其性别主体性的方式。在家庭经济的分工上,男人希望"男主外女主内",但是早在工业革命之前,工作与家务兼顾,一直就是女人独特的命运。② 而有关家庭生活的德行,男人期待的女人是一个"贤妻良母",并且要能够"相夫

---

① Simmel, Georg, *Georg Simmel: On Women, Sexuality, and Love*, London: Yale University Press, 1984, 68, 100–101.
② Scott, J. W., "The Woman Worker", *A History of Women*, eds. G. Fraisse & M. Perrot, Cambridge: Harvard University Press, 1993, Vol. 4, 400–403.

教子",但是表现在单身女人(single woman)身上的拒绝婚姻、追求事业与不接受母亲及太太等神圣印记的种种行径,尤其在18、19世纪之后,不但严重威胁着婚姻与家庭制度,更成为"男人霸权"的重要障碍。① 社会秩序是在维系,但是从"生活言行权力"(practical power)的观点看来,女人并没有因为男性性别权力的展现,而完全丧失其性别主体性。性别权力相对形式的具体存在,也标举着另外一种理解性别秩序之社会建构模式的可能性。

在一篇讨论规制女人追求时尚流行(fashion)的文章中,修格斯指出,对于"外表"(appearance)漫无节制的嗜好,在欧洲社会中可谓源远流长。中世纪欧洲的政治、军事精英乃至在上层的宫廷社会中,个人地位与宫廷权力的展现,无不要透过对于各种虚荣与奢华形式的追求和讲究。在这个过程中,对于时尚流行进行传递的责任,也渐渐转移到女人身上。例如,曾在14、15世纪造成一种颓废性影响的北意大利、法国和中欧的宫廷风格,不断地随着国王的外国妃子传入英国。16世纪到处可见一种随着公主远嫁国外的"西班牙风格"对当时的社会与时尚所带来的影响:亚拉冈凯萨琳公主(Catherine)的装束,随着她的婚姻而在英国流传;法国人则对于来自卡斯提尔的里欧娜公主(Leonor)在法国身着西班牙时尚服装,并企图让法王穿戴而对其大加责难。② 随着12、13世纪欧洲社会经济情势的转变,时尚服饰不但成为广大欧洲市场上主要的贸易商品,以及欧洲新兴城市基本的工业产品,同时也成为所谓"新社会"标志中重要的社会区辨工具。

当然,女人追求时尚流行必须接受旧有规范的评判与认可,对女人来说,同样的追求所换来的,可能是一种深重的责难。在中世纪基督教欧洲社会中,让女人追求时尚流行,等于是在鼓励爱欲与滥情,因而女人追求时尚流行,不被认为是一种文明历程的反映,而被看作一种罪恶的象征。作为"夏娃之女",女人追求时尚流行自然是罪恶的象征,但是当男人以时尚虚华作为彰显个人权力、家族声望乃至阶级地位的区辨记号的同时,压

---

① Dauphin, C., "Single Women", *A History of Women*, eds. G. Fraisse & M. Perrot, Cambridge: Harvard University Press, 1993, Vol. 4, 440–442.
② Hughes, D. O., "Regulating Women's Fashion", *A History of Women*, ed. C. Klapisch-Zuber, Cambridge: Harvard University Press, 1992, Vol. 2, 138.

抑女人的时尚追求并不容易,因为个人权力乃至家族声望的表现并不能男女有别。如此一来,时尚流行即成为女人表现"自我界定"的空间,如同男人在政治、经济上彰显其权力地位一般,成为女人展现其性别权力的一种有效工具,女人得以从中证明其性别的优越性。文艺复兴时期个人主义大兴之际,自我的时尚追求被转化成一种艺术表现,更使女人从此成为呈现时尚流行的绝佳典范。①

随着16、17世纪衣着服饰作为一种区辨记号在西方社会愈形重要,甚至在18世纪导致传统的阶级与性别区分产生了重大变革,女人借由时尚流行所展现的性别主体性与性别权力也愈加显明。上层的贵族男性甚至以"穿着的女性化"(feminization of dress)来展示他们不凡的感性能力。欧洲各宫廷无不透过显眼的象征物来展现权力:华丽的印染布料、贵重的珠宝黄金、令人眼花缭乱进而心生敬畏的宫廷庆典,都是能吸引大众目光、表现象征权力,从而成为支配社会场景的工具。各大宫廷竞相在排场与奢华的展示之中,企图将各自的时尚流行与艺术语言,如同一种社会和经济秩序一般,强加在欧洲世界身上。当各大宫廷社会极尽奢华,竞相展示他们的流行时尚时,"美丽"(beauty)更是成为女人在社会行动中的一项有效工具。②虽然现代早期仍然存在的宗教文化,对于女人的魅力,以及这种魅力给予女人一种凌驾男人的力量依旧感到惧怕,但是,美丽是一种"危险资产"的传统认知,已然徒具说教形式。"身体的外在装扮是明鉴内在自我的一扇窗",更加使外表的端庄美丽成为表现道德性格与社会地位的必要属性。③

就此而言,权威性权力的角度说明的是一种不对等的性别权力与性别关系,在层级性性别秩序的建构逻辑底下,有着正式权力与非正式权力的截然划分。然而,就性别相对主体性的角度来看,性别权力的表现并不是只能从一种"法宝权力"(de jure power)的表现形式或认知模式来认定。

---

① Hughes, D. O., "Regulating Women's Fashion", *A History of Women*, ed. C. Klapisch-Zuber, Cambridge: Harvard University Press, 1992, Vol. 2, 144, 155 – 157.
② Nahoum-Grappe, V., "The Beautiful Woman", *A History of Women*, N. Z. Davis & A. Farge eds, Cambridge: Harvard University Press, 1993, Vol. 3, 330.
③ Grieco, Sara F. Mattbews, "The Body, Appearance, and Sexuality", *A History of Women*, eds. N. Z. Davis & A. Farge, Cambridge: Harvard University Press, 1993, Vol. 3, 57 – 58.

在层级性性别秩序的建构逻辑之中,我们常常看到女人缺乏"法宝权力"的行使,然而,如果我们将历史与社会建构的场景重新对焦,那么所呈现的景况就会不大相同。譬如借由时尚流行,女人可以透过装扮而不断地穿透男人对女人穿着的规制和看法,甚至成为主导时尚流行之游戏规则的主要力量。就如同时尚流行对社会经济情境所起的作用一般,衣着服饰成为女人复制某种社会形貌的工具。① 这说明一种性别权力下放的象征与行使,对于社会认知的形成同样有其深沉的影响力。因而在许多能表现"法宝权力"的工具被禁止使用时,女人事实上仍能透过其他策略性的工具和途径,展现其"实质权力"(de factor power)。因此,性别权力的行使是一种相互作用,从而性别关系的展现也是一种相对性的互动关系,而不全然是一种支配性的从属关系。

女性性别权力难以彰显与被认知,固然是性别秩序的传统认知模式不断经过社会再制的结果,但这绝非唯一的结果,甚至可能不是认知性别权力与性别秩序的良好模式。在层级性性别秩序的概念之下,支配即成为自明的概念,不可否认,权力关系会转换成支配关系,但是要说明谁支配谁,可能需要更多的考虑,衡诸更多的条件与因素,因而也可能有种种不同的支配情境与支配模式。当然,女人在13世纪起参与文学、宗教、艺术等活动的增加,并不意味着女人即能脱离男人在文化领域或其他社会生活领域的权威形式,女人生活言行的社会形象充满着男人的理想化和价值贬抑的现象,无疑仍然在延续。一种支配关系的性别秩序固然在种种宗教和世俗权威的社会建构机制底下不断地得到强化,但是男人的"绝对权力"与其说是实情,不如说只是男性支配社会中的一种理想。② 有关女人历史资料遗留的稀少,似乎也在传达女人沉默无声的讯息,但是杜比在风趣中不失严肃的评论中认为,中世纪的西方,女人不是没有说话,而是说得太多,男人觉得她们太多话了,于是"喋喋不休"被教会宣布为女人最大的错误。

---

① Hughes, D. O., "Regulating Women's Fashion", *A History of Women*, ed. C. Klapisch-Zuber, Cambridge: Harvard University Press, 1992, Vol. 2, 155.
② Opitz, C., "Life in the Late Middle Age", *A History of Women*, ed. C. Klapisch-Zuber, Cambridge: Harvard University Press, 1992, Vol. 2, 268–276.

因为能言善道的女人很少存活下来，因此在历史中总感觉女人是沉默的。[①]即如同布勒所说的，男人惧怕女人发言，于是用各种方法掩盖女人的声音，或是使女人的语言成为一种"恼人的不谐和音"（troubling cacophony）。[②]

因此，我们可以看到，在权威性权力的思考逻辑底下，所建构或界定出来的性别关系与性别秩序，并不能完全解释历史进程与社会事实。不同于权威性权力角度的性别秩序建构模式之所以可能，最主要乃是因为男性宣称其性别优越性的社会条件，有时候并不存在。诸如并不是所有的男人都负得起女人生活无虞的责任，遇到穷困的父亲或潦倒的丈夫，女人就必须要能养活自己甚至是一家人；或是在家庭作为社会的基本单位的前提之下，社会经济情境相似的夫妻在结婚之后必须"共同"维系甜蜜家庭的前景。女性的职能及其对家庭的功能虽然直到当代仍一再被强调，但是真实的生活情境常常呈现出以下的普遍现象："只是作为一个优秀的太太和母亲，并不足以保障家庭的和乐。"[③] 在这种情况下，家庭单位的生存即使仅就家计的角度来看，同样不能夸大男人的功劳，从而一般化为男性性别权力高涨的主张，甚至据以指陈一种单一的支配与被支配关系。权威性权力的角度强调男性性别权力连续性的建构模式，却很难看到女性性别权力的重要意义。女人在日常的生活言行之中同样存在其性别权力的挥洒空间，因而对于性别权力的思考逻辑与方向，生活言行权力的观点希望指出的，是一种"相互性别秩序"（reciprocal gender-order）的思考模式，也只有从生活言行权力的观点出发，两性的性别权力才可能同时被彰显。

权威性权力是在男性性别权力连续性的根本考量之下形塑的，相对而言，其主要的目的就是要剥夺女性性别权力的连续性。女人具有的生命孕育的能力，使女人在人类族群的延续上具有"实质权力"，从而对于人类文明的进程，与社会秩序的型构同样具有实质的影响作用。男人长期以来一直想尽办法将其界定为仅具有工具性意义，并建构一种"法宝权力"来重

[①] Duby, G., "Affidavits and Confessions", *A History of Women*, ed. C. Klapisch-Zuber, Cambridge: Harvard University Press, 1992, Vol. 2, 483.

[②] Regnier-Bohler, D., "Literary and Mystical Voices", *A History of Women*, ed. C. Klapisch-Zuber, Cambridge: Harvard University Press, 1992, Vol. 2, 29.

[③] Eck, Helene, "French Women under Vichy", *A History of Women*, ed. F. Thebaud, Cambridge: Harvard University Press, 1994, Vol. 5, 202.

新规范性别权力的意义及其分配模式。但是，即便女性性别权力在权威性权力的高度戒惧之下，被有意地工具化、边缘化，女人的生活言行权力却无论如何无法在"实质上"被排除。从性别权力连续性的角度下所看到的性别权力分配模式，事实上也可能表现了某种程度的历史事实，否则女性运动便没有意义，女权主义也无从成为当代的显著议题。但正如同汤玛斯所言，法律形式的社会建构固然是为了适应男性性别权力连续性的社会性需求，但是这种性别权力的区分方式，是在一些扭曲的代价中达成的。[1] 换言之，这种性别权力的建构方式或许说明了历史的部分面貌，但绝不是历史事实的全部。

四 结语：迈向更宽广之性别历史的理解与建构方式

就西方的历史经验来看，早自古希腊罗马时代直到现代，从权威性权力的角度出发的社会论述，致力于对女人的性别角色提出"解释"，以"安置"女人在社会中的地位：女人的性别角色与社会地位必须在以"生育、婚姻与家庭"为核心所形成的"双重再生产结构"底下才能被认知与接受。然而，由于生活结构的高度复杂性，任何的规范惯例形式总归只是对于日常生活言行的一种高度化约，社会的演变乃至历史的进展不一定总是朝着某种规范性的方向前进。女人在西方传统的性别历史之中无声无息，事实上是知识建构的问题多于生活实体的揭举。历史现场的还原固然不可能，但是以其他方式倒放历史的底片，重现若干古老的历史进程却不无可能，而一切也将更容易一目了然。[2] 堕胎、娼妓、性倒错、同性恋、不从事家计工作等有违"生育、婚姻与家庭"之"双重再生产结构"，从而是"不合法又具危险"的女性性别行为，固然必定不见容于传统认定下的女性规范，但是从性别自我展现（self expression）的角度来看，对于重新界定性别认同

---

[1] Thomas, Y., "The Division of the Sexes in Roman Law", *A History of Women*, ed. P. S. Pantel, Cambridge: Harvard University Press, 1992, Vol. 1, 110.

[2] Braudel, F., *Civilization & Capitalism 15th – 18th Century: The Structures of Everyday Life*, N. Y.: Harper & Row, Publishers, Inc. Press, 1981, Vol. 1, 294.

与社会的性别规范,却别具意义。①

层级性性别对于性别差异所做的界定及其所欲展现的力量,基本上是建构一种"唯一的性别秩序"(the gender-order)的思考逻辑,但是有违"唯一的性别秩序"建构逻辑的性别行为史不绝书,从而也更加凸显了其表述性别权力与性别关系的不完整性。事实上,若就生活言行权力的角度揭举性别相对主体性的展现,可能不存在单数意义的性别秩序,而是"诸多性别秩序"(gender-orders)的存在。随着各种时空情境的转变,性别关系将是多元的,因而只可能构成"(其中之一种)性别秩序"(a gender-order)。总之,社会秩序的建构本来就同时存在规范认同与反判疏离,因而规范法则与生活言行逻辑之间总是存在不一致性。这也说明了性别秩序的社会建构所指涉之性别权力的思考逻辑,必然要有更宽广的视野,才有可能更清楚地呈现出性别关系的历史。本文针对性别权力的"思考逻辑"对性别秩序的建构主式提出了若干概念与架构上的讨论和反省,有关性别权力的性别相对主体性意义之下的表现,则是有待更多历史材料的发掘、经验知识的体验之后,才可能进一步着手的工作。这更需要集合众人之力,从事更丰富之"文本论述"乃至"文本分析"的工作,进而期待能逐步在知识建构的层次上完成"典范转移"的可能性。

就本文所关切的论题而言,两性的相对主体性如何实现,应是思考当代性别关系与性别秩序的主要课题之一。"唯一的性别秩序"之社会论述的建构方式虽然随着知识多元、信仰形式以及国家角色等社会经济诸多条件的改变而愈来愈不可能自圆其说,但这并不等同于两性相对主体性的实现。女人的社会反叛在历史上并不是什么新鲜事,所不同的可能只是能力与形式。对女人传统以来的社会心像提出异议的可能性愈来愈多,乃至于针对"社会形成"(social formation)所提出的问题也愈来愈广。然而,"转换传统社会规范的界限通常会遭遇到一些风险",② 因此即便是在当代社会,两性相对主体性的实现,仍有许多的困难、瓶颈与心态有待共同去突破,而

---

① Walkowitz, J. R., "Dangerous Sexualities", *A History of Women*, eds. G. Fraisse & M. Perrot, Cambridge: Harvard University Press, 1993, Vol. 4, 398.
② Bauberot, Jean, "The Protestant Woman", *A History of Women*, eds. G. Fraisse & M. Perrot, Cambridge: Harvard University Press, 1993, Vol. 4, 201.

这是没有性别之分的，两性必定要共同承担。"被社会遗弃"与"充分享受生活乐趣"，对现代妇女而言都是真实的感受，① 现代男人对此也不可能有置身事外的余地。勒鲍德说得好，女人情境的改变，同时应视为男人情境的改变，将女人孤立于男人来谈，不但是理论的死结，更可能是历史误解的来源。② 在希望能从生活言行的观点，重新表现女人的历史情境与社会处境的同时，我们固然不能否认一种具有层级性性别特质的历史型构过程的存在，然而在这一个长时段的历史型构过程中，不论男人还是女人，对于社会生活、经济生活、政治生活乃至文化生活的形成，都各自扮演了其相对主体存在的角色。更关键的，则是男女两性的相对主体性对于整体社会秩序的再生产，所起的一种相互穿透与共同影响的作用。

从这个观点来看，对于性别历史的研究不能标举另一种形式的"男性主义"，这样的做法虽然不能说完全没有意义，但也可能就像潘特尔所说的，认为在女人研究中讨论与男人有关的议题是在浪费时间，本身就是一种"残缺性格"（fragmentary character）的表现，而这无疑也将更缺乏一种宽广的历史视野。③ 现代社会中的"新夏娃"必然要能形成，只是在这个重新塑造或是理性还原的过程中，其意义在于男女两性如何在真正自由、平等与快乐的认知基础之上，共同营造一个更适于两性存在的性别社会，而绝不在于重新建构另一种"唯一的性别秩序"的模式，甚至打造出另一个"旧亚当"。

---

① 守永英辅：《两性独立宣言》，陈泉荣译，台北：远流出版公司，1990，第66页。
② Thebaud, F., "Explorations of Gender", *A History of Women*, ed. F. Thebaud, Cambridge: Harvard University Press, 1994, Vol. 5, 4.
③ Pantel, P. S., "Women and Ancient History Today", *A History of Women*, ed. P. S. Pantel, Cambridge: Harvard University Press, 1992, Vol. 1, 466.

东方论述与当代西方女性书写

——莒哈丝、桑塔格与汤亭亭的中国想象

黄心雅*

萨伊德（Edward Said）的《东方主义》（*Orientalism*）一书于 1978 年问世，在学院内外产生了广泛的回响，如今俨然成为后殖民论述和文化研究的经典名作。① 如萨氏在《东方主义再思》（Orientalism Reconsidered）一文中归结的，作为思想和实践方式的东方主义，涵盖三个互相重叠的领域：

> 一是欧美和亚洲间不断变动的历史与文化关系；二是西方一门自十九世纪以来研究东方文化传统的学科；三是一个现今西方世界，基于其政治上的急迫性与重要性，称之为东方的区域，以及和其相关的意识假设、意象和想象。②

---

* 黄心雅，台湾高雄师范大学英语系。原文刊于《女学学志：妇女与性别研究》2002 年第 13 期。

① 关于 Orientalism 一书的译名，单德兴有专文评论。见《理论之旅行/翻译》。Orientalism 或译为"东方学""东方论"，或为"东方研究""东方主义"，各有所据。"东方主义"是学界习惯（惰性？）的译法，但此译名只包含了 Orientalism 的部分含义（"主义"一指学术研究学科，一指思维方式）。萨氏之著，主旨在揭露传统东方学研究中的权力论述及其运作机制，因此，Orientalism 作为一种权力论述（discourse），远比其作为一种主义或意识形态（ideology）来得重要（单德兴：《理论之旅行/翻译：以中文再现 Edward W. Said：以 Orientalism 的四种译为例》,《中外文学》2000 年第 29 卷第 5 期）。本文以通行的"东方主义"和"东方论述"交替使用，不涉翻译策略的论辩，也借此强调 Orientalism 丰富的文化意涵和多面向。Said Edward, Orientalism, New York: Vintage, 1978.

② Said Edward, "Orientalism Reconsidered", *Literature, Politics, and Theory: Papers from the Essex Conference. 1976 – 1984*, eds. Francis Barker, et al., London: Methuen, 1986, 211.

东方论述这三个层面间的共通点，在于那条分隔东方和西方的界线：分界与其说是自然的事实，不如说是人为的虚构，萨伊德称之为"想象的地理"（imaginative geography）。①《东方主义》一书，援引福柯（Michel Foucault）的权力论述，以揭露知识论述和权力运作密不可分的关系，而西方的优势霸权，即建立在知识/权力体系上。因此，所谓"东方"，是西方权力知识的霸权力量所构架的"一套再现系统，是西方学术、西方意识和西方帝国的一部分"，②绝非东方的真实再现。欧洲中心论的帝国主义，以知识权力的优势，将东方异化为"他者"（Other），旨在巩固其殖民的"自我"（Self）认同。东方主义中欧洲自我相对而言向"东方/他者"所展现的文化霸权，如萨氏所言，可类比到当代文化底层在性别和种族上不平等的情况，如女性主义者和黑人文化研究者所控诉的情形。萨氏还以维多利亚时代的家庭主妇类比东方人，说明其挑战东方论述的后殖民研究和女性主义的关联：父系制度下的女人是男性观点的沉默他者，如同东方是帝国霸权下无声的客体，③也因此缘故，萨氏强调"东方主义"是个"全然男性的领域"（exclusively male province），女人只是男性权力/想象的产物而已。④于此，萨氏显然没有超越性别二元对立的谬误，更忽略了女性在文化帝国主义里所扮演的角色。东方主义和性别的关系为何？这是萨氏《东方主义》一书略去未谈的问题。⑤本文以萨氏"东方主义"的概念为本，针对上述质疑加以延伸，以莒哈丝（Marguerite Duras）、桑塔格（Susan Sontag）和汤亭亭

---

① Said Edward, "Orientalism Reconsidered", *Literature, Politics, and Theory: Papers from the Essex Conference.* 1976 – 1984, eds. Francis Barker, et al., London: Methuen, 1986, 211.
② Said Edward, *Orientalism*, New York: Vintage, 1978, 202 – 203.
③ Said Edward, "Orientalism Reconsidered", *Literature, Politics, and Theory: Papers from the Essex Conference.* 1976 – 1984, eds. Francis Barker, et al., London: Methuen, 1986, 220 – 226.
④ Said Edward, *Orientalism*, New York: Vintage, 1978, 207.
⑤ 萨氏不仅略去性别（gender/sex）问题，也漠视其书中同/异性恋（homo/hetero sexuality）的吊诡。萨氏所列的东方主义作家波顿（Richard Burton）、劳伦斯（T. E. Laurence）、佛斯特（E. M. Foster）、王尔德（Oscar Wilde）等多人不仅旅行东方，更是著名的同性恋者。性别及同性恋性议题为萨氏略去 ["sexual promise (and threat), ...not the province of my analysis here", Said Edward, *Orientalism*, New York: Vintage, 1978, 188]，致使东方研究重蹈帝国主义男性/异性恋中心的主流论述逻辑。参阅 Hastings Tom, "Said's Orientalism and the discourse of (hetero) sexuality", *Canadian Review of American Studies* 23, 1992: 127 – 148。

(Maxine Hong Kingston)等当代西方女性文本中心的"中国想象"为例,① 探讨东方论述的性别意涵。主旨在于尝试强调和弥补萨氏《东方主义》之缺(fill the lack),解读西方女性文本中作为"异域边陲"的"女性东方主义"。

一 东方主义、中国想象

如萨伊德所言,约自 18 世纪末,当东方以远古、遥远、富饶之姿再度被欧洲发现时,东方的历史即成为"古老"和"奇特"的典型——是一段欧洲因本身工业、经济和文化的进步发展可将其远远抛诸脑后的历史。② 此后,在帝国主义和殖民主义的共谋下,东方在实际政治世界中的对应物是欧洲在东方殖民的搜括所得,是殖民获取的代号;不是欧洲的对话者,而是其相对沉默的他者(silent Other),以助欧洲定义"自我"。此宰制、重塑东方的西式杜撰(Western invention)谓"东方论述"。③ 在此东方论述的操作下,东方的真实性就此被僵化成古老的典型(stereotype)。"典型"一词最早为立普曼(Walter Lippmann)引用,社会学上有如下的四项认定:典型是简化繁复的;谬误非真确的;来自二手而非实际经验的真实再现;无法随着新的经验变革和修正的。④ 诚然,在东方论述的文化霸权下,东方被形塑成一个简化、非真实、固着的典型:东方常被描绘成阴柔的、富饶易孕的,其象征常是淫逸女子和皇宫粉黛,这种将东方女性化和性欲化,并进而将其异化的行为,与男性霸权和父权体制的行为相类似。⑤ 因而,"东

---

① 文中论证的重要性为萨伊德肯定。萨氏从"论述"的角度阐述文学生产,认为文本具"俗世性"(worldliness),与历史环境息息相关:"文本确实是社会与人类生活的一部分,是时代的一部分,是诠释时代的依据。"(Said Edward, *The World, The Text and the Critic*, New York: Vintage, 1983, 4)对文字的诠释和分析,应放置于历史和社会的情境中(historical and social environment)。文本和情境(text and context)、文学和历史、文化与社会是密不可分的。

② Said Edward, "Orientalism Reconsidered", *Literature, Politics, and Theory: Papers from the Essex Conference*. 1976 - 1984, eds. Francis Barker, et al., London: Methuen, 1986, 215.

③ Said Edward, *Orientalism*, New York: Vintage, 1978, 1 - 3.

④ Lin Mao-chu, "Images of the Chinese in American Literature and Culture", *Journal of Taiwan Provincial Taipei Teacher's College*, 79, 1988.

⑤ Said Edward, "Orientalism Reconsidered", *Literature, Politics, and Theory: Papers from the Essex Conference*. 1976 - 1984, eds. Francis Barker, et al., London: Methuen, 1986, 225 - 226.

方是个虚构的地方,其本质为空无,正与女人静默的空间相对应"。① 易言之,只有在"东方"(女人)被他者化(边陲化)后,"西方"(男性)始可界定自身为中心。西方对东方的凝视,本非关爱的眼神,充其量东方只是提供一套可供操弄并全然迥异的象征符号。西方即借由对东方的想象/区隔/再现,以遂其殖民宰制的政治企图。②

如上述萨氏以阿拉伯世界的经验对"东方论述"的阐释适用却不能涵盖西方的"中国想象"。萨氏笔下的东方,直指阿拉伯及回教世界,《东方主义》一书中,提及"中国"不下 20 次,"中国"却是个萨氏无力论述的魅影。"中国"——西方人称"大汗帝国"(the Chan's great empire)——是如何被西方帝国主义异化为沉默的他者的? 萨氏在控诉西方帝国主义将"东方"化约时,以回教世界为"东方"代言,未能虑及东西方复杂、多面向互动的历史脉络,诚然是另一种化约。③ 其实,在远早于哥伦布地理大发现的年代,13 世纪中国蒙古王朝就横跨亚欧,加上十字军东征的宗教狂热,

---

① Linda Peckham, Not Speaking with Language/Speaking with No Language, qtd. In 张小虹:《东方服饰:蝴蝶君中的文化/性恋/剧场含混》,载《性别越界:女性主义文学理论与批评》,台北:联合文学,第 138~160 页。张文前,以默汗蒂(Ghadara Talpada Mohanty)、巴特(Roland Barthes)和派肯(Linda Peckham)的三段引文,界定西方的"东方想象",有开宗明义的效果。
② Said Edward, *Orientalism*, New York: Vintage, 1978, 1-3.
③ 在《东方主义再思》文末,萨氏列举其他挑战东方论述的作品,也提及对日本、印度、中国文化重新检视的成果:"如正雄三吉(Masons Mijoshi, 1960)、阿玛德(Eqbal Ahmad)、阿里(Tariq Ali)、萨帕(Romila Thapar, 1975, 1978)、古哈团队(Ranajit Guha)(下层研究)、史碧娃克(Gayatri Spivak, 1982, 1985)、年轻学者如巴巴(Homi Bhabha, 1984, 1985)、米特(Partha Miter, 227)。"但值得一提的是,对中国有深入研究的汉学家如史景迁(Jonathan D. Spence)却不在名单中。史氏《大汗之国》(*The Chan's Great Continent: China in Western Minds*,阮叔梅译,台湾商务印书馆,2000),搜罗西方从 13 世纪到 20 世纪八百多年来对中国的记录、幻想、洞见与偏见,实为见证中西文化交流的重要著作,美国耶鲁大学当前最叫座的课程之一即是史氏开设的中国近代史,西方国家对中国研究兴趣之浓厚可见一斑。国内辅仁大学英研所教授康士林(Nicholas Loss)的《美好仙境》(*The Best and Fairest Land*),论述中古欧洲文献中的中国意象,绪论一章概述了研究中西文化交流的参考著作。另外,2000 年 7 月号《中外文学》为探讨"中国符号"的专刊,收录了关于"西方中国想象"的数篇论作。反向来说,中国人眼中的西方也是近年来中国学者研究的课题,中国大陆学者钟叔河编纂了《走向世界丛书》(长沙:岳麓出版社,1985),包含《欧美环游记》《西洋杂志》《随使法国记》《伦敦巴黎日记》《欧洲十一国游记二种》等部,再现了中国人眼中的西方。陈晓梅(Chen Xiao-mei)的《西方主义》(Chen Xiao-mei, *Occidentalism: A Theory of Counter-Discourse in Post Mao China*, Oxford: Oxford University Press, 1995)将西方异化为他者(Western Other),可谓"东方主义"的反论述(counter-discourse)。

中西交流已逐渐成形。此后,中国俨然成为西方的参考地标。在密尔顿(John Milton)的《失乐园》(*Paradise Lost*)中,亚当自乐园的高山远眺:

全盛的帝国,始于

汗八里(Cambalu)的城墙——中土大汗的割地,

……

蜿蜒至帕金(Pqquin),中国王的领土。　(Paradise Lost Book XI. II. 387 - 90)

亚当登高远眺,以此"君临天下"的观看角度,如同收纳东方帝国于西方的版图。密尔顿或无宰制中土的政治企图,但以中华帝国标示地理方位,做全景式的审视,并巩固神的主宰,凸显西方基督教王国的至高无上,是《失乐园》的书写策略。明显地,汗八里是中国北方之都,而帕金亦即北京,亚当的目光其实一直在同一个城市里逡巡,如何能够蜿蜒、统驭中土?西方对中国的确实位置及历史,缺乏明确概念,可见一斑。但是,凝视者才是全景的中心,是意义、秩序和价值的赋予者,亚当眼下的"浩瀚异域"非关真实地理,而是西方观看中华帝国的"典型",或借用巴巴(Homi Bhabha)的话,是一种"凝注(arrested/fixated)的再现形式"。① 巴巴认为"典型"所展现的是极度矛盾的情结:包含"投射(出)和投入(projection and introjection)双重的潜意识作用,既是隐喻也是转喻的策略,涵盖置换、罪恶感、攻击欲;是表现与内抑知识的分裂及其掩饰"。② 诚然,中华帝国的典型透露出西方分裂的自我,既是"罪恶感"的自卑又是"攻击欲"的自大。亚当登高正值其因犯下的"原罪"为上帝逐出乐园之际,神以宇宙全观的视野,展示人类未来的希望。套用巴巴的话,中华帝国为西方基督徒的"罪恶感"的投射,沦落的悲哀似乎在帝国强盛的"典型"中找到了慰藉/置换;以"凝视"(gaze)作为"统驭",③ 收纳帝国于未来

---

① Said Edward, *The world, the Text and the Critic*, New York: Vintage, 1983, 27.
② Said Edward, *The world, the Text and the Critic*, New York: Vintage, 1983, 34.
③ 个中表现,如同福柯(Michel Foucault)所谓全景敞式监狱中央的控制台(Panoptican),观看者以优势的位置将四方景物一览无遗。

的版图是攻击欲的表征，如此一来（西方）乐园之失则为（东方）乐园之得（gain）。《失乐园》创造中国异域，实则巩固了"内在、自我主体的地位"（an inside, its own subject status）。①

中国的古文明和强盛为西方凝注、造就 Cathay② 成为西方文本的关键字汇奠定了基础。莱布尼兹（Gottfried Wilhelm Leibniz）在1699年编辑的《中国近讯》（Latest News China）的序言中指称，17世纪末，最高度教化和最有品位的人，都集中在"两个大陆上"，亦即中国和欧洲。只要这两块距离遥远而高度文明土地的人愿意彼此携手，并"泽被中间地带的人"，则"人间天堂"就有降临的一天。尽管莱氏近乎"世界大同"的想象难能成真，中国文化却已融入欧洲生活，中国的异域（exotic）风味深深吸引着西方人，成为所谓的"中国风"（Chinoiserie）。从未涉足中国的西方思想家如莱布尼兹、孟德斯鸠（Montesquieu）、伏尔泰（Voltaire）等人，从可得的史料中，以自我观点创造论述体系，再现了他们"理解"（虚构）的中国。中国在西方引起的强烈情感和乐趣，足见其魅力，却也在"西洋镜"的折射下失真，成为一个营造和定义西方文化的魅影（phantom）。③

中国为盛世文明的意象，在18世纪末西方殖民主义崛起之时，便告终结。中国的停滞不前成为列强收编、殖民中国的最佳凭借，对西方历史学家如赫德（Johann Gottfried von Herder）而言，中国就像"一个木乃伊，以丝布包裹，外表画着象形字"。④ 赫德以埃及木乃伊的死亡意象，再现中国，将欧洲以外的两大古文明一网打尽。中国和埃及迥异的文化和历史脉络，在西方人眼中，实无二致，不过是应化为历史灰烬并抛诸脑后的古文明而已。中国人"注定生生世世要赖在同一块土地上"，即便有心，"也成不了希腊人或罗马人。中国人永远是中国人：生来就是小眼睛、短鼻子、扁额头、少胡子……"⑤ 赫德之说乃生物决定论，以容貌区隔中国人及欧洲人，

---

① Spivak Gayatri Chakravorty, "Can the Subaltern Speak?", *Marxism and the Interpretation of Culture*, eds. Cary Nelson & Lawrence Grossberg, Chicago: University of Illinois Press, 1988, 271 – 313.
② Cathay，中世纪对"中国"的称谓，因马可·波罗在他的游记中使用而流行——编者注。
③ 参照史景迁第五章"启蒙时代"，中译第107~130页。章中史氏细述莱布尼兹、孟德斯鸠和伏特泰等人作品中的中国意象及观照。
④ Herder, *Outlines of a Philosophy of the History of Man*, London, 1800, 296。引自史作中译125。
⑤ Herder 293。引自史作中译125。

以欧洲单一的审美观审视中国人,将其异化为次级生物。"少胡子"一语将中国人去男性化(emasculated),以此将其去势(castrated),故而中国人注定无法成就如希腊罗马的辉煌文明。中国由"世界大同"(wholeness)的动力成为"异域"(otherness),是"世界"(The West is the World)的边陲,无法进入世界历史。

但中国没有也无法"赖在同一块土地上"。19世纪中叶以降,西方列强环伺,中国政治腐败、门户洞开、割地赔款。① 数以万计安土重迁的中国人,远渡重洋,至"美丽新世界"(American as Beautiful Nation)寻觅金山,开始漂泊离散的生活。关于"离散"(diaspora)一词,格洛尹(Paul Gilroy)称为"走避暴力、威胁"的经验,绝非自由意志选择的时空置换;② 所谓"离散意识"便是自我认同危机的根源,离开故国等同于拔根,"存在"就受到威胁,如卢梭(Rousseau)云,"当人不再拥有祖国,也就不再存在"(When he has ceased to have a fatherland, he no longer exists)。③ 然而,中国人的认同危机更涉及沉默/禁声(silence/silenced)和西方"中国想象"对中国人的宰制。值无数华工移民美国西岸之际,沙克罗莫(Sax Rohmer)于1910年代创造"傅满洲",转化中国人的聪明机巧为邪恶的象征,正体现了西方对"黄祸"(Yellow Peril)的焦虑:无论是起因于马可·波罗时期的蒙古西征,还是近代的义和团之乱,或大量的华工移民,西方人始终活在"黄色帝国"的恐惧下。傅满洲有着"如撒旦的脸庞,有双绿眼,散发如猫眼的磁力,此人集东方人的冷酷和心机于一身",着实是"黄祸的

---

① 不仅西方列强殖民中国,东方日、俄霸权也在中国占有领土,此乃萨氏"东方主义"那条分隔东、西的想象界线所没有诠释的殖民现象。中国沦为半殖民地之实,即使进入21世纪的今日,仍是万劫不复的宿命。2000年11月中,法国巴黎公演一出名为"禁止华人与狗"的话剧,引爆种族议题,文化帝国主义之实,似无法以所谓"旧中国时代"西方殖民主义对中国的侮辱一语带过。详见2000年11月18日《联合报》十三版。
② Gilroy. Paul, "Diaspora and the Detours of Identity", *Identity and Difference*, ed. Kathryn Woodward, London: Sage, 1997, 299–346.
③ Rousseau J. J., "Considerations on the Government of Poland", *Rousseau: Political Writing*, trans. and ed. F. Watkins (Edinburgh: Nelson Sons, 1953). Qtd. In Gilroy. Paul, "Diaspora and the Detours of Identity", *Identity and Difference*, ed. Kathryn Woodward, London: Sage, 1997, 301.

化身"。① 或者，如赵健秀（Frank Chin）指出，傅满洲对西方或不构成威胁（threat），而是冒犯（offense）："傅满洲的邪恶，不仅是性的（sexual）且是同性恋的（homosexual）……，身着长袍，眨着眼睫毛……，不时以长指甲抚触白人的腿、腰和脸颊，无非是对白人的男性雄风轻浮的挑逗。"② 无怪乎华裔文评家如赵健秀、陈耀光（Jeffrey Paul Chan）等人声称：西方"典型"的"中国人绝非男人，亚裔之女性化，全无传统男性的创意、胆识、体力和创造力，足以令人恶心厌弃"。③ 至此，中国在西方文化霸权的再现下，除了专制帝王、辫子和缠足外，④ 尚有遭"阉割"（castrated）的中国男人。

二 当代西方女性书写的中国想象

西方对"傅满洲"的想象，印证了萨伊德所言："东方和性（sex）有着千篇一律、一成不变的关联。"⑤。实则，萨氏以福楼拜（Flaubert）和埃及艺妓的性关系，阐释东方论述如父系霸权的本质：

---

① Sax Rohmer, *The Return of Dr. Fu Manchu*, New York: Mckinley, Stone, and Mackenzie, 1916, 7, qtd. in Lin, Mao - chu, "Images of the Chinese in American Literature and Culture", *Journal of Taiwan Provincial Taipei Teacher's College*, 1988: 97. 萨伊德在《东方主义》中，称中国人为"不老实"（"perfidious", Said Edward, *Orientalism*, New York: Vintage, 1978, 108），足见中国人"富心机"的典型根深蒂固。关于华人在美国文学和文化中的形象，参见 Lin。

② Chin. Frank, "Confessions of the Chinatown Cowboy", *Bulletin of Concerned Asian Scholar* 3, 1972: 66, qta. in Cheung King - Kok, "The Woman Warrior versus the Chinaman Pacific: Must a Chinese American Critic Choose between Feminism and Heroism?", *Conflicts in Feminism*, eds. Marianne Hirsch & Evelyn Fox Keller, New York: Routledge, 1990, 236.

③ Chin. Frank, et al. Eds., *AIIIEEEEE! Anthology of Asian American Writers*, Boston: Howard University Press, 1983, xxxi. 其他中国人的"典型"，如陈查理（Charlie Chen）以及近来流行的网络动画主角"王先生"（Mr. Wong），虽不如傅满洲的"华丽优雅"，却依旧再现了中国人"女性化"的形象。参照 Lin, Mao - Chu, "Images of the Chinese in American Literature and Culture", *Journal of Taiwan Provincial Taipei Teacher's College*, 1988: 97 - 103; "Mr. Wong" on "icebox. com"。

④ 哈金1999年美国国家书卷奖得奖之作《等待》，即因其封面被诠释为代表清朝帝制余毒的辫子，且内容涉及女子缠足，中国北京出版社以哈金迎合西方口味为由，取消其中文版的出版计划。详见当年9月12日《中国时报》陈文芬专访。

⑤ Said Edward, *Orientalism*, New York: Vintage, 1978, 188.

她（艺妓）从未为己发声，从未表达情感，从未存在或拥有历史。他（福楼拜）为她发声、再现她。他是西方人、男性且多金，这些都是构成宰制（domination）的历史事实，足使他不仅拥有她的身体，并拥有陈述她的故事的权力，告诉读者何谓"典型的东方人"。①

以艺妓为东方的替身，将东方女性化，不仅充满性和性别阶级（sexual/gender hierarchy）权力运作的想象，更是萨氏以性别差异（sexual/gender differences）勾勒种族差异（racial difference）的论述策略。显然，萨氏的基本假设是书写/再现东方为男性的特权：

> 每个书写东方的人必须面对"他"的东方，将东方译入"他"的文本，选择"他"的叙述口吻/架构/意象/主题，凡此种种旨在告诉读者，"他"围堵/统驭东方以及再现东方的意图。②

萨氏以男性"他"代表"每个人"（everyone），旨在揭露东方论述乃建构于阳具中心论（phallocentrism），东方论述将东方/女人加以异他化的种族/性别歧视的基调，应为女性主义同声挞伐。至此，萨氏将东方主义视为男性论述，漠视女性参与建构西方文化帝国的可能。在《东方主义》的索引中有超过九百个引述项目，仅出现了七位女性的姓名，更遑论19世纪以降如金丝黎（Mary Kingsley）、妮尔（Alexandra David-Neel）、玛莎雀丽（Nina Mazuchelli）、玛汀诺（Harriet Martineau）等多位旅行家在帝国/殖民主义中所扮演的重要角色。③ 故而，萨氏《东方主义》论证的是西方男性的"我们"（we），以东方女性意象，再现东方/男性的"他们"（them）。"女人"是符号，绝非"说话的主体"（speaking subject）。至此，萨伊德的《东方主义》既充满性别化的迷思亦忽视相当数目的女性艺术家援引帝国修

---

① Said Edward, *Orientalism*, New York: Vintage, 1978, 6.
② Said Edward, *Orientalism*, New York: Vintage, 1978, 20.
③ 关于女性游记书写和殖民主义的关联。详见 Mills Sara, *Discourse of Difference: An Analysis of Women's Travel Writing and Colonialism*, New York: Routledge, 1993.

辞、参与东方主义建构的事实。① 诚然，西方女性在面对其创作的性别弱势时，即以东方主义巩固己身的论述位置，以女性他者（female other）凌驾种族（东方）他者（oriental other），以东方（男人）为其凝视的客体，重写异他性（re-inscribe the otherness），以挑战父系文化对女性书写的围堵——西方女性以种族优势重写性别劣势。

西方女性援引/挪用帝国主义东方论述的精神，建构其书写的主体（female writing subject），将女性写入西方文化帝国的历史（female inscription of the colonial history），莒哈丝的自传小说《情人》（*The Lover*；*L'Amant*）就是这样的作品。十五岁半的法国女孩，为了改变现实困境，和多金的中国情人，发生第一次性经验。情人没有名字，② 并且沉默阴柔，通篇以小女孩（la petite）的凝视重现中国男人：

> 肌肤细致柔嫩。这个身体呀！消瘦无力，没有肌肉，像生过病正在疗养似的。他没有体毛，除了性器外，看起来不像男人。虚弱得如同承受着屈辱。③

本段文字神似前述选自福楼拜的引文，唯独埃及艺妓已被置换为中国情人。阴柔的中国人是女孩欲望的客体，在法属的印度支那，小女孩以殖民主义的优势据用传统男性凝视的位置，反转性/性别的阶级为女尊（强）男卑（弱），以驯化的眼/我（eye/I）主导情欲。女孩处处主动，蓄意等待

---

① 参见 Lewis Reina, *Gendering Orientalism*: *Race*, *Femininity and Representation*, London: Routledge, 1996. Lewis 希望由女性文本中，找到不同于男性"东方主义"的建构模式，强调东方在女性文本中是"可敬""熟稔如家庭"（respectable domestic）的空间，如 Henriette Browne 所呈现者（第237页），却不意发现更多的女性艺术无法以此模式规范其呈现的东方主义，因此归结女性东方主义是开放、流动，甚而自相矛盾的论述体系（第238页）。虽然露氏的讨论局限在 George Eliot 和 Henriette Browne 两人，但这样的结论足以打破帝国主体统整（unity of the imperial subject）的迷思。关于其他探讨女性参与帝国主义的论著，参考 Lewis（绪论注2，第10页）。

② 莒哈丝作品中的东方男人常无名无姓，《广岛之恋》中，法国女演员以"广岛"称其日本恋人。

③ Duras Marguerite, Barbara Bray (Trans.), *The Lover* (*L'Amant*), London: Flamingo, 1985, 42.

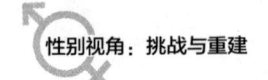

猎物，借助装扮，储备引诱能量：①

> 我身着本属于我妈妈的丝质洋装，无袖低领，但旧得几乎透明，……身系着不晓得是哪个哥哥的皮带，……这一天我特意穿上这双镶金的高跟鞋，……就在晚间踩着镶金缀珠花的鞋去上学……。但不是鞋子而是女孩头上戴的男用宽边帽，让她看起来奇特，是一顶泛红棕又系着宽黑丝带的帽子。意象之模糊就在这顶帽子上。②

借助扮装，凸显情欲，挑战处女禁忌，以一项男用帽模糊性别界线，区隔自我与其他殖民地的妇女："此间殖民地，没有女人如此装扮。"③ 帽子使她由女变男，从而扮演情欲主体，挑战生物的宿命（Biology is destiny）："突然间，我看到另一个自我，脱逃了天然的宿命，在城市间，旅程间和欲望间流转。"④

莒哈丝操弄表象／真实、扮饰（符号）、服装／身体、男性／女性等二元对立下的文化伪装，逆转性别／权力的关系。如果前述女孩的"凝视"再现了刻板"阴柔"的东方男子形象，是东方主义知识／权力霸权的体现，则女孩含混性别、充满情欲挑逗的扮装，更强化了跨国恋情中种族／权力的东方主义式操作。莒哈丝借强化种族宰制，以颠覆性别宰制，种族歧视和性别歧视，不再是平行排比的宰制体系（西方宰制东方；男人宰制女人）：在莒哈丝的作品中，西方女人宰制东方男人。这种诠释或许太过单纯，身在殖民地的西方女人，实则面临自我分裂（split）的危机，小说中以"我"和"她"两个代名词交替使用，成年的作家主人公更以"小女孩"（la petite）指涉15岁半的自我。前引的扮装文字，提及洋装、皮带、高跟鞋时，皆以"我"指称，但述及男用宽边帽时，则以"女孩"／"她"置换前段的"我"，仿佛是为隐藏主人公性别优越的焦虑。甚者，以白人的眼光来看，

---

① 蔡淑玲：《莒哈丝时空异质的影像书写》，《中外文学》1999年第27卷第9期，第136页。
② Duras Marguerite, Barbara Bray (Trans.), *The Lover* (*L'Amant*), London: Flamingo, 1985, 15–16.
③ Duras Marguerite, Barbara Bray (Trans.), *The Lover* (*L'Amant*), London: Flamingo, 1985, 16.
④ Duras Marguerite, Barbara Bray (Trans.), *The Lover* (*L'Amant*), London: Flamingo, 1985, 16.

女孩简直是"臭婊子","日日夜夜让那个肮脏的中国富豪搂抱身体"。① 这种种族歧视的陈腔滥调却是牢不可破的种族宰制。种族的差异和区隔,一直是小说的基调:中国人"如癞皮狗、如乞丐,……喧哗的噪音是欧洲人无法想象的";② "在我大哥面前,他不再是我的情人",只因他是中国人,"他那羸弱的身躯,使我羞愧"。③ 中国人等同于狗的帝国修辞旨在区隔西方人和中国人:以中国人为"非我"(non-self)因而"非人"(non-human)的逻辑,运用"狗""乞丐"为辨识种族差异的符号,行殖民宰制之实。因此,白人用餐就必须选择"欧洲人专用的那层",④ 隔绝"种族污染",保留欧洲人纯净的"白"。

然而,吊诡的是,西方女孩的情欲及自我的解放,就在进入中国情人位于闹街暗室的那一刻启动:

闭上眼,我尽情享受激情,我想,他此生就为爱,没有其他的了。他的抚触完美至极,做爱好比是他的专业。⑤

闹市吵杂,……好比行人从这斗室里穿越,我在吵杂声中,爱抚着他的身体。浩瀚如洋的情欲奔腾如潮起、潮落、双潮起。⑥

此处印证了萨伊德所言,东方和性是密不可分的。⑦ 女性化(遭阉割)的中国情人在情欲流转中如同超级阳具。⑧ 情人不曾拥有阳具(have the phallus),却是不折不扣的阳具(be the phallus)。易言之,情人是异国情调

---

① Duras Marguerite, Barbara Bray (Trans.), *The Lover* (*L'Amant*), London: Flamingo, 1985, 94.
② Duras Marguerite, Barbara Bray (Trans.), *The Lover* (*L'Amant*), London: Flamingo, 1985, 50–51.
③ Duras Marguerite, Barbara Bray (Trans.), *The Lover* (*L'Amant*), London: Flamingo, 1985, 56–57.
④ Duras Marguerite, Barbara Bray (Trans.), *The Lover* (*L'Amant*), London: Flamingo, 1985, 51.
⑤ Duras Marguerite, Barbara Bray (Trans.), *The Lover* (*L'Amant*), London: Flamingo, 1985, 46.
⑥ Duras Marguerite, Barbara Bray (Trans.), *The Lover* (*L'Amant*), London: Flamingo, 1985, 47.
⑦ Said Edward, *Orientalism*, New York: Vintage, 1978, 188.
⑧ 法农(Frantz Fanon)在《黑皮肤,白面具》(Fanon Frantz, Charles Lam Markman Trans., *Black Skin, White Masks*, New York: Grove, 1967)中,即以超级阳具定义黑人的男性特质(第188页),却也必须提及黑人被女性化(阉割)的事实——因为"男人不是男人"(第7页)。

的物神（exotic fetish），是女孩欲求之物，是女孩渴求的权力符号（signifier of power）。女孩以种族优势重写性别劣势，以定义种族自我（racial self），洁净其本具的性别异他性（sexual otherness）；而情人处于被欲求（desired）而非主动欲求（desiring）的状态。既以中国情人为情欲的符号，莒哈丝在处理女孩另一段同性恋情愫时，便将女孩的同性恋人海伦（Helene Lagonelle）进行了中国/东方化处理：

> 她和永隆的情人血肉同躯，她是带给我深邃激情的农奴（中国人）之属，她是永隆模糊的身影，来自中国。海伦拉孔兰来自中国。①

中国非关真实地理（海伦来自法国），而是象征主人公同性恋幻想的私密空间。② 套用巴巴（Homi Bhabha）的话，这种将情欲异域化的再现，③ 是西方人以东方主义刻板印象"投射"潜意识情欲的做法。④

小说始于"渡河"（摆渡湄公河）——进入东方神秘的异域，而终于"越洋"——回归祖国以脱离情人，异域恋情是该被抛诸脑后的过去：没有照片佐证，⑤ 如同"生命的故事不存在。没有中心。没有轨迹"；⑥ "没有泪水，因为他是中国人，不该为那种情人哭泣"。⑦ 然而，成年的主人公，对写作的坚持（母亲认为写作是幼稚的事），以捕捉逝去的年轻片段为其书写素材。"那个无法表达的本质"，⑧ 其实就是十五岁半的情欲："一个我唯一

---

① Duras Marguerite, Barbara Bray (Trans.), *The Lover* (*L'Amant*), London: Flamingo, 1985, 79.
② Chester Suzanne, "Writing the Subject: Exoticism/Eroticism in Marguerite Duras's The Lover and The Sea Wall", *De/colonizing the Subject*, eds. Sidonie Smith & Julia Watson, Minneapolis: University of Minnesota Press, 1992, 447.
③ 在描述对小哥的迷恋时，莒哈丝将小哥的身体比拟成印度的苦力 [Duras Marguerite, Barbara Bray (Trans.), *The Lover* (*L'Amant*), London: Flamingo, 1985, 77]，是情欲东方化的另一例证。
④ Bhabha Homi K., "The Other Question: The Stereotype and Colonial Discourse", *Screen* 24, 1983: 27.
⑤ 影像如何再现/创造殖民事实，容后再叙。
⑥ Duras Marguerite, Barbara Bray (Trans.), *The Lover* (*L'Amant*), London: Flamingo, 1985, 11.
⑦ Duras Marguerite, Barbara Bray (Trans.), *The Lover* (*L'Amant*), London: Flamingo, 1985, 117.
⑧ Duras Marguerite, Barbara Bray (Trans.), *The Lover* (*L'Amant*), London: Flamingo, 1985, 14.

所爱的影像"。① 对莒哈丝而言，这个影像的可贵之处即在其"没有被记录下来，再现的是绝对，是绝对的创造"。② 现实宁被遗忘/省略。情欲的重新探索/再现，是为成就女性的写作主体（female writing subject）。"异域情欲化、东方女性化以及再现一成不变的东方本质"皆为莒哈丝以东方主义式的凝视建构女性主体的书写策略。③ 而书写即是心灵创伤疗愈的开始。④

桑塔格的《中国之旅》（Project for a Trip to China）一样始于渡河（"我将越过香港与中国间的深圳河"⑤），一样是书写，一样是段自我疗愈的旅程，一样深入神秘的异域：

> 中国食物、中国式洗衣、中国苦难。
> 对外国人而言，中国的确太大，难以捉摸。
> 我暂不深究中国革命的意涵，却想理解中国"忍耐"的意义。⑥
> 还有残酷，中国忍受西方无止尽的假设。1860年率领英法联军侵占北京的军官，远航返欧洲时可能满载成箱的中国珍品，期待有朝一日再以西方鉴赏家的身份重返中国。
> ——颐和园，雨果（Victor Hugo）所称"亚洲大教堂"，遭浩劫焚毁。
> ——中国花园
> ……
> 中国食物。
> 中国苦难。
> 中国礼节。

---

① Duras Marguerite, Barbara Bray (Trans.), *The Lover*（*L'Amant*），London：Flamingo，1985，7.
② Duras Marguerite, Barbara Bray (Trans.), *The Lover*（*L'Amant*），London：Flamingo，1985，14.
③ Chester Suzanne, "Writing the Subject：Exoticism/Eroticism in Marguerite Duras's The Lover and The Sea Wall", *De/colonizing the Subject*, eds. Sidonie Smith & Julia Watson, Minneapolis：University of Minnesota Press，1992，446.
④ 关于书写和疗愈的主题，参见 Glassman, Deborah N., *Marguerite Duras：Fascinating Vision and Narrative Cure*，London：Associated University Press，1991。
⑤ Sontag Susan, "Project for a Trip to China", *I, Etcetera*（New York：Anchor Books，1991），3.
⑥ 笔者于美国念书时，曾有日本同学广子问到为何中国经历如此多的苦难，为外国凌辱，土地一块块被割让，却又无动于衷，外国的殖民势力对中国而言，好比是蚊子叮上了大象的粗腿。桑氏之言和广子之言，有同样的意涵。

英殖界，……瘦弱的苦力吸着鸦片，拉着黄包车，……拳匪之乱……①

一幕幕再现的影像，无异是以东方主义式的修辞拼贴中国的面貌。桑氏意在批判殖民主义的残酷，却必须借用帝国修辞以完成其中国想象。《中国之旅》不是旅行的文字记录（游记），而是桑氏中国行前的计划书："我要在行前完成旅行书。"② 如果《情人》是对遗忘的过去进行再现/虚构，则《中国之旅》是对未踏上的土地的想象，两者同样非关现实。

桑氏对殖民主义的中国想象似乎了然于心："中国是殖民搜括所得，是物质（objects），是空缺（absence）。"③ 中国的空缺即源于中国其实是西方的凝视/想象/假设下再现的异域。桑氏以一张百科全书上的照片诠释殖民帝国的凝视：

照片醒目处是一排身首异处的中国人尸体：头颅滚出身外一段距离，不知哪个尸身配上哪个头颅。七个白人站在尸体后，摆好姿势，其中两人戴着猎帽。不远处几个舢板，左边是村庄，背景的山头覆着白雪。这伙人微笑着。无疑地，是同伙的第八个白人为她们拍照。④

第八个白人的"眼"强烈暗示帝国的凝视，相片是胜利的佐证，身首异处的中国人是掳获的"猎物"。桑氏将摄影比拟为帝国之掠夺，被摄者的影像仿佛是拍摄者的战利品。⑤ 景物的排比象征殖民西方人的统驭，经由相机再现成一个典范。地点在中国洪湖，时间是1899年，进入20世纪前最后一个寒冷的冬天，殖民年代的中国。

桑氏再现帝国语汇/凝视其实是为暴露西方人的误区/盲区。桑氏对中

---

① Sontag Susan, "Project for a trip to China", I, Etcetera, New York：Anchor Books, 1991, 10 - 13.
② Sontag Susan, "Project for a trip to China", I, Etcetera, New York：Anchor Books, 1991, 32.
③ Sontag Susan, "Project for a trip to China", I, Etcetera, New York：Anchor Books, 1991, 13.
④ Sontag Susan, "Project for a trip to China", I, Etcetera, New York：Anchor Books, 1991, 14.
⑤ 关于摄影所涉及的欲望与权力的论述，参见桑氏另著 Sontag, Susan, On photography, New York：Anchor Books, 1990。

国充满同情，而《中国之旅》通篇也满溢她的迷惘和恐惧，她将自己的家族史和中国的苦难交织比对，以了解中国来了解自己。中国其实是符号/象征，是桑氏心灵深处的压抑空间（repressive space）。

早在 20 世纪 30 年代，桑氏的父母长居中国，在茫茫戈壁、巍峨紫禁城和灯红酒绿的上海租界，都留下了足迹；桑氏的生命在中国孕育。① 1933 年，母亲返美生下桑氏又回到中国；五岁时，父亲病逝在中国。"回到"中国（桑氏曾谎称中国为其出生地），仿佛是朝圣，② 为寻觅成长过程中创郁结（traumatic fixation）的根源，为寻觅缺席的父亲。桑氏比喻中国之旅为"神话之旅"："进入历史外的区域，进入地狱、冥府。"③ 中国之旅如同神话中奥德赛（Odysseus）、阿尼亚斯（Aeneas）和但丁（Dante）的地府行，为会先人/先知/父亲，以了解死亡为何："我造访父亲的死亡"；④ "是谁的声音说着要去中国？是个不到六岁的小孩的声音"。⑤ 如同心理学上所称的"退转"（regression），回归童年经验，桑氏始得重新省视受压抑的潜意识心创；在强迫性重复（repetition compulsion）中造访欲望（desire）；在欲望书写中，再现中国为后设的神话/迷思（myth）。桑氏称中国为"最富异国情调的异域",⑥ 也以完全相同的词汇指涉"心灵",⑦ 中国等同于心灵，其实是以异域出离现实，回归潜意识，和不复记忆的过去建立联系。如此一来，桑氏之作明为书写未来，其实如同莒哈丝般也是想象过去。

"中国"是女作家以书写为自我疗愈的媒介——一个用以投射/贮藏潜意识焦虑、恐惧和欲望的想象地理。因此，桑氏向下向深处挖掘，如同她曾在后院掘出个"六尺见方的洞，……希望一路掘往中国"。⑧

"中国"是桑氏外于历史/时空的心灵静谧的空间。⑨ 如同萨伊德所言，"想象的东方不仅是帝国的现实，其逻辑也受欲望、压抑和投射等心理过程

---

① Sontag Susan, "Project for a trip to China", I, Etcetera, New York：Anchor Books, 1991, 12.
② Sontag Susan, "Project for a trip to China", I, Etcetera, New York：Anchor Books, 1991, 12.
③ Sontag Susan, "Project for a trip to China", I, Etcetera, New York：Anchor Books, 1991, 27.
④ Sontag Susan, "Project for a trip to China", I, Etcetera, New York：Anchor Books, 1991, 19.
⑤ Sontag Susan, "Project for a trip to China", I, Etcetera, New York：Anchor Books, 1991, 7.
⑥ Sontag Susan, "Project for a trip to China", I, Etcetera, New York：Anchor Books, 1991, 18.
⑦ Sontag Susan, "Project for a trip to China", I, Etcetera, New York：Anchor Books, 1991, 23.
⑧ Sontag Susan, "Project for a trip to China", I, Etcetera, New York：Anchor Books, 1991, 8.
⑨ Sayres Sohnya, Susan Sontag：The Elegiac Modernist, London：Routledge, 1990, 49.

所支配",① 或以桑氏自己的话语来说,中国是"女人的第三世界"② (The Third World of Women):第三世界/中国所受的帝国宰制足以类比女人特别是女作家受压抑的苦难。③ 中国因而是个隐喻/转喻,象征(西方)女人受压抑的心灵,而观测/想象"中国""中心"的是西方女人;桑氏重述中国用以定义地理方位的词汇——东青龙、南朱雀、西白虎、北玄武,方位中心的空缺则以"自我"填补:"我愿在中心。"④ 西方女作家霸据"中国"的"中心"为自己的论述位置。情欲的中国是西方女作家作为心灵投射的异域,是对东方"典型"的操作运用。但不同于男性植根于政治对立的东方主义,西方女性的东方想象较为流转、私密,属于内向的心灵观照。

三 《金山勇士》(China Men)⑤ —— 汤亭亭的另类历史:再论"典型"(stereotype)

汤亭亭的例子不同于上述两位作家。汤氏文本深深植根于中国移民的历史、社会和文化情境,除个人心灵探索外,更有族群的关怀。其中涉及

---

① Said Edward, *Orientalism*, New York: Vintage, 1978, 8.
② Sontag Susan, "The Third World of Women", *Partisan Review* 40, 1973: 184 – 185.
③ 同样的类比也出现在修瓦特(Showalter Elaine, "A Criticism of Our Own: Autonomy and Assimilation in Afro – American and Feminist Literary Theory", *Feminisms: An Anthology of Literary Theory and Criticism*, eds. Robyn R. Warhol & Diane Price Herndl, New York: Rutgers University Press, 1993)文中,但修文通篇未提及任何第三世界的女性,第三世界形同隐喻,西方白人女性关怀的是"(西方)女人的第三世界",而非"第三世界的女人"(third – world woman),史密斯(Barbara Smith)因此斥之为"伪装的文化帝国主义"("disguised cultural imperialism", Smith Barbara, "Toward a Black Feminist Criticism", *The New Feminist Criticism*, ed. Elaine Showalter, London: Virago Press, 1993, 172.)。
④ Sontag Susan, "Project for a trip to China", *I, Etcetera*, New York: Anchor Books, 1991, 10.
⑤ 汤亭亭称《金山勇士》为父亲书,和《女战士》(*The Woman Warrior*)的母亲书,合为家族书(Kingston, Maxine Hong, "Imagined Life", *Michigan Quarterly Review* 2, 1983: 563.)。为免两书合并篇幅冗长且互相干扰(Rabinowitz Paula, "Eccentric Memories: A Conversation with Maxine Hong Kingston", *Michigan Quarterly Review* 26, 1987: 179),将父祖的故事独立成册,是为《金山勇士》。汤氏原属意英文书名 Gold Mountain Heroes,但依出版社建议而更名 China Men。至于 China Men 之中译,或为"中国男子"或为"杜鹃休向耳边啼",而中文书名《金山勇士》则是作者的选择,封页内每章节前,皆配有一方"金山勇士"的印章,颇有以铭刻为表彰、赞颂之意(Li David Leiwei, "China Men: Maxine Hong Kingston and the American Canon", *ALH* 3, 1990, 484)。参见单德兴《铭刻与再现:华裔美国文学与文化论集》,台北:麦田出版,2000,第 128~29 页。

与主流文化的协商，再现与反转东方主义的"典型"（represent and reverse the stereotypes）乃重要议题。"典型"如上文论及，实是以区隔代替差异，以象征划清我们（主体）和他们（客体）（we/them）的界线，俾巩固自我/统驭他者。然而，这样的定义，似简化了"典型"所寓含的权力运作的矛盾情结（ambivalence）。文化论者如巴巴和侯尔（Stuart Hall）具已指出"典型"的"深层结构"（deep structure）乃"矛盾的文本"（ambivalent text）。① 侯尔举例论曰，西方之"黑人非男人"的想象其实是另一个沉重而扰人的幻想的掩饰：在西方人的想象中，黑人或许是超男人（拥有超级大阴茎）。② 如此，则女性化的中国人典型如傅满洲、陈查理者，实寓含了西方人另一层反面的幻想：中国人实为阳刚、具攻击欲，其能力足以构筑黄色帝国，故有"黄祸"一说。因此，在反转典型的策略运用上，即有奥妙之处，如重塑中国人阳刚形象以修正并延续永无止境的文本/性/种族暴力（textual/sexual/racial violence）。赵健秀以《三国演义》和《水浒传》的英雄好汉为中国人重振男性雄风，导正西方刻板印象，呈现道地的历史真实（authenticity），③ 固有其国族主义的考量，却需谨慎以免落入二元对立的迷思。或套用胡克斯（bell hooks）的话，中国人的英勇武侠的形象或只沦为"商业文化体制下族裔的香料，为单调无味的主流白人文化添加佐料"。④ 其中的文化差异和"历史真实"不但被刻意淡化且被收编为美国倡导"多元文化"的一个代码。在再现华裔传统和探索文化认同的议题上，汤亭亭显

---

① Bhabha Homi K., "The Other Question: The Stereotype and Colonial Discourse", *Screen* 24, 1983: 17; Hall Stuart, "The Spectacle of the Other", *Representation: Cultural Representations and Signifying Practices*, ed. Stuart Hall, London: Sage, 1997, 263.

② Hall Stuart, "The Spectacle of the Other", *Representation: Cultural Representations and Signifying Practices*, ed. Stuart Hall, London: Sage, 1997, 263.

③ 关于赵健秀的"真实道地"说，参见 Chin. Frank, "Come all Ye Asian American Writers of the Real and the Fake", *The BigAiiieeeeee! An Anthology of Chinese-American and Japanese American Writers*, eds. Frank Chin, et al, New York: Penguin, 1991。侯尔的反转典型论，详见 Hall Stuart, "The Spectacle of the Other", *Representation: Cultural Representations and Signifying Practices*, ed. Stuart Hall, London: Sage, 1997, 272–75。

④ Hooks Bell, *Black looks: Race & Representation* (Boston: South End Press, 1991), 21. 君不见 Bruce Li（李小龙）和 Jackie Cheng（成龙）在好莱坞电影中的龙种形象：勇猛善斗。好莱坞电影里的中国实是"卧虎藏龙"（*Crouching Tiger, Hidden Dragon*）的国度。

然采用了相当不同于赵健秀的书写策略。[1] 李磊伟（David Leiwei Li）在论及华美作家的职志时，提及华美作家"肩负双重重担，既要颠覆美国东方论述的文化压迫，更需重建代表族裔解放的华美传统"。[2] 李氏在其近作《想象国家》（*Imagining the Nation*）中，详述了美国东方论述的根源及亚裔经典的文化抗争（resistance），并且探讨了抗争文学如何透过和主流文化的互动和协商，以权宜之计争取发言权，转化边陲的逆境。[3] 书中还以汤亭亭为例说明华美作品中，对东方主义想象（orientalist imagination）的刻意挪用、包容甚而改写，其实是利用美国文化对神秘东方和异国情调向往的心理情愫来闯入美国正统/主流论述的权宜之计。[4] 因此，东方论述于汤亭亭作品中，不是"本质的情境"（a condition of being）而是"挪变的契机"（an occasion of becoming）。[5] 具体来说，华美作家转化双文化困境为契机的根结就在于记忆/纪念（remembrance and commemoration），寻找源头（location of origin），并在与主流论述的文化协商中，重新想象故国，化解认同危机，同时提供具体族裔文本，创造另类历史/文学，以填补主流历史的空白和遗漏；易言之，即是为被消音的族裔文化争回历史（claim history）。[6]

李磊伟的《想象国家》因而和安德森（Benedict Anderson）的《想象社

---

[1] 汤、赵论述策略之别，详见 Kim, Elaine H., *Asian American Literature: An Introduction to the Writings and Their Social Context* (Philadelphia: Temple University Press, 1982, 199) 和单德兴《铭刻与再现：华裔美国文学与文化论集》（台北：麦田出版，2000，第159~80、213~38页）。

[2] Li David Leiwei, "The Production of Chinese American Tradition: Displacing American Orientalist Discourse", *Reading the Literatures of Asian America*, eds. Shirley Geok-Lin Lim & Amy Ling, Philadelphia: Temple University Press, 1992, 323.

[3] Li David Leiwei, *Imagining the Nation: Asian American Literature and Cultural Consent*, Standford: Standford University, 1998.

[4] Li David Leiwei, *Imagining the Nation: Asian American Literature and Cultural Consent*, Standford: Standford University, 1998, 46.

[5] Li David Leiwei, "The Production of Chinese American Tradition: Displacing American Orientalist Discourse", *Reading the Literatures of Asian America*, eds. Shirley Geok-Lin Lim & Amy Ling, Philadelphia: Temple University Press, 1992, 329.

[6] Gilroy 谓离散意识（diasporic consciousness）源于遗忘故国的危机，故而离散生活中，记忆显得格外关键（Gilroy Paul, "Diaspora and the Detours of Identity", *Identity and Difference*, ed. Kathryn Woodward, London: Sage, 1997, 318）。关于汤亭亭的故国记忆，参见 Rabinowitz Paula, "Eccentric Memories: A Conversation with Maxine Hong Kingston", *Michigan Quarterly Review*, 1987.

群》(*Imagined Communities*)① 之论点有异曲同工之妙：国家/民族/社群既是虚构/想象，便有其重新建构/想象的开放空间。汤亭亭以西方"中国想象"为起点而书写的"想象中国"的文本，提供了相对于美国主流社会的另类叙事、记忆与历史，达成了"创始/创史"的文化使命。② 具体而言，汤氏以另类论述对抗/反转西方中国想象的书写策略，实则符合侯尔文化研究所述：一是以阳刚取代阴柔，颠覆并纠正刻板印象的谬误；二是以阴柔为美，赞颂不为西方肯定的负面意象，强调族裔文化的差异；三是由内质疑（contest from within），暴露再现的复杂性，夸大西方刻板印象将异域性欲化的效果，以揭露西方焦虑、矛盾的心结。③

汤亭亭是进入美国正统/典律文学的少数族裔作家之一。④ 但汤氏在定义自我时，明确指出其厌弃带连号（hyphenated）的表达方式，认为 Chinese-American 一词将连号两端的文化意涵等量齐观，不符合其自我认同的感受，应以去连号的 Chinese American 代之，Chinese 成为形容词，American 为名词，既肯定自己为美国人也兼顾父祖来自中国的历史渊源。⑤ 汤氏定位自己为美国人，并坦承其写作的目的即为华裔争回美国（claim America）："争回美国非指同化于美国主流文化的价值观；而是一种向美国排华的种族主义和立法说不的回应；华裔不是外人（outsider）；我们属于这里，这里有我们的历史，而我们是美国的一部分；如果没有我们的参与，美国即不为美国。"⑥《金山勇士》即为汤亭亭为华裔父祖争史的"发愤之作"。⑦ 张敬珏

---

① Anderson Benedict R. O'Gorman, *Imagined Communities: Reflections on the Origin and Spread of Nationalism*, London: Verso, 1991.
② 单德兴：《铭刻与再现：华裔美国文学与文化论集》，台北：麦田出版，2000，第210页。
③ Hall Stuart, "The Spectacle of the Other", *Representation: Cultural Representations and Signifying Practices*, ed. Stuart Hall, London: Sage, 1997, 272 – 75.
④ 关于汤亭亭的典律化，参见 Li David Leiwei, *Imagining the Nation: Asian American Literature and Cultural Consent* (Standford: Standford University, 1998), 60, 以及单德兴《铭刻与再现：华裔美国文学与文化论集》（台北：麦田出版，2000，第125～126页）。
⑤ Kingston Maxine Hong, "Cultural Mis-Readings by American Reviewers", *Asian and Western Writers in Dialogue: New Cultural Identities*, ed. Guy Amirthanayagam, London: Macmillan, 1982, 60.
⑥ Kingston Maxine Hong, "Maxine Hong Kingston: From an Interview between Kingston and Arturo Islas", *Women Writers of the West Coast*, ed. Marilyn Yalom, Santa Barbara: Capra Press, 1983, 16.
⑦ 单德兴：《铭刻与再现：华裔美国文学与文化论集》，台北：麦田出版，2000，第149页。

（King-Kok Cheung）在讨论本书时，指出父亲思德的沉默是激发汤氏创作的动力；白人美国史规避中国佬的事实，促使她从零散的资料中，重新建构散失的族群佚事。① 汤氏四代父祖，经由女儿的史笔春秋创造另类历史，争回失落的历史定位。

《金山勇士》全书分十八章，以家族中四代父祖的美国奋斗史为主轴，这部分内容共占其中主要的六章；其余十二章中，除为首两章类似中国传统小说的楔子或入话外，另十章附在每个主章后，为主章注解收场，作为主章的跋，也与主章形成多重文本的互涉和对话关系。如此一来，六个主章形成看似完整的家族历史线性叙事，穿插的十二章则使文本流动，形成非线性循环组合。

《金山勇士》在美国国会图书馆分类中，归属历史类，但书中历史/神话/传说杂陈，打破了历史/小说的分类界限，也因其线性/非线性并容，挑战了传统历史线性的叙述成规。

另类历史的创见/举，非仅于此。首章"论发现"更进一步改写了哥伦布的美洲发现史。故事取自李汝珍《镜花缘》，主角由林之洋变为唐敖。"唐"指唐人即中国人，"敖"有流浪、煎熬之意；时间比1492年早：发现之旅的起点为5世纪（一说8世纪）的东方中国，改写了西方殖民史的源起。汤氏虚构地图，以中国为中心：

> 乌龟、大象支撑大陆洲块，小岛亦在象和龟的背上；其他地理图呈现洲陆为山峦，中国居中为中山，或称汉山或唐山，或呼吴国，有金山在之西或之东。②

称中国为中山，既将中国置于地理中心，也取登高远眺的统驭优势；③ 汉唐为中国盛世，吴则指东南沿海华侨的故乡；以中山/汉山/唐山/吴国称

---

① Cheung King-Kok, "Talk-Story: Counter-Memory in Maxine Hong Kingston's China Men", *Tamkang Review* 24, 1993: 22.
② Kingston Maxine Hong, *China men*, 1980, New York: Vintage, 1989, 47.
③ 美国女作家麦修（Maureen F. McHugh）的处女作《张中山》（*China Mountain Zhang*），主角虽以中山为名，却是不折不扣女性化的科技产物，与中山原意相去甚远，充满殖民主义的东方想象。

中国,是中国中心论,金山/美国或西或东皆为边陲。汤氏的虚构地理,实为东方主义的反向操作,讽刺的是遭画眉、缠足、挽面、穿耳洞的唐敖,仿佛再现了东方主义的刻板印象,成为被宰制的他者。但汤氏以此形象指涉华工"没有故事、没有过去、没有中国"① 的沉默,以及其从事洗碗、洗衣等传统女性卑微工作的困境,适得其喻。② 而以其女性形象,如遭阉割去势,益凸显华人移民异土,无妻无性无力绵延后代的煎熬,此项主题在"鬼妻""罗宾汉漂流记"等章的参照互读下,更加明显。

汤氏由儿时母亲口述的罗宾汉故事译回英文,以中国佛教的十八"罗"汉,隐喻"罗"宾汉,称之为"劳动、无性的驴子",③ 又以荷马史诗《奥德赛》所到的莲花岛为罗汉居处,暗指中国男人移民海外,遗忘来时路,沉溺于幻境的悲哀。东方主义的"中国想象"再现为"想象中国",据用帝国措辞适足以指明反宰制的控诉,为沉默的父祖发声。而发声的意象,在"伯公"一章最为明确。伯公发明"大吼会",掘地洞,将胸中压抑的郁闷一吐为快,将真言还诸大地。

相对于《女战士》中的林兰女变男,《金山勇士》刻画了反向的男变女。唐敖和杜子春是古典的例子,现实生活中,中国男人洗衣工的形象,和"鬼妻"中的书生刺绣,并无异趣。中国男人的男人性被去势,沦为女奴,其男子气概在异乡无性的生活中,消失殆尽。这一个女性化的形象却在内华达山阿公射精的故事中得以反转(reverse the stereotype):

> 一日阳光美好,阿公不是想小便,而是想射精,……他卷成一团,为美景和恐惧所摄,一股气冲进阴茎。……他突然直起身来,将精液溅射向空中。此后,常与世界(大地)做爱,世界的阴道如天空浩瀚,如河谷广阔。④

---

① Kingston Maxine Hong, *China Men*, 1980, New York: Vintage, 1989, 14.
② Goellnicht Donald C., "Tang Ao in America: Male Subject Positions in China Men", *Reading the Literatures of Asian America*, eds. Shirley Geok‐Lin and Amy Ling, Philadelphia: Temple University Press, 1992, 192.
③ Kingston Maxine Hong, *China Men*, 1980, New York: Vintage, 1989, 226.
④ Kingston Maxine Hong, *China Men*, 1980, New York: Vintage, 1989, 133.

汤亭亭以极度阳刚意象肯定了华人的男性生理，透露了性欲和压抑相长的联系，反转了刻板印象，揭示了西方恐惧东方男性雄风的矛盾心结，粉碎了华美男人的羸弱形象。汤氏将新大陆的土地女性化/他者化，充满金山勇士开疆辟土征服处女地的想象，又是东方主义反向操作的另一例证。

《金山勇士》出书之始，汤氏原以 Gold Mountain Heroes 命名，依出版社建议而更名为 China Men。China Men 为 Chinamen（支那人）的变形，不刻意抹去主流文化/语言对华人历史性的侮蔑，也从华美文化角度重新思考，使"支那人"一词成为再现"种族现实一个骄傲的象征"。① 虽名为 China Men，但 Gold Mountain Heroes 以中文书名《金山勇士》出现在书的内标题页，并镶在一方阴刻的中国印里。印玺是中国"名"的象征，中国男人在印的背书下，成为"金山勇士"，好似一个锁住（seal）的秘密以印（seal）的权威来表达。标题页阴刻的印，在每一主章节标题页上，又被置换成阳刻的印，由阴而阳，是名的更加肯定，光明正大。女性化的中国男人蜕变为"金山勇士"。由女而男，由中土而金山（金山在美国，在全世界有华人的地方），是汤亭亭挪用东方主义而又反转刻板印象的书写策略。是故，其另类历史书写是和主流论述互动协商后再现/再造的传统：《金山勇士》进入美国典律，其来有自，化挪用为挪变，正足以补正史之不足。书中章名由"来自中国的父亲"，历经垦荒筑路，转化置换为"美国的父亲"，父亲古典"思德"的名字，也改为洋化的 Edison，为父祖正名为美国人的历史企图心，可见一斑。汤氏称"金山勇士是建设美国，凝聚美国的祖先"（1989：146）。② 将中国边缘人的角色，修正为史册上的开国英雄，正是主流和另类历史文化协商的成果。值得注意的是，勇士是英雄，但"勇"（heroism）却不是传统定义的英勇，而是表现在中国男人身上阴郁、柔韧、坚忍的原始女性特质，无怪乎张敬珏谓汤氏具有"女性主义和族群的双重感知"。③ 汤氏一石两鸟，既挣脱性别的樊笼，也改写了东方主义刻板印象的定义，暴露了刻板印象的矛盾和谬误，以争得认同的历史。如果批评家

---

① Li David Leiwei, "China Men: Maxine Hong Kingston and the American Canon", *ALH* 3, 1990: 484.
② Kingston Maxine Hong, *China Men*, 1980, New York: Vintage, 1989, 146.
③ Cheung King-Kok, "Articulate Silences: Hisaye Yamamoto, Maxine Hong Kingston", *Joy Logawa*, Ithaca: Cornell University Press, 1993, 125.

对汤氏的文化认知质疑,批判其文化误读,那么反误读的策略,就在于跨疆越界,找到跨文化更多的联系。①

史碧娃克(Gayatri C. Spivak)在《三个女性文本与帝国主义批评》(Three Women's Texts and a Critique of Imperialism)一文中关切西方帝国女性主义作品彻底否定"他者"女人在文本与现实中的存在,严正控诉在帝国主义操控下白人女性的主体是建构在相对于被殖民本土女性的种族优势上的。② 而身为研究西方女性书写的东方女子,笔者关怀的是,东方作为一个符号、一种想象,如何造就西方女作家写作主体的建构,成就西方女作家的志业。莒哈丝、桑塔格和汤亭亭的东方想象各有不同的渊源、表达方式和意旨。汤亭亭尤其不同于其他两位西方作家,汤氏以少数族裔女性的角色,再现/据用优势的东方主义修辞,跨越种族/性别的界线,在权宜中得到了主流文化的认同,闯入典律,得以为从属阶级发声。中国男人的刻板印象只留在古老传说的记忆里(比如唐敖画眉缠足为女人的故事),现实中的中国男人,虽亦阴柔,汤氏名之为"金山勇士"。

"金山"一词催化了空间的转移,"东方的他者"(oriental other)自此被去异化(de-alienation),成为主流文化/历史的一部分。汤氏在西方发声,重新定义祖源的中国,借由为中国男人正名为金山勇士,以阴柔为美、阴柔为勇,不但质疑东方主义本质的矛盾,更以春秋史笔成就创作大业。萨伊德《东方主义》中的"东"与"西"、《文化与帝国主义》(Culture and Imperialism)中的"主流"与"另类"所呈现的二元对立,显得过分简化。

数百年来,国家神话、对立的政治格斗所招致的冲突和战争罄竹难书,国族/东方/西方……主义既是虚构,汤亭亭的女性创始/书写超越东方想象的围限,建立多元文化的理解,进而跳出狭隘的民族历史框架,或将给予后来者诸多重要启示。

---

① 参见汤亭亭的 Kingston Maxine Hong, "Cultural Mis-readings by American Reviewers", *Asian and Western Writers in Dialogue: New Cultural Identities*, ed. Guy Amirthanayagam, London: Macmillan, 1982。
② Spivak Gayatri Chakravorty, "Three Women's Texts and a Critique of Imperialism", *"Race" Writing and Difference*, ed. Henry Louis Gates Jr., Chicago: University of Chicago Press, 1986.

从美国平权修正案的争议看
男女平权和母亲角色

俞彦娟*

"You can pass all the const amendments you want to, but you cannot put equal responsibility on men for being mother to children."

—Sam J. Ervin, Jr., Senator, North Carolina (1975)[①]

Equality of rights under the law shall not be denied or abridged by the United States or by any State on account of sex.

The Congress shall have the power to enforce, by appropriate legislation, the provisions of this article.

This amendment shall take effect two years after the date of ratification.

—Complete text of the Equal Rights Amendment (1972)[②]

一 前言

20世纪美国女性主义者推动平权修正案(Equal Rights Amendment, ERA),禁止美国政府法令以性别理由歧视女性,目的是借宪法修正案除去

---

* 俞彦娟,时为台湾"中央研究院"欧美研究所助研。原文刊于《女学学志:妇女与性别研究》2002年第18期。
① 欧文(Sam J. Ervin, Jr.)是北卡罗来纳州(North Carolina)参议员,曾在1970年提出平权修正案替代方案,是平权修正案的强力反对者。
② 转自 Mansbridge J. J, *Why We Lost the ERA*, Chicago: University of Chicago Press, 1986。

所有法律上的性别歧视。消除性别歧视有利于女性，理应受到女性欢迎，但平权修正案却遭到挫败。而且，在反对阵营中，女性扮演了极为重要的角色。为什么有那么多美国女性反对平权修正案呢？

关于平权修正案失败的原因，学界已有相当多的讨论。有的学者从推动法案的策略来谈，例如贝利（Mary Frances Berry）从推动宪法修正案的策略来讨论，认为失败的原因在于推动者只注意到联邦立法层级（federal legislative level），忽略了州立法层级（state level）的努力；以及只顾到知识分子层级（intellectual level），而忽略了草根阶级（grass roots）。贝利还指出，维护父权体制的强大保守势力，成功地把平权修正案和堕胎合法化与妇女运动画上等号，并把传统家庭和社会秩序的崩解归咎于妇女运动和女性主义者，也是失败原因。[1] 史坦能（Gilbert Y. Steiner）则同时讨论女权议题和宪法修正案推动过程的问题。他指出，在 1971～1973 年，平权修正案本有极大机会通过。之后机会不再的原因是，平权修正案和堕胎合法化被看成同一个议题，支持平权修正案等于同意女性主义者的堕胎立场，也就是间接支持堕胎，这种观念使许多支持者裹足不前。[2] 由上述研究可知，平权修正案＝女性主义＝堕胎合法化的概念联结，使平权修正案的真正意义无法被客观了解，甚至被曲解和误解。根据政治学家曼斯布理姬（Jane J. Mansbridge）的研究，平权修正案失败的原因是美国人虽然支持平权修正案，但支持的程度很浅。他指出，1972～1982 年的民意调查显示平权修正案得到相当高的支持。但是，许多人只是赞成抽象的平等观念。他们愿意给女性平等权利（equal rights），却不支持男女性别角色的彻底改变。当发现平权修正案可能对美国两性关系造成重大改变时，许多人开始反对。[3] 由此可知，反对者的共同恐惧之一是他们认为一旦通过，传统性别角色将遭到挑战。

曼修斯（Donald G. Mathews）和迪哈特（Jane Sherron De Hart）的北卡罗来纳州（North Carolina）个案研究，发现平权修正案已变成美国女性地位

---

[1] Berry, M. F., *Why ERA Failed: Politics, Women's Rights, and the Amending Process of the Constitution*, Bloomington, IN: Indiana University Press, 1986.
[2] Steiner, G. Y., *Constitutional Inequality: The Political Fortunes of the Equal Rights Amendment*, Washington, D. C.: Brookings Institution, 1985.
[3] Mansbridge, J. J., *Why We Lost the ERA*, Chicago: University of Chicago Press, 1986.

的象征。曼修斯和迪哈特发现，支持者认为平权修正案代表平等权利和个人自由，是美国理想最高境界的合理延伸；反对者认为平权修正案是"女性特质、妇德"的毁灭，是"1960 年代美国病态生活中长成的危险病毒"。① 平权修正案原意只是争取将民权延伸到女性，却变成正反双方性别角色观念之争，最后发展成所谓性别的战争。对平权修正案的争议，已经超越法律条文，变成性别角色的争议。反对者认为平权修正案毁坏传统性别角色，导致家庭和社会脱序。

学者亦指出，即使平权修正案通过，它的即时影响其实也不大。首先，依其规定，通过后，还要再等两年才实施。其次，在 1960 年代和 1970 年代已经通过不少的法令，实质上减少了性别歧视现象 [例如 1963 年的同酬法 (the Equal Pay Act)，1964 年的民权法第七条 (Title VII of the Civil Rights Act) 等]。换言之，这些法律已经实现了平权修正案的部分目标。不过，从长期来看，平权修正案仍可能有深远的影响，因为它可能间接影响立法者和法官重新解释现存法律。② 即使如此，为什么这个看来对女性有利，短期内没有重大影响的宪法修正案，会引起美国人民激烈的争辩，以致延续十年无法得到足够州议会的同意，是值得探讨的问题。由前述研究已知，性别角色是一个争议焦点，但我认为，更明确地说，母亲角色尤为反对者焦虑的重要原因。

母亲角色（motherhood）③ 是性别角色的重要基本观念。传统两性观念坚持男女的"适当角色"（proper role）是"男主外/女主内"，其基础观念在于认为所有的女人都将成为母亲，因此以母亲角色来规范女人的职责、

---

① Mathews D. G. & De Hart J. S., *Sex, Gender, and the Politics of ERA*, New York: Oxford University Press, 1990.
② Mansbridge J. J., *Why We Lost the ERA*, Chicago: University of Chicago Press, 1986.
③ 目前大多数学者将 motherhood 翻译为"母职"，但我觉得其所包含的不够广，所以改用"母亲角色"。母亲角色包含的不只是一个母亲所做的事情（像怀孕、生育和养育），还包含一种意识形态，定义女性的角色和地位，以及社会对女性和以女性为主力的照护工作进行评价。母亲角色可能涵盖的问题有：女人是不是应该生儿育女？她对此事有没有决定权和选择权？什么样的母亲才是好母亲？母亲应该以养育小孩和家务为重，还是应该拥有发展自我的权利？母亲应不应该就业？什么是最好的养育小孩方式？谁来照顾小孩最好？男性可不可能与女性公平承担养育的工作？这一连串的问题都是"母亲角色"的问题。更进一步，社会对母亲角色的定位和评价，影响女性如何看待自己做母亲的工作和规划自己的生涯，这些也都是母亲角色的问题。

活动范围，以及教育、工作机会、训练发展、薪水多寡、未来的老年和退休生活，等等。20世纪晚期支持平权修正案的女性主义者则认为，两性都是独立自主的个体，应该有一样的权利和义务，没有所谓"适当角色"。更何况，传统母亲角色对女人多有限制，使女性无法像男性一样自由发展。女性主义者因此主张母亲角色并非女性生命中的必然，女性有权决定是否成为母亲。他们倡导堕胎合法化，廉价避孕装置的普及化，挑战社会中对非婚生子、未婚、不婚和无子女性的污名化，并要求社会提供托育服务，让女性可以兼顾家庭和工作，目的都是让女性能自由选择母亲角色。

平权修正案和堕胎合法化，是第二波美国妇女运动的两大重要目标。[①] 美国最高法院在1973年罗诉韦德（Roe v. Wade）案的判决中，确立了堕胎合法化和女性的堕胎权。[②] 平权修正案于1972年在美国国会通过，送到各州审议，历经10年（1982年），仍功败垂成，无法得到足够州议会的支持成为宪法第二十七条修正案。堕胎合法化和平权修正案虽然一成一败，但在推动过程中，同样受到保守人士的强烈攻击。反对者在新右派政客领导下集结成为强大的反女性主义势力，一致谴责女性主义者不负责任、不要家庭、不要小孩、不做母亲。堕胎是从母体内取出胎儿，与母亲角色关系密切不在话下。但是，平权修正案旨在确保联邦和各州法律所保障的平等权利不会因性别理由被否定或打折，目的是消除性别歧视，与生儿育女似乎没有明显和直接的关系。然而，反对者却宣称平权修正案直接威胁到传统家庭结构和母亲角色，因为他们认为平权修正案若通过，会造成：（1）男人和女人没有差异，女人变得像男人一样；（2）女性将被迫去工作赚钱，"不能选择"做一个家庭主妇和全职母亲；（3）政府将接管养育小孩的责任；（4）美国家庭将会瓦解。这些论点显示，反对者认为平权修正案与女性是否生儿育女有密切关系，并且牵涉到女性的社会地位、权益、责任以及女人的适当角色等问题。

本论文以平权修正案争议最激烈期间（1972～1982年）的辩论为主要

---

① 一般称发生在19世纪中至20世纪初争取妇女投票权的运动为第一波美国妇女运动，发生在1960和1970年代争取妇女平权和妇女解放的运动为第二波美国妇女运动。

② 在罗诉韦德（Roe v. Wade）案中，美国最高法院裁定德州规定只有在保存母亲生命的前提下才能堕胎的法律是违宪的。

素材，分析支持者和反对者有关男女平权、女权和母亲角色的论点，希望能：（1）了解反对者对平权修正案的疑虑；（2）呈现女性主义者新母亲角色的内涵以及其发展；（3）从反对者的批评出发，检讨女性主义者新母亲角色观的弱点和缺失，尤其探讨男女平权和母亲角色之间可能存在的不兼容性。

前言之后，本文分为三部分。首先，简介平权修正案的发展历史和早期的争议。其次，分析平权修正案反对者的论点和女性主义者的响应（response）与反驳（rebuttal）。最后，讨论第二波美国妇女运动对传统母亲角色的批判和提出的新母亲角色。本文的结论是，女性主义者用男女无差异的男女平权观点无法彻底和完整地探讨母亲角色的问题。

二 平权修正案的起源和发展

1920 年美国国会通过宪法第十九条修正案，女性获得投票权。支持妇女投票权不遗余力的国家妇女党（National Woman's Party，NWP），[①] 在鲍爱莉（Alice Paul）领导下，于 1923 年起开始推动平权修正案（the Equal Rights Amendment）。他们认为虽然女性有了投票权，但美国仍有许多歧视女性的法律，必须彻底解决。平权修正案是解决此问题最简单、有效的方式，因为它可以推翻所有性别歧视的法律，使女性获得真正平等。平权修正案的条文共有三条：

> 美国联邦和各州法律赋予的平等权利，不得因性别理由否定或打折。
> 国会有权透过相关立法来执行这项修正案的内容。
> 本修正案将在通过两年后施行。[②]

[①] 原先称为 Congressional Union，成立于 1913 年，1917 年改名为国家妇女党，积极争取妇女投票权，采取比其他团体激进的手段，例如在白宫前示威抗议，被抓入狱等（Becker S. D., *The Origins of The Equal Rights Amendment: American Feminism between the Wars*, Westport, Conn: Greenwood Press, 1981; Cott N. F., "Feminist Politics in the 1920s: The National Women's party", *Journal of American History* 71, 1984: 43 – 68; Cott N. F., *The Grounding of Modern Feminism*, New Haven: Yale University Press, 1987; Davis F., *Moving the Mountain: The Women's Movement in America since 1960*, New York: Simon & Schuster, 1999）。

[②] 原文见本文第一页首，第二段引文。

此案推出后，除了提案的国家妇女党外，大多数的妇女团体和劳工运动团体都反对。政府机关中负责女性福利的相关单位，也持反对立场。① 他们担心一旦通过这个全面性宪法修正案（blanket act），女性劳工会丧失原有的法律保护。他们从女性是母亲和妻子的角度，强调女性需要被保护。因为女人是未来的母亲，女人的健康影响种族延续，所以需要特别法律的保护，例如规范最低工资、最高工时、有适当的休息，以及防止女性从事危险的工作等。尤其在1938年的保护工资和工时法律"公平劳动基准法"（the Fair Labor Standard Act，FLSA）还未通过时，在工人没有任何保障的情况下，这些对女性的保护法，的确有其重要性。② 有些人则是反对用宪法修正案的策略，认为要解决性别歧视的法律问题，需要用各个击破的策略才能准确和有效。③ 有些则是担心平权修正案会把好法和坏法一并废除，主张逐一来处理各项法律。另外有些人反对，是认为平权修正案的支持者都是精英分子，无法了解劳工阶级的真正痛苦。④ 尽管理由多元，但大多数反对者都把母亲角色列为女性权益的重要考虑。

相对地，支持平权修正案的国家妇女党，则不凸显女性的母亲角色，

---

① 凡以女性为成员的团体（但并不一定支持妇女运动和女性主义理念），本文笼统通称为"妇女团体"。19世纪末20世纪初，有许多女性虽然理念上支持女性主义，但并不自称是女性主义者。凡明确支持女性主义的，本文称之为"女性主义团体"。早期反对平权修正案的妇女团体有 the League of Women Voters（LWV 是 National American Women Suffrage Association 在获得妇女投票权后转型而来），the National Women's Consumers' League，the National Council of Women，the American Association of University Women，the General Federation of Women's Clubs，the National Association of Business and Professional Women's Clubs，the YWCA，the Women's Christian Temperance，the National Women's Trade Union League 等。政府部门指的是劳工部的妇女局（the Women's Bureau of the Department of Labor），一直反对平权修正案。妇女局成立于1920年，目的是搜集资料和提高职业妇女利益（Evans S. M.，*Born for Liberty*: *A History of Women in America*，New York: Free Press，1989；Laughlin K. A.，*Women's Work and Public Policy*: *A history of the Women's Bureau*，*U. S. Department of Labor*，1945–1940，Boston: Northeastern University Press，2000）。即使在1963年成立的女性地位总统委员会（President's Commission on the Status of Women）也是反对平权修正案的。
② 在1925年，美国几乎每一州都有保障女性工作的法律（Davis F.，*Moving the Mountain*: *The Women's Movement in America since* 1960，New York: Simon & Schuster，1999）。
③ Cott N. F.，"Feminist Politics in the 1920s: The National Women's Party"，*Journal of American History* 71，1984: 60.
④ Davis F.，*Moving the Mountain*: *The Women's Movement in America since* 1960，New York: Simon & Schuster，1999: 32.

而是强调女性是一个个体,应该享有和男性一样不多不少的权利和义务。他们认为保护法把女性和儿童归在同一类,是强化女性经济上依赖男性的传统观念,并且限制女工的竞争力。①

必须一提的是,女性主义者(或妇女团体)对平权修正案不同的立场起源于早已存在的意见分歧。相关的讨论非常多,学者通称支持男女没有差异,争取无差异平等的人为"平等女性主义者"(equality feminists),支持平权修正案的女性主义者属此类。强调女性的母性特质和两性差异,支持两性差异的平等者则被称为"差异女性主义者"(difference feminists)。②妇女史学家柯南西(Nancy F. Cott)指出第一波妇运时,女性主义者内部已有矛盾,一派坚持男女都是"人类"(human being),都有人权(human rights);另一派坚持女性的独特性(uniqueness)。欧洲妇女史学家欧凯伦(Karen Offen)则将女性主义分为个人权利女性主义(individual rights feminism)和关系女性主义(relational feminism)。前者强调以个人为社会单位,不管其性别,坚持个人人权、自主与独立;后者以平等关系配偶作为社会单位,强调相对于男性的女性权利(由她的生育力和养育力所定义)和女人的特殊贡献。③

一直到1960年代,女性主义者对平权修正案的不同立场才逐渐整合,因为此时在保护女性权益、消除性别歧视,以及获得性别平等方面已经向前跨越了一大步。首先,1963年通过的联邦法律——"同酬法"(the Equal Pay Act),明令禁止私人企业性别歧视。其次,1964年通过的民权法案第七条(Title Ⅶ of the 1964 Civil Rights Act),禁止工作场所的性别(以及种族、肤色、宗教和国籍)歧视。此法案涵盖层面极为广泛,原有劳工保护法因此不再适用。许多工会、劳工团体因此转而支持平权修正案。另外,1960年代,许多人在处理性别歧视案子时,开始引用宪法第十四条修正案的平

---

① Cott N. F.,"Feminist Politics in the 1920s: The National Women's Party", *Journal of American History* 71, 1984: 61.
② Davis F., *Moving the Mountain: The Women's Movement in America since 1960*, New York: Simon & Schuster, 1999.
③ Cott N. F., *The Grounding of Modern Feminism*, New Haven: Yale University Press, 1987: 135 - 136.

等保护概念，争取女性的平等待遇。①

在1972年国会通过平权修正案前，许多工会团体已改变他们的反对立场，转为支持。例如，1968年汽车工人联合会（United Automobile Workers，UAW），是第一个改变态度支持平权修正案的工会团体。② 1970年9月的一场记者会上，工会的女性代表宣称，只适用于女性的保护法是错误的（false），从1964年民权法案通过后，这些保护法已经变成不合法了。③ 支持平权修正案的还有国际电工工会（the International Union of Electrical Workers），屠宰工工会（the Butchers and Meat Cutters Union），以及美国公务员联合会（the American Federation of Government Employers）等。而美国最大的工会联盟——美国劳工联合会和工业团体组织（the American Federation of Labor and Congress of Industrial Organizations，AFL-CIO）——虽然在1973年初对平权修正案仍然存在意见分歧，但到同年10月也正式宣布保护法失效，支持平权修正案。④

1960年代初期，两大妇女团体——全国职业妇女团体同盟（the National Federation of Business and Professional Women's Clubs，BPW）和妇女俱乐部联盟（the General Federation of Women's Clubs），转为支持平权修正案。另一个重要妇女团体——妇女投票者联盟（The League of Women Voters，LWV）——早在1950年代就悄悄地放弃了其反对平权修正案的立场，因为1954年年会时，大多数年会代表不清楚平权修正案的争议。更重要的原因是，他们过去反对平权修正案的理由已经不复存在。⑤ 1972年（美国国会通

---

① 第十四条宪法修正案于1868年通过，原是针对种族歧视问题的，但其中平等保护权的条款（equal protection clause）后来经常被应用于性别歧视的案例。1960年代早期，黑人女律师Pauli Murray曾建议用第十四条宪法修正案同时解决种族和性别不平等（Feldstein R., *Motherhood in Black and White*: *Race and Sex in American Liberalism*, 1930 – 1965, Ithaca and London: Cornell University Press, 2000, 157 – 159)。

② Davis F., *Moving the Mountain*: *The Women's Movement in America since* 1960, New York: Simon & Schuster, 1999, 67; Shabecoff P., October 19, Meany Assails Nixon in Speech Opening A. F. L.-C. I. O., Session, *New York Times*, 1973, 21.

③ *New York Times*, September 15, 1970, 33.

④ Davis F., *Moving the Mountain*: *The Women's Movement in America since* 1960, New York: Simon & Schuster, 1999, 388. Shabecoff P., October19, Meany Assails Nixon in Speech Opening A. F. L.-C. I. O., Session, *New York Times*, 1973, 21.

⑤ 早期反对平权修正案的女性团体是因为害怕平权修正案会损及原有保护女性的法律，而此时，保护法已经丧失功能，它们不再反对（Young, L. M., *In the Public Interest*: *The League of Women Voters*, 1920 – 1970, New York: Greenwood Press, 1989, 158 – 159)。

过平权修正案同一年）年会时，LWV轻易地通过了支持平权修正案的决议，为未来积极推动此案铺好了道路。1970年代LWV成为推动平权修正案联盟的主力，投下了将近250万美元和许多会员人力。①

除了劳工团体和妇女团体的支持外，推动平权修正案最重要的动力来自第二波妇女运动。自由主义女性主义者（liberal feminists）率先把平权修正案列为其主要目标。全国妇女会（National Organization for Women，NOW，自由主义女性主义者的代表性团体）在成立不久（1967年）即把平权列入"女性人权"之一，积极推动平权修正案。② 1960年代末期兴起的妇女解放运动，刚开始并不支持平权修正案，到1970年代晚期也加入支持者行列。③

1972年国会通过平权修正案（距离1923年首度提出已将近50年之久），送到各州议会审议，必须在1979年3月22日之前获得全国3/4（38个）州议会的同意，才算正式通过。国会通过当天，夏威夷（Hawaii）州议会首先通过。一星期内又有五个州通过。1973年初，已经有30个州同意，只需再有8个州同意。1974年，虽有2个州（Tennessee和Nebraska）取消原先的同意，仍有33个州支持。1975年和1977年各有一个州通过，总共有35个州同意。1977年全国妇女会推动延长平权修正案州议会的同意期限。1978年国会同意延长到1982年6月30日。在1982年6月21日，佛罗里达（Florida）州议会决议反对，平权修正案正式宣告失败。

三 正反双方对母亲角色的争议

20世纪早期有关平权修正案的争议反映出美国女性主义者对母亲角色有歧见。反对平权修正案的妇女团体强调女人就是母亲（现在或未来），为了下一代，需要保护母亲的健康和安全，而平权修正案会使女性丧失这些

---

① Young L. M., *In the Public Interest: The League of Women Voters, 1920 - 1970*, New York: Greenwood Press, 1989, 159. 1978年LWV曾提拨100万美元推动平权修正案。见 *New York Times*, May 7, 1978, 68。

② 虽然当时也有反对的声音（Davis F., *Moving the Mountain: The Women's Movement in America since 1960*, New York: Simon & Schuster, 1999, 66 - 67）。

③ Hoff J., *Law, Gender, and Injustice: A Legal History of U. S. Women*, New York and London: New York University Press, 1991, 322.

保护。支持平权修正案的国家妇女党不强调女性的母亲角色,而强调女人是一个独立个人,不需要被保护,只需要得到与男性一样的待遇,平权修正案则能让女性获得平权。

进入20世纪晚期,过去持反对立场的妇女团体大都改变态度,支持平权修正案。自从1970年代开始,反对平权修正案的力量主要来自保守势力。不过,支持者和反对者争议的焦点之一仍然是母亲角色。综论之,1970年代反对者认为平权修正案和女性主义有三大负面影响:(1)剥夺女人做母亲和妻子的权利;(2)贬抑母亲(家庭主妇)的重要性;(3)否定家庭的重要性。本节将深入讨论这些批判和响应。

1972年开始,平权修正案的反对者纷纷在各地成立组织,积极散播反对平权修正案的论点。施拉佛利(Phyllis Schlafly)的"终结平权修正案"组织(STOP ERA)于1972年成立,到1973年1月已有几千个会员在26个州活动。戴维森(Jacquie Davidson)创办的快乐女性(Happiness of Womanhood, HOW),是家庭主妇联盟(the League of Housewives)的一个分支,1973年初在全美有会员万余人。① 另外还有全国天主教妇女协会(the National Council of Catholic Women)、觉醒行动[Operation Wake-up,由以下三个组织结合组成:妇女自由基金会(the Women's Freedom Fund)、快乐女性(Happiness of Womanhood)和女性团结护女权(Women United to Defend Existing Rights)]等组织。② 事实上,反对平权修正案的势力,与反对堕胎合法化、反女性主义和反妇女运动的势力,以及保守政治势力结合,共同为维护传统家庭和传统价值而战。它们某些成员重迭,组织互相支持。

为什么平权修正案对传统家庭和价值有威胁呢?反对者认为,一旦平权修正案通过,达到男女平权,必然否定男女差异,造成不堪的后果。例如:(1)男人不需要负担养家的全部责任,女人则必须出外工作赚钱,提供至少一半的家用。(2)若是离婚,女性将拿不到赡养费以及小孩养育费和监护权。(3)女性将被征召去当兵,上战场打仗。(4)一切以性别之名

---

① Shanahan E., "Opposition Rises to Amendment on Equal Rights", *New York Times*, 1973, January 15, 1.
② Greenhouse L, "Women's Rights: Federal and State Amendment Face Trouble", *New York Times*, 1974, August 24, 12.

分开的设施和机构，如男女厕所、男校/女校、监狱牢房等都将取消。甚至还有人认为，一旦平权修正案通过，代表女性主义获胜，联邦政府将扩权，同性恋婚姻将合法，美国道德将沦丧，文化将被瓦解。① 女性主义者认为许多批评或是夸大、没有根据，或是与男女平等没有直接关系的论点，只是政治攻击和阴谋，不值得响应。② 但是，对与母亲角色、婚姻和家庭相关的论点，女性主义者则厘清立场并提出了反驳，有时检讨、调整或修正了他们的立场和论点。

（一）剥夺女人做母亲和妻子的权利

反对者认为平权修正案将使各州原有规定丈夫有养家义务的法令失效。在平权修正案的男女平等原则下，男人（丈夫）和女人（妻子）必须各自承担一半的养家责任，男性不一定要养家，而女性必须工作。对照传统男女分工，男主外（工作养家）女主内（养儿育女）的方式，他们认为这是剥夺女性做家庭主妇和母亲的权利。以反对平权修正案和女性主义著称的反女性主义者（antifeminist）施拉佛利③提出的论点最具代表性。她说，在

---

① 例如 North Carolina 参议员 Jessie Helms 曾说："在平权修正案战役中，基督教信仰被攻击。攻击者不接受传统宗教，强烈支持世俗主义。他们不接受国家创建者对世界的看法。我们认为，免除女人在军旅和战争中的苦难，是合理的传统，他们却认为是'对女性的'压迫。我们认为男女有明显差异，需要法律的区别，他们却忽略这些差异，而且容忍'同性恋婚姻'这种怪物。简言之，他们的价值观与美国文化遗产冲突。"对于 1977 年召开的 the International Women's Year Conference 和 the White House Conference on Families，反对者认为用纳税人的钱来召开这种会议——挑战传统家庭观念，推动"反家庭"政策，承认非血缘、婚姻或收养关系结合者也是家庭等——显示美国已经走向大政府主义，毁灭开国传统，违反宗教训示，所以，对抗女性主义就是在"捍卫美国"（Klatch, R. E., *Women of the New Right*, Philadelphia: Temple University Press, 1987, 68, 127）。

② Shanahan E., "Opposition Rises to Amendment on Equal Rights", *New York Times*, 1973, January 15, 1.

③ 施拉佛利虽以反对女性主义著称，却具有相当多女性主义者的特质。她虽然没有工作，且宣称是个家庭主妇，但她在政界极为活跃。在积极推动反对平权修正案前，她参与政党（共和党）活动，并对外交事务特别感兴趣，曾出版过 *A Choice Not An Echo*（是 1964 年的畅销书）一书。她养育了六个小孩，常说"母亲"是她的第一事业。但是，她从事相当多的政治活动，包括演讲、写书、游说、旅行等，这些活动几乎占满了她所有的时间（Felsenthal C., *The Sweetheart of the Silent Majority: The Biography of Phyllis Scholarly*, New York: Doubleday, 1981; Schlafly P., "What's Wrong with 'Equal Rights'", *The Phyllis Scholarly Report*, 1; Schlafly P., "The Right to Be a Woman", *The Phyllis Schlafly Report*, 1972, 1）。

美国历史上，1970年代的女性拥有最多特权，因为法律、习俗和宗教教规共同保障女人做母亲的权利（right）和特权（privilege）。第一个特权是，社会规范丈夫有养家的责任，已婚女人"不需要"去工作，她可以"选择"在家做母亲或是出外工作。一旦离婚，她可以得到赡养费、小孩的监护权和养育费。① 第二个特权是，女性受到尊重，女人的财产权和遗产权等受到保障。施拉佛利认为"最重要，最珍贵的女权是，女人能拥有自己的小孩，在丈夫的支持和保护下，快乐地看着小孩成长和发展"。又说，"小孩是一个女人最好的安全保障，因为小孩能保障他的社会福利，像是老人年金、失业补助、工作补助、请假补助等。家庭能提供女性一辈子身体、经济和情感的安全"。② 第三个特权是，现代科技发展已经大量减轻了女人家庭工作的负担。不过，施拉佛利警告，如果平权修正案通过，女性特权就将消失。因为男女平权，法律不再规范丈夫的养家责任，并废止女性的权利（不必工作，得到赡养费、小孩监护权和养育费），女性将被迫去从事无聊的、重复的工作，把小孩送到育儿中心由别人照顾。③

女性主义者的回应是，不错，平权修正案的目的是男女平权，男女原本没有差异，可以从事一样的工作。但是，即使平权修正案通过，女人也不会被迫去工作。相反地，如果她选择工作，平权修正案会对她的工作有利，保障她的工作权。平权修正案也不会剥夺女人的赡养费，反而，因为有了平权修正案，可以立法让没有自立能力的人离婚后得到协助。即使是男性在家照顾小孩，离婚后也一样可以得到赡养费。④ 此外，有关家庭中谁来赚钱养家，一直是由各家庭自行决定，法院从不干涉有合法婚姻家庭的家务事。除非出了问题，夫妻要分居或离婚，走上法庭，公权力才会介入，通常是考虑双方实际状况，再决定赡养费和育儿费的责任归属。⑤

由此争议，可看到双方对"女权"和"特权"的认知有差距。归根究

---

① Schlafly P., "The Right to Be a Woman", *The Phyllis Schlafly Report* 1972, 1.
② Schlafly P., "What's Wrong with 'Equal Rights'", *The Phyllis Scholarly Report* 1972, 1
③ Schlafly P., "What's Wrong with 'Equal Rights'", *The Phyllis Scholarly Report* 1972, 3.
④ Greenhouse L, "Women's Rights: Federal and State Amendment Face Trouble", *New York Times*, 1974, August 24, 12.
⑤ Shanahan E., "Opposition Rises to Amendment on Equal Rights", *New York Times*, 1972, January 15, 1.

底，在于他们如何看待性别角色。差异之一还呈现在他们对女性工作性质的基本假设。平权修正案的反对者强调，女性不必出外工作，在家做家事和照顾小孩是"特权"，因为他们认为社会常态是父亲工作赚钱，母亲为全职家庭主妇，偶尔去工作，也是临时性的。① 而且，他们认为女人的工作大都是低阶、低薪、单调和无聊的，若非被经济所迫，没有人想去工作。施拉佛利最常用的例子就是"女人宁愿抱婴儿也不愿意抱打字机或工厂机器"，又说"如果脏尿片和脏碗盘是无聊工作的话，在生产线做工的女性会更有成就感吗？有些人因为需要薪水不得不工作，但说这些人从工作中获得比做妻子和母亲更多成就感是骗人的"。② 由此可见施拉佛利预设女性只能从事单调、无聊的办公室或工厂工作（讽刺的是，她自己却从事专业的政治活动）。③ 相对来看，女性主义者心目中女性可从事的工作，则大多是专业性或中产阶级的工作。例如，女性主义者傅瑞丹（Betty Friedan）建议女性最好选择能激发创造力、时间有弹性而且收入好的工作，像是艺术家、科学家和政治家等。④ 这类工作具有吸引力和挑战性，又能得到成就感和满足感。但是，要从事这类工作必须有相当的经济和教育基础，先不必为谋生计而工作，才能考虑自我实现。这种对工作概念的差异其实已经超越了性别角色范畴，而明显展现出阶级的差异。

施拉佛利受到广大支持的原因之一，是许多支持者感受到缺乏生活保障的恐惧。在1970年代，传统观念仍普遍，依循传统观念生活的女性因此往往缺乏独立自主的资源，必须仰赖法律规定丈夫养家来保障他们的生存。同时又因离婚率增高，实际支付赡养费者减少，以及女性就业的增加等因素，家庭主妇丧失原有社会地位的现象逐渐严重。说平权修正案将会威胁

---

① 但事实上1970年美国有41%已婚女性就业，有18岁以下小孩的母亲也有43%就业，所以全职家庭主妇已经不是常态（Weiner L., *From Working Girl to Working Mother: The Female Labor Force in the United States*, 1820 – 1980, Chapel Hill & London: The University of North Carolina Press, 1985, 4）。
② Schlafly P., *The Power of the Positive Woman*, New Rochelle, New York: Arlington House Publishers, 1977, 51 – 52.
③ Schlafly 出身于工人阶级家庭，从小半工半读到大学毕业。见 Felsenthal C., *The Sweetheart of the Silent Majority: The Biography of Phyllis Schlafly*, New York: Doubleday, 1981.
④ 有关 Friedan 的更多讨论，见本文第四部分。见 Friedan B., *The Feminine Mystique*, New York: W. W. Norton & Company, 1963, 348.

女性经济来源（先生不用养家，离婚女性没有赡养费等）的论点，正好说中这些人的忧虑，也加深了他们的恐惧。①

（二）贬抑母亲（家庭主妇）的重要性

平权修正案反对者尤其不能接受女性主义者要消弭男女性别差异的诉求。施拉佛利警告，平权修正案消除男女的差异后，女性将被当成男人一样对待。这有什么问题呢？施拉佛利指出，许多女性只想做个家庭主妇和母亲，他们一点也不想与男性平等，也不要与男性在工作场所中竞争。② 更重要的是，传统家庭主妇害怕变得"像男人一样"，因为担心做母亲的价值和认同遭到否定。③ 传统观念推崇女性对社会的贡献是，养育出有道德、守法、勤勉的国民，这些国民将建立稳定家庭，成为国家未来的磐石。而母亲是从"爱"出发，无条件付出，不求回报的，她们的贡献也因此不能用金钱来衡量。④ 这样"无私"与"伟大"的母亲角色却被女性主义者瞧不起。例如女性主义者傅瑞丹曾说："家庭主妇所做的事情不需要成人的能力，都是一些单调、没完没了，而且没有回馈的工作。"⑤ 不只如此，当多数女性主义者不断强调女性应该走出家庭束缚、发展自己、成就自己时，许多人感觉，只从事照顾丈夫和小孩的女人是没有价值和成就的。一位老鹰论坛［Eagle Forum，支持维护家庭运动（pro-family movement）］的组织者在社会学家克拉契（Rebecca Klatch）的访谈中说：

> 妇女解放运动真的是痛恨家庭主妇啊！有一个芝加哥杂志收录了许多女性主义者的"名言"，例如他们曾说家庭主妇不是一项真正的专业（profession）。现在，在更多媒体的注意下，他（她）们常常形容自己是

---

① 明显的离婚率增加发生在 1960 年代，整个 60 年代离婚率以惊人的速度增加。1966 年的离婚数是 1950 年的两倍，1975 年的离婚则是 1950 年的三倍（Wandersee W. D., *On the Move: American Women in the 1970s*, Boston: Twayne Publishers, 1988, 130 - 131）。
② Schlafly P., "What's Wrong with 'Equal Rights'", *The Phyllis Scholarly Report* 1972, 1 - 3. Schlafly P., "The Right to Be a Woman", *The Phyllis Schlafly Report* 1972, 1 - 3.
③ Klatch R. E., *Women of the New Right*, Philadelphia: Temple University Press, 1987, 135.
④ Klatch R. E., *Women of the New Right*, Philadelphia: Temple University Press, 1987, 134 - 135.
⑤ Friedan B., *The Feminine Mystique*, New York: W. W. Norton & Company, 1963, 307.

职业妇女,却看不起家庭主妇,……因为家庭主妇的工作在心智上没有成就感,……说你只不过是一个光荣的奶妈,……等等。……他(她)们真的造成很大分裂,引起家庭主妇和职业妇女的相互憎恨……。有些女性以前一向骄傲地说"我是一个家庭主妇",现在却说,"我'只是'一个家庭主妇"。这真是一个可怕的态度转变。我认为这非常不好。

为什么这是不幸的事?因为现在女性自从大学毕业后,就没有任何选择权可言了。他们认为一定要做长期事业规划,必须进研究所,……一定要找工作。必须把小孩送进托育中心,……鼓励女性去做这些事,你将来一定会发现自己做错事,只是为时已晚。①

很明显,双方争议的焦点在母亲工作的价值。女性主义者为了凸显女性自我发展的机会被剥夺,强调往家庭外发展的重要性,疏于讨论生儿育女工作的重要性。但是生儿育女不仅受传统文化推崇,而且是许多女性引以为傲的。所以,当女性主义者说,"(家庭主妇)整日和尿布奶瓶为伍",反女性主义者则反击说,平权修正案也不可能为女人带来任何好处。②

不只是反对者,就连女性主义的同情者,也常有类似的不满。例如 Ms. 杂志刊登了不少这类抱怨。女性主义者波格宾(Letty Cottin Pogrebin)曾描述1973年的妇女运动如何使她感觉当母亲是错的。她说,妇女解放运动使我必须为我做母亲一事提出辩护。我觉得女性主义者似乎看着我,心中暗忖:"这个女人只能做这件事吗?"而且,她又说,在1973年挺着大肚子,她觉得丢脸,因为"它代表了我是人口制造者,或是被剥削的婴儿生产机器"。③ 女性主义者曾提出解释,试图化解这类疑虑。摩根(Robin Morgan)解释说女性主义者和妇女运动并不反家庭主妇,而是挑战父权社会长期以来贬抑这些支持生命工作(母职和家务)的重要性。但摩根承认,有些早期女性主义者的确是反母亲角色的,不过纯粹是为了辩证所需。因为父权制度指定女性做母亲("正"thesis),女性主义必须提出另一个极端来对抗("反"antithesis),现在(1975年),一个新的"合"(synthesis)产生

---

① Klatch R. E., *Women of the New Right*, Philadelphia: Temple University Press, 1987, 131.
② Klatch R. E., *Women of the New Right*, Philadelphia: Temple University Press, 1987, 131.
③ Pogrebin L. C., "Motherhood", *Ms.*, 1973: 47-51, 96.

了,那就是,在女性有自由选择权的前提下,肯定生育和养育的理论。①

除了摩根所提的理由外,早期女性主义者否定母亲角色,还有其他原因。有些人是因为自身经验的局限性,例如妇女解放运动参与者大多年轻未婚没有做母亲的经验,有的因目睹母亲或周遭的女性陷于传统角色的困境,才会对母亲角色持负面看法。②虽然如此,来自各方面的批判影响着女性主义者,到1970年代后期,强调男女差异、推崇母亲角色正面价值的女性主义思潮发展成为主流。③但新的问题是,当女性主义者也推崇母亲角色,支持平权修正案的女性主义者和反对平权修正案的反女性主义者之间还有差别吗?有的。

1970年代后期,平权修正案的支持者和反对者,虽然都认同母亲角色重要,也都认同由母亲角色衍生出来的女性特质具有优越性,但是双方的分歧也由此开始。反女性主义者施拉佛利和基尔德(George Gilder)④认为女性透过母亲角色和女人的性(sexuality)可以有效控制男性。基尔德宣称女人从怀孕、生育和养育小孩的过程当中,可以得到极大的性满足(sexual fulfillment)。和女人相比,男人的性满足则非常有限,他们只能从女人身上获得性满足。因此女人可以借着给不给男人性满足和后代,来控制男人。换言之,母亲角色既是女人生育后代的天生能力,又是女性权力(power)的来源。女人靠着母亲角色就可以控制男人。⑤基尔德特别强调,女人的权力和美德(virtue)非常重要,重要到无法用金钱来衡量,而母爱的力量更是超越资本主义市场经济的考虑。但是,基尔德没有讨论的是,女性并没有其他社会资源可运用,只能用爱(性)来控制男人。明显地,在物质至上的资本主义社会中,女人被局限在"家的领域"中,就算他拥有保守人

---

① Morgan R., "Rights to Assuage", *Ms* (1975): 74–78, 98. Robin Morgan 是有名的激进女性主义者,编有 *Sisterhood is Powerful: An Anthology of Writings from the Women's Liberation Movement* (New York: Vintage Books, 1970),其中收集了第二波美国妇女解放运动的许多经典文章。

② Rosen R., *The World Split Open: How the Modern Women's Movement Changed America*, New York: Viking, 2000, 45–46.

③ 本文第四部分对女性主义者母亲角色观点的发展将有详细讨论。

④ George Gilder 是经济学家,常在电视节目和他的书中批判女性主义,赢得"美国头号反女性主义者"的封号,著有 *Sexual Suicide* (New York: Quadrangle, 1973) 等书。

⑤ Gilder G. F., *Sexual Suicide*, New York: Quadrangle, 1973, 15, 23.

士所推崇的"女性优越感"和"女性特权",对于政治和经济,她们很难有实质影响力。

女性主义者和反女性主义者都强调母亲角色对人类文化的贡献。基尔德说,人类的特性,例如需要(男人的)保护和经济支持(support),期待安定的社会生活,期待美好的未来等,皆起源于母亲对小孩的爱。女性繁衍后代(procreation)的角色以及她们与子女的关系,是人类社会生存的重要基础。女人若是没有将这些价值观传递给男性,整个人类文明将崩解。基尔德的这个论点与女性主义者艾伯特(Jane Alpert)和瑞曲(Adrienne Rich)的论点有某些相似性。[1] 双方都认为母子之间有特殊的爱、亲密关系与归属感。但是,再往下看,歧异产生。首先,基尔德假设,从古到今一成不变的是,女人没有谋生能力,需要男性的保护和经济支持。男人是资源提供者(provider),女人是照顾者(caretaker)的角色安排,亘古不变,过去如此,未来也不会改变。如果改变这个传统的男女角色安排,会影响两性关系。因此基尔德认为女性主义者企图改变这种角色,根本是一种"性自杀"(sexual suicide)的行为。女性主义者则拒绝接受传统的两性角色,不管这个角色是导因于生物天性还是长期社会化的结果。其次,基尔德忽略了女性没有经济权的事实,而且夸大了爱(love)与性(sexuality)赋予女性的权力。相较于男性拥有控制市场经济的权力,女性所拥有的掌控男性的"权力"(爱和性)实在很渺小。对许多女性主义者来说,争取性别平等对抗性别歧视的首要工作就是争取政治权力、社会权力,特别是经济权力。简言之,虽然女性主义者和反女性主义者都宣称母亲角色非常重要,但是,双方对于性别角色却持两极的看法。

基于对性别角色观念的差异,女性主义者和反女性主义者在国家的妇女和儿童政策上也壁垒分明。反女性主义者因为坚持男女分工,女性应该承担养儿育女的全部责任,所以反对政府提供托儿中心或者帮助职业妇女解决托育的问题。相反,女性主义者积极推动由政府和公众来协助职业妇女解决养育小孩的问题。

---

[1] Alpert J., Mother Right: A New Feminist Theory. *Ms*, 1973: 52-55, 88-94; Rich, A., *Of Woman Born: Motherhood as Experience and Institution* (Tenth Anniversary Edition), New York & London: W. W. Norton & Company, 1986.

（三） 否定"家庭"的重要性（以及谁来照顾小孩）

一位参与维护家庭运动的女性说：

> 妇解分子想要废掉家庭。史坦南①（Gloria Steinem）说过："只有消灭婚姻，女人才可能被解放。"你看过"女性主义宣言"了吗？上面写得非常清楚，他们要消灭家庭。因此，当我听到有人说他们支持平权修正案，我就问："你可知道那代表什么？你知道他们要做什么吗？"……女性主义者是要废掉家庭。但是，家庭是一切的基础，是社会的基石。假如家庭垮了，就一切都垮了。②

1971年，耶鲁大学医学院教授皮诺斯（Jonathan Pincus）向《纽约时报》投书，从医生专业的角度，坚持稳定和快乐的家庭生活是心理健康的基础，所以家庭稳定是国家福祉。平权修正案将使家庭动荡。唯有维持传统两性角色，父母子女各守其分，家庭才能维系。他质疑，有没有必要把男性和女性从"传统家庭架构和两性角色的限制中解放出来"？③

以上两个例子显示，反对者因为认为平权修正案将毁灭传统家庭和两性角色，完全不能接受女性主义者所主张的"家庭"的定义和家内分工方式。双方发生了多次对家庭定义之争，例如1977年在休斯敦召开的全国妇女会议（National Conference on Women）上，爆发了对家庭定义的争辩。参加会议的反女性主义者几度抗议大会的女性主义立场，最后愤而退席，后来因此组织了维护家庭运动（pro-family movement）。④ 在1980年卡特总统召开的白宫家庭会议（the White House Conferences on Families）上，保守人士的传统家庭定义和女性主义版本的家庭定义之间的对立再度发生。双方争议焦点有二：第一，组成方式。反女性主义者坚持家庭一定是由血缘、婚

---

① Gloria Steinem 是著名的女性主义者，*Ms.* 杂志的创办人。
② Klatch R. E., *Women of the New Right*., Philadelphia: Temple University Press, 1987, 122.
③ Pincus J. H., "Letter to the Editor: Rights Amendment: Is It Constructive", *New York times* 1971, October 24, 14.
④ Klatch R. E., *Women of the New Right*, Philadelphia: Temple University Press, 1987, 122-123.

姻或收养关系所组成的。女性主义者则认为家庭可以由任何方式、任何成员组成，只要住在一个屋檐下即可。① 第二，对家庭责任的定位。特别是对女人的家务和育儿贡献看法不同。女性主义者认为家务是对女性的剥削，女性从中得不到成就感，又没有市场价值。反女性主义者则认为女性从家务和母职中得到极大成就感，母爱不可以用金钱来衡量。② 因为对于家务价值看法的差异导致了对家庭责任的不同观点（主要是女性家庭责任的轻重），他们面对社会变迁提出的解决之道也不相同。

由谁来照顾小孩成为平权修正案的另一个争议焦点，因为反对者认为如果通过平权修正案，国家将会接管养育和教育小孩的工作。施拉佛利以俄国（Russia）的两性平权作为例子，警告大家平权的后果就是，女人必须把小孩送给国家经营的托儿所或幼儿园照顾，自己去从事粗重、肮脏的工作。③ 她提出，自己的研究证明一旦平权修正案通过，因为母亲都将去工作，对托儿中心的需求必定大增。不过，这项研究马上就被平权修正案支持者驳斥为数据解读错误。④ 施拉佛利尤其反对联邦政府出钱设置托儿中心，她认为最理想的小孩照顾者是母亲。如果实在没有办法，可以把小孩交给其他的亲人、邻居，最不得已才是交给托儿中心。施拉佛利从来不考虑父亲或其他男性来照顾小孩的可能性或必要性。无论如何小孩只能由女人来照顾。因为她相信男女的天生差异，男性没有子宫和卵巢就不可能去照顾小孩。

女性主义者则认为养育小孩不是女性专属的责任，应该是众人的责任。不只是男性应该参与养育工作，职场、小区和政府都有责任提供托育中心和配套措施，共同承担养育下一代的工作。换言之，女性主义者并不坚持小孩一定要由亲生母亲，或是女性来照顾。但是对于养育工作，女性主义者缺乏对进一步相关问题——如婴儿与母亲的关系、如何达到分工照顾小孩以及托育中心对小孩成长的影响等问题——的系统研究。同时因为第二

---

① Klatch R. E., *Women of the New Right*, Philadelphia: Temple University Press, 1987, 124. Stacey J., "The New Conservative Feminism", *Feminist Studies* 9, 1983: 559-583.
② Klatch R. E., *Women of the New Right*, Philadelphia: Temple University Press, 1987, 134.
③ Schlafly P., "What's Wrong with 'Equal Rights'", *The Phyllis Scholarly Report* 1972, 3.
④ Shanahan E., "Rights Amendment fore charge plot on Children", *New York Times*, 1976, February 14, 12.

波妇女运动将大部分精神和资源投入堕胎合法化和平权修正案,对于与母亲息息相关的问题如产假、育婴假以及托育中心等的关心明显不足,以至于许多人将1980年代美国在托育和女性产假、育婴假政策方面落后的表现,归罪于女性主义者。① 虽然造成美国托育和产假成效不彰的主因是保守政治势力的反扑,女性主义者也并非完全没有责任。除了前述资源分配不均的问题外,女性主义者在男女平权的女性主义思想架构下,未能进一步探讨母亲角色对女性的意义也是缺陷。

平权修正案反对者所坚持的母亲是最佳养育者的论点,或许可以被当成僵化的传统思想而不理它,但是,若佐以各种不同背景女性的意见和声音,例如工人和穷人女性对于因经济压力必须工作、没法照顾小孩的无奈;或是黑人女性因种族歧视和经济因素无法照顾自己的小孩等,显见母亲希望能照顾自己小孩的重要性不该被轻易排除。事实上,美国有关妇女运动的文献中,也有对母亲经验的探讨和反省。在1970年代中之前有零星讨论,之后则大为增加。有些女性主义者表达了他们对小孩的强烈感觉(包括生理和心理的反应),② 有的讨论了既期待丈夫参与养育工作,又怕丈夫抢走养育小孩的权威角色的矛盾心理。③ 还有女性主义者强调男女生理差异对母亲角色和分担亲职的影响,认为从社会生物学观点而言,母亲和小孩的相互归属感比较强,若要男性参与分担亲职,一定要给予男性补充式教育才行。④ 可惜这类讨论并没有受到大家的重视,媒体传播的以及人们的一般印象仍然是女性主义者所强调的男女无差异的平权。反对者更是看不到这类讨论。这些讨论不仅显现了母亲角色问题的复杂性和多样性,同时显现了美国女性主义思想的不同面向。由此可见,要讨论母亲角

---

① Hewitt(Hewitt S. A., *A Lesser Life*:*the Myth of Women's Liberation in America*, New York:Warner Books, 1987)谴责妇女运动忽略女性做母亲的需要和困难。在1980年代末,美国和南非是西方工业化国家中仅存的两个没有规定雇主给女性产假的国家。直到1990年 The Act for Better Child Care 通过前,美国在提供托育服务方面的改善也极为有限(Davis F., *Moving the Mountain*:*The Women's Movement in America since* 1960, New York:Simon & Schuster, 1999, 286, 298)。

② Chesler P., *With Child*:*A Diary of Motherhood*, New York:Thomas Y. Crowell Publishers, 1980;Lazarre J., *The Mother Knot*, New York:McGraw‑Hill Book Company, 1979.

③ Abarbanel A., "Redefining Motherhood", *The Future of the Family*, ed. L. K. Howe, New York:Simon and Schuster, 1972, 349-367.

④ Rossi A. S., "A Biosocial Perspective on Parenting", *Daedalus* 106, 1977, 1-31.

色的实质内涵，不能否定男女生理差异的重要性。若不小心，男女平权和母亲角色将产生不兼容性。平权修正案的反对者对女性主义者的批判虽不见得公允和确实，但是，他们表达出的疑虑，的确点出了女性主义者男女平权架构下新母亲角色思维的缺陷。

四　女性主义者的母亲角色

本文指的第二波美国妇女运动（the second women's movement），包括1963年傅瑞丹（Betty Friedan）出版《女性迷思》（*The Feminine Mystique*）[1]后开始的女权运动（the women's rights movement），以及1960年代晚期蓬勃发展的妇女解放运动（the women's liberation movement）。女权运动参与者主要是中产阶级白人女性，受过高等教育，许多已婚有小孩，在家缺乏成就感。参与妇女解放运动者则多数是较年轻的中产阶级白人女性，未婚，或已婚没有小孩，尚无为人母的经验。有许多仍是大学生，处于社会运动热潮中，充满理想，一心想要改革。对于她们的母亲生活在传统母亲角色下受局限及痛苦的状态而抱不平。[2]

社会学家欧克来（Ann Oakley）在1974年指出，美国女性主义者认为传统母亲角色包含以下四个迷思：（1）女人做母亲是自然的，所有女人都希望成为母亲；（2）母亲是小孩的最佳照顾者；（3）所有女性都喜欢做母亲，而且能从母亲角色获得快乐；（4）只有全职母亲对小孩最有利。女性主义者认为，这些迷思使人相信做母亲是女人的天职，其他角色只是暂时和次要的，女人不需要超过母亲角色所需要的教育与工作技能。女人因此被局限在家的范围内，家务及育儿的工作缠身，得不到与男性平等的地位和在社会上发展的机会。[3]

第二波美国妇女运动批判的是第二次世界大战后美国社会营造出的

---

[1] Friedan B., *The Feminine Mystique*, New York: W. W. Norton & Company, 1963/1983.
[2] Rosen R., *The World Split Open: How the Modern Women's Movement Changed America*, New York: Viking, 2000, 45.
[3] Oakley A., *Woman's Work: The Housewife, Past and Present*, New York: Vintage Books, 1974/1976, 186–221.

"传统母亲角色"。① 第二次世界大战后美国社会弥漫着矛盾的讯息,一方面强调女性的贤妻良母的传统角色;另一方面充满让女性向外发展的吸引力,造成理想女性角色与现实生活的矛盾与冲突。② 第二次世界大战,对战争的恐惧和对安定的渴望造成了美国的婴儿潮(baby boom),越来越多的人早早结婚、组织家庭,多生小孩。③ 因为经济、文化和国家安全等理由,④ 社会继续鼓励和强化"男主外,女主内"的原则。但是,战后经济繁荣,国民收入提高,中产阶级家庭数目迅速增多,为了维持升高的生活水平,许多家庭

---

① 要注意的是,所谓"传统"母亲角色观念并非一成不变的,而是被社会、文化、历史建构的意识形态,因时因地而不同,必须在历史的脉络下了解其发展。简单来说,18世纪殖民时期的美国,男女胼手胝足并肩奋斗,母职不是女性唯一的工作。独立革命成功后,美国的共和国理想,给了男性自由平等和自治公民权,赋予了女性生育和养育国家未来主人翁的"共和母亲"(Republican mother)责任。到了19世纪强调男女分离领域和性别分工的观念普及,加上小孩的重要性增强,女性的育儿责任越来越重,其他角色和功能逐渐被忽略,此时母亲角色几乎等同于女性角色。虽说如此,并不是所有美国母亲都是全职家庭主妇,除了中上阶级家庭的妇女,大多数女性需要出外工作。只是,大多数时候,理想的女性角色是全职母亲。有关母亲角色的历史发展,参见 Ulrich (Ulrich L. T., *Good Wives: Image, and Reality in the Lives of Women in Northern New England*, 1650 – 1750, New York: Oxford University Press, 1980, 15, 159); Bloch (Bloch R. H., "American Feminine Ideals in Transition: The Rise of the Moral Mother, 1785 – 1815", *Feminist Studies* 4, 1978: 104); Kerber (Kerber L. K., *Women of the Republic: Intellect and Ideology in Revolutionary America*, New York: Eighteenth – Century Studies, 1986); Degler (Degler C. N., *At Odds: Women and the Family in America from the Revolution to the Present*, New York: Oxford University Press, 1980, 55); Welter (Welter B., "The Cult of True Womanhood: 1820 – 1860", *American Quarterly* 18, 1966: 151 – 174); Cott (Cott N. F., *The Bonds of Womanhood: "Woman's Sphere" in New England*, 1780 – 1835, New Haven: Yale University Press, 1977, chapter 2)。有关女性工作的历史参见 Weiner (Weiner L., *From Working Girl to Working Mother: The Female Labor Force in the United States*, 1820 – 1980, Chapel Hill & London: The University of North Carolina Press, 1985)。
② Chafe W., *The Paradox of Change: American Women in the 20th Century*, New York: Oxford University Press, 1991; Rupp L. J., "The Survival of American Feminism: The Women's Movement in the Postwar Period", *Reshaping America: Society and Institutions*, 1945 – 1960, eds. R. H. Bremner & G. W. Reichard, Ohio: Ohio State University Press, 1982, 34.
③ Mintz S. & Kellogg S., *Domestic Revolutions: A Social History of American Family Life*, New York: Free Press, 1988, 178 – 180.
④ 根据 Elaine T. May 的研究,第二次世界大战后的冷战气氛影响了美国的理想女性定义。因为冷战期间推广围堵外交政策,家庭成为美国社会围堵邪恶的堡垒,母亲则是家庭的支柱,女人的家庭角色因此更被强化(May Elaine Tyler, *Homeward Bound: American Families in the Cold War Era*, New York: Basic Books, 1988)。有关第二次世界大战前后美国的历史发展,见 Diggins (Diggins J. P., *The Proud Decades: America in War and in Peace*, 1941 – 1960, New York, London: Norton, 1988)。

中妻子的收入变得不可或缺。第二次世界大战期间，许多女性受国家鼓励进入劳动市场，顶替去打仗的男人工作。她们从事以前禁止女性参与的工作，赚取薪水也获得了自信、满足和工作成就感；战后却被迫辞职，回到厨房，好把工作机会还给解甲归来的男性。另外，战后美国女性的受教育机会普遍提高了，但是教育内容却没有改变，仍然鼓励女性结婚生子，做传统的贤妻良母。同时，1960年代避孕药的问世，加上社会运动的刺激，使女性有了更多的自由和参与社会的机会，也动摇了传统的女性价值及地位。

因此，傅瑞丹的《女性迷思》（The Feminine Mystique）一书在1963年出版后，立刻得到许多中产阶级家庭主妇的共鸣。女性迷思指当时美国社会流行的观念——女性最大的快乐和成就是在家中做贤妻良母。傅瑞丹认为这种所谓快乐贤妻良母的生活其实只是一个空洞谎言，女性从中得到的只有痛苦，没有快乐和成就感。这个迷思塑造出女性被动的、依赖的、像小孩似的形象，他们只能依靠丈夫养活，每天做单调、无聊和重复的工作。不管是否受过高等教育或有没有能力，所有女性结婚后都要放弃一切，成为全职家庭主妇，以丈夫和小孩为生活重心和目标。傅瑞丹建议女人认清女性迷思，跳出家的限制，追寻家庭以外的生活目标。傅瑞丹以及她所代表的女权运动者，主张用政治改革方式，透过选举和立法，消除性别歧视，让女性能像男人一样，接受高等教育，进入职场，参与政治、经济与社会活动。他们还要求职场提供托儿服务以及男性分担家务与养育小孩，来解决下一代的养育问题。女权运动者强调传统母亲角色已经不合时宜，既限制女性的发展，又浪费社会资源。他们鼓吹的"新母亲角色"是：男女应有相同机会受教育、工作和发展自我。母职（motherhood）应改为亲职（parenthood），由父亲和母亲共同承担，职场和政府提供协助。[1]

比女权运动激进的妇女解放运动，则批判女权运动要求政治改革是不够的，必须彻底改变制度和价值观。他们认为资本主义和父权制度（capitalism and patriarchy），利用女性的生育能力来压迫女性。正因为母亲角色被用来迫害女性，他们挑战传统的母亲角色、家庭和婚姻制度；尤其希望打破"女人等同于母亲"的社会观念。他们的主要论点如下：第一，女性生

---

[1] Friedan B., *It Changed My Life: Writings on the Women's Movement*, Cambridge, Mass: Harvard University Press, 1976/1998, 109-115.

育小孩，并非出于母性本能，而是长期受教育、洗脑、制约以及男性的压力所致。第二，男性定义女性为性玩物、生产机器、家奴和廉价劳工。第三，男性定义的母亲角色具有压迫性，严重影响女性的心理状态。许多女性内化男性的想法，也相信女人天生就是依赖的、被动的、有爱心的、缺乏自信心的，比男人低等。第四，传统母亲角色是一个骗人的幻想，目的在于使女性心甘情愿为生养小孩而活。事实上，女性并不能从母亲角色当中找到幸福和满足。第五，母亲角色否定女人应该得到教育权、经济权和政治权，并且否定女人自信、自尊的自我形象。①

妇女解放运动还挑战核心家庭（nuclear family）养育小孩的方式和意识形态。他们认为在核心家庭中养育小孩是一种孤立、孤单和病态的工作，对母亲和小孩都有害处。母职本身应该是有创造性和充满回馈的，但是在孤立的家户环境中，由一个人全权负责，会产生挫折感和怨恨，对小孩和母亲造成压迫。他们理想的托儿中心，是由公共资源提供经费（父母不用付钱），提供每天二十四小时，一星期七天的服务。二十四小时的托儿服务主要针对贫穷的劳工家庭，因为他们需要较长工时来赚取足够的家用。对中产阶级家庭主妇，女性主义者认为也应提供托儿服务。各地的托儿中心应该由小区内的父母和专职人员经营管理，不是由中央政府或者企业老板来做。每个小孩都可以参加，并接受没有性别歧视的教育。所谓没有性别歧视的教育，指的是男孩和女孩接受同样的教育，得到同样的鼓励和管教。托儿中心的工作人员性别比例应该一样，男女承担的工作也应避免传统上刻板的性别分工。②

综观女权运动和妇女解放运动对传统母亲角色迷思的批判，可见女性

---

① 这些论点综合了下列文献中女性主义者对母亲角色和女性角色的批判。*Notes from the First Year*（1969），*Notes from the Second Year*（1970），*Notes from the Third Year*（1971），前四期 *No More Fun and Games*（published by Cell 16）. Robin Morgan, ed., *Sisterhood is Powerful: An Anthology of Writings from the Women's Liberation Movement*（New York: Vintage Books, 1970）. Leslie B. Tanner, ed., *Voices from Women's Liberation*（New York: New American Library, 1971）. 以上提及三本 *Notes*，*Sisterhood is Powerful* 和 *Voices from Women's Liberation* 是女性主义者搜集当时的重要文献编辑成的，*No More Fun and Games* 是由波士顿（Boston）妇女解放运动团体 Cell 16 出版的刊物。

② Hole J. & Levine E., *Rebirth of Feminism*, New York: Quadrangle Books, 1974, 309. Murray P., "Women's Liberation Child Care Demands and Their Opposition", *The Turn of the Screwed*, Dallas Area Women's Liberation, Dallas, TX, 1971, 4 – 7.

主义者的"新母亲角色"有两个重要面向：生育自主和分担亲职。女性主义者批判传统母亲角色为迷思，是因为它误导女性相信做母亲是唯一的选择和成就。女性应该有主宰自己的身体的权利，决定要不要以及什么时候生小孩。女性主义者要求有普及、廉价和安全的避孕药和避孕器；并推动废除禁止堕胎的法律。他们认为，美国各州订有禁止女性堕胎的法律，就是认定每个女人都应成为母亲。女性主义者认为只有给予避孕药和安全堕胎，女性才能掌握生育自主权，真正选择要或不要母亲角色。分担亲职则是指提供家庭外的托儿服务，以及改善家庭内的养育小孩方式。对于传统由女性承担几乎所有养育小孩工作的问题，女性主义者提出的解决方法是，在小区成立托育中心，由众人来协助；以及在家庭中，由父母共同分担。①

综言之，女性主义者认为唯有得到生育自主和分担亲职，女性才可能跳出传统的、强制性的母亲角色（compulsory motherhood），才能自由抉择何时或是否做母亲。换言之，女性主义者坚持，女性有选择做母亲的权利，并强调任何人都可以养育小孩，不一定要亲生母亲。她们并非不做母亲，而是要出于自由意志的决定，也要求有人分担养育下一代的工作。

为了批判和凸显女性受压迫和歧视的事实，1970年代中期以前女性主义者讨论母亲角色（除了少数例外）时几乎一面倒地强调其负面影响，鼓励女性探索家庭以外的世界，进行自我发展与实践，勇敢面对和挑战传统价值的缺失和弊病。这种负面批判的态度，到1970年代中期开始转变，女性主义者开始强调母亲角色对女性本身及整体文化的重要性。②

---

① 从1960年代晚期，养育小孩一直是妇女运动的重要议题。全国妇女会（National Organization for Women）在1968年的人权法案（Bill of Rights）中提到，要求提供各收入阶层人家的小孩，从幼儿园到青少年时期的照顾服务。1969年，所有参加"妇女团结大会"（Congress to Unite Women）的女性主义者，同意把儿童教育和养育小孩列为首项要求。1970年，参加争取女性平等大罢工（Women's Strike for Equality）的团体，也同意把二十四小时的托儿中心列为三大诉求（另外两项是堕胎合法化和女性教育及就业平等机会），见 Hole and Levine（Hole J. & Levine E., *Rebirth of Feminism*, New York: Quadrangle Books, 1971, 93, 441）; The Congress to Unite Women（"What Women Want: For Starters", *Notes from the Second Year*, eds. Shulamith Firestone & Anne Koedt, 96）; Deckard（Deckard B. S., *The Women's Movement: Political, Socioeconomic, and Psychological Issues*, New York: Harper & Row Publishers, 1975, 400）。

② Snitow A., "Feminism and Motherhood: An American Reading", *Feminist Review* 40 (1992): 32 – 51. Umansky L., *Motherhood Reconceived: Feminism and the Legacies of the Sixties*, New York and London: New York University Press, 1996.

1970年代后半期，女性主义理论家不再强调母亲角色的压迫面向，开始寻找其正面意义。① 他们肯定母职经验对女人、小孩和社会的正面意义和价值。大声说出他们多么爱和关心他们的小孩，以及做母亲的满足感。他们也重新评价了男女差异。有些女性主义者重新检验了过去认为是受压迫的女性特质，发现这些特质具有正面性和力量。最重要的是，女性主义者抛弃了以前认同的男性价值，开始采取以女性为中心的思维架构，发现女性的"弱点"其实是女性的"优点"，只是过去一直被男性贬抑。例如女性主义者心理学家米勒（Jean Baker Miller）批判传统母亲角色观念是要女人运用智性和感性"去协助别人得到力量、资源、效率和福祉"。她发现，当处于不平等和无权的状态下时，这些女性特质，如被动、施予和利他，导致了女性的臣服（subservience）和复杂的心理问题。但当女性独立与平等时，这些特质可能是女性的潜在力量，换言之，米勒认为当女性是自由独立的个人时，她们抚育、付出和牺牲的能力是美德和力量，应该被保存和推崇。但当女性被强迫做母亲来交换经济保护时，女性是受压迫的。②

艾伯特（Jane Alpert）的《母权》（Mother Right）一文，从古代的母权社会和女神崇拜中发现了女性力量的泉源是生育能力和抚育能力，因而批判早期女性主义者不该将女性生育能力视为女性受压迫的源头。③ 同样接受母权社会和女神崇拜的观点，诗人瑞曲（Adrienne Rich）更进一步推崇女性的身体，她的女性主义经典《女人所生》（Of Woman Born），书名即点出所有人类都是由母亲所生，强调了女性身体的重要性。女性身体的生育力，是非常强大的力量，男性因为畏惧此力量，不断地要将之纳入其管理体系。瑞曲要女性夺回身体控制权和定义权，并将女性特质发挥到极致，提供了社会另类的价值观和道德观。④ 艾伯特和瑞曲的共同点是拒绝以男性标准为

---

① 影响女性主义理论转变的因素有许多，包括黑人女性主义者，反女性主义者的批判等，详见 Umansky（Umansky L., *Motherhood Reconceived: Feminism and the Legacies of the Sixties*, New York and London: New York University Press, 1996）。
② Miller J. B., *Toward a New Psychology of Women* (2nd ed), Boston: Beacon Press, 1976/1986.
③ Alpert J., "Mother Right: A New Feminist Theory", *Ms.*, 1973: 52－55, 88－94. 艾伯特是左派，曾因被控参与破坏活动入狱，后躲入地下成为政治逃犯，同时成为女性主义者。见 Alpert（Alpert, J. Growing up Underground, New York: Citadel Press, 1981/1990）。
④ Rich A., *Of Woman Born: Motherhood as Experience and Institution* (Tenth Anniversary Edition), New York & London: W. W. Norton & Company, 1986.

架构,并以"女性中心"为思维架构。她们认知男女有差异,但都不接受男性标准和定义(因为女性不同于男性,所以女性比较差,比较低劣)。反之,她们肯定女性特质的优越性,而且认为应将其推广到全体人类。不过,这种偏重抽象的、心灵的和宗教的讨论,在精神上或许可以让女性感受到自己有力量,但是对现实世界和日常生活的物质环境影响不大。

卢迪克(Sara Ruddick)则从母职工作中找到了女性力量。在1980年出版的论文《母性思考》(Maternal Thinking)中她认为,在父权社会中能找到母亲角色的正面价值——就是加入了女性主义意识的母亲角色。所谓有女性主义意识的母亲角色,是指女性在从事养育小孩的母职工作时,时时刻刻以女性主义来批判传统观念,当面对母亲角色冲突矛盾的要求时,有能力去怀疑,并且争取公平参与世界的机会。卢迪克认为这种母性思考不应局限于女性或私领域中,应带到公领域,让养育下一代责任成为公共议题。[1]

傅瑞丹在1981年出版的《第二阶段》(*The Second Stage*)当中,改变了过去(1963年 *The Feminine Mystique*)视母职与家务为无聊、不需要智力工作的轻视态度,批判美国的妇女运动忽略家庭。她尤其谴责激进女性主义者(radical feminists)推动的反男性(anti-male)和性政治(sexual politics),认为家庭是压迫女性的,使女性相信家庭和平等(family and equality)或家庭和事业(family and career)无法兼得,一定要二者择一。她建议妇女运动改变思考方向,从争取女性"不生小孩"的权利,改为争取如何让女性得到"选择生育小孩"的权利。[2]

虽然女性主义者在1970年代后期,已经不再激烈地批判母亲角色,而且开始解析出母亲角色中固然有压迫女性的面向,但也有增加女性权利的成分。只是,这个理论方向的改变,无助于改善众人对女性主义者的印象。大多数人仍然认为女性主义者否定母亲的价值,拒绝母亲角色,不要家庭。

早期(1970年代中以前)女性主义者忽略母亲和家庭主妇的贡献一事,一直被反对者(包括反对堕胎合法化、平权修正案或是女性主义)当作攻击女性主义者的最佳武器。女性主义者早期对母亲角色采取负面态度的原

---

[1] Ruddick S., "Maternal Thinking", *Feminist Studies* 6, 1980: 342-367.
[2] Friedan B., *The Second Stage*, New York: Summit Books, 1981/1986.

因，除了前述个人经验局限性和摩根所说的辩证所需外，尚有一个理论架构的因素，那就是：早期女性主义者大多清一色地采取男女平权的思考架构。依照此思想架构，女性主义所要求的女权，是以男性所有的权利（力）为标准的。换言之，男性有工作权和参政权；女性也要一样的。男性轻视家务和养育小孩，所以女性主义者也没有深入探讨母亲角色对社会的贡献以及对女性的重要性等问题。这是早期女性主义者采取一面倒否定母亲角色的一个重要背景。而在推动平权修正案的过程中（1972~1982年），虽然女性主义理论中已经出现对母亲角色多样性的讨论，但为使修正案通过，必须强调男女无差异的两性平权，仍无法对女性作为母亲的经验和特殊需求提供周全的思考和关心。

五 结论

当女性主义者以争取"男女平等"和"女性权利"来推动平权修正案时，反对者宣称平权修正案剥夺女性"特权"，使女性丧失做母亲的"权利"。当女性主义者呐喊她们要"不做母亲"的权利，呼吁社会不该污名化不婚、无子女的女性时，平权修正案的反对者则呐喊，她们要有"不工作"和"做全职母亲和家庭主妇"的权利。女性主义者认为美国社会歧视女性，要积极争取女性权益，要让女性能够像男性一样参与公领域的活动。至于向来由女性负责的生育和养育工作，应由男女共同承担，并由国家，职场和小区提供托育服务，使人人得以兼顾家庭和工作。反女性主义者（以及许多传统女性）则认为美国没有性别歧视的问题，做家庭主妇和全职母亲是"女人特权"。根据男女分离领域（the separate spheres）原则，男性的责任是养家，要出外工作赚钱；女性的责任是生儿育女，不必工作赚钱，不需要到公领域发展。反女性主义者所支持的女性权益就是维持现状，保障女性生儿育女和做传统家庭主妇的特权。

很明显，因为思想架构和价值体系的冲突，平权修正案的支持者和反对者追求的"女性权益"似乎迥然不同。双方最大的歧见在于对男女性别角色的定义。反对者相信男女生理差异决定性别角色，传统的家庭和社会制度即由此基础发展。平权修正案支持者则挑战传统观念，认为男女没有差异。现在社会上看到的差异是社会建构的。他们挑战传统性别分工，要求男女平等的权利和义务。

从平权修正案反对者和支持者的辩论中，可以看到反对者不愿意放弃传统性别角色，除了因为对意识形态的坚持外，可能因为她们的生活保障系于此传统分工的机制。但另外，也应看到女性主义提出的新母亲角色有其缺陷和不完备性，无法完全取代传统的母亲角色观。因为争取男女平权，女性主义者强调男女无差异，忽略了女性特有经验，也未深入思考其特殊需求。同时，女性主义者似乎觉得托育就可以解决女性的家庭与工作困境。虽然1970年代后期，女性主义者对母亲角色和女性特质的讨论发展出新典范，但是，早期的损害已经造成，"不要家庭、反对母亲、反对小孩"的负面标签与女性主义者无法脱钩。即使女性主义者已经改变他们的论点，这些负面形象也一直是反对势力拿来攻击女性主义者所有议题的绝佳工具。平权修正案的失败即与此息息相关。

女性反对平权修正案的原因很多，因其个人种族、阶级、教育、宗教、经济等背景不同而不同。本文重点并不在于分析女性反对平权修正案的各种可能原因，而是希望从平权修正案的论点论辩中，探讨反对者对传统母亲角色观点的坚持并评论美国女性主义者提出的男女平权和新母亲角色观。

因为传统观念中"女人等于母亲"的强烈关联性，为了争取个人独立自主，女性主义一定要切断此关联性，并强调此关联性是武断和没有根据的，让女人和母亲脱钩。但是，女人有生育能力的事实是无法否认的，而怀孕、生产，甚至养育小孩，引起女性的身体、心理和生活的变化，更是影响深远。

平权修正案的目标是除去法律上的性别歧视。当用平权观念讨论母亲角色时，却出现了问题。因为母亲角色不是权利而是责任，男性也没有类似经验可以比，平权观念就显得不够用。事实上，根据美国妇女法制史学家霍芙（Joan Hoff）的说法，平等（equality）至少包括四种类别：平等权利（equality of rights），平等机会（equality of opportunity），平等尊严（equality of esteem）和平等结果（equality of results）。[1] 若从平权修正案的

---

[1] Hoff J., *Law, Gender, and Injustice: A Legal History of U.S. Women*, New York and London: New York University Press, 1991, 27-28.

争议来看母亲角色的内涵，平权修正案顶多只能让女性在工作上不受歧视（平等权利，平等机会），但是对于母职工作能否得到尊重和母亲能否得到应有的社会地位（平等尊严），以及从事母职者是否能得到"平等结果"，则都是问号。虽然这些原本就不是平权修正案预期要处理的问题，但反女性主义者成功地把堕胎合法化、平权修正案和所有女性主义议题画上等号，很难让反对者或一般人了解其中的差别。如同参议员欧文（Sam J. Ervin, Jr.）在1975年反对平权修正案听证会上的证词所言，"你可以通过任何你想要的宪法修正案，但是，你没有办法让男人像母亲一样承担养育小孩的责任"。[①] 所以对女性主义者提出的新母亲角色观不满的人，可能因此反对平权修正案。平权修正案可能可以解决法律上的性别歧视问题，但无法解决母亲和母职的社会地位，谁来照顾小孩，如何分配养育责任，如何养育出健康下一代等问题。虽然女性有生育能力并不表示她一定要成为母亲，但是男女都有义务参与养育下一代的工作与决定，如何从有差异平等和无差异平等两个架构中针对女性的母亲角色，发展出一个完备的女性主义母亲角色观和女性主义政策，是美国女性主义者的重要课题。

参考文献

Berry M. F., *Why ERA Failed: Politics, Women's Rights, and the Amending Process of the Constitution*, Bloomington, IN: Indiana University Press, 1986.

Chappell M., "Rethinking Women's Politics in the 1970s: The League of Women Voters and the National Organization for Women Confront Poverty", *Journal of Women's History* 13, 2002: 155 – 79.

Cott N. F., "Feminist Politics in the 1920s: The National Women's Party", *Journal of American History* 71, 1984: 43 – 68.

Cott N. F., "Historical Perspectives: The Equal Rights Amendment Conflict in the 1920s", *Conflicts in Feminism*, eds. M. Hirsch & E. F. Keller, New York & London: Routledge, 1990, 44 – 59.

Felsenthal C., *The Sweetheart of the Silent Majority: The Biography of Phyllis Schlafly.*, New

---

① New York Times (March 20, 1975), page 13.

York: Doubleday, 1981.

Graham G., "Two Types of Feminism", *American Philosophical Quarterly* 25, 1988: 303 – 12.

Klatch R. E., "Coalition and Conflict among Women of the New Right", *Signs* 13, 1988: 671 – 694.

Klatch R. E., "The Formation of Feminist Consciousness among Left – and right – wing Activists of the 1960s", *Gender & Society* 15, 2001: 791 – 815.

Laughlin K. A., *Women's Work and Public Policy: A History of the Women's Bureau, U. S. Department of Labor*, 1945 – 1970, Boston: Northeastern University Press, 2000.

Lunardini C. A., *From Equal Suffrage to Equal Rights: Alice Paul and the National Woman's Party*, 1910 – 1928, New York and London: New York University Press, 1986.

Mintz S. & Kellogg S., *Domestic Revolutions: A Social History of American Family Life*, New York: Free Press, 1988.

Morgan R., ed. *Sisterhood is Powerful: An Anthology of Writings from the Women's Liberation Movement*, New York: Vintage Books, 1970.

Morgan R., "Rights to Assage," *Ms.*, 1975: 74 – 78, 98.

Nice D. C., "State Opposition to the Equal Rights Amendment: Protectionism, Subordination, or Privatization?", *Social Science Quarterly* 67, 1986: 315 – 328.

Offen K., "Defining Feminism: A Comparative Historical Approach", *Signs* 14, 1988: 119 – 57.

Ruddick S., "Maternal Thinking", *Feminist Studies* 6, 1980: 342 – 367.

Rupp L. J., "The Survival of American Feminism: The Women's Movement in the Postwar Period", *Reshaping America: Society and Institutions*, 1945 – 1960, eds. R. H. Bremner & G. W. Reichard, Columbus, Ohio: Ohio State University Press, 1982, 33 – 66.

Sealander J., "Feminist against Feminist: The First Phase of the Equal Rights Amendment Debate, 1923 – 1963", *The South Atlantic Quarterly* 81, 1982: 147 – 161.

Shanahan E., "Rights Plan Goes Called Devious", *New York Times* 1973, March 15, 21.

Tanner L. B., Comp. & Ed. *Voices from Women's Liberation*, New York: New American Library, 1970.

二　生活与性别角色

依靠与平等

——论吉泰(Kittay)《爱的劳动》

吴秀瑾*

一 前言

苏珊·奥金（Susan M. Okin）指出当女性主义想将公领域所讲求的平等与正义延伸到家庭中时，往往会招致强烈抨击。她指出家庭是以爱为基础的亲密关系，一般人认为理想家庭中一家之主会本于爱心，兼顾所有家庭成员的整体利益，因此和崇高的爱比较起来，正义是较为低等的德性。家人之间超越公领域中所讲求的正义[1]这类看法完全反映在日常生活用语中，比如说斤斤计较很伤感情、无价的爱、爱是你侬我侬、不分彼此、爱是不计较等。面对这类认为爱与正义相抵触的抨击，奥金（Okin）辩称正义是爱的基础德性，有了正义的基础，爱的超义务才能充分施展。[2]可见，如果没有正义的保障，光讲求爱的种种超义务（牺牲、慷慨、利他等），就是以爱之名进行的压迫；如果家庭中往往是女性被要求与期待种种爱的超义务，那么就是以爱之名对女性所进行的实质压迫。所以，因为爱，女性挑起照顾家中老老小小的责任；但是也因为爱，女性晚年无不濒临无人照顾或是

---

* 吴秀瑾，台湾大学哲学学士，美国天普大学哲学博士，曾任教于私立南华大学哲研所，时为中正大学哲学系助理教授。主要专长领域为女性主义知识论、女性与哲学、当代欧陆思想、社会哲学与生命伦理学。原文刊于《女学学志：妇女与性别研究》2005年第19期。

[1] Okin Susan M., *Justice, Gender, and the Family*, New York: Basic Books, 1989, 25–32.
[2] Okin Susan M., *Justice, Gender, and the Family*, New York: Basic Books, 1989, 29. "Justice is needed as the primary, meaning most fundamental, moral virtue even in social groupings in which aims are largely common and affection frequently prevails."

贫病交加的艰困处境。① 据此，爱与正义不仅不是互相捍格的，② 而应互为表里。但是该是何种正义的内容方能体现爱？或主张婚姻关系中去除性别分工、夫妻共同承担照顾工作；③ 或主张国家作为公正裁决的角色；④ 或是健全的社会福利制度，落实照顾国家化；凡此种种，女性主义者之间并无共识。

  本文将以伊娃·菲德·吉泰（Eva Feder Kittay）《论爱的劳动》一书为主轴，循着吉泰（Kittay）所指出的特定正义所体现的爱——既拥抱爱与照顾，又能够摆脱照顾者贫穷化；既能肯定爱所承担的超道德义务（super rogations），又能从照顾的超道德义务中实现自我成长与成熟的道德人格。如何可能？吉泰（Kittay）的论证兼容并蓄了几个理路：首先，她以玛莎·法恩曼（Martha Fineman）所提出的母子依靠关系（mother/child dependency relation）为家庭的核心单位，有别于以夫妻子女为核心的家庭观，意在凸显后者以异性恋婚姻为家庭准则所产生的排他性，以对照母子依靠关系呈现的人类各式情欲与各种家庭组成的形态。⑤ 其次，她根据罗伯特·古丁（Robert E. Goodin）的易受伤害模型（vulnerability model），指出所有特殊义务（special obligations）的关系中有一条比起自愿加诸己身的义务（self-assumed obligations）更为基础的道德原则，亦即特定他人会因我的行动与决定而受到伤害。相较于适用范围广泛与解释性周延的易受伤害模型，自愿加诸己身的义务只是其中的特例。⑥ 再次，她以阿玛蒂亚·森（Amartya Sen）的能力取向（capability approach）作为正义理论的根据，指出向来以各种社会资源（收入、所得与基本有用物品）作为对象的平等分配，只是

---

① Kittay E. F., *Love's Labor: Essays on Women, Equality and Dependency*, New York: Routledge, 1999; Tong Roemarie, "Love's Labor in the Health Care System: Working toward Gender Equity", *Hypatia* 17, 2002: 200-213; 洪惠芬：《照顾者正义：性别正义不只是法律平等》，《台湾社会研究季刊》2003 年第 51 期，第 95~142 页。
② 捍格，互相抵触，格格不入的意思。——编者注。
③ Okin Susan M., *Justice, Gender, and the Family*, New York: Basic Books, 1989, 175.
④ 洪惠芬：《照顾者正义：性别正义不只是法律平等》，《台湾社会研究季刊》2003 年第 51 期，第 110 页。
⑤ Fineman Martha, *The Neutered Mother: The Sexual Family and Other Twentieth Century Tragedies*, New York: Routledge, 1995, 1-9.
⑥ Goodin Robert E., *Protecting the Vulnerable: A Reanalysis of Our Social Responsibilities*, Chicago: The University of Chicago, 1985, 205.

自由的工具与手段，应该转而侧重自由的构成要件，亦即身体的各种功能所反映的个人福祉。因此，平等指的是追求这些身体功能的自由，充分保障多元社会中，个人拥有不同的价值观。① 最后，整合以上的理论特点，吉泰（Kittay）以依靠批判（the dependency critique）立论照顾的社会正义，批判约翰·罗尔斯（John Rawls）代表的自由主义公正理论忽略了依靠关系。

本文分两部分，第一部分主要是根据以上所列的四个要点，汇整出吉泰（Kittay）依靠批判的主要思想脉络与观点，论证照顾正义的理论实质。第二部分旨在进一步延伸讨论依靠批判与关怀伦理的关系，论证照顾者的道德基础，将以四个面向来讨论：（1）照顾的去性别化；（2）依靠与关怀伦理；（3）依靠批判与女性主义；（4）依靠批判的社会价值重构。

综合以上讨论，本文的结论是肯定吉泰（Kittay）以依靠为主的关怀是关怀伦理发展上非常重要的里程碑。吉泰（Kittay）除了延续奥金（Okin）所主张的正义是爱的基础德性外，更进一步指出奠基的正义依据的是非自愿的易受伤害模型，其上所成就的爱是母子依靠关系所象征的依靠、人我关系与人际互助合作。

二 吉泰（Kittay）《论爱的劳动》的理论背景与几个重要论证

（一）人类的生命处境：依靠（dependency）

如果生、老、病、残障与死亡是人生的写照，是每个人在日常生活中无时无刻都会面临的处境——嗷嗷待哺的幼儿，需要陪病的急症或慢性患者，行动不便、无法自理生活的老者，或是如同吉泰（Kittay）女儿的重度智能障碍患者②〔以上足以界定何谓依靠（dependence）；亦即如果没有旁人的照顾，满足他们的基本需求，这些依靠者将无法获得起码的生命品

---

① Sen Amartya, *Inequality Reexamined*, Cambridge: Harvard UP, 1992, 42 – 49.
② Kittay E. F. , *Love's Labor: Essays on Women, Equality and Dependency*, New York: Routledge, 1999, 147 – 161.

质、甚至无法存活],依靠必定是关系词(relational term),预设了人是互相依靠的(interdependent)。照顾者被称为依靠工作者(dependency worker),所付出的心力称为依靠工作(dependency work)。① 吉泰(Kittay)和法恩曼(Fineman)都主张这样的名称可以摆脱性别化的刻板印象,即使现实社会中普遍是女性从事依靠工作,但是并不代表男性不能成为依靠工作者。②

依靠与依靠工作有如下几点特征:首先,吉泰(Kittay)主张依靠关系是人类的生命处境,因此依靠关系是生命的常态,而非例外。③ 此外,母子依靠关系是所有家庭形式的核心单位,象征了依靠关系是无法避免的(inevitable)。④ 比较起来,道德与政治理念中预设了每个孩子都是即将独立的成人,人人是独立自存的基本假设,反而是生命的例外,并非常态。⑤ 据此,个人的独立性应该被纳入依靠关系下,每个人在生命的发展中,必然会在某阶段中依靠他人,但是并非每个人都必然能够独立自足。因此,依靠关系应该优先于每个个人的独立性,而且有必要将该优先性与不可避免性反映在道德、政治与社会的基本理念架构中。

其次,依靠会衍生依靠(derivative dependence),也就是依靠工作会使依靠工作者也成为依靠者,原因是从事依靠工作者势必无法平等地参与公

---

① Kittay E. F., *Love's Labor*: *Essays on Women*, *Equality and Dependency*, New York: Routledge, 1999, 31 – 33.

② Fineman Martha, *The Neutered Mother*: *The Sexual Family and Other Twentieth Century Tragedies*, New York: Routledge, 1995; Kittay E. F., *Love's Labor*: *Essays on Women*, *Equality and Dependency*, New York: Routledge, 1999.

③ Kittay E. F., *Love's Labor*: *Essays on Women*, *Equality and Dependency*, New York: Routledge, 1999, 29 – 30. Kittay 以照顾女儿为例,以极端的依靠(extreme dependency)为依靠的典范,Kittay 认为该特例具有代表的重要性(representative significance)(Kittay E. F., "Love's Labor Revisited", *Hypatia* 17, 2002: 239),虽然是个别的例子,但是可以由小见大,引申出依靠的一般理论(Kittay E. F., *Love's Labor*: *Essays on Women*, *Equality and Dependency*, New York: Routledge, 1999, 5; Ruddic Sara., "An Appreciation of Love's Labor", *Hypatia* 17, 2002: 214 – 224)。

④ Fineman Martha, *The Neutered Mother*: *The Sexual Family and Other Twentieth Century Tragedies*, New York: Routledge, 1995, 162 – 163.

⑤ Kittay E. F., *Love's Labor*: *Essays on Women*, *Equality and Dependency*, New York: Routledge, 1999, 165.

领域的各项活动。① 另外，依靠工作者得依靠第三者或外在的（经济、情感等）支援才能满足其自身的（基本）需求，获得（起码的）生命质量，② 若是缺乏了这些支援，依靠工作者将不得不在身心匮乏的情况下设法去满足依靠者的需求。

最后，某些依靠关系是互相交换与回馈的关系，如养儿防老，或是台湾社会中最常见的老一辈当孙子孙女的保姆，等到身体欠安时，轮到子女照顾他们。但是，吉泰（Kittay）和法恩曼（Fineman）主张依靠关系并不必然是互相交换与回馈，因为很多依靠关系事例显示，交换与回馈的互惠性只局限于某些依靠关系，无法穷尽其他无法交换和缺乏回馈的依靠关系。可见，交换与回馈的自愿性仅适用于独立者间的互动，而易受伤害模型则更能说明依靠关系的不对称性。

（二）易受伤害模型：依靠与受伤害

以上说明了依靠关系的不可避免性、衍生性与不可对称性，除此之外，依靠关系还有第四个特性，依靠关系中照顾者与依靠者双方都是脆弱的。根据古丁（Goodin）的易受伤害模型（vulnerability model），"假如 A 的利益会因 B 的行动与选择而受伤害，则 B 对保障 A 的利益负有特殊义务；该义务的轻重强弱取决于 B 影响 A 的利益的程度"。③ 易受伤害模型显示，依靠者是如何容易被其照顾者的行动与决定（照顾、疏于照顾或是弃之不顾等个人选择）所伤害的，以及依靠工作者有道德义务使其免于伤害。依靠者是脆弱的，因为如果照顾者疏于照顾，依靠者无法获得基本的生活品质，依靠者容易受伤害，造成伤害的来源是他们所依靠的照顾者无法满足其需求。在依靠关系中，保护依靠者免于伤害是依靠工作者特殊的道德义务。

---

① Fineman Martha, *The Neutered Mother: The Sexual Family and Other Twentieth Century Tragedies*, New York: Routledge, 1995. Gottlieb Roger S., "The Tasks of Embodied Love: Moral Problems in Caring for Children with Disabilities", *Hypatia* 3, 2002: 225–236.

② Fineman Martha, *The Neutered Mother: The Sexual Family and Other Twentieth Century Tragedies*, New York: Routledge, 1995, 162.

③ Goodin Robert E., *Protecting the Vulnerable: A Reanalysis of Our Social Responsibilities*, Chicago: The University of Chicago, 1985, 118. To quote: "If A's interests are vulnerable to B's actions and choices, B has a special responsibility to protect A's interests; the strength of this responsibility depends upon the degree to which B can affect A's interests."

放在亲子关系、家庭、友情与受雇照顾的社会情境下,依靠工作者应该尽保护的道德义务是自明的。① 再者,吉泰(Kittay)和古丁(Goodin)都认为依靠工作者所承担的特殊义务多半不是自愿加诸己身的义务(self-assumed obligations),衡诸现实的社会情境中,依靠关系的成立多半不是两者间基于自愿的默契与交换关系。女人——母亲、妻子、女儿、媳妇——普遍被社会分工与文化刻板印象指派为负有特殊道德义务的照顾者。② 因为处于某个节骨眼上,已经清楚确定了谁是尽义务者与谁是受保护者。但是,吉泰(Kittay)进一步指出社会与文化背景所扮演的决定性作用,也不意味着照顾者必然是在被强迫与不愿意的情形下被赋予义务。根据吉泰(Kittay)的观点,当照顾者正好在现场成为唯一或少数能够保护需要照顾者使其免于伤害的人时,此类依靠关系往往是既非自愿(non-voluntary)也非强迫的(non-coerced)。③

除了依靠者是脆弱的外,照顾者也因其提供照顾而变得脆弱,如果第三者(一家之主、社会资源、外在支援等)无法提供必要的各种支援,则依靠工作者无法满足其自身的(基本)需求,获得(起码的)生命质量,④ 势必造成依靠工作者的贫穷化,使其在身心匮乏的情况下满足依靠者的需求。

(三)依靠与正义:能力平等(capability equality)

以上易受伤害模型显示:不管是自愿还是非自愿,依靠工作者都会因为承担了照顾工作的特殊义务,从而使自己也陷于容易受伤害的一群。他们被困在私领域,尤其是依靠工作者往往因为投注心力于照顾,满足依靠者的需求,无法平等地去参与公领域中的经济、社会与政治活动,⑤ 因为走

---

① Kittay E. F., *Love's Labor*: *Essays on Women*, *Equality and Dependency*, New York: Routledge, 1999, 57.
② Fineman Martha, *The Neutered Mother*: *The Sexual Family and Other Twentieth Century Tragedies*, New York: Routledge, 1995, 162 – 163.
③ Kittay E. F., *Love's Labor*: *Essays on Women*, *Equality and Dependency*, New York: Routledge, 1999, 62, 72 – 73. 就依靠关系而言,Goodin 主张应该强制保护者克尽其责。反之,Kittay 主张照顾者不应被强制要求去尽义务。相关探讨可参考 Kittay, 1999: 62 – 64。
④ Fineman Martha, *The Neutered Mother*: *The Sexual Family and Other Twentieth Century Tragedies*, New York: Routledge, 1995, 162.
⑤ Kittay E. F., *Love's Labor*: *Essays on Women*, *Equality and Dependency*, New York: Routledge, 1999, 181. Gottlieb Roger S., "The Tasks of Embodied Love: Moral Problems in Caring for Children with Disabilities", *Hypatia* 3, 2002: 225 – 236.

出私领域去追求公领域的参与,就意味着出走的背后留下依靠者以及无法被满足的基本需求。① 因此,吉泰(Kittay)和法恩曼(Fineman)都主张平等与正义必须要延伸到家庭中,正视照顾者的正义。同时,她们主张只有母子依靠关系才能呈现人类各式情欲与各种家庭的可能性。② 那么是何种正义才能兼顾家庭的多元性,公平地照顾所有各类家庭组成中的爱的劳动者?吉泰(Kittay)提出了以依靠关系为基准的能力平等。③

照顾者的正义首要强调的是依靠的三角关系,照顾者也需要被妥善与公平地照顾,理由很明显,因为"要好好养育依靠者而不会折损养育者,端赖④养育者也得到滋养"(that to nurture a dependent being well, and without damaging the nurturer, requires that the nurturer herself be nurtured)。⑤ 所以,如果依靠工作者对依靠者应尽保护的道德义务,倾其心力去满足其需求,增进其福祉,那么社会也同样应对依靠工作者尽其保护的义务,从私人的面向来解决依靠关系的三角习题。依靠工作者不应只能从个人的管道去寻求其支持系统,社会有义务回应发生在所有各类家庭中的依靠关系。社会对依靠工作者的义务包括:使其免于照顾工作的风险,提供各种社会支援,⑥ 防止以胁迫的方式使依靠工作者承担照顾的特殊义务。⑦

其次,照顾者的正义所主张的平等是以森(Sen)的能力模型——能力

---

① Kittay E. F., *Love's Labor: Essays on Women, Equality and Dependency*, New York: Routledge, 1999.
② Fineman Martha, *The Neutered Mother: The Sexual Family and Other Twentieth Century Tragedies*, New York: Routledge, 1995, 1–9.
③ Kittay E. F., *Love's Labor: Essays on Women, Equality and Dependency*, New York: Routledge, 1999, 178–181.
④ 端赖,与"只有依赖、唯有"等义相同——编者注。
⑤ Kittay E. F., *Love's Labor: Essays on Women, Equality and Dependency*, New York: Routledge, 1999, 148. 这个道理也是 Martha C. Nussbaum 讨论女性主义与能力取径(capability approach)的论点:"people love best when they are in other respects flourishing, not when they are exhausted, or struggling to make ends meet." (Nussbaum Martha C., *Women and Human Development: The Capabilities Approach*, New York: Cambridge Up, 2000, 297)
⑥ Kittay E. F., *Love's Labor: Essays on Women, Equality and Dependency*, New York: Routledge, 1999, 66.
⑦ Kittay E. F., *Love's Labor: Essays on Women, Equality and Dependency*, New York: Routledge, 1999, 65.

平等（capability equality）为基础的，以别于其他强调平等分配社会资源（goods）的正义论。能力平等好比依据个人的预算，从既有的诸多商品中，选出特定的商品组合，以求符合个人的最佳效益，或者依据个人的特殊情况与其需求去自由地选定某种生命形态，从既有的诸多身体功能中（如营养、健康、行动力等）选出特定的功能组合，以符合个人的最佳福祉。①

比起森（Sen）和努斯鲍姆（Nussbaum）以个人自主性为主的能力模型，② 吉泰（Kittay）进一步想要从依靠关系中去建立交错的能力平等。在关系中个人选定某种生命形态及与其相应的功能组合必定要受关系中其他人的生命形态及与其相应的功能组合的影响。所以交错的依靠关系（nested dependencies）显示：不同的依靠关系下，就会有相对不同的交错能力平等的功能集合，关系中的功能协调要能够极大化照顾者与被照顾者的自由功能，还要能够有充分的空间让依靠关系成长。另外，每个依靠关系要以其特性来决定哪些是需要重视的功能以增进其福祉。"从人我是交织的依靠关系与其中身体功能的互相协调，我们开始从彼此的相关性中去建立平等。"③ 换言之，强调依靠关系中所建立的交错能力平等，将多元主义社会中社会成员间不同的价值观又推进了一步。

（四）依靠的批判学说（the dependency critique）

以上讨论概括了依靠关系的三角关系的道德义务与权利：依靠工作者对依靠者要尽保护的义务，而社会又应对依靠工作者尽保护之义务，亦即，依靠者有权利要求依靠工作者尽保护之责，而依靠工作者有权利要求社会

---

① Sen Amartya, *Inequality Reexamined*, Cambridge: Harvard UP, 1992, 40. "Capability is, thus, a set of vectors of functionings, reflecting the person's freedom to lead one type of life or another. Just as the so-called 'budget set' in the commodity space represents a person's freedom to buy commodity bundles, the 'capability set' in the functioning space reflects the person's freedom to choose from possible livings."
② Nussbaum 列出了她认为是核心的身体功能，如食物、健康、身体的完整性、情感、亲密关系、对环境的主控权等，认为这是构成生命福祉的基本门槛，是能力平等的基本功能（Nussbaum Martha C., *Women and Human Development: the Capabilities Approach*, New York: Cambridge UP, 2000, 78 – 80）。
③ Kittay E. F., *Love's Labor: Essays on Women, Equality and Dependency*, New York: Routledge, 1999, 180. To quote: "By viewing our relations to others as nested dependencies and coordinating valued functioning, we start to frame equality in terms of our interconnections."

机构保护其免于因照顾工作牺牲其自身之福祉。吉泰（Kittay）从依靠关系的三角道德义务与权利出发，对所有主张社会正义的理论进行了所谓的依靠批判（the dependency critique）。依靠批判的主要论点是：凡是忽略照顾者正义的社会正义理论，必然违背其自身对正义的基本诉求，那些依靠关系中的相关者无法获得该理论应许的公平与平等。换句话说，依靠关系是衡量社会正义的最佳尺度，将依靠关系纳入公平与正义的考量中才可望实现社会正义。于是，拿着依靠关系与关怀伦理这把尺，吉泰（Kittay）批评罗尔斯（Rawls）的正义理论的核心——包括对自由人的根本预设（独立、健康、正常功能）与其道德能力（正义感与追求善的能力）——从根本上忽略了照顾者的处境是否已具平等地位。①

首先，罗尔斯（Rawls）公正理论中预设的居于原初境况（the original position）的立法者基本上是独立、健康、理性与有道德能力、有公正感以及能实现其价值概念者，② 同时立法者必须在无知之幕（veil of ignorance）的前提下选择能够公正分配的原则。由于无知之幕的限制，没有人能比别人占便宜，大家都是平等的（justice as fairness），同时唯有对处于最不利情境的人有利，这种社会不平等才是被许可的（the difference principle）。吉泰（Kittay）的依靠批判学说主张，即使居于原初境况中的立法者在无知之幕的前提下，可以设想依靠的处境并代表依靠者的权益发言，但是仅能反映出其偶然性，也许依靠者的权益可以得到公正对待，也许不能。③ 这样的偶然性显示了原初的境况所依据的概念与预设无法必然保障依靠关系的公正原则，原因是如果依靠者的（极端）依靠性和立法者的独立性的基本认定有巨幅的落差，那么原初境况的假设无法确定在决定公正原则的程序中立法者能够代表依靠者。④

其次，吉泰（Kittay）的依靠批判学说更进一步指出原初境况的相关预

---

① Kittay E. F., *Love's Labor: Essays on Women, Equality and Dependency*, New York: Routledge, 1999, 83-99, 102.

② Kittay E. F., *Love's Labor: Essays on Women, Equality and Dependency*, New York: Routledge, 1999, 102.

③ Kittay E. F., *Love's Labor: Essays on Women, Equality and Dependency*, New York: Routledge, 1999, 86.

④ Kittay E. F., *Love's Labor: Essays on Women, Equality and Dependency*, New York: Routledge, 1999, 86-89.

设——健康、理性、平等交换与回馈——使原初境况中代表依靠者的立法者的诉求，不见得会得到其他立法者的支持，因为依靠关系普遍被视为自愿的选择，同时依靠关系是平等交换与互相回馈的互动，可见依靠关系的三角模型是私人问题，不是社会制度的分配原则。吉泰（Kittay）的依靠批判学说指出，由于罗尔斯（Rawls）对立法者的基本预设是以独立、理性与自主意愿为前提的，忽略了人人是依靠的常态性，以及基于自愿的协定只适用于相当有限的互动关系，不能穷尽人类关系的不可避免性，及易受伤害模型所显示的残障、不平等与无法回馈的依靠性，因此，依靠关系势必牵涉社会制度的分配原则，如果社会不以依靠关系为主要政策考量，或是社会仅将依靠视为边缘、间接与次要的议题，那么该社会制度仍然是枉顾照顾者的正义。

因此，若要确保原初境况中的立法者能够充分代表依靠者，保证在决定公正原则的程序中能重视照顾者的正义，吉泰（Kittay）主张应该在罗尔斯（Rawls）所指出的自由人的两种道德能力——有公正感以及实现其价值——概念之外，还要再添加第三种道德能力，亦即人人应有照顾易受伤害者与回应其需求的能力。[1] 既然照顾是自由人的第三种基本道德能力，人人也应拥有受照顾的权利，也就是当我们成为依靠者时有依靠，或是我们成为照顾者时有很好的社会支援系统，或是当我们无法完成照顾工作时，可以放心由其他依靠工作者接手。[2] 以上这些照顾的需求是任何人追求生命福祉所不可或缺的基本有用物品（primary goods），但是罗尔斯（Rawls）并没有将其列入基本有用物品的项目中，显然忽略了构成生命福祉的基本要件。

一旦证成被照顾与照顾是基本有用物品，[3] 照顾与被照顾关系就不能只

---

[1] Kittay E. F., *Love's Labor: Essays on Women, Equality and Dependency*, New York: Routledge, 1999, 102.

[2] Kittay E. F., *Love's Labor: Essays on Women, Equality and Dependency*, New York: Routledge, 1999, 102.

[3] Kittay E. F., *Love's Labor: Essays on Women, Equality and Dependency*, New York: Routledge, 1999, 103. "Therefore the good both to be cared for in a responsive dependency relation if and when one is unable to care for oneself, and to meet the dependency needs of others without incurring undue sacrifices oneself, is a primary good in the Rawlsian sense because it is a good of citizens as citizens to pursue their own conception of the good and exercise their moral faculties of justice and care."

狭隘地被定位为自愿的协定,只能从个人的管道去寻求其支持系统,而应是从社会去扩展交换的另类模式,吉泰(Kittay)将此社会交换关系称为"doulia",① 意指来自公领域的社会义务,支援依靠工作者,增进其福祉,使其能够尽其保护依靠者的道德责任。换言之,照顾者的社会正义应有其根本的正义原则,应据此落实相关的公共政策,切实保障照顾者的利益。这条保障照顾者的社会义务原则应是:"人人得到所需要的照顾,人人亦依其能力去照顾别人,社会制度提供资源与机会给照顾者,如此人人将可在隽永的关系中得到妥善的照顾。"②

照顾的正义原则显示:如果社会依然将依靠工作视为自我牺牲以利他人的超义务,如果社会中的女人普遍承担着以爱之名的无酬照顾,或是用低薪、低技术与没有价值来看待依靠工作,那么社会不仅亏待了依靠工作者,亏待了女人,这个社会还是不公正的社会。在公正的社会中,照顾是自由人的道德能力,体贴、利他与透明的能力与理性的能力一样具有道德的重要性,具有无法抹灭的基本自由与自我价值。如果社会还无法认同此基本自由,那么政治的任务就是要养成与造就此风气。③

三　依靠与关怀伦理

自从卡罗尔·吉利根(Carol Gilligan)发表"In a different voice"以来,关怀伦理(ethics of care)被视为女性所特有的道德认知与发展。④ 但是并非所有女性主义者都乐见关怀伦理背后所蕴含的女性本质论述,很多人反

---

① Kittay E. F., *Love's Labor: Essays on Women, Equality and Dependency*, New York: Routledge, 1999, 107–109.
② Kittay E. F., *Love's Labor: Essays on Women, Equality and Dependency*, New York: Routledge, 1999, 113. "To each according to his or her need for care, from each according to his or capacity for care, and such support from social institutions as to make available resources and opportunities to those providing care, so that all will be adequately attended in relations that are sustaining."
③ Kittay E. F., *Love's Labor: Essays on Women, Equality and Dependency*, New York: Routledge, 1999, 109.
④ 戴华:《姬莉根的关怀伦理与康德的道德观点》,台湾哲学学会2001年学术研讨会论文,2001。

对将照顾和女性本质画等号,并且对女性所被赋予的关怀美德感到深切忧虑,因为如果社会的性别劳动分工仍然一如既往,那么赞成者所标举的关怀伦理就会是生命中最难以承受的重负。女性主义者究竟是应该切断女性与关怀伦理的千丝万缕,不再在女性沉重的肩膀上继续堆放责任?还是必然无法轻易抛开关怀伦理的本质连带,因此吊诡地将背负之重担更加合理化,以至于越发无法摆脱照顾者的贫穷化?① 无疑地,以上的问题也正是依靠批判学说所希望处理的问题,此部分将以四个面向来回答:(1)照顾的去性别化;(2)依靠的道德基础:关怀伦理;(3)依靠批判与女性主义;(4)依靠批判的社会价值重构。

(一) 照顾的去性别化

吉泰(Kittay)的依靠关系模型不是非女性莫属,法恩曼(Fineman)指出母子依靠关系才是各种可能的家庭组成的核心单位,其中的母子关系只是象征意义,不具有性别分工的意涵。在很多单亲家庭或是隔代家庭中,照顾者往往是父亲、舅舅、祖父等。只要人生无法避免生、老、病、残障与死亡,那么照顾的需求就普遍地存在于各种可能的家庭组成中(单亲、单身、同性恋等)。是故,人人都应具有适当的道德情操,当别人有需求时照顾他/她,当自己无法照顾自己时,也可以获得最适当的关怀与支援,人人都是照顾者,不分性别。虽然社会一向的性别分工把照顾视为女人的工作,或无价之爱的劳动,或低薪与不受重视,或低技术与无价值的工作,但是社会的实然不能被合理化为道德的必然。照顾既然是人人应有的美德,那么男性应该勇于投身照顾,照顾也应该摆脱传统所赋予的道德劣等地位。古典政治与道德理论中所强调的自由都是免于依赖与不受干涉,如果无法免除,就形同奴隶。同理,因为依靠者的易受伤害性依靠关系也形同奴隶状态,女人会因为照顾而减损其自主与独立性,这也正是亚里士多德(Aristotle)判断男人是统治者、女人需要被统治的根本

---

① Kittay E. F., *Love's Labor*: *Essays on Women, Equality and Dependency*, New York: Routledge, 1999. Tong Roemarie, "Love's Labor in the Health Care System: Working toward Gender Equity", *Hypatia* 17, 2002: 200-213.

理由。①

可见，依靠批判学说除了伸张照顾者的社会正义外，还要更进一步摆脱传统加诸照顾者的歧视。这些歧视的根源在于传统道德、政治理论中对（道德、政治）主体的预设反映出理性、独立与中立的道德优越性与优先性，因为理论家本身不从事依靠工作，是以产生了这样的盲点。② 吉泰（Kittay）和众多女性依靠工作者不同的是，她是依靠工作者也是学者，因此当很多女性仅从事依靠工作，而道德生命的全貌（人格与道德规范）却由不从事依靠工作的学者（尤其是男性）来界定时，其间的巨幅落差，往往把后者的理论的价值体系视为评判前者的判准——一个将子女的利益看得比自己还重的母亲，和能够从一般的角度来进行思维与判断的人，前者如果不是被贬抑为心理上的扭曲，将自己的理想过度投射于子女身上，忽略了人的独立性，③ 就是在后者持平公正的对比下，呈现出道德的低度发展状态。④ 当吉泰（Kittay）和戈特利布（Gottlieb）以双重身份现身于道德与政治理论的反省中时，她们开始质疑这些理论的正当性与适用性，并转而从依靠工作的切身经验中去重新进行定位与评价，她们认为当父母亲替子女争取利益时，人

---

① Okin Susan M., *Women in Western Political Thought*, New Jersey: Princeton UP, 1979, 73 – 96. Kittay E. F., *Love's Labor*: Essays on Women, Equality and Dependency, New York: Routledge, 1999, 45. "A person who would do dependency work and would suffer diminished autonomy we described was viewed by Aristotle as slave or woman. Only the free male was thought morally capable of controlling the resources in the family economy and only was granted the possibility of being a fully realized moral agent."

② MacIntyre Alasdair, *Dependent Rational Animals*: Why Human Beings Need the Virtues, Chicago: Open Court, 1999, 2 – 9; Kittay E. F., "Love's Labor Revisited", *Hypatia* 17, 2002: 242; Gottlieb Roger S., "The Tasks of Embodied Love: Moral Problems in Caring for Children with Disabilities", *Hypatia* 3, 2002: 226. 女性主义向来标榜"脉络的知识"（situated knowledge），我认为Kittay的著作结合了个人切身的经验与理论的一般化，正是"脉络的知识"的典型范例。Kittay自己说明了她所偏好的方法和哲学传统方法的区别如下："As Gottlibe has suggested, because neither the disabled nor those who care for disabled persons are well situated to do theory, in general, the issues that deeply motivated the concerns of the book are rarely heard in philosophy. Philosophy favors the objective stance, not the personal. By injecting my own singular voice I wanted to reintroduce perspective into an otherwise abstract and universalistic form of theory."

③ De Beauvoir Simone, *The Second Sex*, New York: Vintage Books, 1952.

④ Gilligan C., *In a Different Voice*: Psychological Theory and Women's Development, Cambridge, MA: Harvard University Press, 1982.

我不分的关系性是关怀责任的实现,① 既非人格病态,更非道德幼稚。

(二) 依靠的道德基础:关怀伦理

依靠关系的道德底蕴可以充分显示关怀伦理的特点。② 尽责的依靠工作者应该具有的美德是体贴、利他与透明。③ 透明的照顾者是不会因自己的需求来阻碍或是扭曲依靠者的需求的。④ 尽责的照顾者是以依靠者的方式来响应其需求的。⑤ 如果女性与关怀伦理有不解之缘,吉泰 (Kittay) 和法恩曼 (Fineman) 认为那纯属历史的偶然。人人有义务要保护易受伤害者 (protecting the vulnerable),照顾的义务与关怀伦理的美德,是人类普遍的道德情感,无关性别。

另外,依靠关系的关怀伦理所根据的是易受伤害模型,第一部分的讨论指出,吉泰 (Kittay) 和古丁 (Goodin) 指出了自愿模型 (voluntary model) 和易受伤害模型的差异,前者强调承担保护易受伤害者的特殊义务,只有在照顾者自愿的情况下才有道德的正当性,后者则强调依靠工作者所承担的特殊义务多半不是他们自愿加诸己身的义务。这个区分最明显且经典的论证是朱迪思·汤姆森 (Judith J. Thomson) 对防卫堕胎的论证,该文的理论核心即是根据自愿模型,"除非个人明着或暗地里去承担,否则个人对他人确实无此特殊义务" ("Surely we do not have any such 'special responsibility' for a person unless we have assumed it, explicitly or implicitly")。⑥ 根据自愿模型,在汤姆森 (Thomson) 立论的强暴与非自愿怀孕的情况下,妇女

---

① Kittay E. F., *Love's Labor: Essays on Women, Equality and Dependency*, New York: Routledge, 1999, 94.
② Kittay E. F., *Love's Labor: Essays on Women, Equality and Dependency*, New York: Routledge, 1999, 101.
③ Kittay E. F., *Love's Labor: Essays on Women, Equality and Dependency*, New York: Routledge, 1999, 52.
④ Kittay E. F., *Love's Labor: Essays on Women, Equality and Dependency*, New York: Routledge, 1999, 52.
⑤ Kittay E. F., *Love's Labor: Essays on Women, Equality and Dependency*, New York: Routledge, 1999, 157.
⑥ Thomson Judith J., "A Defense of Abortion, 1971", *Ethics: Theory and Contemporary Issues*, ed. Barbara MacKinnon, New York: Wadsworth Publishing Co., 1998, 165 - 174.

若要终止怀孕是道德公正的行动。相对地,易受伤害模型则强调道德不能只限于自愿性的有形与无形的契约与协定,更多的情况是必须在非自愿情况下适时地回应易受伤害者急迫的需求。①

由此可见,如果从集体的关系来看,易受伤害模型的道德关怀与义务可以更周延地涵盖个人自主意愿的道德协定,反之则不然。如此的蕴含关系显示了依靠批判学说的深层道德意蕴,亦即传统道德理论所根据的自主性不具有道德的优先性与优越性。相反,当亚里士多德(Aristotle)认为女人因为天生的照顾能力而减损其自主与独立性,也因此减损了其道德完整性时,依靠的道德关怀显示了相反的立场:正是更高的道德情操,使照顾者在非自愿的选择下,仍然适时地回应了易受伤害者紧急、迫切甚至长期照顾的需求。依靠的关怀伦理显示:照顾者的确因其投身照顾而减损了其自主与独立性,但是这样的减损不会导致其道德发展的低劣,而是反映了其道德的成熟度与道德人格的完整性。可见,应该检讨的是减损自主与独立性会导致道德不成熟的道德推论,但是这样的道德推论谬误不仅普遍存在于传统道德哲学中,吉泰(Kittay)指出女性关怀伦理也往往犯同样的道德推论谬误。

(三) 依靠批判与女性主义:两种关怀伦理

综合以上讨论,虽然吉泰(Kittay)赋予关怀伦理以一般化的思维,使之不再是性别的议题,但是以依靠为根据的爱的劳动也是女性主义著作中

---

① Callahan Sidney, "Abortion and the Sexual Agenda, 1986", *Ethics*: *Theory and Contemporary Issues*, ed. Barbara MacKinnon, New York: Wadsworth Publishing Co, 1998, 175 – 181; Goodin Robert E. *Protecting the Vulnerable*: *A Reanalysis of Our Social Responsibilities*, Chicago: The University of Chicago P., 1985; Kittay E. F., *Love's Labor*: *Essays on Women, Equality and Dependency*, New York: Routledge, 1999. 卡拉汉(Callahan)对堕胎的道德态度就是从易受伤害模型出发,主张妇女对胎儿负有特殊义务。"Responsiveness and response-ability to things un-chosen are also instances of the highest human moral capacity. Morality is not confined to contracted agreements of isolated individuals. Yes, one is obligated by explicit contracts freely initiated, but human beings are also obligated by implicit compacts and involuntary relationships in which persons simply find themselves. To be embedded in a family, a neighborhood, a social system, brings moral obligations which were never entered into informed consent."

的重要内容,① 依靠批判学说也是女性主义批判。② 放眼全球社会,依靠工作绝大多数由女性负责,因此重新定位与评价依靠工作的道德与政治基础,照顾者因投身照顾所表现的道德成熟性与完整性,借此可以肯定女性的道德特质、自我价值与社会贡献。如果社会的既定风气是以女性为主要的依靠工作者,那么女性不必因此自我贬抑为不能独立的女人,或是感叹或是焦虑于因为一直是在依靠关系的社会处境中,女人学习独立既艰困又滞碍难行,一言以蔽之,如果不放弃依靠的社会处境,女人的独立性无法和男人的独立性相抗衡。③ 关怀伦理替女性的身份认同与道德人格打了一剂强心针,它看清了传统道德理论普遍存在及所根据的道德推论谬误。其所根据的自主、独立与理性假设的盲点,阻碍了检讨为何存在减损自主与独立性会导致道德不成熟的错误推论。照顾者在非自愿的选择下,仍然能适时地回应他人紧急、迫切甚至长期照顾的需求,这样的表现不是道德低度发展的人能够做到的。

但是这剂强心针是否有致命的副作用?童·罗斯玛丽(Tong Roemarie)深表疑虑地指出:如果现阶段的社会风气与性别分工是以女性为主要的依靠工作者,那么关怀伦理将更加巩固这样的分工模式:假定社会充分提供支援系统,女性将依然普遍选择依靠工作,男性还是没有意愿从事依靠工作。④ 用依靠工作来取代女性的工作,虽然是将该工作一般化与去性别化,但是如果没有其他更有效的方法可以招募男性来从事此工作,那么只是换个名称而已,没有实质的作用。这个工作依然是无偿、低薪与无社会地位的工作,当女性假手其他女性接手照顾工作时,那么这个工作还是某阶级的女性剥削另一个阶级的女性,造成女性间的对立与矛盾。

此外,虽然努斯鲍姆(Nussbaum)非常推崇吉泰(Kittay)的依靠批判

---

① Nussbaum Martha C., "Rawls and Feminism, 2002", *the Cambridge Companion to Rawls*, ed. Samuel Freeman, New York: Cambridge UP, 2003, 197; Kittay, E. F., "Love's Labor Revisited", *Hypatia* 17, 2002: 238.
② Kittay E. F., *Love's Labor: Essays on Women, Equality and Dependency*, New York: Routledge, 1999, Preface xi.
③ De Beauvoir Simone, *The Second Sex*, New York: Vintage Books, 1952, Chapter xxv.
④ Tong Roemarie, "Love's Labor in the Health Care System: Working toward Gender Equity", *Hypatia* 17, 2002: 211.

学说，认为自由主义应该根据这样的批判来修正其内容，以便符合自由主义的基本精神①［可见，努斯鲍姆（Nussbaum）认为只有经过修正的自由主义才能真正符合女性主义的利益，只有原子式的个人主义才能确保女性是独立的个体，是自身的目的，不是他人的工具］，②但努斯鲍姆（Nussbaum）深表疑虑地指出，强调依靠关系的非自愿性很容易将女性再度推入社群传统中，以他人的利益为先，③对女性只有百害而无一利。努斯鲍姆（Nussbaum）认为只有独立的女人，才是其自身的目的，依其自身的价值去发展核心的功能以增进其福祉（如食物、健康、身体的完整性、情感、亲密关系等），然后才有可能基于自愿推己及人，去照顾他人。④

以上女性主义间争论的立场并不是支持女性关怀伦理的一方与其反对者，而是两种女性关怀伦理，一方是主张女性独立、自主与自愿下的关怀，另一方则是试图保护易受伤害者的非自愿性的关怀。前者强调照顾者在自愿情况下加诸自身的照顾义务，后者则强调照顾者多半是在非自愿情况下，适时地响应易受伤害者的需求。以上两种关怀伦理所呈现的是自愿模型的关怀伦理对抗易受伤害模型的关怀伦理。孰优孰劣？哪一种关怀伦理才能真正解放女性？

努斯鲍姆（Nussbaum）主张自由主义所强调的独立性与以自身为目的是跨时空与放诸四海皆准的普遍客观诉求，是每个文化传统自身内部的批判，尤其是受其传统影响最深的女性的反省抗争所发展出来的，对自由主义的向往并不是西方强权文化侵略的结果。道德与正义的普遍主义（universalism），诸如（女）人是自主、自重与自决的，是所有社会中的成员的基本需求，无关文化侵略。⑤从当代多元主义、反殖民主义与文化相对主义的

---

① Nussbaum Martha C., *Sex and Social Justice*, New York: Oxford UP, 1999, 56 – 57.
② Nussbaum Martha C., *Sex and Social Justice*, New York: Oxford UP, 1999, 62.
③ "If women are understood to be, first and foremost, members of families, or members of religious traditions, or even members of ethnic groups-rather than, first and foremost, as human centers of choice and freedom-is this likely to be in any way better for women than is the 'abstract individualism' of liberalism?"
④ Nussbaum Martha C., *Women and Human Development: The Capabilities Approach*, New York: Cambridge UP, 2000, 77 – 78.
⑤ Nussbaum Martha C., *Sex and Social Justice*, New York: Oxford UP, 1999.

潮流中，努斯鲍姆（Nussbaum）论证道德与正义的普遍主义无疑是对第三波女性主义的当头棒喝。在当代尊重多元文化的架构中往往可以直接推导出对各个文化传统特色的肯定与尊重，所以当多元主义或相对主义等于尊重传统时，也就正是女性主义第三波普遍肯定差异与多元，纷纷质疑西方帝国殖民思想的文化霸权之时，努斯鲍姆（Nussbaum）的论点提供了女性主义者应该警觉到的：所有深远的传统中，女性普遍被看成工具，而不是自身的目的。①

依靠关系如何不再落入社群传统中对女性诸多超义务的道德要求？根据吉泰（Kittay）依靠的关怀伦理立场，我认为她所提出的关怀伦理是从人类依靠的生存处境出发的，所以不能与社群传统画上等号。②再者，依靠的关怀伦理可以更周延地涵盖非常有限的个人自主意愿的道德协定，女性主义则不然。另外，依靠的关怀伦理指出，不仅仅是传统道德哲学犯了道德推论的谬误，亦即减损自主与独立性的依靠工作，会导致道德不成熟的道德推论，基于自主与自愿模型的女性关怀伦理也沿袭了同样错误的道德推论。正是高估了独立与自主的道德优先性与优越性，使以女性自主为基础的关怀伦理，无法批判指陈人格独立与道德完整性间的道德关怀关系要远低于照顾者减损自主性的道德完整性。据此，依靠批判学说指出了传统社会中如何不公正地对待女性，一方面对女性照顾者有超义务的道德要求，另一方面又将其贬抑为道德不成熟。为了矫正社会长久以来蕴含的道德双重标准与忽视照顾的道德优越性，有必要及早从教育入手培养关怀的道德习性，让人人以照顾为荣。③

在以上两种关怀的对比中，吉泰（Kittay）的依靠关系和关怀伦理可以

---

① Okin Susan M., *Is Multiculturalism Bad for Women?*, New Jersey: Princeton UP, 1999; Nussbaum Martha C., *Women and Human Development: The Capabilities Approach*, New York: Cambridge UP, 2000.

② Kittay E. F., *Love's Labor: Essays on Women, Equality and Dependency*, New York: Routledge, 1999, 29.

③ Kittay, E. F., "Love's Labor Revisited", *Hypatia* 17, 2002: 246. "Dignifying dependency work as something for which we need education, starting in the earliest grades for boys and girls, training that continues into post secondary school, and ultimately certification for those who do dependency work professionally will go a long way toward degendering this labor."

超越女性照顾在独立与社群间的两难处境,依靠关系是生命中无法逃避的事实,① 因此人们不必以无法独立为憾、为耻,处处以解放女性卑屈（the subjection of women）为首务,而是要将女性解放的火力集中在肯定照顾的道德优越性上,去批判减损自主与独立性的照顾工作会导致道德不成熟的推论。但是肯定依靠关系并非肯定社群意识中相应的传统价值观,尤其是其中对女性的诸多超义务的道德期待,如果社会只要照顾者牺牲奉献,没有外在经济与情感的支援,这是对照顾者的压迫与不公。吉泰（Kittay）所要强调的是依靠关系的铁三角,侧重于依靠关系中的生命处境、道德人格养成,还有社会对照顾者的义务,缺一不可。没有照顾的正义,照顾者的关怀伦理将无法成为分内之义务。

（四）依靠批判的社会价值重构

以上依靠的道德基础显示,社会整体大环境应该重新检讨向来以自主性与互惠性作为道德的基本假设,重新思考社会既定的价值与目标。比如说：如果依靠关系不是私领域的个人意愿问题,那么依靠关系进入公领域就意味着,以罗杰·戈特利布（Roger S. Gottlieb）的情况而言,因他要照顾其多重障碍的女儿,整年不断地看各种门诊,进行必要的复健,所以他所任职的大学除了重视教学研究的价值外,还要能够以依靠关系为其中心价值。② 因此,如果卓越是以个人健康、自主的竞争力为主,那么依靠关系中的能力平等势必要重新界定何谓社会上的（个人或机构）卓越。此外,依靠关系进入公领域除了意味着社会应该大幅调整,改变向来以自主、个人与市场竞争力为导向,转而以依靠、人我关系与以需求为主的人际互助合

---

① "But no feminist movement would, could, or should urge women to neglect the needs of their dependent children, or those of their disabled, ill, or ailing family members and friends." (Kittay, E. F., "Love's Labor Revisited", *Hypatia* 17, 2002: 238.)

② Gottlieb Roger S., "The Tasks of Embodied Love: Moral Problems in Caring for Children with Disabilities", *Hypatia* 3, 2002: 232. "If my workload is to be adjusted, then to compensate for my limited participation others will have to take up the slack. The department, and the university, might have to state (and mean) that equitable caring my disabled daughter is one of their central goods, and that satisfied students, lots of publications, and top rankings in U. S. News and World Report do not always outweigh what Eva Kittay calls the 'nested dependencies' presented by Esther, myself, and the surrounding community. Institutional and personal 'success' would have to be redefined."

作的社会道德为导向,① 同时更意味着在公共政策层面上,应积极地订定相关法律,不只是让国家扮演公正裁决的角色,还要更进一步推动健全的社会福利制度,让国家积极扮演"公共供给者"的角色,落实照顾国家化。②

的确,没有照顾的正义,照顾者的关怀伦理将是生命中无法承受的额外之务(超义务,supererogation)。落实照顾国家化的照顾正义,实质内容是"照顾责任的集体分担,当然意味着所得的重新分配"。③ 为什么社会中所有的公民有必要共同承担照顾陌生人的义务?对于如何回答这个问题,希望本文已经提供了明确的道德与法政基础。照顾者在非自愿的选择下,仍然需要适时地回应他人紧急、迫切甚至长期照顾的需求,这种人格成熟与道德者应得到充分的支援与调养,使其发挥关怀美德,保护易受伤害的依靠者。

---

① Gottlieb Roger S., "The Tasks of Embodied Love: Moral Problems in Caring for Children with Disabilities", *Hypatia* 3, 2002: 233.
② 洪惠芬:《照顾者正义:性别正义不只是法律平等》,《台湾社会研究季刊》2003年第51期。
③ 洪惠芬:《照顾者正义:性别正义不只是法律平等》,《台湾社会研究季刊》2003年第51期。

女人和男人的工作与家庭

——攸关时间[*]

徐宗国[**]

一 前言与文献

有关家庭与工作间关系的研究虽然不少，但是由文献整理，检讨此一领域，并且研拟出理论架构，引导研究的作品却是不多。拉波波特·罗伯和拉波波特·罗娜（Rapoport Robert & Rapoport Rhona, 1965），菲尔德贝克和格伦（Feldberg & Glenn, 1979），内瓦（Nieva, 1985），是其中的几篇。[①]由拉波波特·罗伯和拉波波特·罗娜（Rapoport Robert & Rapoport Rhona）到内瓦（Nieva）绵亘了20年的对此一主题的持续研究，已然对这二个实体间关系的性质、运作的方式提出了更为细致的见解。例如在拉波波特·罗伯和拉波波特·罗娜（Rapoport Robert & Rapoport Rhona）的作品里，首先系统性地对工作与家庭为两个各自封闭实体的看法提出了质疑，然而到了

---

[*] 本研究获"国科会"研究计划（NSC80 - 0301 - H - 005 - 01）资助。笔者对二位"国科会"匿名论文提案审查者与三位妇女研究室论文审查者的丰富指正深表谢意，更感谢所有提供时间长谈她（他）们的工作与家庭的受访者。笔者也向看过本论文草稿的几位同仁——王雅各布、张芝云、顾燕翎、熊秉纯——致谢。

[**] 徐宗国，时为台湾中兴大学社会系教授（本篇审查完毕定稿日期：1993年2月1日）。原文刊于《妇女与两性学刊》1993年第4期。

[①] Rapoport Robert & Rapoport Rhona, "Work and Family in Contemporary Society", *ASR* 30, 1965: 381 - 94; Feldberg Roslyn L. & Glenn Evelyn Nakano, "Male and Female: Job Versus Gender Models in the Sociology of Work", *Social Problems* 26, 1979: 524 - 538; Nieva Veronica F., "Work and Family Linkages", *Women & Work: An Annual Review*, eds. L. Larewood, A. H. Stromberg & B. A. Gutek, New York: Praeger, 1985, 162 - 190.

内瓦（Nieva）的作品出版时，学术界已形成共识：工作与家庭乃是在一个相互影响之系统内的两个单位。在累积了有关此一议题的众多实证研究之后，内瓦（Nieva）更为明晰地勾勒出了家庭与工作间的运作方式，而且细分家庭角色为父母、配偶及家务事等角色，同时由男女各自的角度检视工作对家庭及家庭对工作的影响两种可被区分的运作方式。上述这一理论架构可用图示之。① 虽然在这 20 年间对此一主题的探讨已达概念上的厘清，研究者借此还可以经验性地去了解这二者间的关系，但自拉波波特·罗伯和拉波波特·罗娜（Rapoport Robert & Rapoport Rhona）、菲尔德贝克和格伦（Feldberg & Glenn）到内瓦（Nieva），以及其他一些此一领域的研究者，例如坎特（Kanter），却一致指出工作的性质是影响此一关系的一个重要变量。② 其中普莱克和斯泰恩斯（Pleck & Staines）、内瓦（Nieva）与坎特（Kanter）更指出了工作的时间特性，例如工作所需的时间量、工作的时间表等，影响家庭与工作的互动至为明显。③

这 20 年有关家庭工作间关系的探讨，背后其实是多种研究传承的再次融合与创新、反省与检讨。而这些检讨又源自外在环境的刺激、社会上所呈现的待解决的问题与学术界针对这些状况而做的反省。20 年来女性大量投入劳动力市场，不只是生育年龄以外的劳动力人口，还有幼小子女在家的职业妇女也逐渐增加。双薪家庭、单亲家庭数目的增加，女性主义思潮

---

① 工作—家庭相互关系：

		家庭角色				
		女			男	
	婚姻	父母	家务	婚姻	父母	家务
工作角色						
女						
男						

摘自 Nieva (1985): 181。

② Kanter Rosabeth Moss, *Work and Family in the United States: A Critical Review and Agenda for Research & Policy*, New York: Russell Sage Foundation, 1977.

③ Pleck Joseph H. & Staines Graham L., "Work Schedules and Work-Family in Two-Earner Couples", *Two Paychecks: Life in Dual-Earner Families*, ed. Joan Aldous, Beverly Hills: Sage, 1982; Nieva Veronica F., "Work and Family Linkages", *Women & Work: An Annual Review*, eds. L. Larewood, A. H. Stromberg & B. A. Gutek, New York: Praeger, 1985, 162-190; Kanter Rosabeth Moss, *Work and Family in the United States: A Critical Review and Agenda for Research & Policy*, New York: Russell Sage Foundation, 1977.

的冲击，使原本因为只有配偶一方工作而另一方容易在时间上配合故不成问题的工作与家庭间关系成为一个待解决的争议与待了解的社会事实。① 同样，上述社会环境的丕变也反映在学术界本身的检讨上，于是，有关女性与工作或工作与家庭的著述就成为对过去只研究男性工作的工作社会学，或只研究女性的家庭社会学的一种反动。家不再被视为一个被动的，承受或吸收外力的机构，而成为一个能发动影响力的机构。② 工作社会学承传过去只是简单地视工作为一自变项（因为都是研究男人的工作），在女性加入劳动力市场渐多，也要求工作平权，并且性别角色观念逐渐改变的大环境下，学者也开始注意到家庭也会对个人的工作，尤其女人的工作构成重大影响而不能忽视。③ 此外学术界以研究女性的工作为例，也发现由过去欲求了解之男女所得差异，到提出性别隔离的劳动力市场都还不能对女性的特别工作形态、遭遇与结果取得深入了解，这是因为她们的工作与家庭间的协调是攸关上述议题的社会现象，而且有待了解。④ 女性主义者也关心这个问题，因为知道女人外出工作会连锁式地产生许多其他现象，虽然会产生一些有待技术性解决的问题，例如托儿制度等，但终究，女性的外出工作会带动男性角色的改变，女性的社会参与，各种能力包括辩诘商议能力的提升，下一代独立性格之养成等，有助于男女的真正平等。⑤

① Acker Joan, "Women and Work in the Social Sciences", *Women Working. Theories and Facts in Perspective*, eds. Ann Helton Stromberg & Shirley Harkess, Mountain View, California. Mayfield Publishing Company, 1988; Nieva Veronica F., "Work and Family Linkages", *Women & Work: An Annual Review*, eds. L. Larewood, A. H. Stromberg & B. A. Gutek, New York: Praeger, 1985, 162 – 190.

② Rossi Alice S., "Equality Between the Sexes: an Immodest Proposal", *Daedalus*, Spring, 1964: 607 – 652.

③ Feldberg Roslyn L. & Glenn Evelyn Nakano, "Male and Female: Job Versus Gender Models in the Sociology of Work", *Social Problems* 26, 1979: 524 – 538; Nieva Veronica F., "Work and Family Linkages", *Women & Work: An Annual Review*, eds. L. Larewood, A. H. Stromberg & B. A. Gutek, New York: Praeger, 1985, 162 – 190.

④ Stromberg Ann Helton & Shirley Harkess eds., "Introduction", in *Women Working; Theories and Facts in Perspective*, Mountain View, Calif.: Mayfield Publishing Company, 1988; Acker Joan, "Women and Work in the Social Sciences." *Women Working. Theories and Facts in Perspective*, eds. Ann Helton Stromberg & Shirley Harkess, Mountain View, California. Mayfield Publishing Company, 1988.

⑤ Rossi Alice S., "Equality Between the Sexes: an Immodest Proposal", *Daedalus*, Spring, 1964: 607 – 652.

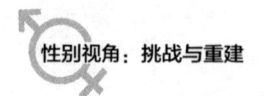

(一) 时间

时间虽然架构了我们的日常生活，我们一生的成就也是借着时间而完成的，但"时间"一直未成为社会学家研究的中心议题，[1] 顶多是做些哲学的、思想的探讨，把时间加以区分并冠以名词如：social time, social clock, 与 historical time 等，[2] 甚少有对时间的属性、内涵（substance）加以研究的。[3] 所以历年来社会学家以时间为主题加以研究者寥寥无几，若有也是被归类为怪异之类的。[4] 非常少的例外是梅因斯和哈迪斯蒂（Maines & Hardesty）针对男女大学生就未来对求学、工作、成家计划上的时机与方式之讨论，显示男女活在不同的时间世界里，男人所见的是一个直线式的时间，教育、工作、家庭排列成序并将一件件完成；女人所见的是一个权变的时间，未来充满了变数，而且教育、工作、家庭还得挤在同一时间发生，甚至彼此冲突而有待协调。[5]

从社会化、个体成长角度来区分男女各自发展历程的研究，倒可以视为一种试图了解在一生的时间内男女有何不同遭遇的努力。[6] 此一研究承传说明男女在一生中都面临一个 Social Clock（或 Social Time），不过对男女意

---

[1] Luscher Kurt K., "Time: A Much Neglected Dimension in Social Theory and Research." *Sociological Analysis and Theory* 4, 1974: 101 – 116; Maines & Hardesty, "Temporality and Gender: Young Adults' Career and Family Plans." *Social Forces* 66, 1987: 102 – 120.

[2] Neugarten Bernice L., Joan W. Moore & John C. Lowe, "Age Norms, Age Constraints, and Adult Socialization", *AJS* 70, 1965: 710 – 717.

[3] Maines & Hardesty, "Temporality and Gender: Young Adults' Career and Family Plans", *Social Forces* 66, 1987: 102 – 120.

[4] 见 Lyman Stanford M. & Marvin B. Scott, "On the time track", *A Sociology of the Absurd*, eds. Standford M. Lyman & Marvin B. Scott, New York: Appleton-Century-Crofts, 1970, 189 – 122。尔米社会学家、女性主义学者开始注意到"时间"对社会学、女性主义思想之作用及其方法学上的含义，例如，Babara Adam (1989) 及在 The Sociological Quarterly (1987) 28 卷上的数篇讨论，也有针对时间之于男女有不同的意义加以阐明者，例如：E. T. Hall (1983)。

[5] Maines & Hardesty, "Temporality and Gender: Young Adults' Career and Family Plans", *Social Forces* 66, 1987: 102 – 120.

[6] 例如 Alice Rossi, "Life-Span Theories and Women's Lives", *Signs* 6, 1980: 4 – 32; Grace Baruch & Jeanne Brooks-Gunn eds., *Women in Midlife*, New York: Plenum Press, 1984; Teresa Keil, Alan Bryman & Bill Bythewan eds., *Women and the Life Cycle*, London: Macmillan Press, 1987; Ellen M. Kimball, *Women and Aging*, Toronto: Butterworths, 1987。

义又不同而已［Social Clock 意指社会对个人的年龄与行为间关系的制约，①例如，社会规范吾人一生在什么时候应有什么人生大事（Life Events）］。当然，学者也指出女人在意的人生大事与时间上配合的是婚姻、家庭；而对男人则是工作、事业。此处的时间不妨看成时机（Timing）。

而把时间视为时间量（amount of time）的实证研究近年来已蔚然成为一股小小的学术研究主题，这是因为各种大型时间调查报告（如 Study of Time Use，Study of Americans' Use of Time）的问世，以及对工作与家庭间关系了解的欲求。这些研究都把工作与家庭的现象化约为时间量，而试图了解男女外出工作时间的增减与他们的家务时间、夫妇相处时间、陪小孩时间之间的关系。这么做，据这些研究者而言是加以了解：（1）目前男女角色有无融合（convergence of role），②就是，女人出外工作担任如同男性的工作角色，男人是否会因此而承担更多的家务角色？换言之，这些研究企图借由男女角色的改变（就是他们各自的家庭与工作角色比重上之改变）来了解家庭制度，借此侦测社会变迁。③（2）男女的工作时间量与时间表对婚姻品质的影响，④以此了解家庭的本质，所以，这一股的研究承传其实就是在家庭与工作协调的主题下进行的。这一类的作品，虽已累积出不少成果，并可帮助读者了解，至少在时间的量上，男女（夫妻）的家务角色与工作角色间的关系，各自在量上的增减，以及这种增减对家庭运作的影响［例如一些调查所显示的女性工资受家庭责任（用于家事及育儿的时间量）的影响；⑤男女工

---

① Neugarten Bernice L., Joan W. Moore & John C. Lowe, "Age Norms, Age Constraints, and Adult Socialization", *AJS* 70, 1965: 710-717.
② Coverman Shelley & Joseph F. Sheley, "Change in Men's Housework and Child-Care Time, 1965-1975", *Journal of Marriage and the Family* 48, 1986: 413-422.
③ Keith Pat M. & Schafer Robert B., "Role Strain and Depression in Two-Job Families", *Family Relations* 29, 1980: 483-488.
④ Kingston Paul William & Steven L. Hock, "Consequences of the Family Work Day", *Journal of Marriage and the Family* 47, 1985: 619-629; Kingston Paul William & Steven L. Nock, "Time Together Among Daual-Earner Couples", *American Sociological Review* 52, 1986: 391-400.
⑤ Coverman Shelly, "Gender, Domestic Labor Time, and Wage Inequality", *American Sociological Review* 48, 1983: 623-637; Shelton Beth Anne & Juanita Firestone, "Time Constraints on Men & Women: Linking Household Labor to Paid Labor", *Sociology & Social Research* 72, 1988: 102-105.

作时间量之增减，对妻子、丈夫造成不同程度的压力等]，[1]不过这种研究的限制也是显而易见的。首先，这些研究借由宏观调查资料的时间量来切入家庭与工作间的关系，是无法了解这二者间更细致、直接、动态与过程式的现象的。尤其如果工作化约为有职（employment），而不细究不同工作对家庭所带来的不同影响，则对这二者间关系的了解仍属有限与不完整的。其次，这类研究虽未明确表示采取一种工作影响家庭的观点，但反方向的事实容易被忽视，工作与家庭间的复杂关系也就被简单处理了。

女性主义者也重视时间对女人的意义与在历史的时间里女人的地位。在历史里，女人是没有地位、看不见的。[2] 在每日生活里，女性主义者指出，女人生活在一个男人设计的时间结构里，[3] 在举凡工作、婚姻、家庭等各种制度与领域里，女人没有设计的权利，只有遵守的义务。所以，福尔曼（Forman）指出女人与时间是一组相互矛盾的词，因为之于女人，家庭角色是一个 diffuse role，[4] 有没完没了的全天候责任，以致对于女人，她没有自己的时间。所以，对于女性主义思想家，时间之于女人就是一种自我与掌握的象征，与她们对空间的感受相似，与男人相比较，她们缺乏对时间的控制，很难拥有属于自己的时间，并于其中发展自我潜力。[5]

---

[1] Kingston Paul William & Steven L. Hock, "Consequences of the Family Work Day", *Journal of Marriage and the Family* 47, 1985: 619-629.

[2] Forman Frieda Johles, "Feminizing Time: An Introduction", *Taking Our Time. Feminist Perspectives on Temporality*, eds. Frieda Johles Forman & Caoran Sowton, Oxford: Pergamon Press, 1989; Ermarth Elizabeth Deeds, "The Solitude of Women and Social Time", *Taking Our Time. Feminist Perspectives on Temporality*, eds. Frieda Jobles Forman & Caoran Sowton, Oxford: Pergamon Press, 1989.

[3] Hochschild Arlie Russell, "Inside the Clockwork of Male Careers", *Women and the Power to Change*, ed. Florence Howe, New York: Mc Graw-Hill, 1971; Fisher Jerilyn, "Teaching 'Time': Women's Responses to Adult Development", *Taking Our Time. Feminist Perspectives on Temporality*, eds. Frieda Johles Forman & Caoran Sowton, Oxford: Pergamon Press, 1971.

[4] Forman Frieda Johles, "Feminizing Time: An Introduction", *Taking Our Time. Feminist Perspectives on Temporality*, eds. Frieda Johles Forman & Caoran Sowton, Oxford: Pergamon Press, 1989, 3.

[5] Lengermann Patricia Madoo & Jill Niebrugge-Grantley, "Contemporary Feminist Theory", *Sociological Theory*, ed. Gerge Ritzer, New York: Alfred A. Knapf, 1988.

（二）工作的时间性（temporal dimension to work）

工作社会学的研究主题之一是拟了解工作对工作者、他们的家庭，以及工作以外的活动的影响，不论是把工作上的特色予以波及（spill over），影响到家人与个人，还是补偿式地在工作以外的时间里做些与工作内容完全不同的活动。就工作的时间特性与个人、家人间的关系予以研究的，除了早期如盖斯特尔（Gerstl）、科特雷尔（Cottrell）等对（男）工作者工作时长或与一般人不同的工作作息时间所做的一般性探讨以外，准确地以工作时间为主题的讨论，尤其关于工作与家庭协调问题的讨论并不多，[1] 坎特（Kanter）与内瓦（Nieva）的思想探讨是其中的少数。坎特（Kanter）指出工作者的工作时间量与其对个人的渗透性影响（absorbing）对家庭之运作有所作用。内瓦（Nieva）指出，工作量以及工作时间表都是研究工作与家庭间协调的重要变数。不过，这些作品仅止于概念的提出、整理，很少有作品用实证资料细致地去勾勒这二者因为工作的时间特性而产生的动态关系。[2] 勉强可划归此类的，就是一些以女医生为对象的研究，了解她们选择科别原因（某些科的工作时间量低、值班少、训练时间短[3]）的一些研究报告。

此类研究的特色是由一个工作的结构性特征切入，研究此种特色对工作者工作以外活动的影响。也因此，这类研究多偏重于短时间片段，例如以一个工作日为基础，抽离出其结构上的特色。因为工作的时间量与其显示的影响较易比较，工作的时间量就成为研究的重点。而一人一生的长时间片段里，个人在时机上的把握，例如工作与家庭间的相互配合与否，其实也会影响人的工作与发展。这一部分，工作社会学传承下的作品则较少

---

[1] Gerstl J，"Leisure, Taste, and Occupational Milieu"，*Social Problems* 9，1961：56 – 68；Cottrell W. Fred.，*The Railroader*，California：Stanford Univ. Press，1940.

[2] Kanter Rosabeth Moss，*Work and Family in the United States：A Critical Review and Agenda for Research & Policy*，New York：Russell Sage Foundation，1977；Nieva Veronica F.，"Work and Family Linkages"，*Women & Work：An Annual Review*，eds. L. Larewood, A. H. Stromberg & B. A. Gutek，New York：Praeger，1985，162 – 190.

[3] Bourne Patricia Gerald & Norma Juliet Wikler，"Commitment and the Cultural Mandate：Women in Medicine"，*Social Problems* 25，1978：430 – 440；Lorber Judith，*Women Physicians, Careers, Status & Power*，New York：Tavistock，1984.

论及。

徐宗国所做对大学女教师工作角色与性别角色的访问,发掘出一种工作性质——工作的时间特性。她借此一概念比较了不同的文体写作,重点考察了纯数与统计、生化与化学研究领域中的女教师,了解了具时间特色的工作(学科领域)与她们家庭角色间的关系。①

本研究可以视为徐宗国研究发现的一个延续,就时间主题对专业双薪家庭里男女(夫妻)家庭与工作间的协调适应状况予以深入了解,分为两部分,由男女的观点视之:其一是工作的时间特性对家庭的影响;其二是家庭的生命周期对男女工作的影响。这两部分作为本文分析的架构,并不像一般承袭实证主义思想的实证报告是由理论(文献)整理而出的假设检证,而是基于一些文献(例如妇女与工作,工作的时间特性对人的影响)所做的深入访谈与文献间不断地辩证式重复比较分析后所萌发出的架构。详细过程在方法部分讨论。②

二　方法

因为承袭质的研究方法,由访谈资料与文献间不断地、辩证式地重复比较分析进行本主题的探究,研究者并没有什么对假设的验证,但拟借着从文献与访问资料所萌发的问题为大方向,试图以由深入访问所取得的质化数据为基础,对具不同时间特性的工作与家庭间的关系,时间(机)对男女具有的不同意义与影响,尤其他们对家与工作的协调加以深入了解。这样做或可补充上述量化方面的探讨,挖掘一些根本的社会现象,或可对此一相关议题提供新的观点与解释。

---

① 徐宗国:《工作内涵与性别角色——国内大学女教师之工作生活素质研究》,台北:启业,1990。
② 以质的研究法所完成的报告通常没有对方法的详细讨论,这是因为在短短的篇幅中只能交代大原则,烦琐的过程足可用一个附录甚至一本书或一篇独立的研究报告来交代。而研究方法上的大原则读者可以由文章本身察验,若文章再加以赘述有点多余。对于扎根的研究法有兴趣的学者,可以参考徐宗国(徐宗国:《用田野方法研究少数民族》),原刊于《法商学报》1989年第23期,后收于林恩显编《中国边疆研究理论与方法》,渤海堂文化公司印行,1992。读者对本论文其他部分及相关注释的阅读,也有助于获知本研究方法的大要。

承继徐宗国的研究所得，笔者本拟再对大学教师中按其工作的时间特色（例如从事生化/化学，纯数/统计研究），及文体做些采样作为理论性样本（theoretical sampling）。① 田野访问中途巧遇②一位女医生告诉我选科的理由是家庭，而她选的是工作时间量少的小科。③ 配合文献上已知对女医生工作形态的研究有从大小科与家庭间配合进行的考量，研究者于是扩大取样范围到大小科的男女医生，因为大小科的工作时间量明显有别。④ 研究者于是将大科以内、外、儿、妇科为主及小科以眼、核医、精神科为主作为抽样原则。访问若想了解工作与家庭间关系的全貌，除个人（当事人）以外，还应访问其配偶来了解彼此互动的作用以及另一方的观点（因为对妻子而言，她的家庭及工作角色很可能受到丈夫的工作及家庭角色之影响，反之亦然），所以，样本里包括夫妇，但分别访问之。⑤

夫妇都从事长时间工作的科别，例如内、外科将会格外彰显工作的时间量对家庭的影响。而若配偶一方是小科，另一方是大科，那么对大小科的工作时间量也可以明晰地进行对比。笔者于是访问了夫妇都是大科及分

---

① Glaser Barney & A. L. Strauss, *The Discovery of Grounded Theory*, Chicago：Aldine，1967. 理论性抽样按 Glaser & Strauss 是一种由理论衍生出的比较研究的原则，研究者应可因此对情境取得完满而扎根的了解，达到理论性饱和。前次研究中发掘到这三组学科从事者在工作中有特别的时间特性，足可在其组内彼此比较而显见工作的时间特色对从事者工作生活的影响，作为上一研究的延伸，本研究仍采用此一抽样原则。
② Glaser Barney and A. L. Strauss, *The Discovery of Grounded Theory*, Chicago：Aldine，1967，253. 讨论用被访者的话作为 insights 而转换成理论的一部分。
③ 有多种原则可以分野大小科，一般认为大科是指内、外、儿、妇，因为在这些科之下仍可以再细分出一些小科，小科一般指眼、耳、鼻、牙、X 光、核医、皮肤、精神、复健等科，因为这些科之下不再能细分小科。不过，近年来医疗的发展分工愈来愈细，抑或使一些过去被认定为小科的仍可再细分。所以，此处只以极端上的大小科区分为原则，以此凸显工作的时间量对个人工作与家庭协调上的作用与意义，这也是一般质化研究所遵循的原则。
④ 本研究采取大小科极端的时间量上之多寡作为抽样原则，企图由极端的两种工作时间上的特色来了解工作对家的影响。因此，在本研究中我曾对教学医院的大科及省立医院的小科进行对照比较。换言之，工作场所（医院）的规模、特色也会影响工作的性质（此处是工作的时间特色）。虽然大小科所需工作时间的差别在小型医院亦是如此，不过，大型教学医院会比小型医院在大小科所需时间量上的差别更为明显，所以样本多由大型教学医院觅得。
⑤ 本研究访问了三对大科夫妇，研究者可以由双方的谈话内容了解其配偶的工作是否影响家庭及当事人的工作。

别是大小科的医生，并顾及长时间工作对配偶的影响而访问了大科医生的太太，她们从事非专业性的工作。为了凸显大小科与工作机构之相互作用而凸显它们在工作时间量上的不同，笔者访问了一位在省级医院的小科医生以便与在教学医院的几位大科男女医生做比较。①

深入访问工作的开始，是笔者在工作影响家庭的概念架构下进行的。在文献与访问数据的不断互动之下，由访问的内容中自然萌发出的家庭影响工作的概念需要通过更多访谈数据来了解。此时内瓦（Nieva）的作品恰可提供一个更清晰的概念架构。所以，本研究的分析才有家庭影响工作及工作影响家庭，而都以时间角度来讨论的架构出现。②

三　工作与家庭间的协调

就时间的角度而言，工作与家庭间的关系可以由两方面讨论：（1）工作的时间特性（temporal dimension to work）——不论是绝对的量还是相对的质（心思集中的程度）——对家庭所造成的影响，就是工作影响家庭；（2）家庭的生命周期、时机，对个人工作所造成的影响，就是家庭影响工作。此种工作影响家庭及家庭影响工作的二组讨论，在本次田野资料的搜集过程中，并不能如同内瓦（Nieva）所做文献探讨得如此截然不同，因为

---

① 有评审认为笔者未能充分掌握可比较的"角度"与"层次"〔事实上应是团体（group），见 Glaser, Barney and A. L. Strauss, *The Discovery of Grounded Theory*, Chicago：Aldine, 1967, 40〕。其实任何扎根研究的比较对象，都可以有 theoretical 与 logical sampling 之分际（见 B. Glaser, *Theoretical Sensitivity*, San Francisco：Sociology Press, 1978, 40）。有些比较单位在社会世界里并不一定存在，或存在但对本研究不足以产生理论上的意义，或存在/也有比较上的效果，但研究者未必能在有限的时空里找得到/碰得见这些样本。任何研究，尤其是质化研究〔以其弹性（flexibility）见称〕，是必须由研究者自己在诸种限制下决定比较（理论性抽样）的范畴（boundary）的。换言之，研究的范畴是由研究者所做的判断之一，而此一判断的优劣则由作品的质量良窳观之。笔者并认为全文的分析——长/短时间，工作对家庭、家庭时间对工作的影响分析比较，以及不同形态的工作时间（不同文体、学科的比较）对家庭生活的影响的分析——也足以彰显研究者比较的原则。

② 本研究最初承袭工作社会学的研究角度，在访问过程中以工作影响家庭的状况为问题发问，然而，研究者进行 3/4 访问之际，发现田野资料里另有家庭影响工作的资料；也就是，被访问者在被询及上述问题时，会自动地在回答中掺以家庭影响工作的谈话内容。当然，这其中男女有别。本文以下将讨论之。

对同一受访者而言，这二者间的互动是密切又不易区分的。受访者同一句话里前半段基本可被区分为工作影响家庭，后一半可能显示的是，当工作对家庭有影响时，受访者会思考为改变这种影响可能采取的措施，也就有了家庭影响工作的状况出现（因为顾及家而调整工作）。此外，内瓦（Nieva）所做概念上之归类，固然可以凸显家庭影响工作，及工作影响家庭的两种运作方式，但在双薪家庭里，配偶的工作往往透过或借由家庭而影响当事人的工作。① 所以，在受访者描述的配偶的工作状况，或自己的因应措施中，对方的工作往往因为影响家庭，而间接影响当事人的工作。在本研究里，为了凸显时间（机）的关键性作用，笔者仅以大小科的时间量，以及学科/文体的工作或创作时间的质相互比较，以说明工作对家庭的影响，男女是否有别；以及，家庭的生命周期对他（她）们工作的各自影响。因此，上述不易被划分的数据，按此一比较原则就可划分为：工作时间量的多少与时间质的优劣对家庭造成的影响；而家庭因素对工作的影响则除生命周期这一时间因素以外，其他数据，例如，家人，尤其丈夫对太太工作的态度都没有列入本文的讨论，以维持以"时间"角度切入工作与家庭协调的分析与陈述上之一致性。

承继上一个研究所得，工作的时间特性，在质的一方面就是不同的工作有不同的需要心思集中的状况，例如不同文体的写作（散文与长篇小说），化学与生化，统计与纯数的研究工作等。这次，研究者又访问了几位，尤其是男生化，纯数学者，以期达到男女的比较，了解工作时间的质对家庭的影响。

在时间量的一方面，笔者就以医生——这种在各行业中工作时间最长者——为访问对象。也因为工作时间量的长短（包括训练时间），医生可以分成大科与小科，而且大小科在时间量上的差异尤以大型教学医院为显著。笔者于是从在这些医院工作的男女、大小科的医生中进行抽样，希望能由大小科在时间量上明显的差异，凸显工作的时间特性对家庭运作的影响，从男女两方面来检视之。

---

① Pleck Joseph H. & Staines Graham L., "Work Schedules and Work-Family Conflict in Two-Earner Couples", *Two Paychecks: Life in Dual-Earner Families*, ed. Joan Aldous, Beverly Hills: Sage, 1982.

(一) 工作影响家庭

比较其他行业,医生的工作时数是最长的,尤其是开业医生。① 医疗界以及社会舆论近年来都注意到了医生缺乏睡眠的状况及其负面影响,而有思改变之。② 缺乏时间往往成为医科学生最大的压力来源。③ 时间紧张尤其构成女医生的困扰,她们认为无法工作长时间而影响了事业发展;④ 或指出最感困扰的是工作时间过长或不定时,以及没有进修时间。⑤ 多篇对医疗界所做的调查指出,压力大的科(也就是工作时间长的大科)离婚率较高,⑥ 而女医学生又比男医学生面临较多压力,因为女医学生又有来自家庭的角色,而婚姻对男医生是一种 buffer。⑦ 为避免或减少工作与家庭间角色的冲突,艾森伯格(Eisenberg)发现,女医生与男医生相比有更多是单身的,如同一般专业女士人口的婚姻形态。⑧

---

① Freiman Marc P. & William D. Marder, "Changes in the Hours: Worked by Physicians, 1970 – 1980", *American Journal of Public Health* 74, 1984: 1348 – 1352.
② Spears Brent W., "A Time Management System for Preventing Physician. Impairment", *The Journal of Family Practice* 13, 1981: 75 – 80.
③ Mawardi Betty Hosmer., "Satisfactions, Dissatisfactions, and Causes of Stress in Medical Practice", *JAMA* 241, 1979: 1483 – 1486.
④ Dr. Brubeck, "Female Physician Stress", *Stress and Women Physicians*, eds. Bowman Marjorie & Deborah I. Allen, New York: Springer-Verlag, 1990.
⑤ 蓝采风、蓝忠孚、刘慧俐:《台湾女医的专业:婚姻与家庭观的初步研究》,收于台湾大学人口研究中心编印《妇女在国家发展过程中的角色研讨会论文集》,1985,第 121~168 页。
⑥ Rosow Irving & Daniel K. Rose, "Divorce Among Doctors", *Journal of Marriage and the Family* 34, 1972: 587 – 598.
⑦ Clark Elizabeth Johns & Patricia Perri Rieker, "Gender Differences in Relationships & Stress of Medical & Law Students", *Journal of Medical Education* 61, 1986: 32 – 40.
⑧ Eisenberg Carola, "Women as Physicians", *Journal of Medical Education* 58, 1983: 534 – 541. 持相同发现的有 Astin (Astin Helen S., "Employment and Career Status of Women Psychologists", *American Psychologist* 17, 1972: 371 – 381.)、Bayer (Bayer Alan E., *College and University Faculty: A Statistical Description*, ACE Research Reports, Washington, D. C.: American Council on Education, 1970)、Cole (Cole Jonathan R., *Fair Science: Women in the Scientific Community*, New York: The Free Press, 1979) 对大学女教授、科学家的研究。这些研究一致的发现是担任这些男性传统职业的专业女性,若不是单身比例高于男同事就是子女人数少于男同事。Eisenberg (Eisenberg Carola, "Women as Physicians", *Journal of Medical Education* 58, 1983: 534 – 541.)、Powers et al. (Powers Lee, Rexford D. Parmelle & Harry Wiesenfelder, "Practice Patterns of Women & Men Physicians", *Journal of Medical Education* 44, 1969: 481 – 491.) 指出女医生的配偶通常也是医生或专业人员,这种配偶为专业人士的形态也通行于其他专业女性工作人员。

男女医生的工作形态也与时间量有关。不但女医生每周的工作时间少于男医生,① 她们选择与集中的科别也往往是所谓工作时间少、训练时间短、收入少、社会地位低的小科,② 而且是选择机构(如医院)为服务地点。多篇医疗界与社会学界讨论此一现象的论文,都从女医生的家庭考虑,例如需要更长的时间,可以配合家庭的工作等。③

一位省立医院小科的女医生 A 指出她的工作时间是上午 9 点到下午 4 点 30,下班后可以料理家务,而这样的工作时间是她在教学医院外科丈夫的一半。一位受访者告诉我她在教学医院担任脑外科实习医生的丈夫工作时间是"每天超过 12 小时,还不包括值班。加上值班就是 24 小时,连着隔天白天上班,一直在医院"。而每一个月这样的值班为 11~12 天,在这一医院的脑外科实习医生的服务时间是 6 年,超过其他大科 2~3 年。

当然有些医生工作时间长也是因为他们正在受训练之际,所以阶层愈高他们的工作时间就相对变得愈短。工作时间长也不过是他们工作生涯里初期阶段的现象,并不一直如此。不过,对于医生夫妇而言,他(她)们工作的初期阶段也往往是他们家庭生活的开始,在这种家庭里,尤可以看出工作的时间量对家庭的影响。

深入访问所采集到的工作对家庭的影响可以分成两方面:(1)婚姻品质;(2)对家庭,尤其是养育子女的责任。一些以量化资料呈现工作与家

---

① Dr. Tobin, "Physician Marriages & Dual Career Couples, Commentary", *Stress and Women Physicians*, eds. Marjorie A. Bowman & Deborah I. Allen, New York: Springer-Verlag, 1990, 155-156; Kletke Philp R., William D. Marder & Anne B. Silberger, "The Growing Proportion of Female Physicians: Implications for U. S. Physician Supply", *American Journal of Public Health* 80, 1990: 300-304; Powers Lee, Rexford D. Parmelle & Harry Wiesenfelder, "Practice Patterns of Women & Men Physicians", *Journal of Medical Education* 44, 1969: 481-491.

② Bowman Marjorie & Marcy Lynn Gross, "Overview of Research on Women in Medicine – Issues for Public Policymakers", *Public Health Reports* 101, 1986: 513-521.

③ Bergquist Steven R. et al., "Perceptions of Freshman Medical Students of Gender Differences in Medical Speciality Choice", *Journal of Medical Education* 60, 1985: 379-383; Bourrne Patricia Gerald & Norma Juliet Wikler, "Commitment and the Cultural Mandate: Women in Medicine", *Social Problems* 25, 1978: 430-440; Davidson Lynne R., *Sex Roles, Affect, and the Woman Physician: A Comparative Study of the Impact of Latent Social Identity upon the Role – of Women and Men Professionals*. PhD. Dissertation, New York University, 1975; Williams Phoebe A., "Women in Medicine: Some Themes and Variations", *Journal of Medical Education* 46, 1971: 584-591; Lorber Judith., *Women Physicians, Careers, Status & Power*, New York: Tavistock, 1984.

庭间关系的研究工作也是以这两方面作为重点的,例如,金士顿和诺克(Kingston & Nock)发现在双薪家庭里,丈夫与妻子每日的工作时间长会对家庭生活品质,及与子女共处的时间稍有影响,更重要的是,女方的家庭责任并没有因为工作而减少,而且女方需要做较多因为丈夫工作所需要的家庭责任方面的调适。① 基思(Keith)及谢弗(Schafer)指出,丈夫的工作时间量对妻子有压力,但反之,对丈夫没有压力。② 上述研究发现应当可以反映一个以男人为工作角色者的社会规范。不过,这些研究无法显示男女在家庭工作协调中的具体、动态的过程。

(1) 婚姻品质

眼科女医生 B 比较她与外科丈夫在投入工作时间量上的不同,认为她比较可以控制自己的工作时间,这是她当初择科时考虑到的。也是小科的女医生 C 说明了她从事一个工作时间短、不需常值班的科别对她家庭生活的意义,我们之间有这样的对话:

(你刚说疲劳会对家庭生活有意义,能不能再讲仔细点?) 比方说我工作不会那么疲劳,较轻松点的话,那我回家就比较照顾家庭,我会问先生工作如何,会在各方面兼顾一点,如果说我很累的话我要人家安慰照顾都来不及,怎么有时间去安慰照顾人家呢?就是这种情形。

假如都是大科医生呢?在省立医院眼科的女医生 A 说她选择小科可退可进,既可以进而在专业上发展,也可以退而只维持工作但照顾了家庭。若是夫妇都从事大科,她的感觉则是:"我想那样子就无法有个完整的家庭生活",(会怎样?)"像我们有些同事孩子是 24 小时托婴,只有星期六、日带回来看看,又送走了,每个晚上都是买便当,或到外面去吃饭。"(会不会看

---

① Kingston Paul William & Steven L. Nock, "Consequences of the Family Work Day", *Journal of Marriage and the Family* 47, 1985: 619–629; Kingston Paul William & Steven L. Nock, "Time Together Among Dual–Earner Couples", *American Sociological Review* 52, 1986: 391–400; Nock Steven L. & Kingston Paul William, "Time with Children: The Impact of Couples' Work–Person Commitments", *Social Forces* 67, 1988: 59–85.

② Keith Pat M. & Schafer Robert B., "Role Strain and Depression in Two–Job Families", *Family Relations* 29, 1980: 483–488. 不过内瓦(Nieva)也记录了对妻子没有这种影响的研究报告。

到的时间很有限?)"也是会,各人忙各人的,我是比较不喜欢这样的生活。"

有趣的是,另有一对同为大科的夫妇,先生的长时间工作对妻子没有影响,但妻子自己却因为从事大科,医疗之外还需要投入晚上的时间以从事研究而影响了家庭与婚姻生活。我们先谈到他(她)们的工作时间,我跟着问(妻子):

(对家庭生活有无影响?)我没差,他晚上很少回来。(你自己若是小科呢?)对家里可能会有点好处,家里可以兼顾。不必找人帮忙,可以买菜烧饭,多关心我先生一点,我对我先生没什么关心,两个人都不管谁……

我们继续谈下去,她提到了对目前婚姻品质的感叹:

以前在学校很努力念,争成绩,到医院来也力求表现,做最好,可是现在很累。以前大家都说你做得很好,要来我们科也不容易(叹气好几次)(内科里的肠胃科?)对,要fits(适合)肠胃科,经过面谈,投票,很多人想抢进来。但现在自己有时很矛盾,不想争什么。(您心里愧疚的是什么?)好像没有把家弄好。(那是因为有小孩?)有时也觉得对我先生也太冷淡了点(笑)。(他对你这样同样的感觉?或对你有这样的要求?)他好像没讲,换言之我们家很没情调。两个人都栽在工作里,(您晚上回家要弄小孩?)对;时时,但很少会去看个电影或散步,那时是在大肚子时,生完小孩就没有。那感觉不一样,看完电影就回家,也没有谈情说爱(笑)。好像只做一件事就好了,我在想以后会不会有七年之痒,很糟糕。

这位大科女医生继续谈到许多她在工作与家庭间的冲突,也觉得因为她也是大科,生活才会如此匆忙。谈话中她明白地说因为希望借此一访问帮助她厘清如何解决工作与家庭间的困境,她才答应我的访问,访问后,她也征询了我的看法。至于她目前所做的解决途径则是在无法更换执业科别的情况下,转入纯医疗的医院里工作,因为可以令她也是大科的丈夫工

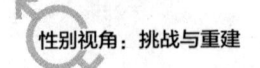

作起来没有后顾之忧。我们之间的谈话是这样：

> （他觉得你的工作对他有影响吗？）他前一阵子希望我离开，我会轻松一点，他没有明讲，他知道我个性好强要争。我感觉他希望我轻松，换言之他希望女孩子主内有这个意思［若你是 housewife（家庭主妇），他的生活会不同？］差很多。我们科里同事有的回家，太太已煮好了好吃的饭菜，小孩他们也完全不管。（您先生要管吗？）我先生虽没有实际参与，但心里也会挂记。（他希望连这种心情、时间都省下来？）当然不至于，但太太在家，我觉得对他来讲好。（吃好、照顾小孩？）小孩可以照顾好一点（但事业上无法帮忙？）可能不能。但照顾家庭使他无后顾之忧。事业上可能没帮助。（你先生现在觉得有后顾之忧？）他没这样说，他也没我这么 care 家事，他也比我没后顾之忧。

长时间的工作量，例如发生在同是大科的夫妇之间，也会被男方感受到。一位大科男医生提到在与妻子都必须长时间投入工作时的家庭生活品质：

> （因为夫妇都工作……）你在开刀家里打电话来说遭小偷，孩子生病，你心里做何想法，你怎么教书，你怎么工作，你根本没有办法做到……（那种情形有多久？）大概四五年从 R^1 到 V^1。（那时小孩也不在你身边吗？）他们不在。（那你对那种感觉怎样，每天看不到他）。觉得好像不是一个家庭，好像我跟我太太还在大学的样子，哈哈。（那你喜欢这个生活？还是无所谓？）短期内我想是可以忍耐啦！如果永远这样是不可能啦，当时我们也是想说几年之内就会结束这种生活。（但是一过就过了四五年，对你来讲是太长 or 太短？）大概是差不多啦，因为我们知道大概是什么时候可以结束。（所以这种生活你会是怎么样的态度呢？不得已还是无可奈何还是……）大概比较忍耐，没有什么好办法啦。（那你喜欢这种日子吗？）不喜欢呀，当然不喜欢啦！我想没有一个人会喜欢这种生活，我太太也不喜欢，但是无奈，但她选择了她的工作，那对我来讲，也是鼓励她从事她自己的工作。

以上谈话可以显示，在双薪家庭里，配偶一方的工作会透过家庭的运作而影响当事人的工作，不过男女有别：女方容易因为自己的工作影响家庭而间接对丈夫工作有影响而思是否要，或自己做些调适；而男方则仍以自己的工作是否受到妻子工作的间接影响而注意到，或期盼妻子的调适，或十分笃定地回答我，当情况真需要有所改变时，仍是由妻子做这些调整。

夫妇从事大科因为工作时间长而女方做出调适后，双方都能明白地感觉到家庭生活品质大有改善。一位改变自己工作时间形态的女医生谈到这种安排纯粹是为了家庭："家庭生活的品质好很多，有多余的时间来想想要为家做些什么？为小孩做些什么？（譬如什么）嗯！譬如说家庭的布置，以前都根本不管的，有桌子坐、有床睡，对不对？"而在这一期间她先生的事业一直顺利发展没有受到影响，其实这也是其他大科医生夫妇中男方的看法，就是他的事业倒没有因为妻子的长时间工作而受到影响。不过，他们都一致希望女医生选择小科。这位改变工作形态的女医生回答我关于她对女儿择科会有怎样的劝告时（那假如是个儿子的话，你所给的建议会类似给女儿的建议吗?）这样说："儿子的话可能较不会考虑到时间、体力、家庭啦各方面的问题，所以考虑的可能会不一样。我一直是觉得男女不平等啦！没有办法平等。"

看来女医生选择大科而带来对家庭生活品质的影响主要是由于较长的工作时间量，以及社会规范对女方这样投入地工作在危及家庭生活品质时的约束。换言之，有如一位外科年长男医生所表示的，由于科技的发展减少了外科（尤其像骨科）需要的医生体力的配合，而女外科医生也有身体强壮足堪长时间工作者，她们面临的困境将不再是工作上时间体力的耗费，而是这方面的投入对家庭造成的影响。所以影响女性投入各种工作行业的限制将不是工作本质如何而是这种工作本质与家庭间能否协调，影响女性工作的乃是根深蒂固的社会对女性工作与家庭角色的衡量。这种观念一方面存之于女性，所以她们接受去改变自己工作的要求，另一方面也更隐秘地存之于男性的观念，一位大科男医生对太太也是大科以致影响家庭生活有以下有趣的对话：（但是当初你们是已经结婚她才选科的），"对。"（那她那时还选外科，她知道这会对家有这么大的影响，那她还依然这样选，你没有给她任何的要求或阻止啊),"我是希望她选小科啦!"(你有跟她说吗?)"有啊,我是希望她选比较简单的科,我的意见预先看到结果,但她选外科我也跟着配合了。"

问到他们的生活品质,尤其关于他的工作,他的回答说明一位能使他工作无后顾之忧的太太对他仍是十分重要的,纵然他对妻子选择大科的决定十分尊重。我们之间的对话是这样的:

(那这样有没有对你的事业,你的工作因为她的工作那么忙而遭受到一些影响?)我有时会对她 complain,开玩笑的啦!比方说啊,别人都有太太帮他打字啦,或是找 paper research 啦,她也没办法啊,让我一个人,那这完全开玩笑,感情还不错呀!那在开玩笑的时候是,不是从心里讲的话,所以(那会不会希望一个太太是像人家那种……)对对……,如果是我做医生以后才来找太太的话就可能会要她留在家里。

一位在教学医院担任脑外科实习医生的太太,为了配合先生的工作,担任了一项轻松的职务。她透露出这种配合是颇重要的,而且身为大科医生的丈夫在选择妻子时是注意到她的工作量的,由以下对话可以看出:(你不参与太忙的工作?)"对。我先生当初找对象就不要医护人员。家庭中太太也是医生或护士就无法兼顾家庭。医生本身很忙,可以见面时间不长,但主要是有了孩子后,家庭无法兼顾。"(护士排班不是比较好?)"他们分三班制。我先生结婚前就考虑到这个(笑)。他后来才跟我讲的。"

一位大学助教,说明了类似情况下身为被选择的医生妻子对于工作时间长的丈夫的反应。这或许是一个极端例子,却可以明白显示在以男方为工作角色者的社会规范之下,女方的反应是自己的时间被剥夺。

他常不在的影响比较大。出去玩突然被叫走的影响没那么大。他不在的时间很长。我知道他要处理事情,就比较没有孤单的感觉。但他长时间不在家,例如值班两天。前者是和他一起做事,突然中断我还可以忍受,但后来,要和他讲话或做些什么事就没办法进行。(挫吗?)有一阵子不能适应,大概是小孩刚出生到半岁时没人帮忙,他也不在。以后就没有。他常值班或 on call 会觉得无助、孤单。我认为婚姻是两个人分担、分享,但现在则不能常如此。也就是我被绑得死死的,他当丈夫的效果打了折扣。他不在家,我就得待在家里,他可以忙他的事业,我没办法做我自己想做的事。

这种对女性具有弹性,可适应、配合他人时间的要求,是一种以女方为回应者角色的对待(responsive role),[①] 而不是希望女性以自主、主控者的角色出现。只不过在本研究里,这种状况是女性在配偶长时间工作时的遭遇、反应与措施。以上状况也符合文献里讨论的女性因为家庭而择小科的情形,而其中就牵涉到科别的时间特性。

(2)家务责任:遗憾、愧疚、矛盾、冲突

从事具时间特性的工作,不论是因为工作时间过长还是(如上次研究所得的)因为工作要求高度集中注意力,不宜被打扰,而影响家庭运作,往往都是女方在家务责任方面感受最深。综合访谈数据,这些感受包括矛盾、冲突、亏欠、遗憾等。当然这些感受也影响当事人的行为,不过在所有访问的例子里都仍是由女方做必要的调适或承受工作与家务之间的各种冲突、矛盾,如同以宏观、统计资料做的研究报告所说明的。[②] 首先我们就工作的时间量说明这种工作的时间特色对家务责任的影响及其表现状况;其次就工作的时间质而论其影响与表现状况。前者以医生为例,后者以上次研究已稍有成果的几种学科研究(创作)者为例,补充男性与单身样本。

〈时间量〉

在教学医院内科是一个需大量工作时间的职业,对于一个双薪家庭、配偶双方都是大科医生的女医生 J 而言,她的家务责任并没有因为外出工作而稍减,即使有助手还是以她为这个家的主要负责人,正如一般文献所显

[①] Lengermann Patricia Madoo & Jill Niebrugge‐Grantley, "'Contemporary Feminist Theory' in Gerge Ritzer", *Sociological Theory*, New York: Alfred A. Knapf., 1988.

[②] Kingston Paul William & Steven L. Nock, "Consequences of the Family Work Day", *Journal of Marriage and the Family* 47, 1985: 619–629; Kingston Paul William & Steven L. Nock, "Time Together Among Dual‐Earner Couples", *American Sociological Review* 52, 1986: 291–400.

示的，双薪家庭里男方的家务工作并没有因为妻子工作而有显著的增加。①所以对于 J 而言，内科的服务与研究虽令她愉快，但是："我感觉做医生对我来说是一件蛮愉快的事，但是工作时间太长会影响到家庭生活，我最好做一个 part time 医生。然后陪家人的时间也是很多。"（还是喜欢医疗的活动，但不要那么长的工作时间，那个工作劳累对你的家庭和小孩有什么影响？）"一定会影响你，譬如我回来很累了嘛，有时候累得实在受不了，小孩根本看不出你很累，他们还是一样都跑到你身边，你会觉得受不了的感觉。"稍后，她详细说明了这种工作与家庭间因为工作时间长而造成的困境，她的愧疚：

> 下班的时候你整理病历会一下子时间就过去了，就到 6∶30，就超过你平常下班的时间，小孩都会在那等着你吃饭，或者小孩要等着你喂饭，变保姆在喂，你会觉得时间乱七八糟。（这种日子有多久？）很久了。（那你有什么感觉？）回家 6∶30 会看到一团糟，你已经影响到小孩，回家太晚。（你会很愧疚？）对，因为那么晚回去，念小学正常的小孩 8 点钟应该睡觉，他们都会拖到 9∶00 才睡。第二天早上小孩爬不起来，就又哭又闹，你会有一团糟的感觉，你会觉得一星期出现两次、三次，你就觉得不得了，若出现一个一两次还好，若那么经常出现你就会觉得很糟糕。

在同一医院从事小科的女医生，相较前例大科女医生 J，愉快地扮演了母亲的角色，她这么说：

> 我跟（小孩）相处的时间一天至少两到三小时，下班后就都与她

---

① Fox Karen D. & Sharon Y. Nickols, "The Time Crunch. Wife's Employment & Family Work", *Journal of Family Issues* 4, 1983: 61 - 82; Nock Steven L. & Paul William Kingston, "Time with Children: The Impact of Couples' Work - Time Commitments", *Social Forces* 67, 1988: 59 - 85; Coverman Shelley & Joseph F. Sheley, "Change in Men's Housework and Child - Care Time, 1965 - 1975", *Journal of Marriage and the Family* 48, 1986: 413 - 422; Kingston Paul. William & Steven L. Nock, "Consequences of the Family Work Day", *Journal of Marriage and the Family* 47, 1985: 619 - 629.

在一起。我提过我在家里不用做任何事，我女儿四五点放学后……，所以我回家吃饱后就跟她在一起玩。（所以就没有必要在四五点回家煮饭、烧菜？）没有。（但会不会想说她四五点已经回家了，你也会想要趁快回去？）不会，因为阿巴桑把家里弄得非常好，所以我没事就早点回去，有事就多做会儿晚些回去没关系。（所以家里对你的工作有造成妨害或帮助？）（省略奶妈的好）（那你有没有心理上对你女儿很愧疚、很抱歉？）不会，我觉得我对她付出很多心血，而且她也觉得我这个妈妈与她同学的妈妈不一样，因为晚上我都和她一起做功课、听音乐。

虽然都有帮手，上一例的女医生子女人数只有大科女医生J的1/3，或许也是促成她母职扮演上顺利的原因，然而小科的工作也使她绝对工作时间量少，也比大科轻松许多，以致较无母职方面的遗憾。而对于同是大科医生夫妇的丈夫而言，这种夫妻都工作繁忙所造成的对子女养育上的遗憾，也是明显可见的。这样的一位男医生如此说道：

我太太很忙喔！所以家庭的工作没办法负担，所以小孩从小就寄在（父母家），一个寄在我父母（家），一个寄在她的父母（家），一直到小学才带他（们）回来大家一起，所以这以前小孩子的成长教育，我们都没有办法负担，也没有看到。（你觉得很遗憾吗？）当然觉得遗憾。（是吗？怎么说呢？）遗憾就是没有看到小孩子的成长，所以，一个complain就是没有看到小孩子长大，那段是空白的，我并没有觉得不好啊，就觉得遗憾，因为我太太本身也很忙，她也不可能，如果你要她做，她会累垮。我已经选择她当我太太，我就要坚守这个事实。

不过男女大科医生因此而做的调适却有所不同。前一例J医生，处理的方式是辞去医院的工作而转入一所只有医疗、没有研究压力、工作时间短的工作场所；而男医生都不需为此而做任何调适，因为知道，在只有一个人可以发展事业的状况下，仍会是他。此外，家庭之外是否有支援体系，有经济能力雇用家管，家人尤其丈夫对妻子工作的态度，都是决定女医生能否在双薪家庭里工作不辍的关键。这种状况强烈地反映出女方仍是在不妨害家庭的情况之下才被允许（或选择）工作的，而男方从未想到去做调适，也不以为去调适是他的责任。此外 role partners，例如公婆、其他家人在协助双薪家庭运作时虽然是一种社会支持，但他们也可能是巩固此一男性为工作者的社会规范的支持者，强化了女性承受社会要求她在工作上力求调适的压力。① 这样的发现，充分反映了男人的工作角色、女人的家庭角色之优先性，尤其在有所取舍的决定性关键情况下更是如此。②

〈时间质〉

徐宗国在对大学女教师工作内涵与性别角色间交叉作用的研究里，已厘清并例举出几个相互比较的学科之工作时间特色，例如散文与长篇小说的写作、纯数与统计，及生化与化学的研究工作。根据上一次的研究结果，我们已说明了统计与纯数的研究工作对所需时间片段之内的心思集中需要度不同，纯数较统计更需一段完整不受打扰的工作时间。③ 这是因为纯数的研究工作正如几位纯数学家所提到的，是一种类似创作的活动。因此对于需要心思集中的状况，统计与纯数是有差别的，这可由下例的谈话中得知。而这种时间质的需求性差异，对有家务责任的女性是格外有意义的。

（要解一个问题，不论数学或统计，前面的准备都一样要五六小时，连续几天，数学、统计所需的时间量也差不多，只是做数学那几天必须更集中心思，统计还稍微好一点。假如你今天在做纯数，或是统计的时候，每一天五六小时，哪一种比较能够被打断再回来，而不太受影响？）我想是统计。（譬如小孩哭了？）对。（统计比较好？）我相信，因为我纯数的话，那时我也没有小孩子，我相信集中心思方面

---

① 此次田野资料如此显示，不过鉴于以时间角度切入本议题的资料铺陈方式，即以家庭的时间（机）影响工作为另一节的讨论，这一部分资料分析并未纳入本文。
② Lipman – Blumen Jean & Ann. R. Tickamyer, "Sex Roles in Transition: A Ten – Year Perspective", *Annual Review of Sociology* 1, 1975: 297 – 377; Komarovsky Mirra, "Cultural Contradictions and Sex Roles: the Masculine Case", *Changing Women in a Changing Society*, ed. Joan Huber, Chicago: The Univ. of Chicago Press, 1973.
③ 徐宗国：《工作内涵与性别角色——国内大学女教师之工作生活素质研究》，台北：启业，1990。

的话,数学就需要。(能否稍加解释?)因为纯数的东西更抽象,抽象的东西,你一定要钻进去以后,逻辑的思路……。(比较不被打断?)对,打断了就要重新想起比较花更多时间。(会不会忘记?)会啊,有可能。(统计呢?)统计的话,它的逻辑思路比较少一点。

不过,唯一的单身女纯数学家就没有类似徐宗国所发现的在工作家庭间的冲突,男纯数学家也是如此,他们强调解数学题只是需要关键的两三个小时不被打扰就可以。因为他们没有明显的家务责任,也就更不觉得此种工作所造成的影响。

至于生化与化学学科研究上时间特性的不同,由田野访问资料可得到一致的看法。就是:生化的研究较化学更为耗时,而且研究的每一阶段都必须成功,才能做完一件研究,否则会前功尽弃。这其中的原因主要是,生化研究处理的有生命的对象,有其活性,在一段时间内研究对象会有所变化,有它自己的生命周期,研究者要研究,则必须适应研究对象的生命周期。此外,因为对象是有生命的东西,不像化学,尤其无机化学,可在研究做到一半时,把材料冰冻起来,过几天再做,故有严谨的时间性。何况生化研究往往要处理较多变数,每一研究里又需处理许多步骤,每一步骤都相当费时(例如从某种生物体里,采集相同的待研究物质)。因此,总的说来,生化研究较化学研究需较长且不宜中断的时间才能完成。[①]

当然,上述生化研究的这些时间特性,对研究者所造成的影响并非绝然如此,因为,研究者仍可以自己选择某些题目,或由别人(助理、研究生)完成实验,或把实验流程设计得尽量对研究者,尤其有家务责任的双薪家庭女生化学者影响最小。不过鉴于个人的训练、兴趣与实际的考虑,特别选择某种题目以避免实验工作的时间表及时间量,对个人,尤其女生化学者来说似乎不太容易。那么,研究者就只好由他人代做研究,但这对研究者长期而言不是好事,因为,生化研究工作涉及许多技术、技巧,研究者若不常常亲自做,也会遗忘或不娴熟,甚至,当助理实验难出成果或做错时,自己也难予以指导,就会影响眼前的研究质量,长远地影响自己

[①] 徐宗国:《工作内涵与性别角色——国内大学女教师之工作生活素质研究》,台北:启业,1990。

学术发展上的潜力。所以女生化学者只好尽量自己设计实验，配合自己的家务责任与角色，妥协之余，就无法讲求研究速度，于是顾及此两方面责任的女生化学者，在每日的工作量上都得有所节制，以致研究速度缓慢。但衡量家庭与工作，我的女受访者也会认为自己母亲/妻子的责任是无法避免与推诿的，所以，衡诸情势，也会认为研究速度缓慢为不可避免的。有一位女受访者告诉我，她每天在一定的时间返家，为了可以看见孩子们吃晚饭，于是研究工作，只好尽量安排在一定时间内结束，无法多做。她说：

> 生物的 lab. 不能停，仍非常受制于 exp. 的 schedule。因为生物处理的是生命的材料，例如，2 天必须一换，不换细胞就死了，或要一个瘤长成 3 公斤，若不立即行动，等长到 5 公斤，其性质都变了，不是你本来要的了，……或者实验的时间一定要算准，否则借来的仪器到时候做不完，而又要还人家，下一次借到仪器时可能是一周以后的事了，……那么研究就会慢下来，……或者一个 exp. 用 6 小时，而研究常有 uncertainty，所以早上 8 点开始，做到下午 2 点才完成第一个，这时你是否要再做一个到晚上八九点？我就只好不做，而把一切准备工作做好，第二天一大早来做。

至于男生化学家，访问的结果是他们较能以自己的工作为优先而以家庭来配合，尤其在早期的事业开创之际或紧要的学术生涯转折点时。在有关一生的时间上他们的优势会在下一节予以阐明，在此只说明在每天的工作时间片段里，男科学家异于已婚女科学家在某一时间必须回家的限制而多可以有连续性的时间投入工作。有一位男化学家 N 与我的谈话是这样的：

> （她烧饭的时间你在做什么？）我还在学校，如果在学校假如要待比较晚，那她会抗议，最起码吃饭时间要到，（那有没有你做研究，真的不想回去吃饭，有没有因为回去而影响到研究之类的事？）我没有把它放在心上，每次我回去就说和学生谈太久，忘记 time，她说你为什么不和学生讲好，我就说有些事并不是那么好控制，她当然有时候会反

对，我不觉得有罪恶感。她了解我工作的性质。她有时觉得不好，但她也习以为常。(但你那工作可以要回去就回去吃饭。不会因为你离开一个半小时而有影响?)我会打电话回去。说我不回去吃饭。因为觉得发展下去我没有时间回家吃饭，我一定会告诉她，(你的心情怎样?你就是解决你的吃饭问题?)没有罪恶感，就是学生去买点吃的甚至不吃。

因此相同的特殊化实验工作在对时间质的需求上，对有家庭责任的男女科学家意义不同，也会对他们造成不同的影响。

至于写作文体所需时间性质的不同与家庭责任间交叉运作的关系，也在这一次的研究里进行了深入探讨，尤其小说创作过程里的时间需求：小说的写作，与散文或杂文比较不只在时间量的需求上为多，在时间质的特色上也有所不同。这是因为散文的写作，尤其近乎论文写作的杂文是一种意念的表达，在写作过程中较少不确定性，比小说较不易受到干扰，中断以后较容易再回来。

一位女作家说明了小说，尤其长篇小说的写作因为有许多意外与不确定性（就是一般人所谓的灵感），因此干扰[①]对小说写作的影响更甚于对杂文的写作。她首先区分了小说与杂文写作的不同性：

  杂文和专栏这样子很容易区分，通常你都就一个主题来谈，它的创造性比较低，因为它的虚构性和幻想性比较少，因此这类的文体常被字数限制。像台湾的专栏大概以一千字到六百字是常看到的形式，第一在字数短，第二在不牵涉到虚构的幻想，第三个它涉及一定是一个实际的东西要来讨论，因此它写起来的话都是在一个主题上谈论。它不会说要把很多东西连在一起，比如说我来谈妇女贞操的问题，因此它集中的点非常清楚，愈明确创造性愈低的，愈容易掌握，愈好写，它牵涉生活的实例，很具象的东西。最难的我想是虚构性的东西，像

[①] 干扰有作者自行选择的中断，或因为从事例行工作而被中断，这种影响不大。作家所指影响他们写作的干扰是指不在预料中、突发，尤其牵涉到作者情绪上较持久的反应的干扰则对他们的写作，尤其是需要高度注意力集中的小说写作影响甚为深远。

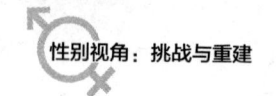

小说，长短篇小说或戏剧，或者是诗。

其次说明了干扰对小说写作的影响甚于对杂文的写作：

尤其小说里，我自己的写作方式虽然有一个大纲，或者有一个大概故事的情节，但在写作的当中，随时可能有突发的灵感发生。我们称作为灵感的东西，它（干扰）可能使它导向不同的东西。譬如我打算这样写，写写写，突然来了一个 idea 然后我就往另外一方面写；如果在很关键性的时候被打扰的话马上它就不见了，或者你正在构思一个句子怎么写比较好，突然有一个电话来，或被找去做什么事情，那它当然就不一样起来。（不论你写对白，叙述都会有突发灵志，你都会小心，不要被打扰？）对。（那会不会长篇小说，这样的状况比较多？）那不见得，在整个创作的过程当中，我觉得一样的，只不过短篇写作的时间比较短，在短时间内，你不被打扰的机会比较大，在一个长的时间，你写了好几年，它要永远不被打扰那是不可能的事。

此外，几位以写作为职业的作家，都认为小说写作是一种创作过程，需要心思完全集中。她继续说明了这种完全投入所造成的对她的影响：

我维持九个月和外界很少接触，甚至我那段到学校上课的时候，我大部分的精神状况都留在小说里面，所以我那个课上得乱七八糟。（你还有没有回忆你的课会变得怎么样？你还在那个人物和情节里面？）因我的课教材我可以自己决定，所以在我写小说的时候，我就上我以前上过的教材，不上新的，我已经熟悉一套上课方式，再去讲不会太离谱，可是很明显质量很糟糕。（会不会精神恍惚？）对。（讲到一半，你学生看你很奇怪，因为你在想到你的故事里面？）可能不是想到我故事里面，而是脑中一片中空，因为我没办法把整个的精神换来讲这个，不是我还在想这个东西，而是整个精力都被它吸走了，等到去上课脑筋一片空白。（想休息？）也不是想休息，是很难把精神转移到不同的东西。（还是我们刚才说的投入太深出不来？）对，

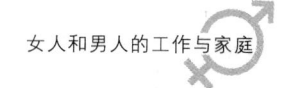

投入得太深。

所以，她的结论是女作家以创作小说戏剧为职务者，不宜有家务责任，而且她自己也保持单身或不计划有子女以免妨害写作。她还建议女性若有家务责任，似可从事散文、诗的写作。因为诗的酝酿可以很久但写就所需时间短，较不受家务责任的干扰。

另一位已婚有3个幼小子女的专业女作家，当问及写专栏与小说，以她目前状况而言，哪一种比较合适时，指出："我喜欢小说，但以我目前的时间来看，比较适合写专栏，因为专栏短，大概在半小时或一个小时就可以写一千字，而且架构有了，文笔稍微精炼一下就可以。"接着在有关写作时间的质的方面，我们之间有以下继续的对话：

（那段写小说的时间最好多少？）最好3个小时以上，不管任何文体，3小时可以写上两三篇专栏。主要不是时间问题，而是被干扰。作者全部投入与中断差很多。例如我写两个人正在恋爱，很romantic、激情的，自己投入感情，自己演练对白，但如果一个送报生来了，或推销员上来，有时啰唆一大堆，我想人家好意讲半天不好拒绝，或者接到一通很快乐的电话，或是洗衣机响了要去关掉，锅子东西煮好了要看一下，等等。（这种干扰是男女作家同样会遇到过的吗？）没有，那是因为我是个家庭主妇。男作家可能单身或一家之主，有别人帮他做这些事。

同样，男作家的写作也需要一段时间够用，不宜被干扰。他们在有妻子协助家事育儿的状况下，比女作家（又有家庭责任者）更能持续写作。一位男作家的妻子在他俩同时写作的状况下改从事翻译，她的先生，说明了原委：

（你写作时太太做什么？）她开始尝试翻译的工作。（她把家事做完也去翻译？）对。翻译工作不需整段时间，有空坐下来就可译1~2段，比较机动，她的时间零碎倒无所谓。

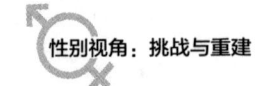

我继续问道:

(若她那时没放弃工作,对你的写作影响呢?)恐怕很大了。那时也没找人帮忙,两个人要共同分担家事,被占用的时间就很多。可能晚上也没时间写长篇。(写长篇也和你的家庭有关系?)对。(你太太刚刚放弃工作,你开始写长篇小说?)对。几乎后来家事都不需要我做了。①

这里所讨论的写作中的干扰对作家的影响可能只是极端的例子,也有作家可以间断地写,不过所有被访问的作家们都认为那要有相当的写作成熟度,强烈的意志力,并且承认要写出高品质的小说作品,工作时间内最好没有干扰。这种写作不同文体所需要的时间质的不同对于男女作家的意义,可能是一个值得探究的文学社会学问题。是不是这种写作对时间质的需要,使已婚女作家有不同于男作家的写作上的客观条件而间接影响了她们写作的品质、产量;这种工作也影响了她们的婚姻、家庭生活?会不会如同一些女作家所说的,适合有家务责任的女作家的文体是散文与诗呢?

工作时间特色对家庭的影响,不论是就其量还是就其质已在上节论述及引用的对话资料中勾勒出来,从这些数据中也可以发现任何这种影响明显地仍是由妻子一方来承受与调适的,男人工作角色/女人家庭角色的优先性仍是明显可见的。经由对比我们可以了解工作时间量之多少,或工作时间质的优劣对家庭的影响在男女的经历上有所不同。也因此决定了当事人所感受到的婚姻品质,与对家务责任的感触。

另一个角度,家庭对工作的影响,由时间角度切入,乃是一个新兴的议题。若不是女性主义思潮兴起及大量女性投入劳动力市场,工作与家庭间的关系研究将仍只限于前者。本研究由于以时间角度切入来观察家庭对工作的影响,田野数据所呈现的就是家庭的生命周期对个人工作上的影响。换言之,在双薪家庭里当夫妻都在发展工作的同时成立家庭之际,工作与家庭在一个较长的时间范畴里的相互关系,如何借由当事人的性别不同而

---

① 当然也有因为协助家事而受到影响的男作家,作家李昂介绍了一位,但其拒绝访问。

对他们的工作发展有不同影响呢？

（二）家庭影响工作

家庭对工作的影响在一个以男人为工作者的社会规范之下不被视为一个待研究的主题。过去的研究提出"two person single career"的观念，① 说明以妻子为扶助角色的家如何帮助了丈夫的事业，虽是采用家庭影响工作的观点，但仍是以女人为家庭角色、男人为工作角色的思想模式。直至女性大量投入劳动力市场，并在女性主义思潮的冲击之下，学术界才有学者反省了家庭对工作的影响。② 例如文献上记载，家庭的经济因素、配偶对当事人工作的态度（尤其对女方）以及子女的年龄都是家庭影响工作的几个因素。③ 不过在此次经验资料的搜集上，明显可见的是，这一方面资料会与工作影响家庭的数据重叠或掺揉，如前述。至于以时间角度切入，家庭对工作的影响在本次田野数据里所萌发出的2个面向是：（1）家庭的（家人的）每日生活作息；（2）家庭（家人）的长时间生命周期。

（1）每日生活作息

在每天的日常生活里，家人的作息时间也影响女性自己的工作时间，例如要在什么时候在家为了可以照顾到小孩。对于从事舞蹈的女艺术家而言，维持体力肌肉的某些特质是重要的，而且必须是及时的，若为要顾及家务育儿的时间而牺牲了自己的时间，就会有工作上未能尽所发挥的遗憾，长久也会影响到舞蹈表现。有一位如此说道：（这种每次时间上的限制是这样的）"例如热身2个小时是最好的状态，但你要回家了，小孩待会就要回家，你得赶回去带他。"

换言之，女人在每日的时间上被要求具弹性，去配合家人，这种每日的时间里女人的处境其实也反映在一生中她们对时间的控制，对时机的掌

---

① Papanek Hanna, "Men, Women, and Work: Reflections on the Two-Person Career", *Changing Women in a Changing Society*, ed. John Huber, Chicago: The Univ. of Chicago Press, 1973.
② Nieva Veronica F., "Work and Family Linkages", *Women & Work: An Annual Review*, eds. L. Larewood, A. H. Stromberg & B. A. Gutek, New York: Praeger, 1985, 162-190.
③ Nieva Veronica F., "Work and Family Linkages", *Women & Work: An Annual Review*, eds. L. Larewood, A. H. Stromberg & B. A. Gutek, New York: Praeger, 1985, 162-190.

握。梅因斯（Maines）、① 霍尔（Hall）② 及梅因斯和哈迪斯蒂（Maines & Hardesty）③ 的观念与经验性研究说明女人的时间常是几件大事一起发生，而对男人则是一件件发生；之所以如此或许是因为：女人的生育功能有其时间性，社会规范又让女人的婚姻、家庭角色与以男人为对象而设计的各种社会制度的社会时间相撞击而使她们感受时间上的挤压，无法如男人一样可以把这几件大事顺序完成。因此，女人在选择教育、工作时，会考虑与家或个人生命周期间的配合，以致女医生所选择的往往是受训时间短、工作时间少的小科，或有如女性与工作文献上一直说明的女人选择工作的"品味"，或所谓集中于女性的工作，其实都可以追溯到这些工作的时间特色及其与家庭协调的状况。一位女医生说明了在顾及女性家庭角色优先的社会规范之下，她的选择小科正反映了家庭及她个人的生命周期对她工作的影响。

(2) 生命周期

（像你这种所谓 stand by，on call 这种情形，是不是你们在做医生的整个一生都这样，会不会熬过一阵子，几年就没有这种问题？）对，理论上是这样，现在制度渐渐改了，不过以前在读书、就业的时候，的确是这样。就是你熬个五年，五年就不用了。因为做完总医生就可以了，可是你要晓得人的 golden age 就是在那五年。（任何人的？）对，所以你说过五年。（那时候大概几岁？）大概30岁，满30岁，那时候，我想有时候会 too late 做某些事情可能会晚了些。（像哪些？）很简单，譬如说你的家庭生活、婚姻生活及小孩，我觉得有点嫌太晚了，也许从那时候起步也可以，但对我来讲，我是比较传统，我觉得稍晚了点。

因为女人的社会时间着重在她们家庭婚姻的时机，所以，上述受访者

---

① Maines David R., "The Significance of Temporality for the Development of Sociological Theory", *The Sociological Quarterly* 28, 1987: 303 – 311.
② Hall E. T., *The Dance of Life*, New York: Anchor/Doubleday, 1983.
③ Maines & Hardesty, "Temporality and Gender: Young Adults' Career and Family Plans", *Social Forces* 66, 1987: 102 – 120.

所谓的 golden age 更是要求女性来把握。

在徐宗国的研究里也可以发掘到在顾及家庭生命周期影响下,对时机之掌握男女有所不同,女性仍持事业发展上男先女后的原则,例如一位女研究生这样说道:

> 我觉得倒不是。我刚说如果他要先完成,我可以先缓一缓。而经济上,我不想他是主要的经济负责人。(那事业上你为什么要缓一缓,让他先?)这个社会比较男主外。如果我坚持先拿到(学位),这样的情形也很奇怪。(为什么?)男孩子在事业上,一旦已经投下精力的话,他会希望很快完成。对于我来讲,我并不很急一定要什么时候。(只是一般社会的看法是这样,让男生先发展?)也许多少有这样的影响。

反观男性,一位生化学者讲回国初期事业开始之际往往工作到凌晨四五点,没有时间上的限制。他继续谈到在事业奠基之际他有优先权先发展事业。与他太太比较呢?我问道:"回国那 5 年冲刺时,你太太也是那么冲刺吗?""不可能,她在某大学的阶段,教学方面付出的较多,研究比较 slow,她等于 sacrify 让我 pickup。""她还是让你,在你俩的事业中你比较优先?""对,比较优先。"

这种男先女后的秩序观与实际状况下男方所做的选择与所依持的"合法性"西方文献已有所记载,[①] 不过,多以男女角色迥然有别切入此一议题,却没有考虑到这种先后秩序也反映了女性缺乏对时间的控制与掌握。她们在每天的生活里协调适应,在一生的时间里(life span)还是协调与回应,而且在秩序上、轻重缓急上仍是男先女后。这不但反映了男女间关系的本质,也说明了驾驭此种关系的社会规范与今天有关两性现象的社会本质。

---

① Lipman‐Blumen Jean & Ann. R. Tickamyer, "Sex Roles in Transition: A Ten‐Year Perspective", *Annual Review of Sociology* 1, 1975: 297 - 377; Komarovsky Mirra, "Cultural Contradictions and Sex Roles: the Masculine Case", *Changing Women in a Changing Society*, ed. Joan Huber, Chicago: The Univ. of Chicago Press, 1973.

四　结论与含义

由一个微观的分析层次，在本文中我们已显示了工作与家庭间的互动关系，我们以男女为对象，在他们的日常生活里，借深入访谈，了解工作家庭间的关系。我们不是另"加"女人为变项的研究，如一些女性主义研究者所批评的，[1] 而是希望由工作社会学近年因为女性投入劳动力市场而思反省的角度，来了解男女在工作与家庭协调上，各自的遭遇与适应方式。因为人大部分的时间分配在工作与家庭间，而且二者互为消长，我们认为由时间这一关键点切入应可观察到男女在他们的工作与家庭的日常生活里的协调状况并可由此反映男女关系与社会的本质。何况对女性主义者而言，时间代表主体的自主性与位格，对时间的控制与使用权代表主体的自主性。于是，我们就其工作的时间特性来观察男女因为性别不同而在他们的工作与家庭协调经历与遭遇上有何不同，也考察在一生的时间片段里，他们各自拥有及控制时间的状况。

由此次研究数据可得出如下结论。

（1）工作与家庭是一个连续体［或有如普莱克（Pleck）所言，是在同一个角色系统里］。这可由被访者口述资料里掺揉此两部分得知。此外，在田野资料中搜集有关工作与家庭的内容，若后者仅限于家庭责任与婚姻质量，则因为数据有限很容易混淆工作影响家庭及家庭影响工作的两种形态。尤其在双薪家庭里，配偶的工作会借由家庭影响到当事人的工作，不过，现有数据也显示上述两种状况对男女的作用并不一样。

（2）在双薪家庭里，工作与家庭间的运作关系，对男女的作用并不相同。不论是工作影响家庭还是家庭影响工作，明显可见的，多是女方在承受影响与解决二者间的冲突。男方若承受任何影响也是在双薪家庭里的家庭影响工作方面，男方的工作影响家庭则几乎是不被察觉的，因为社会规范本是如此要求男方。此外，女方的工作若由家庭而影响男方的工作，女方则需承受改变状况的压力，而反之，对男士并不成为问题。

---

[1] Saarinen Aino, "Feminist Research: In Search of a New Paradigm?" *Acta Sociologica* 31, 1988: 35 – 51; Gould Meredith, "The New Sociology", *Sins* 5, 1980: 459 – 467.

（3）工作的时间特性，不论是质还是量，对女性的影响都大于对男性，而且由女方负责协调所有影响到家庭婚姻品质或家务责任的状况，必要时她们还会放弃工作。

（4）时间作为一种资源，男女对它的使用、分配与控制不同。在工作与家庭领域里社会规范支持男人的工作角色与女人的家庭角色，致使男性们所拥有的工作之余的时间也可以享用之（女方则需尽其家务责任），他们在事业发展的时机上也有"合法性"的优先。

本研究过程式、扎根式的研究资料也反映了以西方社会为背景发展出的工作与家庭间关系之理论架构在某些方面有所不逮。首先，家的定位，本文所引用的西方文献都是指以夫妻子女组成的核心家庭。在本研究里，双薪家庭中凡男女工作与家庭较能协调的状况往往发生在当家是一个扩大的实体（包括受访者的双亲、手足）时。是这种扩大意义与范畴的"家"，使本研究里工作时间量长的、同为大科的夫妻能协调工作与家庭，使妻子仍能工作不辍。所以，未来有关工作与家庭的研究应先对家的定义有所掌握，因为家的范畴会影响夫妻工作与家庭的协调，即便他们所从事的工作具特殊的时间特性。而扩大范畴的"家"对双薪家庭里女性的影响更甚于男性，因为一方面家是社会支持的一种，另一方面，家人（role partners）也可能是强固以男性为主要工作者的社会规范者，使女人在工作与家庭间的协调趋向于传统所期许的。所以目前双薪家庭里的女人若无法由"家"得到工作与家庭间协调上的支持，则有赖国家提供制度、机构的扶助了。

其次，有关工作/家庭协调的文献多半注意到的是工作的性质（job nature），而不只是受雇（employment）的事实而已。这样思考下所做的研究固然更为细致，提出工作的时间特色，尤为注意到了工作与家庭间协调的关键，不过他们仍只着墨于工作的结构性、短时间特色，并未察觉时间也可以是一个长时期、过程式的状态。若把时间视为过程，我们就可见到男女在工作/家庭协调时对时间的控制与对时机的掌握有所不同，更可以凸显男女关系的本质，社会里对性别规范的约定。同样，一般的文献只以时间量为研究单位，本研究的田野数据却显示，时间的质也是一种工作时间面向。未来的研究似仍需详加确定各种工作时间的面向，及其对家庭协调的各自的意义与作用。

再次，我们以为本研究的发现不只说明了工作与家庭之间的关系，而且足以解释性别标签工作的来源。当我们要回答何以女性选择某种工作而不是另一种，例如小科而非大科的医疗工作时，[1] 除一些与男医生相同的原因以外，工作与家庭的协调是一个重要的解释性别标签工作的因素，尤其是工作的时间量、不确定性与工作心思集中的程度。例如大科传统上被定义为男人的科别，研究者多由这种工作性质与男女医生的性格是否配合来讨论，而说明女人择科的原因。然就工作的结构性特征而言，可从工作的时间量与女性传统家务责任间的无法配合说明女医生择科的原因。因此，由时间的结构性特征而言，女性选择（自愿或被动）小科者众，以致男女医生在科别分布上明显有别，也是造成医生性别标签工作的深层原因。所以，研究者在利用许多职业或行业的结构性特征来解释性别标签的工作时，也应注意到对女性而言，工作与家庭协调上的种种状况。

最后，本文也可以视为对罗西（Rossi）早年所宣称对女性外出工作的含义与影响看法上的回应，也就是女性外出工作是源自许多社会力而也将启发许多社会力的一种社会事实。[2] 就其意义与影响而言，女性工作将不但影响女性本身（例如家庭里女性权力的扩大，个人能力技术的增加），也将相对影响男女角色的改变。若是性别角色不外乎工作与家庭，那么女性工作的结果，长远而视，将会引起男性角色家庭部分的扩大与丰富，性别角色规范的改变，还可能造成影响更为深远的社会变迁。例如，过去男外女内的分工模式、性格发展，甚至以此原则作为择偶成家的原判与基础也会因为男女都有类同的工作与家庭角色而有所改变。[3] 也就是当女性也投入工作，参与除家庭以外的其他社会制度后，过去男性之家计主要供给者、女性之家务或扶持角色就会不再以性别为唯一划分标准而会以个人的倾向、彼此的配合为原则。男女平等在这样的基础上才会真正实现并长久持续。

---

[1] 例如，中国台湾男女医生在各种科别的分布状况就有明显的集中于某些科别的趋势，美国的数据也显示相同状况（Bowman Marjorie & Allen Deborah I., *Stress and Women Physicians*, New York: Springer - Verlag, 1990, 21 - 23）。台湾女医生在各科别的比例见表1。

[2] Rossi Alice S., "Equality Between the Sexes: an Immodest Proposal", *Daedalus*, Spring, 1964: 607 - 652.

[3] Wilkie Jane Riblett, "Marriage, Family Life and Women's Employment", *Women Working, Theories and Facts in Perspective*, *Mountain View*, eds. Ann Helton Stromberg & Shirley Harkess, Calif: Mayfield Publishing Company, 1988.

表1　台湾地区执业医生女性比例——按执业科别（专科）分

（女/总数由小至大排列）

科　别	百分比（％）
健康检查科	0.00
骨科	0.33
泌尿科	0.36
外科	1.64
核子医学科	2.63*
耳鼻喉科	2.92
一般科	3.46
内科	4.23
小儿科	7.45
妇产科	7.73
放射线科	9.49
皮肤科	10.41
神经精神科	10.58
家庭医学科	10.60
麻醉科	11.49
其他	11.93
眼科	16.53
实验诊断科	16.67
病理科	18.29
复健科	25.00

*核医是小科。此一百分比过低。可能显示的不是男女择科的趋势而是新兴科别里男女总人数低而女生人数又少的状况。

资料来源："行政院卫生署"（79/09/12）致笔者之公文。

农家妇女劳动力的新诠释

—— 理论的回顾与概念的澄清

杜素豪[*]

一 前言

在目前有关农业劳动力的诸多文献里,我们不难发现农业生产妇女化现象是台湾当今的趋势。[①] 然而,我们也不难发现,到底那些勤于农务工作的妇女们在农家及农业生产过程中的地位与角色如何,却鲜为各界关注。[②] 那些劳碌的农家妇女事实上常被埋没于一般的劳动力统计数字、农事推广教育以及政策规划与服务之中。[③]

近年来纯粹以妇女劳动力为主题的实证研究已有显著的增加。然而在早期,这类相关的研究多半偏重于人口及个体经济学[④]上的分析。这些研究多强调妇女劳动力之运用与农场经济效率的密切关系,也肯定妇女劳动力

---

[*] 杜素豪,密歇根州立大学社会学博士,时为台湾"中央研究院"民族研究所博士后研究员。原文刊于《妇女与两性学刊》1997年第8期。
[①] 罗明哲:《农业劳动老年化、妇女化与农业发展》(上),《台湾经济》1990年第164期;罗明哲:《农业劳动老年化、妇女化与农业发展》(下),《台湾经济》1990年第165期;郑宜仲:《农业生产劳力妇化趋势之研究》,《国立台湾大学农业推广学报》1995年第12期。
[②] 赖尔柔:《台湾农家妇女的家庭地位与角色》,农业推广学会"中日农产产销组织法制化与农村妇女角色地位研讨会",1996。
[③] 苏雅惠:《由农村妇女角色变迁谈家政教育新方向》,《农训》1985年第2期。
[④] 个体经济学,大陆多称为微观经济学。下同。——编者注

是增加农业劳动生产力不可或缺的因素。① 但是，其研究的结果发现仍无法对妇女在农业生产中之角色做一理论上概念性的清楚界定。至于人文社会科学方面对农家妇女所做的实证研究，相应地，仍在初步的发展阶段。② 尽管如此，这些人文社会方面的研究却提示我们需要更重视农场两性分工以及农业劳动力重新界定的问题。

为了使农家妇女在农业生产中的角色能够确实地呈现出来，深入了解农家妇女劳动力在质与量上对农业生产的贡献成为今日重要的课题。然而，相对于欧美，台湾至今仍鲜有综合各学科来对农业劳动力做理论概念上探讨的研究。③ 本文于是尝试回顾与农家妇女劳动力之概念相关的理论，以重建农场劳动力（Farm Labor）之概念为初衷，将重心放在评论各派的理论观点上，从而整理出对农家妇女劳动力的崭新的理论性诠释。

这种着重于概念性的探讨，始于批判两种经济学观点对人力资源之定义的局限性。也就是，先探讨若将个体经济学观点（Micro-economy Perspective）及政治经济学观点（Political Economy Perspective）所强调的劳动力之对立两分架构直接应用于农家妇女劳动力之界定上，是如何产生偏差的。其中，在个体经济学观点中，笔者也将评论当代家政学的重要观点——家庭生计策略。此观点因过分重视妇女在维持家庭生计中的角色，仍无法完全将农家妇女对农业生产的贡献做合理化的定位。最后，在讨论父权意识观点对农家妇女劳动力投入的边际化问题的诠释之后，本文将融入女性主义观点（Feminist Perspective），对前述传统经济理论对农业劳动力之偏差的定义，做一综合性的批判，期望不仅能澄清农业劳动力之概念，并且能突显农家妇女在农业生产过程中真正的劳动本质与贡献，以提高吾人对她们在农家中应有之角色地位的充分了解。

---

① 华严：《台湾农家妇女劳动力运用的决定因素》，台湾人力资源会议（上），台湾"中央研究院"经济研究所，1979；李朝贤：《台湾农业劳动结构变动之剖析》，《台湾经济》1988 年第 135 期。
② 刘清榕：《台湾乡村结构变迁中之农家主妇》，《台湾银行季刊》1976 年第 27 期；吕玫瑗：《茶村家庭的两性分工与妇女地位的变迁：以冻顶茶园经济的变迁为例》，台大人类所硕士论文，1988；蒋宪国：《农家妇女营农之角色及其课题》，农业经营调适研讨会论文，1995；杜素豪，An Analysis of Agrinubial Power, Doctoral Dissertation, Michigan State University, Eastg Michigan, 1996。
③ 杜素豪：《妇女与农业：回顾与前瞻》，《农业推广学报》1995 年第 11 期。

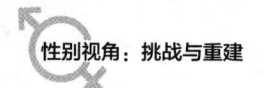

二 个体经济学观点（Micro-economy Perspective）

对个体经济学观点的评论可以从两个层面说明。个人层面主要探讨劳动力完全取决于它是否具有市场交易的价值。鉴于家庭式的农业生产活动除了具有必然的市场交易性之外，还有维持家庭生计的特殊意义，本文将讨论扩大到家庭层面，探讨利他的家庭生计策略下农家妇女的营农角色。

（一）人力资本投资的诠释（Human Capital）

个体经济学将经济学中的劳动力划分为市场性（Market）与非市场性（Non-Market）劳动力。传统个体经济学的研究只分析市场交易性的劳动力生产活动。此前提下，在家庭式的农业生产过程中，何种农业劳动力属于市场性劳动力呢？这个问题事实上很难从个体经济学理论中找到答案。这是因为此种以市场交易行为挂帅的理论，只关心农家劳动力的支配运用应该如何才能对农业产出有经济交易的贡献，无法明确地表达在家庭式经营的经济活动中，劳动力的生产过程到底是如何的。所以，严格讲起来，勉强算得上市场性劳动力者大概就只有那些农场上的雇工了。也就是说，任何农场上的家庭劳动力，除非他（或她）们在农场外从事有酬的农场工作，否则都无法被包含于市场性劳动力的定义里。[1]

在台湾近代，属于此派的实务性研究已注意到农家中各种性别层次或年龄层次上之劳动力分配运用情形与农业经营效率之间的关系。[2] 这些研究

---

[1] Sachs, Carolyn E., "The Participation of Women and Girls in Market and Non-Market Activities on Pennsylvania Farms", *Women and Farming: Changing Roles, Changing Structures*, eds. Wava G. Haney & Knowles, Boulder: Westview Press, 1988, 123 – 134; Friedland William H., "Women and Agriculture in the United States: A State of the Art Assessment," *Towards A New Political Economy of Agriculture*, eds. Friedland et al., Boulder: Westview Press, 1991, 315 – 338.

[2] 刘克智：《台湾农家劳力运用及调配的决定因素》，台湾人力资源会议（上），台湾"中央研究院"经济研究所，1979；华严：《台湾农家妇女劳动力运用的决定因素》，台湾人力资源会议（上），台湾"中央研究院"经济研究所，1979；李朝贤：《台湾农业劳动结构变动之剖析》，《台湾经济》1988年第135期；罗明哲：《农业劳动老年化、妇女化与农业发展》（上），《台湾经济》1990年第164期；罗明哲：《农业劳动老年化、妇女化与农业发展》（下），《台湾经济》1990年第165期；郑宜仲：《农业生产劳力妇化趋势之研究》，《国立台湾大学农业推广学报》1995年第12期。

多半使用普查或劳动力统计资料，套上经济学的分析模式来预测未来劳动力运用的趋势。其中一项不争的事实是，这些研究结果一致发现妇女劳动力是增加农业劳动生产力不可或缺的因素。

事实上，这个着重微观经济的理论架构是否真正能深入解释那些投入于非市场交易却属于维持生计的经济活动是令人质疑的。对家庭式的农业生产活动来说，它结集了生计性与交易性经济活动于一个家庭单位中，且此两种经济活动是不容易被划分清楚的。在追求家庭经济之最大边际效用的前提下，那些的确投入于农业生产行列中的劳动力，通常不仅要投入于交易性的农业生产活动，同时也要投入于为自家消费（生计性）的农业生产活动中。然而，要清楚地划分农家劳动力如何将他们的时间及体力分配在这两类生产活动上是不容易的。这也就是为什么农家妇女虽是兼具市场性及非市场性劳动力贡献于一身却难以拥有明确定位的原因。

其次，令人更加关心的是，参与这些非交易性活动的家庭成员多半是妇女。尤其是那些已婚的妇女，在忙于家务工作的同时，多半利用空闲，尽量做一些能够补贴家用的农场工作。所以，严格讲起来，受定位之苦最深的农家劳动力应该是那些妇女们。

近年来，不少在此领域的研究已开始关心妇女之非市场性的劳动力生产活动，但很可惜，多半研究仍无法顾及家庭式的农业生产活动中市场性劳动力与非市场性劳动力活动之互动关系。妇女因而明显受到家庭农业劳动力生产过程商业模式化的压力。她们绝少被认定是农场的操作者、所有权者、决策者或酬偿所得者。[①] 此理论之劳动力的分析若要充分凸显妇女在农场工作上的实质参与情形，有必要将农场劳动力做更广泛的概念上的界定。

（二）家庭生计策略的诠释（Family Survival Strategy）

正因在家庭式农业生产过程中，对全家生计稳定的追求是不可或缺的，本节进一步尝试将分析的角度扩大到家庭功能上，讨论在追求最高农家经

---

① Fassinger Polly A. & Harry K. Schwarzweller, "Work Patterns of Farm Wives in Mid-Michigan", *Research Report from the Michigan State University Agricultural Experiment Station* 25, 1982: 1 - 19; Reimer Bill, "Women as Farm Labor", *Rural Sociology* 51, 1986: 143 - 155.

济效益以及维系家庭功能的理念下,家庭成员间劳动力分配的理性选择过程。家庭生计策略的观点假设家庭是一个注重团体经济利益的活动单位。这个单位的存在是为了将个人的行为与在某一特定历史、文化、社会或经济情境之下的团体行为联结在一起。在面对外在的环境限制时(例如,面临经济危机),这种联结会呈现为一种动态的适应过程。也就是说,这个家庭单位可被视为一个有理性与主动性的决策个体,家庭的成员间会衡量所面临的各种问题,然后做利益的比较,进而追求有利于全家边际效用的结果,同时也设法解决外来的阻力。在求得所有家庭成员之间的协调后,最后终将达到一个皆大欢喜的最适点。①

理论上,在这个动态的适应过程中,依据家庭中每一分子的意见,在特定的决策规则的引导之下,大家会做理性的选择行动。② 可是,在此一属于功能派的理论里,男人在家庭中多扮演着工具性的角色,负责处理与经济有关的活动。相对地,女人则主要扮演男性幕后全力支持者的角色,悉心负责抚养小孩以及照顾家庭的每一分子,在必要时,则需帮助先生维持家计。这种两分角色的理论架构,事实上,仍无法让家庭中的每一分子都充分地表达各自的兴趣,追求私人的利益。为了全家,少数必须服从多数,共同追求全家最大的边际利益。

在这一富含浓厚利他主义色彩的理论里,③ 毫无疑问,妇女从事自家的

---

① Garkovich Lorraine, Janet L. Bokemeier & Barbara Foote, *Harvest of Hope – Family Farming/Farm Families*, The University Press of Kentucky, 1995.
② Tilly L. A., "Beyond Family Strategies, What", *Historical Methods* 20, 1987: 123 – 125; Davidson Andrew P., "Rethinking Household Livelihood Strategies", *Research in Rural Sociology and Development* 5, 1991: 11 – 28; Wolf Diane L., "Does Father Know Best? A Feminist Critique of Household Strategy Research", *Rural Sociology and Developments*, 1991: 29 – 43; Moen Phyllis & Elaine Wethington, "The Concept of Family Adaptive Strategies", *Annual Review Sociology* 18, 1992: 233 – 251.
③ Sen Gita., "Women Workers and the Green Revolution", *Women and Development: The Sexual Division of Labor in Rural Societies*, ed. L. Beneria, New York: Praeger, 1982; 29 – 64; Connell R. W., *Gender and Power*, Stanford, C. A.: Stanford University Press, 1987; Folbre Nancy, "The Black Four of Hearts: Toward a New Paradigm of Household Economics", *A Home Divided: Women and Income in the Third World*, eds. Daisy Dwyer & Judith Bruce, Stanford, California: Stanford University Press, 1988; Moch Leslie Page, "Historians and Family Strategies", *Historical Methods* 20, 1987: 113 – 115.

农场工作是维持家庭生存的重要策略之一。① 在以家庭利益为主要诉求的情况下，这种策略成为理所当然的事，殊不知却抹杀了她们在男性背后鲜为人知的劳动力贡献。因此，此种诠释仍然犯了相同的毛病——无法提供可以清楚地界定或测量农家妇女劳动力的依归。

三 政治经济学观点（Political Economy Perspective）

政治经济学继承的是马克思主义的传统，注重社会阶层的划分，是对社会结构具有激进性与批判性的理论探讨。然而，对农业生产方面的讨论则相对逊色。例如，农民在这个大社会的阶级结构中是否构成一个阶级（Class），或者农民到底应该属于拥有土地的有产阶级还是农业生产中的劳工阶级，这个问题是一直没有办法从传统马克思主义中找到明确答案的。至于家庭式农业生产活动该如何界定更是此派学理难以解答的问题。尽管如此，吾人仍可从大政治经济学派对人力资源的诠释来了解农业劳动力或农家妇女劳动力应有的定位。

沿袭此派的论点，所谓的经济或者叫作生产的活动可以划分为两种，一种是政治经济活动（Political economy）或称生产活动（Production），另一种是家庭经济活动（Domestic economy）或称再生产活动（Reproduction）。第一种活动发生在资本累积的交易性生产领域里，第二种活动则只发生在家庭里。这两种活动严格讲起来是对立存在的，其存在的目的主要是满足两者间的互动关系，以便某一特定的社会阶层（例如资本家）能够扩大其生产资本之累积与剩余价值。然而，此派的观点只着重于了解生产活动中之劳动力的投资，其分析的重点放在资本家与无产阶级（劳工）之间的生产以及冲突关系上。至于再生产活动中的劳动力运用虽扮演着维持生产活

---

① Haney Wava G. & Knowles eds., *Women and Farming: Changing Roles, Changing Structures*, Boulder: Westview Press, 1988; Sachs Carolyn E., "The Participation of Women and Girls in Market and Non-Market Activities on Pennsylvania Farms", *Women and Farming: Changing Roles, Changing Structures*, eds. Wava G. Haney & Knowles, Boulder: Westview Press, 1988, 123–134.

动存在的积极角色却不被此派的学者们所关心。①

将这种两分的架构应用在家庭式的农业生产上,我们可以了解,一个农家必须想尽办法去维持家庭农场之营运,同时追求生产之最高利润。这个兼具交易生产及家庭生计维持的生产及消费单位正好是吾人了解生产领域与再生产领域间的密切联结是如何维系的具体例证。一方面,农家成员投入于自家的农业生产活动是重要的家庭生计策略之一。这个策略的终极目的是争取农家能够维持与其他生产单位一样追求生产利润的竞争力。

为了达到这个终极目的,男性成员投入于非农业生产行业变成了另一个重要的家计策略。无论哪一种策略均源自解决农家收入或农业生产的危机。②然而,为了维持农场之运作,农家妇女也变成了大量而廉价的农家劳动力,她们通常被视为无条件帮助男性以提高家庭农场收入的主要来源,甚或是扮演着补贴男性在农场外就业的过低薪资所得的角色。从劳资运用的观点来看,事实上,此类廉价或超廉价的妇女劳动力所面临的是资本主义生产方式下家庭式农业生产关系中被剥削(Exploited)或被超级剥削(Super Exploited)的命运。③

政治经济学派似乎提供了吾人对农业生产关系在社会结构层面上的分析架构,此架构无疑可以适用在两性之结构关系的研究上。然而此派学说因过分关注资本主义下社会阶级的划分,不仅忽略了家庭这个被边际化于资本生产过程之外,但很重要的生产单位的存在意义,更忽视了另一个可以成为有意义之社会阶层划分的类别——性别。所以,研究农业生产过程中的两性关系之互动,甚或农家妇女劳动力之重要性,在分析深度上变成

---

① Sachs Carolyn E., "The Participation of Women and Girls in Market and Non-Market Activities on Pennsylvania Farms", *Women and Farming*: *Changing Roles*, *Changing Structures*, eds. Wava G. Haney & Knowles, Boulder: Westview Press, 1988, 123 – 134; Collins Jane L. & Martha Gimenez eds., *Work Without Wages*: *Comparative Studies of Domestic Labor and Self-employment*, Albany: State University of New York, 1990; Whatmore Sarah, *Farming Women*: *Gender*, *Work and Family Enterprise*, London: MacMillan Publishers Limited, 1991.

② Wenger Morton G. & Pem Davidson Buck, "Farms, Families, and Super-exploitation: An Integrative Reappraise", *Rural Sociology* 53, 1988: 460 – 472.

③ Reimer Bill, "Women as Farm Labor", *Rural Sociology* 51, 1986: 143 – 155; Wenger Morton G. & Pem Davidson Buck, "Farms, Families, and Super-exploitation: An Integrative Reappraise", *Rural Sociology* 53, 1988: 460 – 472; Whatmore Sarah, *Farming Women*: *Gender*, *Work and Family Enterprise*, London: MacMillan Publishers Limited, 1991.

了此派原理之下无法避免的盲点。也就是说，一方面，吾人不易将劳动力在跨时间、跨两种生产领域之贡献做周延的囊括。另一方面，在上述的限制下，那些的确投入农业生产工作的农家妇女在男性农场主的支配下，不仅是资本主义农业生产过程中，同时也是非农资本制度发展之下的牺牲者。

正因农家妇女在两种生产领域中均有共同的贡献且扮演双重的角色，欲对妇女实际从事之农务工作做一清楚的界定则更加困难，这种困难也会影响实务研究的有效性与信赖度。关于这个双重角色所牵连的定义问题，许多相关的研究都承认，事实上男性与女性共同参与着重叠的农场工作。尽管如此，这些学者却仍沿用过去简单的两性分工方法（例如，男主外、女主内）来分析农场劳动力每日的工作模式。这些研究冒着扭曲事实的危险，无视不够严格的两性分工的分析分法。[①]

在分析北美妇女参与农务之性质的研究里，Kohl 注意到了这层理论与实际之间的矛盾，经由深入的访谈与了解农家生活之后，他进一步发现妇女常参与许多被认为该由男性担任的农场工作。[②] 这暗示了我们有必要重新考虑分析妇女所参与的农场工作之多面性。至今，许多研究已显示农家妇女在农业生产，尤其是在需要大量劳动力投入的产业中，如畜牧、蔬菜、水果、花生、黄豆等，有着明显的且多面性的贡献，也就是说，她们广泛地从事着各种类型的农场工作。[③]

[①] Blood Robert O. & Donald M. Wolfe, *Husbands and Wives*, New York: Free Press, 1960; Wilkening Eugene A. & Lakshmi K. Bharadwaj, "Dimension of Aspirations, Work Holes, and Decision-Making Among Farm Husbands and Wives in Wisconsin", *Journal of Marriage and the Family* 29, 1966: 703-711.

[②] Kohl Seena B., "Women's Participation in the North American Family Farm", *Women's Studies International Quarterly* 1, 1977: 47-54.

[③] Wilkening Eugene A., *Farm Husbands and Wives in Wisconsin: Work Roles, Decision Making and Satisfaction*, 1962 and 1979, Madison: University of Wisconsin, 1981; Fassinger Polly A. & Harry K. Schwarzweller, "Work Patterns of Farm Wives in Mid-Michigan", *Research Report from the Michigan State University Agricultural Experiment Station* 25, 1982: 1-19; Kohl Seena B. & John W. Bennett, "The Agrifamily Household", *Time and the Enterprise: North American Family Farm Management in a Context of Resource Marginality*, ed. John W. Bennett, Minneapolis: University of Minnesota Press, 1982; Sachs Carolyn E., *The Invisible Farmers: Women in Agricultural Production*, New Jersey: Rowman & Allanheld, 1983; Rosenfeld Rachel Ann., *Farm Women: Work, Farm, and Family in the United States*, Chapel Hill and London: The University of North Carolina Press, 1985; Smith Pamela, "What Lies Within and Behind the Statistics: Trying to Measure Women's Contribution to Canadian Agriculture", *Growing Strong: Women in Agriculture*, ed. Sylvia Gold, Ontario: Canadian Advisory Council on the Status of Women, 1987.

尽管过去相关的实证研究努力去做但仍无法厘清农家妇女在农业生产过程中所扮演的重要角色，他们也的确为我们提供了一个重要的启示，我们若能针对妇女所参与之农场工作做多元层面的讨论与澄清，就有可能对妇女劳动力做确切的操作型定义。否则，不论农家妇女如何努力于农业生产工作，她们仍是完完全全地被摒除于市场交易或资本累积的生产过程之外，轻易地沦于理所当然的默默耕耘者。

四 女性主义观点（Feminist Perspective）

近代政治经济学领域的西方女性主义者已对如何澄清妇女劳动力投入家庭形态的生产行列——包括家庭式的农业生产——之角色多有主张与论述。其推论的基础首先来自批评前述经济学观点将生产活动做偏颇的界定。此种生产活动与再生产活动形成分野对立的存在丝毫无法解释那些具有两种生产领域联结共存、息息相关性质的生产单位（如家庭农业）。第二个推论基础则源于批评资本与劳工这种两分的社会阶层无视性别类别的存在，[1]并批判家庭自雇性生产过程中女性劳动力受父权制度之约束的情形。其目的是充分利用社会文化建构的两性这个概念，去解释家庭式产业这一特殊性的生产过程中妇女应有的角色。笔者在以下的章节里主要讨论如何将女性主义最基本的理念融入经济学或政治经济学所探讨的农业生产关系里。有些学者可能会争论，女性主义拥有诸多不同流派的假设和推论过程，因此对农业劳动力的界定就会有分歧的诠释。然而，由于各流派之女性主义均建立在这一最基本的理念上，本文于是只将讨论的重心放在这个共通的基本概念上。

（一）父权意识下的女性劳动力

在传统的父权社会中，女性的职责在家庭，从事家务的工作。在整个社会化的过程里，父权意识形态借着各种道德规范、法律及社会制度深植

---

[1] Hartmann Heidi I., "The Family as the Locus of Gender, Class, and Political Struggle: the Example of Housework", *Signs*: *Journal of Women in Culture and Society* 6, 1981: 366–394.

于个人的价值观念里,这种内化的运作最后表现在人们对两性角色的认同、个人的人格及日常行为上。① 因此,两性的规范通常束缚着妇女追求家庭以外之经济独立与平等的机会。男人相对地却可以拥有完全充分的权力与自由,去追求自己的利益与兴趣,去追求独立的经济权。②

检视农业生产的进化史,妇女常被视为男人追求农业生产利润所御用的生产工具(Means of Production)。在早期,当传统的耕作技术只需要男性劳动力时,妇女通常被排除于农业生产的行列之外。然而,因为创新的农业技术提供了更多妇女可以胜任的农场工作,她们便必须在家务工作之外,全力地去协助先生,从事农场工作。③ 换言之,根植于社会中的父权意识是形成男女在农业生产关系上不平等的关键。父权形式的农场工作分配是农场妇女劳动力被忽略的主因。④

正因为父权的社会制度深刻地影响着农业生产中的两性关系,农家可以充分利用妇女这种可以承受无酬的劳动力。更甚者,父权的婚姻及子嗣继承制度正好助长着农业资本主义的发展,也就是说,在当代追求资本与剩余价值的主流里,父权制度正好提供了农家能控制妇女劳动力的借口,

---

① Connell R. W., *Gender and Power*, C. A.: Stanford University Press, 1987; Walby Sylvia, *Theorizing Patriarchy*, Cambridge, M. A.: Basil Blackwell Inc, 1990.

② Beneria Lairds, "Accounting for Women's Work", *Women and Development: The Sexual Division of Labor in Rural Societies*, ed. Lairds. Beneria, New York: Praeger Publishers, 1985, 119 - 147; Folbre Nancy, "The Black Four of Hearts: Toward a New Paradigm of Household Economics", *A Home Divided: Women and Income in the Third World*, ed. Daisy Dwyer & Judith Bruce, Stanford, California: Standford University Press, 1988; Sachs Carolyn E., "The Participation of Women and Girls in Market and Non-Market Activities on Pennsylvania Farms", *Women and Farming: Changing Roles, Changing Structures*, eds. Wava G. Haney & Knowles, Boulder: Westview Press, 1988, 123 - 134.

③ Boserup E., *Women's Role in Economic Development*, New York: St. Martin's Press, 1970; Gladwin Christina H., "Changes in Women's Roles on the Farm: A Response to the Intensification or Capitalization of Agriculture", *Female Creating Wealth Transforming Economic Development*, eds. Rita S. Gallin & Anita Spring, Washington, D. C.: AWID, 1985; Garkovich Lorraine & Janet Bokemeier, "Agricultural Mechanization and American Farm Women's Economic Roles", *Women and Farming: Changing Roles, Changing Structures*, eds. Wava G. Haney & Knowles, Boulder: Westview Press, 1988, 211 - 228; Felman Shelley & Rick Welsh, "Feminist Knowledge Claims, Local Knowledge, and Gender Divisions of Agricultural Labor: Constructing a Successor Science", *Rural Sociology* 60, 1995: 23 - 43.

④ Reimer Bill, "Women as Farm Labor", *Rural Sociology* 51, 1986: 143 - 155.

使她们广被漠视。① 根据斯托克（Stolcke）的说法，父权制度不仅维持着不平等的分工模式，同时也影响着妇女对自己在农业上的贡献有偏差的认知，她们可能明明清楚自己的农事参与程度很高，却可能因传统观念的束缚，仍愿意臣服于被附属的工作或家庭角色之中。② 针对此类问题，在关心父权意识与两性农场工作的研究里，吕玫瑷发现台湾茶叶农家妇女的自我角色认同深受父权制度的影响。③ 然而，这种影响未必可以预测她们实际的农事参与到底是高还是低，她们是埋头苦干而不计较任何权益还是会去争取应享的权益。

父权制度之下，农家妇女劳动力的概念丝毫无法被澄清，其价值反而有被贬低的倾向。这种贬低女性的情形，在两性平权意识抬头的今天，正是大家所诟病的。在较都市化的地区，女性投入就业市场已经很普遍，争取两性工作平等的运动此起彼落。相对地，乡村地区的妇女，比较起来，不如都市地区的妇女那么激进、那么具有现代性的观念（Modernity）。尤其是农家妇女，她们也许向来就从事着农场工作，但其工作角色多不为自己或先生明显地认同。由于远离都市职业妇女争取女权之思潮的影响，她们可能较不能意识到甚或不在乎自己的地位是如何的低落。也就是说她们较能配合传统的价值观念（Traditionality），任劳任怨地在家务与农务之间两忙。所以，要凸显农家妇女在农业生产过程中的角色，不可否认，在价值观念层次上，不仅农家妇女，其丈夫也都必须在两性平等认知上有所改变。

然而，纯从学理上综合前面的评论，我们不难了解无论在个人层次上、在社会制度上、在理论概念上还是在研究分析上对农业劳动力都要有革新

---

① Mies Maria, *Patriarchy and Accumulation on a World Scale*, London: Zed Books; Safilios - Rothschild, 1986, Constantina, "The Persistence of Women's Invisibility in Agriculture: Theoretical and Policy Lessons from Lesotho and Sierra Leone", *Economic Development and Cultural Change* 33, 1985: 299 - 317; Stolcke Verena, *Coffee Planters, Workers and Wives: Class Conflict and Gender Relations on Sao Paulo Plantations*, 1850 - 1980, New York: St. Martin's Press, 1988.

② Elbert Sarah, "Women and Farming: Changing Structures, Changing Roles", *Women and Farming: Changing Roles, Changing Structures*, eds. Wava G. Haney & Knowles, Boulder: Westview Press, 1988, 245 - 264; Whatmore Sarah, *Farming Women: Gender, Work and Family Enterprise*, London: MacMillan Publishers Limited, 1991.

③ 吕玫瑷：《茶村家庭的两性分工与妇女地位的变迁：以冻顶茶园经济的变迁为例》，台大人类所硕士论文，1988。

的界定方法。然而，若遵循以上这些论点，要有革新的界定，所面临的困难将来自经济利益的追求、家庭生计之策略、资产阶级的剥削以及父权威势的控制。刻意地去两分经济性与非经济性之劳动力，或去两分家庭性与非家庭性之角色，不仅无法将妇女农事参与及她们培育家庭农场劳动力的功劳整合在农家的经济活动之中，也影响了社会学层面上有关农场上两性分工的研究。由于上述的理论观点直接或间接地容忍两性不平等的存在，要在概念上去厘清妇女劳动力就显得不易了。

解决上述困难，不仅需要重新界定能同时涵盖家计性生产活动与市场性生产活动的农业劳动力生产过程，而且需从能够以两性平等为诉求的理论上下功夫，才能清楚地解释农家妇女早已是农业生产的主要劳动力之事实。将女性主义的两个重要的基本概念——两性（Gender）及两性关系（Gender Relations）——应用在农业生产关系之上来澄清农家妇女在农场与家庭之间的真正定位，则成为最有建设性的构想。

（二）农场上的两性生产关系

首先，应用女性主义的基本观念，要强调的是吾人必须将"两性"这个概念当作呈现农家中"不平等关系"的经纬。这种不平等的关系表现在农场上则是一般的女性劳工往往被剥夺了争取酬劳或一切生产利益的权利。也就是说，在父权文化、家庭生计之维持、外来市场的压力与资产阶级剥削之下，农场妇女常常成为家庭中两性不平等关系下的牺牲者。[1] 为了解决这种不平等的现象，政治经济学派的女性主义学者致力于澄清过于狭隘的农业劳动力（Farm Labor）及农场劳动力过程（Farm Labor Process）的概

---

[1] Bourque Susan & Kay Warren, *Women of the Andes: Patriarchy and Social Change in Two Peruvian Towns*, Ann Arbor: University of Michigan, 1981; Safilios–Rothschild Constantina, "The Persistence of Women's Invisibility in Agriculture: Theoretical and Policy Lessons from Lesotho and Sierra Leone", *Economic Development and Cultural Change* 33, 1985: 299–317; Dwyer Daisy & Judith Bruce eds., *A Home Divided: Women and Income in the Third World*, California: Stanford University Press, 1988; Whatmore Sarah, "Farm Women's Roles to Gender Relations: Developing Perspectives in the Analysis of Farm Women", *Sociologia Ruralis* 28, 1988: 239–247; Redclift Nanneke & Sarah Whatmore, "Household, Consumption and Livelihood: Ideologies and Issues in Rural Research", *Rural Restructuring: Global Processes and Their Responses*, eds. Marsden et al., London: David Fulton Publishers, 1990, 182–194.

念，并将社会及文化建构的两性的意义融入这两种概念里。①

其次，吾人需特别注意的是，妇女所从事的农场工作自古以来都被视为维持家计之生产活动（Subsistence Production）。也就是说，被视为非营利或非市场交易型的生产活动。事实上，她们所参与的农业生产活动对家计生产（Subsistence Production）及交易生产（Market Production）都有同样的贡献。根据诸多研究的发现，农家妇女对家计生产活动（如，子女教养与教育、家禽畜副业型的饲养、花或菜圃的照顾及其他非营利的农业生产内容）的贡献是造成她们被忽视，甚至被视为男性之附属的主因。②

这类妇女虽实际参与了维持农家农业生产的工作，却无法享有合理的且与男性同等的待遇。③ 这都得要完全归因于她们所扮演的角色过于复杂，在忙于农场工作（无论是协助农务还是独立经营）之同时，她们还得尽所谓女人的本分，负责完成家庭事务。更甚者，妇女很可能在同一时间点从事农务及家务工作。这个"同时"，事实上增加了界定及测量其参加农务工作的困难度。④ 欲解决此困难，我们必须从家庭式的农业生产过程及生产关系角度做一番解析与调整。

诚如本文前面之说明，无论在个体经济学还是在政治经济学派的论点中，农家妇女基本上是无从被认定为有交易价值的劳动力，或是资本累积中的劳工阶级的。虽然马克思主义者的确曾将以家庭生计为目标的生产活

---

① Sachs Carolyn E., *The Invisible Farmers: Women in Agricultural Production*, Totowa: New Jersey, 1983; Reimer Bill, "Women as Farm Labor", *Rural Sociology* 51, 1986: 143-155; Whatmore Sarah, *Farming Women: Gender, Work and Family Enterprise*, London: MacMillan Publishers Limited, 1991.

② Sanday P. Reeves, "Toward a Theory of the Status of Women", *American Anthropologist* 75, 1973: 1682-1700; Bourque Susan & Kay Warren, *Women of the Andes: Patriarchy and Social Change in Two Peruvian Towns*, Ann Arbor: University of Michigan, 1981.

③ Sen Gita, "Women Workers and the Green Revolution", *Women and Development: The Sexual Division of Labor in Rural Societies*, ed. L. Beneria, New York: Praeger, 1982, 29-64; Dwyer Daisy & Judith Bruce eds., *A Home Divided: Women and Income in the Third World*, California: Stanford University Press, 1988.

④ Fassinger Polly A. & Harry K. Schwarzweller, "Work Patterns of Farm Wives in Mid-Michigan", *Research Report from the Michigan State University Agricultural Experiment Station* 25, 1982: 1-19; Gasson Ruth, "Changing Gender Roles: A Workshop Report", *Sociologia Ruralis* Vol. XXVIII-4, 1988: 301-305; Sachs Carolyn E., "The Participation of Women and Girls in Market and Non-Market Activities on Pennsylvania Farms", *Women and Farming: Changing Roles*, eds. Wava G. Haney & Knowles, Boulder: Westview Press, 1988, 123-134.

动（例如，为家庭消费之生产活动）列入所界定的广义的经济活动中，他们仍忽略了经济活动中的劳动力有两性分类的意义。所以，这里必须强调的是，所谓的经济活动，不应只包含对交易价值（Exchange Value）有贡献的生产活动，也应包括对基本利用（Use Value）有贡献的生产活动。①

而家庭式农场乃是一个整合着两类与生产有关的活动——生产活动（Production Activities）及再生产活动（Reproduction Activities）——的独特单位，且此两类活动在家庭农业生产过程中是密不可分的。过去的理论很可惜地将这两种生产活动做了绝对对立的划分，以至于许多研究只片面地分析生产活动领域中的劳动力，却忽略了再生产活动对生产活动具有支持作用及二者密切相连的重要性，② 因此仍无法一针见血地解释这种需要整合两种生产活动互动关系的连续性生产单位。

近年来，已有部分研究对这两个领域之密切关系提出观点并发现妇女在农家中具有"内在价值转换"（Domestic Intermodal Value Transfer）的重要性。这种重要性，在资本主义劳动力市场的冲击下，使妇女只有尽量补助男性对农家薪资收入不足之余地。③ 所以，她们对农业的投入变成了维持农场生存以及补充农家收入的策略，更成为被剥削劳动力的牺牲者。④

---

① Sachs Carolyn E., *The Invisible Farmers: Women in Agricultural Production*, Totowa: New Jersey, 1983; Reimer Bill, "Women as Farm Labor", *Rural Sociology* 51, 1986: 143 – 155; Whatmore Sarah, *Farming Women: Gender, Work and Family Enterprise*, London: MacMillan Publishers Limited, 1991.

② Raynolds Laura, "Women and Agriculture in the Third World: A Review and Critique", *Towards a New Political Economy of Agriculture*, eds. Fredland et al., Boulder: Westview Press, 1991, 339 – 363.

③ Reimer Bill, "Women as Farm Labor", *Rural Sociology* 51, 1986: 143 – 155; Wenger Morton G. and Pem Davidson Buck, "Farms, Families, and Super-exploitation: An Integrative Reappraisal", *Rural Sociology* 53, 1988: 460 – 472.

④ Arizpe Lairds, "Relay Migration and the Survival of the Peasant Household", *Towards a Political Economy of Urbanization in Third World Countries*, ed. H. Safa, Delhi: Oxford University Press, 1982, 19 – 45; Buttel Frederick H., Gilbert W. Gillespie, "The Sexual Division of Farm Household Labor: An Exploratory Study of the Structure of On – Farm and Off – Farm Labor Allocation among Farm Men and Women", *Rural Sociology* 49, 1984: 183 – 199; Safilios – Rothschild Constantina, "The Persistence of Women's Invisibility in Agriculture: Theoretical and Policy Lessons from Lesotho and Sierra Leone", *Economic Development and Cultural Change* 33, 1985: 299 – 317; Bokemeier Janet & Ann Tickamyer, "Labor Force Experiences of Nonmetropolitan Women", *Rural Sociology* 50, 1985: 51 – 73; Spiro Heather, "Women Farmers and Traders in Oyo State, Nigeria", *Geography of Gender in the Third World*, eds. J. Momsen & H. Townsend, Albany, New York: State University of New York Press, 1987, 173 – 191; Alston Margaret O., "Women and Their Work, on Australian Farms", *Rural Sociology* 60, 1995: 521 – 532.

为了将两个分立的生产与再生产领域联结成具备连续性且动态的整合体，政治经济学派的新女性主义学者将再生产活动领域（Reproduction Sphere）重新定义，并分化出新的两个生产领域——生物性生产过程（Biological Process）以及劳动力之再生产过程（Reproduction of Labor Process）。其中，生物性生产活动纯粹指的是所谓的生育行为。而劳动力再生产活动则指的是养育小孩、烹饪、家务等有关家庭生计的活动，此种活动又可称为家计生产活动（Subsistene Production）。[1] 其中，劳动力再生产活动成为联结生物性生产活动及市场性生产活动（Market Production）的枢纽。[2]

如此界定之后，农家即可被视为一个包含从生物性生产、劳动力再生产到市场交易生产之连续性的基本单位。[3] 这个连续体中事实上存在动态的互动关系，没有了生物性生产活动，具维持日常家计功能之劳动力再生产活动就不可能存在，也就是说，家庭谋生将面临困难。然而，这两个生产领域里的劳动力——或称家庭内劳动力（Domestic Labor）——正是被一般政治经济学研究者扭曲成无酬的或无商品价值的劳动力。在家庭农场里，所有的家庭成员都有沦为此种命运的机会。更进一步地说，没有了这些家庭内劳动力为后盾就不会有农家农业生产在市场经济里存活的机会。

这种互动连续的生产过程因此可以视为同时被两性与阶级关系所建构的。这种生产单位——尤其是农家——从此便不能被视为一个纯为家庭繁

---

[1] Whatmore Sarah, *Farming Women: Gender, Work and Family Enterprise*, London: MacMillan Publishers Limited, 1991.

[2] Whatmore Sarah, *Farming Women: Gender, Work and Family Enterprise*, London: MacMillan Publishers Limited, 1991; Whatmore Sarah, "Farm Women's Roles to Gender Relations: Developing Perspectives in the Analysis of Farm Women", *Sociologia Ruralis* 28, 1988: 239 – 247; Sachs Carolyn E., "The Participation of Women and Girls in Market and Non – Market Activities on Pennsylvania Farms", *Women and Farming: Changing Roles, Changing Structures*, eds. Wava G. Haney & Knowles, Boulder: Westview Press, 1988, 123 – 134; Redclift Nanneke & Sarah Whatmore, "Household, Consumption and Livelihood: Ideologies and Issues in Rural Research", *Rural Restructuring: Global Processes and Their Responses*, eds. Marsden et al., London: David Fulton Publishers, 1990, 182 – 194; Alston Margaret O., "Women and Their Work, on Australian Farms", *Rural Sociology* 60, 1995: 521 – 532.

[3] Friedland William H., "Women and Agriculture in the United States: A State of the Art Assessment", *Towards a New Political Economy of Agriculture*, eds. Friedland et al., Boulder: Westview Press, 1991, 315 – 338.

衍（Reproduction）而存在的实体。相反的，它应被视为被两性类别结构化的一个社会单位，以及使社会中父权关系得以维持的重要机构。所以，家庭中的两性角色可以放在更广的社会文化制度化的两性规范及关系中进行分析，例如性别角色之认同、两性权力之分配与两性劳动力的分工。

将这个分析架构应用到了解妇女的劳动力投入家庭式农业生产上，妇女则应被视为农家里的机动性角色——劳动力（无论这劳动力是属生产性的还是再生产性的），她的角色可在不同领域中随时改变和调整。也就是说，根据这种全新的界定，农场妇女在此一连续单位中所参与的任何大小或过去被发现为重叠却无法被确认的家务及农场工作便可以清楚地在这三种生产与再生产领域里一一呈现出来，而且一点也不会遗漏她们在农家、家庭农场及市场中的各个角色。[①]

所以，综合劳动力再生产与市场生产活动的定义，吾人可以很确切地界定农家妇女所参与的所有与农业有关的活动。无论那些活动是为了家庭自我消费之用还是为了市场买卖之用，都应该被视为农业劳动力范围内的生产活动。在这种新的定义之下，所谓的妇女劳动力投入农业生产所包含的"农场工作"便应该广义地包含能增进农场有效率之管理的所有相关的活动。其内容不仅应包括与农业生产之投入及产出有直接关系的工作项目（如耕种操作、机械维护、仓储运销等），更应包括有间接关系却隐形的工作项目（如农业记账、买卖、储汇等差事，维护农业劳动力的支援性工作）。

五　结语

本文主要的目的是批判过去个体经济及政治经济学草率地将家计生产活动中之劳动力投入摒除，以至于无法有力地解释农家生产中劳动力的价值，更藐视了大量投入农业生产的农家妇女。然后经由引进以两性及两性关系为重心的女性主义观点，在重新建构各种生产活动领域的基础上，尝

[①] Elbert Sarah, "Women and Farming: Changing Structures, Changing Roles", *Women and Farming: Changing Roles, Changing Structures*, eds. Wava G. Haney & Knowles, Boulder: Westview Press, 1988, 245-264.

试赋予农家妇女劳动力更明确的定位，使之兼具概念性以及测量分析上的意义。过去的文献里，我们不难在欧美学术界找到可以验证本文的实证研究，① 但笔者认为这类的研究在台湾仍有待继续努力。为了加强对此一农家（或妇女）劳动力之全新的诠释，未来实证研究的努力方向除了地毯式地对各种农业产业做个别以及比较的研究之外，在研究方法上，笔者建议同时运用抽样调查及深入田野的个别访谈的方法，互相呼应，期望能达到未来理论建构的终极目标。

除此之外，在理论层次上，本文的探讨仍处在初步的发展阶段。所以不免有一遗憾，即在运用女性主义观点时，无法将各派女性主义论点做详尽的比较论述与应用，这项有意义的工程希望在本文的抛砖引玉之下，未来能继续发展下去。

---

① Whatmore Sarah, *Farming Women*: *Gender*, *Work and Family Enterprise*, London: MacMillan Publishers Limited, 1991.

社区妇女环境教育目标之发展及其争议点之探讨

王顺美 周如芬*

一 前言

(一) 妇女在环境保护中的角色

妇女在自然资源管理中一直扮演着重要角色。从食物的收集制作、能源的预备、水的管理、环境的清洁到家庭采购消费,妇女一直与环境有直接或间接的互动,[①] 而妇女这些经营环境的经验与技术,对环境管理与环境问题的解决有着重要的意义。在1992年地球高峰会议(Earth Summit)上所签署的《二十一世纪章程》(Agenda 21)中更大力提倡:

> 努力提升妇女在环境与发展领域中,扮演决策者、规划者、技术顾问、管理者与推广工作者的比例。到公元2000年,应消弭妇女参与永续发展与公众生活的障碍,包括宪法、法律、管理、文化、行为经济等。为此政府应有明确的政策与国家计划,追求社会各层面的平等,

---

* 王顺美,时任职于台湾师范大学环境教育研究所;周如芬,时任职于台湾中坜家事商业职业学校。原文刊于《妇女与两性学刊》1998年第9期。

① Freeman H. R., "Women and Environmental Education: Worldwide Networks Experience, in International Education Seminal for Women", Taipei, Taiwan, 1993.

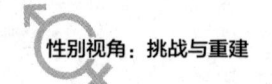

让两性享有相同的权力。①

从宣示中可预见妇女在维护环境及永续发展上，将扮演日益重要的角色。不过在达到这个程度之前，需先使妇女能克服畏惧权力的心态与障碍，将其转变成善用权力（power）的态度。② 而欲唤醒妇女自觉，使其对各种环境议题能善用权力，则有赖于教育妇女，促使她们对环境问题的觉醒（awareness）。③

现代妇女具有多重角色，在多种场合能够发挥妇女环保的力量，本研究将探讨所有妇女共同的角色——社区妇女，来作为妇女环境教育的起点，一方面因为社区是人们共同生活的范围，是家庭所在，亦是家庭的延伸，居民容易产生共识，有助于环境教育的推展；另一方面社区环境与民众生活息息相关，社区议题和环境都是很好的环境教育题材，联合国教科文组织（United Nations Educational Scientific Cultural Organization，UNESCO）曾指出环境教育要以社区为基础。④

（二）社区妇女环境教育目标的需要

要推动社区妇女环境教育首先要有目标，但目前还缺乏。环境教育的发展过程中，环境教育的目标（goals）曾被广泛描述和讨论。⑤ 早期斯塔普等人（Stapp et al.）提出环境教育应发展出能够有知识地关切环境及其问

---

① Sitarz D., *Agenda 21: The Earth Summit Strategy to Save Our Planet*, Boulder Colo: Earth Press, 1993；《绿色希望：地球高峰会议蓝图》，林文政译，台北市：天下文化出版股份有限公司，1994，第287~294页。
② LeBourdais L., "Women & Environmental Activity", *Women and Environments* 12, 1991: 4-5.
③ Bhardwaj P. P., "Custodians of the Environment", *Women and Environments* 13, 1993: 30-31.
④ UNESCO, *Environmental Education in the Light of the Tbilisi Conference*, Paris: UNESCO, 1980.
⑤ Disinger J., *Environmental Education's Definitional Problem*, (Information Bulletin No. 2), Columbus, Ohio: ERIC/SMEAC, 1983; Volk G., Hungerford H. & Tomera A., "A National Survey of Curriculum Needs as Perceived by Professional Environmental Educators", *Journal of Environmental Education* 16, 1984: 10-19; Simmons D., "Are We Meeting the Goal of Responsible Environmental Behavior? An Examination of Nature and Environmental Education-center Goals", *Journal of Environmental Education* 22, 1991: 16-21.

题,知道如何解决问题,并有意愿去采取行动的公民。① 1975年于南斯拉夫贝尔格勒(Belgrade)举行的环境教育会议,订出了五个环境教育目标领域"觉知"(Awareness)、"知识"(Knowledge)、"态度"(Attitude)、"技能"(Skill)、"参与"(Participation),并明确了各领域的内涵。亨格福德等人(Hungerford et al.)提出环境教育超目标(superordinate goal)"协助公民有环境知识、技能和意愿,通过个别的或集体的努力去达成或维系一个生活品质与环境品质的平衡"。② 美国翰墨和沃尔克(Hammerman & Voelker)则利用大慧调查法,③ 邀请全美各州58位环境教育人员,共同制定出美国的环境教育目标与优先次序。④

台湾地区自"环保署"成立教育宣导科,环境教育的推动已有十年,但是对于发展的方向少有讨论,仅台湾"教育部"于1992年草拟的《环境教育纲领》曾订定环境教育宗旨及目标,并在研讨会中公开提出。⑤ 这一目标的订定着重于概括性宣示,尚未针对特殊对象发展适合的目标,并且也偏向于知识、态度、技能、价值观的建立和个人生活方式的改变,未有鼓励学习者采取社会行动来解决环境问题的内容,如,政治行动或法律行动。

推动社区妇女环境教育首先要建立它的内涵及目标,而界定教育目标多采取面对面的方式或大慧调查法(Delphi technique)来进行,透过相关领域专家的脑力激荡建立共识、共同发展产生。⑥ 本研究为获得会议时脑力激荡的效果和问卷调查法中的隐秘性,决定采用大慧调查法界定"理想的社区环保妇女"的内涵,发展出一套适合台湾地区社区妇女的环境

---

① Stapp W. et al., "The Concept of Environmental Education", *Journal of Environmental Education* 1, 1969: 30–31.
② Hungerford H., Peyton R., "Goals for Curriculum Development in Environmental Education", *Journal of Environmental Education* 11, 1980: 42–47.
③ 大慧调查法,即大陆所称的德尔菲法。——编者注
④ Hammerman E. & Voelker A. M., "Research Based Objectives for Environment Education: Consensus on the Past; A Base for the Future", *Science Education* 71, 1987: 29–40.
⑤ 台湾"教育部":《环境教育纲领(草案)》,《台湾"教育部"八十一年度环境教育研讨会会议手册》,台北市:台湾"教育部",第1~8页。
⑥ English F. W. & Kaufman R., *Need Assessment: A Focus for Curriculum Development*, Washington D. C.: Association for Supervision and Curriculum Development, 1975, 19–32.

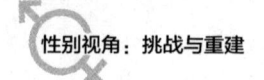

教育目标。

(三) 社区妇女环境教育的可能争议

近二三十年的妇女运动发展出生态女性主义（Ecofeminism），提出了新的价值观和社会结构。① 另外，近年妇女的声音不断在国际环境会议中出现：在环境问题解决与环境管理的决策中，需要有女性的参与（United Nations Conference on Environment and Development，UNCED）。② 但这股声音在过去环境教育目标订定时尚未出现，环境教育的文献较少提及，不过近年迪奇罗（Di Chiro）曾呼吁要以女性观点看环境及环境问题，并提出了女性主义者的环境教育。③

环境教育目标本来多争议，如今加入女性的声音，所以社区妇女环境教育的方向、目标似乎需要纳入相关的领域，进行广泛的讨论。本研究除了环境教育或自然保育的专家外，还将纳入女性主义者、妇女教育者、社会学者及社区教育的专家。

另外，台湾地区对于环境教育的目标、内涵少有文献讨论，恐潜藏着多种意见。过去在传统大慧调查法进行过程中，专家之间往往看法不同，难以达成共识，而这些争议点确实能引发深思，值得探讨。所以后来演变出政策大慧调查法（Policy Delphi），其进行的程序虽相同，但研究目的并不是要求专家达成共识，而是要他们就所探讨的问题，找寻涉及的多种替代看法。④ 本研究的目的是，以大慧调查法，找出较有共识性的"理想的社区环保妇女"的内涵，并发展出"社区妇女环境教育目标"；另外参考政策大慧调查法的精神探讨发展过程中争议点的意涵。

---

① Merchant C., "The Death of Nature", *Environmental Philosophy*: *From Animal Right to Radical Ecology*, eds. Warren, lnk. Et al, Prentice Hall, 1993, 268 – 283.
② UNCED, Women at UNCED (United Nations Conference on Environment and Development) UNCED Network News, 1992, 4.
③ Di Chiro G., "Environmental Education and Question of Gender: A Feminist Critique", *Environmental Education*: *Practice and Possibility*, ed. Robttom I., Victoria Australia: Deakin University Press, 1987, 23 – 48.
④ 王文科：《教育研究法》（第四版），台北市：五南书局，1995。

二 研究方法

大慧调查法乃是针对研究的问题，向有关专家学者及实务人员，反复（iterative）多次实施调查，并将其调查结果的变动情形，向专家学者提示，考察其意见的收敛程度，以期获得解决问题的根本有效途径的调查方法。① 大慧调查法兼具会议和传统问卷调查法的优点，它具有问卷调查法中的隐秘性（anonymity）及召开会议时的脑力激荡（brain storming）的效果。②

本研究为了界定一个比较本土想法的"理想的社区环保妇女"和"社区妇女环境教育目标"，特别采用访谈方式，根据下面三个访谈问题，收集专家的意见，辅以文献上有关妇女环保的重点，形成结构式问卷。访谈题目第一题是让受访者思考心目中一个环保妇女的形象，即一种对未来环保妇女的愿景（vision）。第二题将理想的环保妇女的表现，界定在社区（包含家庭）环境问题的解决方面，此乃考虑环境教育"解决环境问题"的特质和本研究的主题，具体呈现妇女在社区负责任的环境行为。此二题的访谈结果，笔者根据相似性归类，整理出有关"理想的社区环保妇女"的叙述共十三条，另加《二十一世纪章程》中，"能够排除存在各自领域的性别不平等或女性刻板印象"一条。第三题是让受访者明确指出"社区妇女环境教育的目标"，由于受访者的论点多与前两题雷同，甚至有的受访者表示不愿重复叙述，本题的受访结果与前两题的受访结果，依《贝尔格勒宪章》（Belgrade Charter）所订出的五个环境教育目标领域"觉知"（Awareness）、"知识"（Knowledge）、"态度"（Attitude）、"技能"（Skill）、"参与"（Participation）进行归类，形成二十六条关于"社区妇女环境教育目标"的叙述。

访谈题目：

1. 您理想中的环保妇女应该有怎样的理念、态度或行为？
2. 一位具有环保理念的妇女在面对社区环境问题上能扮演怎样的角色？
3. 未来社区妇女的环境教育目标为何？

---

① Linstone H. A., "The Delphi Technique", *Handbook of Futures Research*, ed. J. Fowless, London: Greenwood Press, 1978, 273–300.
② 谢文全：《德怀术在教育上的研究》，《今日教育》1987年第34期。

各题目在叙述之后，列有"重要程度"的"圈选"栏和"评论"栏。其中"重要程度"为等距尺度（interval scale），依序是"不重要""有点重要""重要""非常重要"，在统计时分别以"1""2""3""4"来加以计分。

本研究在取样上，依照大慧调查法挑选形成大慧结构问卷的访谈者，和回答大慧问题的小组成员。基本上接受访谈者与小组成员是同一批人，但因部分受访者不愿意参与结构问卷的调查，另找寻其他专家替代。在取样过程中，首先成立一个由三位环境教育学者组成的委员会，由委员会再依照研究主题"社区妇女环境教育"，挑选在社区、妇女、环境教育三个不同领域的专家和资深的环保妇女，组成本研究的大慧调查小组。取样上参考德尔贝克（Delbecq）的建议和相近性别比例的原则为考量。① 结果小组共28位专家，各领域的人数、性别比例、专家背景如表1所示。

表1 大慧调查小组各领域之专家群人数及性别比

单位：位

	选定人数	女/男	专家背景
环境教育领域	10	4/6	环境教育、自然保育、资源经营管理、地理、植物、动物
妇女领域	6	4/2	妇女教育、乡村妇女教育推广、妇女团体
社区或社会领域	6	3/3	环境社会、社会变迁、社区教育、大众传播
具经验之妇女	6	6/0	环保团体领导人、环保义工、社区环保妈妈领导人、学校教师
合 计	28	17/11	

本研究共实施两次问卷调查。在第二次问卷中，呈现第一次问卷各题项的简单统计结果以显示各题的集中情形，加上他（她）人的评述，所以小组成员可依此了解他（她）人的看法。最后以大慧调查小组对问卷的叙述达成共识，或未达共识但小组成员前后两次回答坚持自己的看法，为问卷实施收敛的依据。

对问卷的统计与分析包括质与量的分析。

1. 质的分析：对于各次问卷中各题项的"意见说明"与"综合评论"

---

① Delbecq A. L. et al., *Group Technique for Program Planning: A Guide to Nominal Group and Delphi Processes*, N. J.: Scott, Foresman company, 1975.

予以整理归纳，并呈现争议点与探讨背后的意涵，见"讨论"部分。

2. 量的分析：分成"重要性"与"变异度"两个层面探讨。以平均数（M）呈现重要性的数值，以标准差（SD）呈现整体专家学者回答之差异状况，比较说明不同题项之重要性和内部之变异度。对于 M≤3 者则视之为重要性低的题项，予以删除。

三 研究结果

结果部分将问卷的统计结果、评定者的评论及修正意见，分别以表格列出。其中对重要性低（M≤3）的题项予以删除；对评定者提出修正的意见，研究者斟酌后做一些字句上的修正，原则是让原有的叙述更加明确与精简，包容性更大，而仍与环保相关。

（一）理想的社区环保妇女

1. 二次问卷统计结果

表 2 显示，在第一次问卷的结果中，各题的重要程度，以题项 5、9、10、11 之平均值较高，题项 2 最低，平均值为 2.44。在变异程度上，以题项 3、5、9、10、11 有较低的标准差，题项 1、2、8、12 有较高的标准差（SD＝0.73），题项 8 的勾题分布情形分散在两端，显示评定者持极端意见。

表 2 "理想的社区环保妇女"各叙述之平均值、标准差及修正

第一次问卷题项	M	SD	第二次问卷题项	M	SD
1. 能自我意识觉醒；了解自我，发展自我	3.25	0.88	同左	3.30	0.87
2. 能够排除存在各自领域（如法律、文化、经济、社会）的性别不平等或女性刻板印象	2.44	0.92	删除	—	—
3. 能了解并肯定自己在环保工作上的能力及重要性	3.57	0.5	同左	3.59	0.50
4. 能终生不断吸收环保的资讯	3.64	0.57	能终生不断吸收环保及其相关的知识	3.63	0.56
5. 能具有环保价值观：即在做决定时，能考虑环境因素及尽量坚持有利于环境的方式	3.74	0.44	同左	3.70	0.47

续表

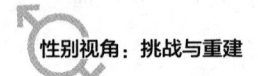

第一次问卷题项	M	SD	第二次问卷题项	M	SD
6. 能深度了解人与环境之互动关系	3.50	0.58	同左	3.41	0.69
7. 能了解在社会、政治、经济上的环境议题,并以环保观点理性地提出自己的看法与主张	3.30	0.63	能了解环境议题背后有关社会、政治、经济层面的问题,并以环保观点理性地提出自己的看法与主张	3.41	0.50
8. 能以全球性的思考来衡量环境问题	3.04	0.73	能以全球性的观点来衡量及思考某些环境问题	3.0	0.83
9. 能具有正确的消费理念及自我反省的环境态度,有惜福爱物及减废的生活观念	3.82	0.4	能具有自我反省的环境态度及正确的消费理念,有惜福爱物的生活观念	3.74	0.45
10. 能在日常生活中保持环保行为,并能持续进行	3.75	0.54	删除	—	—
11. 能主动透过自身环保行为去影响周遭人也跟进	3.75	0.53	能主动透过自身环保行为去影响周遭人	3.78	0.51
12. 能监督、干预不利于环保之事,纠正不利于环保之行为	3.32	0.75	能监督、干预不利于社区环境之事,纠正不利于环境之行为	3.22	0.80
13. 能关心社区公众事务,提供意见,进而参与社区决策	3.57	0.65	能关心社区公众事务,主动提供意见,进而参与社区决策	3.59	0.57
14. 能与志同道合者共同进行环保活动,互相交换信息	3.61	0.58	能与志同道合(包括参与环保团体)者共同进行环保活动,互相交换信息	3.63	0.56
	*	*	15. 能自动参与环保团体,从做中学,或边学边服务	3.41	0.75

从结果整体来看,专家群一致赞同理想的社区环保妇女能"在日常生活中保持环保行为并影响周遭人""能肯定自己在环保工作上的能力及重要性""能不断吸收环保的知识,具有环保价值观,并了解人与环境的互动关系",在行为上能"监督、干预不利于社区环保之事,甚至主动提供意见,并与志同道合者共同进行环保活动"。另外,较有争议的为是否要将"能自我意识觉醒""破除各领域的女性刻板印象""具全球观"当作理想的社会环保妇女的条件。

与第一次问卷结果比较,第二次问卷中各题项的平均值变化不大。前后标准差大于0.1的题项为6、7、8三题,其中对于题项8的看法第二次分歧较大，重要性略下降。新增的题项 15 "能自动参与环保团体，从做中学，或边学边服务"，平均值与标准差各为 3.41 和 0.75。

2. 题项之修订与争议议题项

两次问卷回复中，评定者对各题项提出了一些修订，包括字句的修正与删除，其中第一次问卷后修正的结果即为第二次问卷题项（如表 2 第四栏）。题项 15 为新题项，题项 14 "能与志同道合者共同进行环保活动，互相交换信息"修改为"能与志同道合（包括参与环保团体）者共同进行环保活动，互相交换信息"；至于有些未有评定者提出修正意见的题项（如第 9 题），也由研究者对字句反复推敲后进行了修正。

评定者除了评定各题项的重要性外，亦给予了他们的看法，争议较多的题项为 1、2、8、13，如表 3。综合量化结果和专家的意见，对题项 2 "能够排除各领域所存在的性别不平等或女性刻板印象"不赞成的意见多，研究者斟酌评定者所提供的意见及该题 M<3，将此题从第二次问卷中删除。题项 10 虽有极高的平均值，但因有评定者认为其与题项 5 和题项 9 有点重复，经研究者斟酌此三题的词句后，将题项 10 予以删除，题项 1 参考评定者意见"与本研究主题无直接关联"而删除。

表 3 "理想的社区环保妇女"有争议题项之意见汇整

题项	意见汇整
1. 能自我意识觉醒，了解自我，发展自我	Ⅰ * 题意不清，偏离主题
	* 自我觉醒，不一定会投入环保
	* 自我意识的觉醒是做环保的内在动力
	Ⅱ * 自我意识觉醒者，可较能意识到环境品质之重要，但自我意识觉醒与致力于环保工作并无明显直接的关系。对任何人而言，自我的了解与发展都是重要的。唯一要注意的是自我意识过度发展，是否会使人忽略其他人、生物或环境的存在
	* 没有自我意识觉醒，是无法真实参与任何工作，唯有意识觉醒才是所有行动的动力
	* 对于年纪长或知识程度低之行动派妇女，未必会有此意识
2. 能够排除存在各自领域（如法律、文化、经济、社会）的性别不平等或女性刻板印象	Ⅰ * 这一点很难做到
	* 题意不清，偏离主题
	* 需要，但假如妇女能达到自我意识觉醒的话，这点就不是那么重要

续表

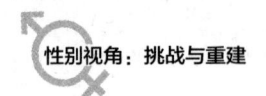

题 项	意 见 汇 整
8. 能以全球性的思考来衡量环境问题	Ⅰ *"全球性的思考"对一般的民众要求太高,太难了!牵涉太远 *环境问题原本是全球性的,大家都是地球圈的,问题是密切相关 Ⅱ *环保并不只是一种行动,更该是一种修养。"Think globally, act locally"应成为口号,全球性的环保虽有些遥远,但重要 *对一般民众要求太高 *那样的妇女是金字塔顶端的妇女,既不普遍亦可能与实际生活习惯脱节
13. 能监督、干预不利于环保之事,纠正不利于环保之行为	Ⅰ *某些角色可进行,但是少数人,大多数是默默的 Ⅱ *小心!生命安全会受影响才能主动 *这一题与上一题是不同性格的人的不同做法 *中国人一向以情理法自居,除非有法的依据,否则效果不大 *需要做到勇于监督是困难的

注:Ⅰ表示评定者对第一次问卷的意见,Ⅱ表示评定者对第二次问卷的评定。

3. 小结

根据这次大慧调查法问卷的结果,本部分"理想的社区环保妇女"的特质按其重要性排序如下。

(1) 能主动透过自身环保行为去影响周遭人;

(2) 能具有自我反省的环境态度及正确的消费理念,有惜福爱物的生活观念;

(3) 能具有环保价值观:即在做决定时,能考虑环境因素及尽量坚持有利于环境的方式;

(4) 能与志同道合(包括参与环保团体)者共同进行环保活动,互相交换信息;

(5) 能终生不断吸收环保及其相关的知识;

(6) 能关心社区公众事务,主动提供意见,进而参与社区决策;

(7) 能了解并肯定自己在环保工作上的能力及重要性;

(8) 能了解环境议题背后有关社会、政治、经济层面的问题,并以环保观点理性地提出自己的看法与主张;

(9) 能自动参与环保团体,从做中学,或边学边服务;

(10) 能深度了解人与环境之互动关系;

(11) 能监督、干预不利于社区环境之事,纠正不利于环境的行为;

(12) 能以全球性的观点来衡量及思考某些环境问题。

(二) 社区妇女环境教育目标

本部分主要由受访者回答"社区妇女环境教育目标"的内容发展而来,也有些部分是将理想的社区环保妇女的内涵,以教育目标的方式具体陈述,并依照环境教育目标的五个领域加以归类。

1. 觉知 (Awareness)

本部分在第一次问卷中共有题项1、2、3,经过修订后删除题项3,同时增加评定者提供的题项4、5,因此第二次问卷共有四题。

(1) 两次问卷的统计结果

表4是两次问卷的主要统计结果。从表中可看出题项1、2与第二次问卷中新增的题项4皆是评定者认为较重要性的项目（M＞3）。题项3、5的重要性程度较低,其标准差也较高,显示评定者对此二题有不同的意见。

表4 社区妇女环境教育"觉知"领域目标之平均值、标准差及修正

第一次问卷题项	M	SD	第二次问卷题项	M	SD
1. 培养妇女对外在环境（如家庭生活、社区环境）的敏锐性	3.46	0.73	对外在环境的改变有强的敏锐性	3.46	0.71
2. 培养妇女对自我了解、自我潜能的敏锐性,以促成意识的觉醒	3.18	0.87	能了解自我及其潜能,以促成意识的觉醒	3.19	0.9
3. 协助妇女察觉各领域所存在的性别不平等	2.37	1.05	（删除）	—	—
	*	*	4. 能察觉妇女在环保上所应扮演的角色	3.08	0.80
	*	*	5. 建立生活环保上的领导意识,由环保来提高妇女地位	2.62	1.17

(2) 题项修订及争议性的题项

有关"觉知"目标的题项经过了两次问卷修订,第一次修订的结果为第二次问卷的题项,如表4的第四栏。另外题项2"能了解自我及其潜能,以促成意识的觉醒",有评定者在第二次问卷中提出了不同看法,也因与本研究主题无直接关系而删除。第二次修订后问卷如下。

题项1：对外在环境的改变有强的敏锐性——对外在环境（如家庭生活环境、社区环境）的状况有强的敏锐性。

题项4：能察觉妇女在环保上所应扮演的角色——能察觉妇女在环保上所应扮演的积极角色。

表5为评定者在第二次问卷中对本领域的较具争议题项3、5提出之评论。研究者根据评定者的评论及重要性评定结果，将重要性偏低并且共识性较差的题项3、5删除（见表5）。

表5　社区妇女环境教育目标"觉知"领域有争议题项之意见汇整

题　项	意　见　汇　整
3. 协助妇女察觉各领域所存在的性别不平等	Ⅰ *性别不平等与环境教育并不直接相关，它可能是推动环保的妇女共有的特色，但不是参与推动环保活动必须具有的条件
	*应从知识态度层面先做起，其实不需强调性别不平等，环保其实是老幼皆该做的，环保也不是妇女专利
5. 建立生活环保上的领导意识，由环保来提高妇女地位	Ⅱ *前后两句不太相关
	*会变成异类！妇女不必要自我膨胀，也不一定由环保来提升地位
	*在环保领域中提高妇女地位一定是很重要的吗

（3）小结

"觉知"领域的环境教育目标，在协助妇女：

a. 对外在环境（如家庭生活环境、社区环境）的状况有强的敏锐性；

b. 能察觉妇女在环保上所能扮演的积极角色。

2. 知识（Knowledge）

本部分在第一次问卷中共有四题，在修订过程中增加了评定者提供的题项5，第二次问卷共五题。

（1）两次问卷的统计结果

表6显示，评定者对"知识"领域中的四项教育目标的看法大略一致，$M > 3$，$SD < 1$。

表6　社区妇女环境教育"知识"领域目标之平均值、标准差及修正

第一次问卷题项	M	SD	第二次问卷题项	M	SD
1. 建立正确而完整的生态概念与原则	3.33	0.76	对生态学的原理及概念有基础性的了解	3.15	0.72

续表

第一次问卷题项	M	SD	第二次问卷题项	M	SD
2. 拓展环境认知层面，不仅是公害污染问题，还有自然保育及环境美学等部分	3.46	0.68	拓展环境认知层面，包含公害污染问题、自然保育及环境美学等部分	3.26	0.71
3. 了解个人行为对环境的影响及造成之环境成本	3.46	0.68	维持	3.52	0.75
4. 了解在日常生活中及社区中进行环境行动的机会与方式	3.5	0.68	了解在日常生活中及社区中进行环保行动的机会与方式	3.48	0.70
	*	*	5. 了解社区中可资利用及整合的资源	3.48	0.65

（2）题项之修订

第一次问卷中有评定者提到题项 2 包括环境教育四大内容中的三项，宜拆开成数条叙述，而研究者认为此三题同属知识面，为减少篇幅，仍放在一起。对题项 4 有评定者认为"机会可以自行创造而非了解"，研究者相当赞同此观点，但对于一位社区工作的生手，机会创造之前还需清楚利用什么时机，本题所要传递的正是这种观点。

（3）小结

经过两次问卷的评定与修订后，"知识"领域的环境教育目标依其重要性排列如下。

a. 了解个人行为对环境的影响及造成之环境成本；

b. 了解在日常生活中及社区中进行环保行动的机会与方式；

c. 了解社区中可资利用及整合的资源；

d. 拓展环境认知层面，包含公害污染问题、自然保育及环境美学等部分；

e. 对生态学的原理及概念有基础性的了解。

3. 态度（Attitude）

本部分在第一次问卷中有七题，经过修订后删除第 1 题，增加评定者提供的三个题项 8、9、10，因此，第二次问卷共有九题。

（1）两次问卷的统计结果

表 7 是"态度"部分的主要统计结果。从表中可看出两次问卷中重要性高的题项为 2、4、6、7，M≥3.5。重要性评定低的有第一次问卷中的

"1. 培养妇女自我实现的态度"与第二次问卷新增的"10. 培养妇女具有影响不同价值观对象的自信",皆被删除。

表7 社区妇女环境教育"态度"领域目标之平均值、标准差及修正

第一次问卷题项	M	SD	第二次问卷题项	M	SD
1. 培养妇女自我实现的态度	2.86	0.83	删除	—	—
2. 培养妇女对人与环境和谐相处的态度;能以生态考量来使用环境且尊重地球上的生命	3.54	0.57	培养妇女对人与环境和谐相处的态度:即能以生态考量来使用环境且尊重地球上的生命及非生物	3.48	0.58
3. 培养妇女在关切环境的同时,亦能关怀到与此环境相关的族群之态度	3.33	0.66	同左	3.19	0.74
4. 建立妇女以环保角度省思自我生活方式与生活行为的态度	3.50	0.57	培养妇女养成以环保角度省思自我生活方式与生活行为的态度	3.56	0.58
5. 建立妇女对地方的感情	3.29	0.69	同左	3.44	0.58
6. 培养妇女关心社区公共事物的态度	3.61	0.67	同左	3.59	0.64
7. 培养妇女愿意积极参与环保活动的态度	3.71	0.52	同左	3.63	0.63
	*	*	8. 培养妇女积极的欣赏环境之美的态度	3.25	0.82
	*	*	9. 培养妇女在面对参与环保的挫折时能自我调整的态度	3.33	0.55
	*	*	10. 培养妇女有影响不同价值观对象的自信	2.74	0.94

(2) 题项之修订与争议题项

有关"态度"目标的题项,第一次修订结果如表7的第四栏。第二次修订部分如下。

题项3:培养妇女在关切环境的同时,亦能关怀到与此环境相关的族群之态度——培养妇女在关切环境的同时,亦能关怀到与此环境相关的社群之态度;

题项6:培养妇女关心社区公共事物的态度——培养妇女关心社区公共事务的态度。

专家在此部分评论较多的题项为第1题及第10题(如表8)。其中对

题项 10 的"影响人"有较多的意见,将在讨论部分做进一步的分析。根据重要性的评定结果及负面的评论,此二题乃被删除,不过会有专家建议可增列"培养妇女有建立别人环境价值观的自信",若进行第三回合问卷,此建议应放入再讨论。

表 8　社区妇女环境教育"态度"领域有争议题项之意见汇整

题　项	意　见　汇　整
1. 培养妇女自我实现的态度	Ⅰ *自我实现不是态度 *自我实现的定义语意不明确,题意不清
10. 培养妇女有影响不同价值观对象的自信	Ⅱ *如果重在自我的实践则这点就不是那么重要 *不是影响而是尊重与包容,毕竟社会是多元的,谁能说自己就一定是对的! *不需要去影响别人不同的价值观(太广泛了!),可增列"有建立别人环境价值观的自信"

(3) 小结

经过两次问卷的修订后,"态度"领域的环境教育目标为协助妇女:

　a. 培养愿意积极参与环保活动的态度;

　b. 培养关心社区公众事务的态度;

　c. 养成以环保角度省思自我生活方式与生活行为的态度;

　d. 培养对人与环境和谐相处的态度:即能以生态考量来使用环境且尊重地球上的生命及非生物;

　e. 建立对地方的感情;

　f. 培养在面对参与环保的挫折时能自我调整的态度;

　g. 培养积极的欣赏环境之美的态度;

　h. 培养在关切环境的同时,亦能关怀到与此环境相关的社群之态度。

4. 技能(Skill)

本部分在第一次问卷中有七题,在修订过程中增加评定者提供的题项 8,因此,第二次问卷共有八题。

(1) 两次问卷的统计结果

如表 9 所示,题项 4 "获得日常生活中各种环保行为的技能"一直是整体评定者认为最重要且最具共识的项目,题项 2 "获得各种表达、沟通能力的技能"、题项 7 "获得价值观澄清的技能"在两次问卷中的平均数较其他项为高，同时这三题也较不具争议性。

题项1、3、5、6两次问卷的结果，第二次的重要性平均值低于第一次的平均值，且皆低于3.3，标准差大，显示出评定者对此四题有相当多的争议。

表9 社区妇女环境教育"技能"领域目标之平均值、标准差及修正

第一次问卷题项	M	SD	第二次问卷题项	M	SD
1. 获得独立分析及判断环境议题的技能	3.15	0.79	同左	3.0	0.78
2. 获得各种表达、沟通能力的技能，以说服他人做环保	3.37	0.82	获得各种表达、沟通能力的技能，以影响他人做环保	3.37	0.79
3. 获得认识社区环境的技能，如观察、调查、访谈、资料收集	3.29	0.78	同左	3.11	0.85
4. 获得日常生活中各种环保行为的技能，如绿色消费、绿化、减量、清洁等	3.71	0.64	同左	3.7	0.72
5. 利用选举、投书、游行等政治方式影响环境政策的技能	3.18	0.95	获得以政治方式影响环境政策的技能，如选举、投书、游行等	3	1
6. 获得组织领导的能力，能善于资源、观念、人力的整合	3.04	0.85	同左	2.89	0.85
7. 获得价值观澄清的技能，使其在环保两难困境上，能做正确的决定	3.50	0.73	同左	3.45	0.70
*	*		8. 获得规划环保活动的技能	3.04	0.81

（2）题项之修订与争议题项

在第一次问卷中主要争议部分在于，题项1、5、6所指的技能对一般妇女到底需不需要（表10），经过第一次意见的呈现后，在第二次问卷的评论中，出现了更多反对的理由，包括要妇女能独立分析很困难，采取政治方式的环境行动乃少数人的模式，以及组织领导的能力并不是每个妇女都需要的等。针对这些意见，研究者将在讨论部分做进一步分析。为尊重专家的意见，重要程度低于3的题项6，仍予删除。

表10 社区妇女环境教育"技能"领域有争议题项之意见汇整

题 项	意 见 汇 整
1. 获得独立分析及判断环境议题的技能	I * 并非要变成专业者
	II * Critical thinking！
	* 要独立分析是颇困难，况且并不是要变成专业者！
3. 获得认识社区环境的技能，如观察、调查、访谈、资料收集	I * 小心过度
	II * 有能力者此些技能已拥有
5. 获得以政治方式影响环境政策的技能，如选举、投书、游行等	I * 对一般妇女不需要
	II * 非所有人愿以此类方式表达，这是少数人的模式，而且在日后转型或实践上有落差，要视实用而定
6. 获得组织领导的能力，能善于资源、观念、人力的整合	I * 从事环保的妇女（或男人）并不一定渴望成为领导者，而可能是实践者
	II * 若是指一般妇女，则这点并不那么重要
	* 缺乏真正这样的人才，况且整合后若不妥善处理可能更糟

（3）小结

"技能"领域的环境教育目标是协助妇女获得：

a. 日常生活中各种环保行为的技能，如绿色消费、绿化、减量、清洁等；

b. 价值观澄清的技能，使其在环保两难困境上，能做正确的决定；

c. 各种表达、沟通能力的技能，以影响他人做环保；

d. 认识社区环境的技能，如观察、调查、访谈、资料收集等；

e. 规划环保活动的技能；

f. 以政治方式影响环境政策的技能，如选举、投书、游行等；

g. 独立分析及判断环境议题的技能。

5. 参与（Participation）

本部分在第一次问卷中共有两题，在修订过程中增加评定者提供的题项3，因此，第二次问卷共有三题。

（1）两次问卷的统计结果

从重要性平均值来看（表11），以原有的题项1、2较高，同时标准差较低。

表 11 社区妇女环境教育"参与"领域目标之平均值、标准差及修正

第一次问卷题项	M	SD	第二次问卷题项	M	SD
1. 参与各阶层的环保活动,从家庭、社区到社会	3.54	0.63	参与各阶层(从家庭、社区到社会)的环保活动	3.59	0.5
2. 依其能力、特质在环境行动上扮演适当的角色,如领导、创造、支持、监督、检举、干预、规划、设计、执行等角色	3.39	0.81	依其能力、特质在环境行动上扮演适当的角色,如领导、组织、创造、支持、监督、检举、干预、规划、设计、执行等角色	3.46	0.58
	*	*	3. 建立不同生涯阶段环保工作的参与规划	3.04	0.82

(2)题项之修订与争议题项

有评定者在第一次问卷中对题项 2 指出题目的设计失当或此项陈义过高;但在第二次问卷中,持反对看法者改变了意见,提出另一种考虑,认为各种角色的扮演应透过自然参与的过程,此时在旁的协助者应更加谨慎。对本领域新增的题项 3 评定者则有负面意见呈现,认为环保是生活化,而非专业化的,况且大部分人无法论及此,不过这是从现实面来考量,针对此点,研究者将在讨论部分进一步分析。

(3)小结

"参与"领域的环境教育目标是协助妇女:

a. 参与各阶层(从家庭、社区到社会)的环保活动;

b. 依其能力、特质在环境行动上扮演适当的角色,如领导、组织、创造、支持、监督、检举、干预、规划、设计、执行等角色;

c. 建立不同生涯阶段环保工作的参与规划。

四 讨论

本研究除了界定"理想的社区环保妇女"和发展一套"社区妇女环境教育目标"外,还将探讨发展过程中大慧调查小组成员的论点,以下就共识性最高的论点和五个争议点进行讨论。

（一）社区妇女环境教育应加强"生活中实践环保"！

本研究发现"生活中实践环保"是所有评定者的共识，并且皆认为很重要。如表2中"9. 能具有自我反省的环境态度及正确的消费理念，有惜福爱物的生活观念"、"10. 能在日常生活中保持环保行为，并能持续进行"、"11. 能主动透过环保行为去影响周遭人"，表9中"4. 获得日常生活中各种环保行为的技能"，其平均值皆大于或等于3.7。可见"社区妇女环境教育的目标"首在达到"生活中做环保"，而为达到此目标，其相关的觉知、知识、情意、技能目标，皆要一起配合。这也呼应了斯塔普等人（Stapp et al.）认为的，要解决环境问题的根源，应从"生活方式"（life style）改变开始。① 并且这与台湾"教育部"在《环境教育纲领》中所定的环境教育目标之一"倡导珍惜资源，确立经济发展与环境保护互益互存之理念，使全民能崇尚自然，实践节约能源、惜福、爱物及减废的生活方式"相似。②

（二）社区妇女环境教育该不该涉入女性议题？

《二十一世纪章程》将"妇女受歧视"与"妇女参与环保"这两个课题相联结，指出政府应重视妇女的环境经验，并请妇女参与国家计划，另外也呼吁各国消除或改变媒体、广告和教育中长期以来对女性的刻板印象。③ 但环境保护是否该涉入女性议题却是本研究最具争议的一项。表4中第一次问卷的"3. 协助妇女察觉各领域所存在的性别不平等"与第二次问卷的"5. 建立生活环保上的领导意识，由环保来提高妇女地位"的共同特点是均牵涉到女性地位的问题，并且重要性平均值皆小于3（介于"有点重要"和"重要"之间，标准差接近1）。不赞成前者的人主要认为环境教育

---

① Stapp W. & Cox D., *Environmental Education Activities Manual*, Dexter, M. I.: Thomson-Shore, Inc., 1979, 3–29.
② 台湾"教育部"：《环境教育纲领（草案）》，《台湾教育部八十一年度环境教育研讨会会议手册》，台北市：台湾"教育部"，第1~8页。
③ Sitarz D., *Agenda 21: The Earth Summit Strategy to Save Our Planet*, Boulder Colo: Earth Press, 1993. 《绿色希望：地球高峰会议蓝图》，林文政译，台北市：天下文化出版股份有限公司，1994，第287~294页。

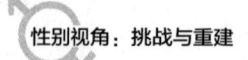

与性别不平等并非相关,且环保并不是妇女专利,更不适合凸显性别不平等这个议题;这些提出不赞成理由者包括环境教育专家及有经验的环保妇女。不赞成后者的人主要认为妇女不必要自我膨胀,也不一定要由环保来提升地位,这些反对理由也主要由环境教育专家、自然保育专家、环保妇女提出,一位女性主义者及一位社区教育者有类似的评论。

研究者在制作大慧调查问卷进行访谈时,受访者即提出"环保本是不分性别"的,建议以妇女环保为主题需要谨慎的考量,切莫产生误导作用。其中一位女性受访者提道:"有时若刻意去强调谁做了什么事,有一个隐含的意思是她与一般人不一样,因此在凸显环保妈妈时,是否会造成大众的刻板印象,而将环保责任放在妇女身上呢?"另一位女性主义者亦担忧环保与妇女的结合,会更加重现在社会对妇女角色的要求。整体结果隐含小组专家担忧社会的两性意识欠缺,刻意强调妇女做环保,会引发不良的副作用。这结果同时暗示自然保育及环境教育领域的专家在环保议题上很少涉入女性的议题,并且也无意涉入,甚至认为"不相关"。这样做是否因希望避免介入两性问题的冲突?这现象与《二十一世纪章程》企图区分对象(如妇女、劳工、原住民、儿童等),并就各类对象的需求与特质来解决存在的问题和共同努力实现"永续的发展"的趋势仍有一段距离。不过有一位环境社会学者相当支持女性在环保议题上扮演重要角色,所以提出第二次问卷"5. 建立生活环保上的领导意识,由环保来提高妇女地位"的题项。

以上的质疑是台湾地区将来从事妇女环境教育时需要特别思考的部分,但研究者认为要有效地进行环境教育或环境保护工作,仍需要按照对象特质来进行,并且环境的问题与社会问题(如饥饿、人权议题)是息息相关的,无法独立、单独地解决环保问题。希望妇女参与环境政策,并不是针对妇女个人与家庭层面做特殊的要求,加强保持家庭或社区的清洁是女人的事之刻板印象,而是要求在国家或地方环境政策决定上平等地纳入妇女的声音,以免妇女与自然环境共同受到破坏,更鼓励妇女适时展现女性特质为环境保护贡献一份心力,并且尝试以生态妇女者的角度思考环境问题。

欧美的生态女性主义者主张结合妇女运动与环境运动,以发展一种观念和措施，它不是强调女性和自然至上，而是将男性与女性的才能与特质进行充分的表现，并且能保有自然的完整性。① 沃伦（Warren）认为西方白人社会中之概念具有三重特性：阶级性、二元化与逻辑优势，这造成文化/自然、男人/女人的二元化，男性借此来合理化对女性的支配以及对自然的压迫，造成了社会中的不平等和对大自然的洗劫。生态女性主义者提出了社会与生态的不公义，并提倡关爱（loving eye）的伦理观，包含尊重个体的差异、结构多元性及情境伦理等。②

反观台湾地区以环境保护为主要诉求的女性团体（如主妇联盟），其运动初期内容少与女性议题相结合。参加该组织的成员多要求先将家庭维持好，再参与公益事业，所以她们也尽量在先生、小孩不在家的时段参加聚会，在必要时也会加入一些环境行动。诚如一位环保专家在对本领域的建议中写到的"不宜在环保上加入原本已扭曲的性别观、性别不公平"，此背后的缘由，则有待日后深入探讨。因此对妇女进行环境教育时是否要提出这些对父权社会的批判观点，在做法上应多做衡量。而类似情形，李美枝曾有报告认为台湾的女性环境运动多采用较软性的诉求，无意涉及性别议题，而这种形式似乎较容易得到社会舆论权威的支持。③

（三）社区环保妇女的环境知识与技能要多少？

对妇女需学习之环境知识与技能到什么程度仍有些争议。虽然相关的题项"能了解环境议题背后有关社会、政治、经济层面的问题，并以环保观点理性地提出自己的看法""能以全球性的观点来衡量某些环境问题""获得独立分析及判断环境议题的技能"的重要性被评定为"重要"（见表2、表9），但有一些受访者（包括环境教育者、社区教育者、妇女教育者）持反面的意见："要独立分析是颇困难！况且并不是要变成专业者""全球性的思考对一般的民众要求太高，牵涉太远""那样的妇女是金字塔顶端的妇女，既不普遍亦可能与实际生活习惯脱节"（见表3、表10），这些评定

---

① Merchant C., "The Death of Nature", *Environmental Philosophy: From Animal Right to Radical Ecology*, eds. Warren lnk. Et al., Prentice Hall, 1993, 268–283.
② Warren K. J., "The Power and the Promise of Ecological Feminism", *Environmental Ethics* 12, 1990: 125–146.
③ 李美枝：《台湾女权运动往哪里走？》，《中国论坛》1987年第278期。

者均认为这点似乎陈义过高,尚须仔细斟酌。但也有环境教育者、女性主义者持正面意见,指出"Thinking Globally"应成为口号,虽然感觉很遥远,但确实很重要。这种争议似乎由专家对社区环保妇女之定义不同所致,有的专家将其界定为一般妇女,他(她)们认为太难、不需要养成专业素养。

笔者的意见是正面的,因为推行环境教育非常需要有此宏观之见解。地球上的环境问题常是相互关联的,某一地区的生活消费可能影响另一个地区的自然资源,因此"地球村"的概念已是全球环境教育的主要目标,联合国世界环境与发展委员会(World Commission on Environment and Development)在1987年所发表的《我们共同的未来》(*Our Common Future*)一书中指出全球环境问题的解决绝不能靠单独行动,而要有长期的策略与共同合作来达成永续发展的目标。[①]

(四)社区妇女是学习"改变他人的行为"还是"尊重他人的决定"?

所有评定者共同认为理想的环保妇女需要"11.能主动透过自身环保行为去影响周遭人"(见表2)。这种由个人环境行为的养成扩散到影响别人养成环境行为的模式将有助于减少"环境侵略人口"(environmental aggressive people)。[②] 但是在以环保行为影响周遭人时,有评定者较谨慎地指出"不需要去影响别人不同的价值观""不是影响而是尊重与包容,毕竟社会是多元的,谁能说自己就一定是对的"(见表8)。此结果显示在民主的社会中价值观是多元的,而环保仅是其中的一项,"影响他人"的过程要注意不可太过强势,忽略其他的价值,这是相当重要的意见。所以在推动环保工作过程中,教育者要尊重其他的观点,并能加强对环境问题的理解与澄清,才可能有较佳的效果。其实这也是环境教育领域中一直被讨论的,关于以"价值建立"(value building)还是以"价值澄清"(value clarifying)的方式进

---

① *World Commission on Environment and Development*, *Our Common Future*, Oxford University Press, 1987.《我们共同的未来》,王之佳、柯金良译,台北市:台湾地球日出版社,1992,第Ⅰ~Ⅷ。

② 王俊秀:《环境社会学的出发:让故乡的风水有面子》,台北市:桂冠图书公司,1994,第187~204页。

行环境价值教育的争辩。①

另外与影响他人有关的题项是"能监督、干预不利于社区环境之事，纠正不利于社区环境的行为"（见表2），持反面意见评定者的主要看法是"不同性格的妇女有不同的做法……""本身的安全也要注意""除非有法的依据，否则效果不大"（见表3），这反映出监督、干预、纠正的角色不是很受到鼓励，原因在于危险、个性、于法无据等。

然而研究者本身对此题项持较正面的看法，因为单靠个人的环保生活行为的建立来企图影响整个社会的改变是极慢的，不论性别为何都应积极扮演环境保护者角色。社区中的许多公共空间，隐藏着许多"公有地的悲剧"，②如，巷道、公园、墙壁、电线杆等，往往是垃圾、狗粪满地或被私自占用，形成社区的脏乱来源，这正是人们为了独享个人的利益，而破坏了共有财，牺牲了大众共享的利益。针对这类问题就需要有人站出来维持社会正义，以合作共同维护共有财。在监督社区环保的工作上，可采取较柔性的策略来减少人际摩擦，女性有重视人际和谐之特质，③较容易在社区中与人建立良好的互动，妇女可以发挥此一特质，投入说服性、监督性的工作，并使无知者或投机者清醒。

（五）参与环保公共事务在社区妇女环境教育中要被鼓励吗？

有些受访者质疑是否有外在条件利于妇女"关心社区公众事务，主动提供意见，进而参与社区决策"。在技能目标中"5. 获得以政治方式影响环境政策的技能"（见表9）一项，被认为"对于一般妇女不需要""这是少数人的模式"（见表10）。这显示评定专家认为社会参与的程度应视社会状况而定。但笔者认为教育是为了培养未来社会的公民，且国际潮流不断呼吁妇女走出来共同参与环保的决策，所以应鼓励妇女重视参与公众事务。研究者也认为以目前的政治状况，许多资源的分配需要居民合力，透过政治的手段和程序才能得到，政府的决策方向也可能因社会的需求声音而有

---

① Van Matre S., *Earth Education: a New Beginning*, Warrenville, I. L.: The Institute for Earth Education, 1990, 138-143.
② 李美枝：《社会心理学》，台北市：大洋出版社，1989，第545~547页。
③ 姜兰虹、何淑慧：《从妇女社会参与看女性角色》，《社区发展季刊》1989年第46期。

所调整，未来为了社区的发展与环境的保护，很难避免运用政治方式。

研究者认为提供妇女较深且广的环境认知与技能，不但可培养其解决问题的能力，也能增加其社会参与的能力。杨碧云提出，妇女教育的目标包括四个方面：(1) 促进妇女自我意识的觉醒；(2) 提升妇女解决问题的能力；(3) 帮助妇女因应年老的孤寡生活；(4) 增进妇女社会参与的能力。① 冯燕曾指出妇女教育的政策目标应针对妇女多元角色功能的发展而订，不应局限在培养贤妻良母的妇女家庭角色功能的增强上。妇女的环境教育应能够与既有的妇女教育目标相辅相成，但这不意味着每个妇女都要受到相同的教育。推动者应认同个体差异，促使每个妇女在环保工作上有不同的发挥，而本研究所架构出的较具理想色彩的"社区环保妇女目标"，其用意在于使妇女在了解了自身的能力与状况后，能进一步地为自己拟出推展环保工作的方向。②

联合国 UNESCO 所列出的环境教育技能领域的内容，包括研究环境问题的技能及解决环境问题的技能。其中前者指的是科学研究的技能和社会研究的技能。后者则包括生态管理（ecomanagement）、说服、消费者主义、政治行动及法律行动五种。③ 本研究发现"技能"领域的目标中，题项 4 "获得在日常生活中各种环保行为的技能"得到高度共识被认为重要性较高，属于环境行动中的生态管理及消费者主义部分；题项 2 "获得各种表达、沟通能力的技能"有助于帮助妇女实施说服行动和在公共场合表达自己的主张，在专家群的评定结果中较不被刻意强调，这与国外鼓励妇女要能克服畏惧权力的心态与障碍，使其能善用权力（利）参与各种环境议题有相当大的不同。④ 这意味着在台湾地区的政治制度下，评定者整体较赞同妇女采取温和的环境行动来改善环境问题，也就是先从自身做环保工作出发，再循个人的人际网络去影响他人，从点扩散到线；而真正从制度面解决环境问题的政治行动则较不被鼓励，这与台湾"教育部""环境教育纲

---

① 杨碧云：《今日妇女教育的目标及推展策略》，《成人教育》1992 年第 8 期。
② 冯燕：《我国妇女成长教育的需求：妇女教育》，台北市：师大书苑，1992。
③ 杨冠政：《环境教育概述：教师环境教育研习资料》，台北："教育部"环境保护小组编，1992，第 33~36 页。
④ LeBourdais L., "Women & Environmental Activity", *Women and Environments* 12, 1991: 4–5.

领"所定的目标颇为相近。① 西蒙斯（Simmons）调查美国1200多个自然中心或环境教育中心发现，现实环境中较多中心以鼓励"学习者产生对环境友善的行为"为主要目标，而培养"环境运动者"为主要目标的中心比例偏低，这一发现与本文结果颇相似。②

（六）女性领导在社区妇女环境教育中是否要被强化？

提供妇女领导之观念与训练的机会，无疑能提升妇女的环保行动力。然而根据问卷结果，评定者对妇女组织领导能力的训练（题项6）出现了较多意见差异（SD = 0.85），其重要性随着问卷的反复实施而呈现下降的情形。从各群专家小组成员的选项来看可发现妇女教育群在第二次问卷中多认为非常重要（M = 3.5），环境教育专家及具丰富环保经验的妇女并不强调其重要性。持反对意见者认为"并非每位妇女都渴望成为领导者""对一般妇女而言这点不重要"，不过持正面看法者未提出意见。

从这些叙述来看，并非每个妇女都能具备领导才能，研究者也承认关于组织能力的训练或是独立分析技能、表达技能是另一较高层次的教育重点。从另一角度来看，如果能提供妇女领导之观念与训练的机会，建立她们在公共场合发表意见的信心，无形中可以发掘更多的妇女人才，将有助于两性的平等参与。这与受访者在回答"理想的社区环保妇女应表现之行为"时，对环保妇女有较高期望的想法相似。另外，若将领导才能的培养作为社区妇女环境教育的重要工作，当她们成为意见领袖时，其言论、态度及行为会成为被模仿的对象，成为环境教育的"宣导种子"。马丁·布朗（Martin - Brown）也提到女性领导者在环境教育的工作上不仅要提醒民众关于环境的危机，还负有在公共场合中增加女性声音的责任，这观点也呼应了《二十一世纪章程》中所提到的永续发展中的妇女角色，要增加女性扮演决策者、管理者、规划者的比例。因此在迈向永续发展的过程中，女性

---

① 台湾"教育部"：《环境教育纲领（草案）》，《台湾教育部八十一年度环境教育研讨会会议手册》，台北市：台湾"教育部"，第1~8页。
② Simmons D.，"Are We Meeting the Goal of Responsible Environmental Behavior? An Examination of Nature and Environmental Education Center Goals"，*Journal of Environmental Education* 22，1991：16 - 21.

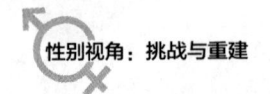

领导者的养成是亟须进行的工作。①

五　结论

在多元并且变化快速的社会中，充满着各种理念或价值观，往往造成教育目标或内涵订定的困难。本研究采用大慧调查法界定"理想的社区环保妇女"的内涵及"社区妇女环境教育目标"。为顾及本土性，大慧调查问卷主要采用访谈的结果，再加入《二十一世纪章程》中"能够排除存在各自领域的性别不平等或女性刻板印象"建构出来，并广邀环境教育、自然保育、妇女学、妇女教育、社会学、社区教育学领域的学者及具丰富环保经验的妇女成为大慧小组成员，共同在问卷上进行了两次研讨。问卷分析结果显示，小组成员只对于较偏重"生活中做环保"的题项有较高共识，认为它们"很重要"；至于女性议题是否要涉入环保议题中，大多数成员抱持反对、质疑的态度，这与地球高峰会议刻意区分社群，试图一起解决环保和社群不平等的问题有迥然不同的呈现。此研究的专家群仍希望做环保要单纯化、个人化，较少从社会、经济、文化的观点或女性主义的意识形态来看环境问题之根由，以至于从社会面或制度面来解决环境问题的内涵较缺乏，所以对于有关从社会层面或全球观点来分析环境问题的环境认知与技能的题项，有较多争议。这结果或许反映了台湾社会对政治、法律教育的态度较为保守，很少企图将群体解决的方式纳入教育。本研究设定重要性程度得分大于3的题项要被保留，企图在"理想的社区环保妇女"内涵及"社区妇女环境教育目标"上包容各样的声音，然未能包容有关"除去女性不平等或刻板印象"的题项，这意味着未来要在这方面有更多探讨及努力。

---

① Martin-Brown J.，"The Task before Us"，*UNESCO Courier* 3，1992：26－27.

妇女与都市公共空间安全

——文献回顾

毕恒达[*]

一 背景

"电梯大盗劫财色、独行女子夜惊魂。嫌犯盗领被害人存款时被捕、同伙随后落网、涉案多起扩大追查中。"(《中国时报》1982年9月2日,第9版)

"恶狼利刃封喉、女生死里逃生。专校生路边候车、遭歹徒挟持施暴、负创在草堆爬行、幸被发现急救脱险。"(《中国时报》1982年10月15日)

"色狼伸出禄山爪、公车擒获瓮中龟。"(《中国时报》1983年6月1日,第7版)

"17岁高中生涉三十余起强奸案落网。一年来身着制服以问卷调查为由、诱骗好学生至顶楼强暴、平均八天作案一次。"(《中国时报》1983年12月12日,第5版)

"利用交友中心邂逅少女计诱施暴、自称'帅哥'色狼落警网。"(《中国时报》1983年12月30日,第6版)

"男子看'色情酒店'起色情歹念,廖姓计程车司机见电影院内仅一女观众,自行脱衣意图强暴被捕。"(《中国时报》1984年1月10日,

---

[*] 毕恒达,时为台湾大学建筑与城乡研究所所长。原文刊于《性别与空间研究室通讯》1995年第1期。

第6版）

"国中女老师：男学生性骚扰。深夜电话语多限制级，部分老师改装答录机。"（《中国时报》1984年1月14日，第6版）

这是报纸上随意可见的社会新闻。从骚扰电话、身体性骚扰到劫财、强奸；发生的地点从家里、公车、电影院、街道、电梯到顶楼。谢菲尔德（Sheffield）提出一个观念叫作：性恐怖主义（sexual terrorism），意即男人经由恐吓来主宰及控制女人。[1] 男人借由各种方法，如强暴、身体暴力、性骚扰、嫖妓与色情，使每个女人在任何年龄、任何时间及任何地点都有可能成为男人的受害者。

根据1984年保护妇女年委员会的调查，87%的妇女曾经遭遇过性骚扰，而94%的妇女担心自己女儿外出的安全。[2] 台北市妇女救援基金会在1980年以电话访问全省12岁以上的女性，发现有81%的受访者曾经遭到性骚扰，67%的妇女夜晚外出时缺乏安全感。[3] 现代妇女基金会于1982年针对台北市高中职女生进行研究，则发现94.5%的女生有遭遇性骚扰的经验。[4] 而根据陈若璋对于全省49所大专院校的大学生问卷调查的结果，42%的女性受访者有受性骚扰或性侵害的经验。[5]

至于受侵害的地点，陈若璋（1993）的研究发现女性大学前受侵害的地点以车上居多，其次为公园与学校。[6] 而根据现代妇女基金会的研究，高中职女生遭受性骚扰的场所最主要是公车、火车、马路上与暗巷。[7] 这些经验研究显示女性遭受性骚扰或性侵害，以及妇女在公共场所里的安全感是一个很值得重视的议题。

台湾地区有关性骚扰或性侵害的研究，大都采用大规模问卷调查的研究方法，以了解女性遭受性侵害的实际情况，以及其与个人特性、家庭因

---

[1] Sheffield C. J., "The Invisible Intruder: Women's Experiences of Obscene Phone Call", *Gender and Society* 3, 1989: 483-488.
[2] 现代妇女基金会：《台北市高中（职）女生对性骚扰态度之调查研究》，1992。
[3] 现代妇女基金会：《台北市高中（职）女生对性骚扰态度之调查研究》，1992。
[4] 现代妇女基金会：《台北市高中（职）女生对性骚扰态度之调查研究》，1992。
[5] 陈若璋：《大学生性骚扰、侵害特性之研究》，台湾"教育部"训育委员会，1993。
[6] 陈若璋：《大学生性骚扰、侵害特性之研究》，台湾"教育部"训育委员会，1993。
[7] 现代妇女基金会：《台北市高中（职）女生对性骚扰态度之调查研究》，1992。

素等变项的关系。此种研究可以显示事件发生的时间、地点、行为方式的分布情形，但是对于受害者的受害经验以及受害后的心理、社会关系、使用都市公共空间的转变过程则无法进行深入的理解与分析。至于性侵害发生的地点则都只是描述地点分布的频率而已，没有对于发生地点的空间特质，如区位、空间形式、照明、逃逸路线、视线可及性等加以研究。

二　妇女安全感与都市公共空间

探讨妇女安全感与都市公共空间的问题，首先要厘清控制女性出外移动的社会机制。对于公共空间里曾经发生和可能发生的暴力与骚扰感到恐怖，使女人外出移动受到限制。但是，在性别关系不平等的社会里，一方面，对安全的顾虑只是更广大的社会支配体系的特殊展现；另一方面，外出的恐怖是各种控制与惩戒机制的缩影，具体地凝缩了各种层次和面向的奠基于性别界线的权力关系。这种维系和复制性别权力不平等的控制机制，横跨了物质的层面和意识形态的层面，存在于家庭之中，也遍布于公共空间，交织而成女性对于公共空间之恐怖的脉络。①

（一）家庭性别权力关系

1. "男尊女卑"的婚姻关系。现行的婚姻与家庭制度预设且巩固了女人的从属地位，女人甚至被潜在地视为"男主人"的财产。因此，任何挑战或逾越这种男性家长权威的行径，都会遭到压抑。女人外出，尤其是独自外出，离开家门，一方面脱离了丈夫或父亲的控制与保护，另一方面潜在地成为其他男人的觊觎对象，造成了男性家长权威的损伤。因此，对于外出的控制，是家庭中性别不平等关系的核心机制，它在物质经济与意识形态的层面展开，不仅使女人实际上难以出外自由行动，也使女人对于离家到公共空间之中活动，有根深蒂固的陌生、紧张和恐怖感。

---

① Green E., Hebron S. & Woodward D., "Women, Leisure and Social Control", *Women, Violence and Social Control*, eds. J. Hanmer & M. Maynard, NJ: Humanities Press International, 1987, 75-92; Green E., Hebron S. & Woodward D., *Women's Leisure, What Leisure?*, London: Macmillan, 1990.

2. 家务劳动。根据1987年的《台湾地区时间运用调查报告》，男性从事家事育儿工作每日平均为21分钟，而女性平均每日则需花费3个小时24分钟，是男性的10倍。职业妇女并不因为工作而得以和男性分担家事，她们仍然要负担大部分的家事。根据同一调查报告，职业妇女仍然花费2小时22分于家务劳动，为男性的7倍。

家务劳动与育儿的负担，使已婚妇女的时空活动必须以家庭为重心，即使职业妇女也难以卸下家务负担，婚前的交友网络和活动方式缩减甚至断绝，不仅减少外出的时间和范围，即使外出也是以满足家务所需或是陪同家人为主。因此，在外出机会减少和固定化的情况下，比起家外活动大量且多样的男人，女人对公共空间比较陌生，又因陌生而害怕探索新空间，固守旧有的熟悉空间，形成恶性循环。

3. "好女人"的形象。除了实际外出机会受到家务限制外，好妈妈与好妻子的形象塑造与自我期许，也使女人在家庭的维持上耗费了大量心力，不仅减少了非家庭所需的外出机会，也产生了出外会影响家务的焦虑感，甚至是罪恶感，因而避免外出。

4. 父亲与丈夫的权威和压力下的回避策略。由于男性家长以各种理由约束子女与妻子的出外机会，并以此种禁令作为权威的体现，因此，外出变成一件要批准或对抗权威的事，难得轻松自由地外出，必须费心争取，即使偷偷出去了也有触怒家长的心理负担。所以，为了避免这种麻烦，女人有时会自愿采取回避冲突的策略，减少外出。

5. 家庭交通工具与移动资源的分配不均。根据台北市监理处的资料，领有汽车普通驾照的人中，男性占66.92%，女性占33.08%；而机车驾照，男性占80.67%，女性只占19.33%。[①] 另外根据张淳智的调查，使用小汽车作为交通工具的比例，男性占88.1%；机车男性占7.01%。[②] 因此，妇女即使有机会和欲望要出去，但是无法具备安全和方便移动所需的交通工具和资源（尤其是经济上依赖丈夫的妇女），使女人出外移动成为不方便、需费心安排时间和路线、依赖丈夫开车，甚至是有危险的事，因而她们会视之

---

① 台北市监理处：《台北市监理统计年报》，1993。
② 张淳智：《机动车辆持有与运具联合选择模式之研究》，台湾成功大学交通管理科学研究所硕士论文，1987。

为畏途。

(二) 公共空间的性别藩篱

1. 以男性为中心的公共空间之构成，依照男性的需要和欲望而建造出来的公共空间，对于女人是不方便且有敌意的，这容易造成女人的焦虑和恐怖感，使她们宛若进入一个陌生的异乡，虽然有了脱离家庭束缚的自由，也有了失去保护的危险，因为在意识形态上，女人被认定归属于某个男性，而一个独身的女人不被视为常态，甚至被认为暗含了性爱的邀请，成为猎取的对象。公共的男人是政治家，公共的女人是娼妓，说明了男性对于公共空间的支配，是以正面尊崇男性和负面贬抑女性来达成的。[①] 在实际的层次上，例如公共交通运输，虽然是女性使用居多，但并不能符合女性的需要，造成了女人外出移动的不便。

2. 公共空间的性别区隔与禁忌，使进入了公共空间的女人觉得处处有禁令（例如男性居多的酒吧、建筑工程的地基、施工中的隧道、某些宗教仪式的场合）。因为这个被归属为男性的地盘，不愿意有女人的侵入，这使女人比男人更需倍加小心，时时提醒自己不要触犯禁忌，或者有一种被排挤的感受，这一切都导致了女人外出移动时的不安、焦虑和恐怖感。即使是进入了工作场所，女人也常需要在有能力表现时，为了避免冲突和敌视，而掩藏自己的才智（即回避策略）；有些职位或场合，则是女人难以企及的，或者必须使自己具有某种被认可的男性气质，才能穿越这些性别区隔的障碍。

3. 这种公共空间中的不自在与威胁感，经常是以细微但具体的方式显现出来的。那是一种监督"正当合宜"之行为举止的他人凝视与自我审视，以及各种从沉默、忽视、言语挑逗、性笑话、戏谑、嚼舌根、不利的传闻、冷嘲热讽，到性骚扰与性暴力的直接身体侵犯的控制方法。这些控制经常联系了将女人二分为贞洁有教养的好女人，以及浪荡随便的坏女人的刻板印象。凡是不符合刻板印象中好女人标准的行为，都会有遭受上述种种控制手段围攻的危险。这种刻板印象不仅是男人所有，也为女人所共享。女

[①] Green E., Hebron S. & Woodward D., *Women's Leisure, What Leisure?*, London: Macmillan, 1990.

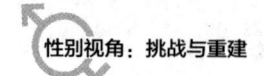

人之间的网络虽然有支持的作用，但也常是监督女人的他人凝视之来源，而这种合宜举止的性别规范的社会化和内化，更在女人心目中造就了一种自审视和检查的机制，和外界的监督一起制约着她们的言行。小至服饰衣着都会引起焦虑，例如穿着短窄裙，被赋予了较多的性意涵，也意味着成为男性和其他女人凝视的焦点，而自己因为担心曝光，也时时戒慎身体的姿势，在好女人和坏女人的界限上小心挪移，因此在外移动成为一件有心理压力、耗费心神的事。有些妇女表示当她在公车上遭到性骚扰的时候，她很直觉地先低下头看看自己的穿着，是不是领口滑下了，而不是质疑、谴责骚扰者。

4. 既有公共领域的支配性论述之传散与内化。公共空间是男性的地盘、公共空间充满了以性别为基础的禁忌、女人的合宜行为举止应该如何、不守规范的女人的下场如何等，这一切信息都在公共领域中传散（从日常的非正式交谈到报纸电视等媒体的资讯），维持与传达性别权力的支配性论述，散布开来成为难以遁逃的大网。例如关于女人受害事件的报道方式（女人自己的责任，以及缺乏抵抗），会使女人因为害怕而避免出门，或者更加依赖男人。又例如报纸报道同一天发生的两件车祸事件，一个用"女子驾车闹祸"的标题，一个用"大货车失控"的标题。[①] 当驾驭者为女性的时候，记者就特意凸显其性别，加强社会中女性不善开车的刻板印象。

（三）妇女出外的顾虑与安全感

女人的旅运选择与个人安全之间的关系，一向是考量性别议题的交通运输研究与规划的重点。根据英国犯罪调查（British Crime Surveys，BCS）在1983年所做的调查，当问到"在这个地区入夜后独自行走，你是否觉得安全？"时，有48%的女性回答"有点不安全"和"非常不安全"，而男性选择相同答案者只有13%。又根据英国的伊斯灵顿犯罪调查（Islington Crime Survey），对于外出安全与否的认识会影响真正的外出行为，例如一周内夜晚都不出门的人，有80%觉得入夜后单独出门有安全顾虑，但是一周内夜晚出门三次以上者，觉得夜间独自出门不安全的比例降到62%。甚至

[①] 《中时晚报》1983年12月2日。

仅仅由于顾虑犯罪，有37%的女性夜晚绝对不出门，相对的，男性只有7%会因此避免晚上出门。①

而根据里格（Riger）等人的研究，都市犯罪会影响女性的实际行为。女性受访者夜晚不曾独自行走的比例是男性受访者的8倍，不曾夜晚独自到酒吧或俱乐部的比例是男性的13倍，不曾夜晚独自到市中心的比例是男性的6倍。其他，46.3%的女性受访者从来不曾在晚上单独乘坐大众运输工具，而只有19.4%的男性受访者回答如此。74.9%的女性从来不曾在晚上独自去看电影，而男性只有32.4%。②

至于台湾的调查则有现代妇女基金会发现94%的妇女担心自己的女儿外出的安全；台北市妇女救援基金会发现67%的妇女夜晚外出时缺乏安全感。③

（四）安全感、犯罪与空间设计

雅各布（Jacobs）以对美国纽约市格林尼治村的观察研究，提出对当时都市更新破坏街道生活的批评，并指出一个具备安全感的街道所应具有的特性：公共区域和私人区域有一个明确的界限。④ 街道上要有"监控之眼"，亦即当地居民和陌生人主动注意街道上的活动。街道上须持续地有人在活动、使用，以增加监控之眼的数量，亦即有更多人真正注意并且关心街道的状况，而不仅仅是经过而已；此外，也要诱导更多室内的人来关注人行道和街道。

纽曼（Newman）采取雅各布（Jacobs）"街道之眼"的观念，比较高低层国民住宅的犯罪，发展出"防御空间"的理论。防御空间的设计有四个原则。⑤

1. 领域感。透过建筑物入口的设计与控制、象征与实际的空间藩篱、空间领域的层级、街道设计的改良，以减少通过性车辆、减少使用同一公

---

① Jones T., Maclaen B. & Young J., *The Islington Crime Survey*, Aldershot：Gower, 1986.
② Karp D. A., Stone G. P. & Yoels W. C., *Being Urban：A Sociology of City Life*, 2nd ed., New York：Praeger, 1991.
③ 现代妇女基金会：《台北市高中（职）女生对性骚扰态度之调查研究》，1992。
④ Jacobs J., *The Death and Life of Great American Cities*, New York：Vintage Books, 1961.
⑤ Newman O., *Defensible Space*, New York：Collier Books, 1973.

共空间的人数等方式减少犯罪的产生。

2. 可监视性。增加街道、建筑物入口、楼梯间、大厅、走道的视觉穿透性，以提高安全感，减少犯罪发生的可能性。

3. 国宅①的外观通常缺乏吸引力及独特性，这使居民对住在国宅不感到光荣，而使外来者认为他们可以不经居民的同意使用这里的空间以及自由进出。这使国宅易成为犯罪及遭受破坏的地点。所以应避免传达"机构气氛"的国宅设计，而被贴上破败地区的标识，影响居民与其他市民的认知，造成恶性循环。

4. 与其他安全、活动较多的地区并排。

瓦伦丁（Valentine）在 1988～1989 年，对英国的两个郊区——Whitley（市营住宅）和 Lower Earley（中产阶级的社区）——的妇女进行访谈，以研究妇女的危险感与公共空间之间的关系。② 妇女对于环境的认知乃是由第一手或第二手资料知道何时何地曾有不好的事发生，进而形成危险环境的心理意象，并影响其使用空间的选择。良好设计是否必然改变犯罪情形虽有待商榷，不过它的确能提高女性在心理上的安全感。

瓦伦丁（Valentine）提出了十项空间设计的建议，以提高妇女在公共空间里的安全感：（1）停车场和入口的位置可以直接进入，不须经由另一通道。（2）门廊可以被看穿。（3）白色的照明优于黄色的照明。（4）将墙壁漆成红色，看起来较不封闭，也较容易辨识是否有旁人在场。（5）天桥优于地下道。（6）地下铁通道应以短、宽为原则，出口的监视性要好。（7）造景观，如假山、树丛等，不可遮蔽通道，也不应阻碍视线；围墙要低。（8）一楼以店家为主，店家能使街道更为热闹。（9）将荒废处用各种活动填补起来。（10）角落及转角的监视性要好，可加装镜子以改善。

然而实际环境的设计并非脱离社会文化的脉络而存在的。作者进一步提出，常迁移的住户，社会互动较少；开车出门的开车族使用公共空间的机会较少，互动也较差。这些小族群对环境及当地的活动形态不熟，不仅本身缺乏对环境的控制感，同时也影响了当地的社会环境，使该环境变得

---

① 国宅，国民住宅的简称。下同。——编者注
② Valentine G., "Women's Fear and The Design of Public Space", *Built Environment* 16, 1990: 288–303.

不可控制和不安全。因此固定的住户，频繁的社会互动机会和固定的生活作息，有助于发现侵入者和异常行为，受侵害者也较容易知道如何求助。居住在这种社会环境中，居民的安全感提高，犯罪情形也会显著地减少。

史蒂芬·阿特金斯（Stephen Atkins）则归纳影响女人外出恐惧的感知程度的因素，将之区分为个人特性、环境因素，以及旅运频率等三个方面。[1] 首先，在个人特性方面，年长妇女和年轻妇女的恐惧程度较高，因为年长者的受害经验较多，而且比较无力反抗，而年轻妇女则对于性攻击特别敏感。少数族裔的妇女由于会遭受种族歧视的攻击和骚扰，恐惧程度较高；女同性恋者由于不符合传统的规范印象，也有类似的状况。被认为最安全的运输工具是小汽车，但是经济状况较差的妇女无法负担，所以采用比较不安全的运输模式，比如说步行，也就是说，在移动上比较受到限制。其次，就环境因素而论，有其他人出现活动、有公共监控（如警察巡逻）、有适当的照明设施、干净整洁没有涂鸦的环境，都有助于降低女人的恐惧感。最后，旅运的频率越高（包括外出次数和不同的运输模式的使用频率），感觉恐惧的程度越低，这一方面显示了女性由于恐惧而不敢外出或使用某一种交通工具的情形，另一方面也暗示了若能提供安全的交通工具和鼓励女人外出，她们对于出外移动的恐惧感便会降低。

台湾地区目前关于妇女与公共空间的研究非常缺乏，除了在研究背景中所提的大规模的问卷调查之外，还有清大小红帽工作群所做的《校园反性骚扰行动手册》，[2] 以及中正大学历史所性骚扰事件调查小组所写的《中正大学历史所性骚扰事件调查报告》。[3] 清大小红帽工作群指出，使女性产生被威胁感或对女性有敌意的环境包括：（1）死角多、逃生不易的建筑物，或人际互动不良的场所；（2）女性比例过低的工作场合；（3）缺乏保障妇女安全政策或设施的机构。[4] 特别针对空间进行研究的则有王淑芬与罗于

---

[1] Atkins S., "Women, Travel and Personal Security", *Gender, Transport and Employment: the Impact of Travel Constraints*, eds. M. Grieco, L. Pickup & R. Whipp, Aldershot: Avebury, 1989.
[2] 清大小红帽工作群：《校园反性骚扰行动手册》，张老师出版社，1993。
[3] 中正大学历史所性骚扰事件调查小组：《中正大学历史所性骚扰事件调查报告》，1994。
[4] 清大小红帽工作群：《校园反性骚扰行动手册》，张老师出版社，1993。

陵、柏兰芝、孙瑞穗、颜亮一。① 王淑芬探究了公车性骚扰的问题。试着讨论为什么性骚扰在公车上特别容易发生？女性在遭遇性骚扰之后对环境的认知有什么改变？她举出四个公车的空间特性使公车上容易发生性骚扰：（1）公车的空间封闭性使公车里的行为不易为公车外的人清楚看见。（2）公车是一个流动的公共空间，任何人可以容易进出。（3）公车的座位有视线死角。（4）公车经常是一个拥挤的空间，制造了性骚扰容易下手的机会。② 罗于陵等则透过参与各大学社团系所举办的演讲与座谈，探讨大学女生与校园公共空间的关系，描绘大学女生生活于其中的亲身经验与感受，并分析了产生这些结果背后的机制。她们指出性暴力是父权社会性别政治对女性的惩罚机制，它一方面限制和规定女性对空间的使用，另一方面又透过空间进一步区隔女性并且再发展到性暴力。③

（五）遭遇性侵害的感受、反应与影响

赫尔曼（Herman）指出受害者遭受创伤与恢复的过程通常经过三个阶段：（1）安全的建立；（2）回忆与悲伤，重新建构事件；（3）与自我以及其他人、社会的关系重新联结。④ 现代妇女基金会将女生受到性骚扰的感受分成恶心、自责、愤怒、震惊、无所谓与无助感。结果发现有一半的受访者感到恶心或愤怒。而遭受性骚扰的反应，有 29.2% 的受访者避开、20.6% 的受访者反击、13.3% 的受访者求助他人、11.8% 的受访者大叫、8.8% 的受访者不理睬。⑤ 清大小红帽工作群发现女性在受到性骚扰之后有些共同的影响，如（1）情绪反应：焦虑、生气、困惑、罪恶感、羞耻感。（2）生理反应：头痛、睡不好、做噩梦。（3）对自我认知的改变：无助感。（4）对社会关系的影响：害怕陌生人、自我防卫、更换学习环境或生涯规划。⑥

谢菲尔德（Sheffield）研究了猥亵电话，作为看不见的入侵者，对于妇

---

① 王淑芬：《妇女与公共空间——公车上的性骚扰》，未发表手稿，1993；罗于陵、柏兰芝、孙瑞穗、颜亮一：《性暴力恐怖与校园空间》，未发表手稿，1992。
② 王淑芬：《妇女与公共空间——公车上的性骚扰》，未发表手稿，1993。
③ 罗于陵、柏兰芝、孙瑞穗、颜亮一：《性暴力恐怖与校园空间》，未发表手稿，1992。
④ Herman J. L., *Trauma and Recovery*, New York: Basic Books, 1992.
⑤ 现代妇女基金会：《台北市高中（职）女生对性骚扰态度之调查研究》，1992。
⑥ 清大小红帽工作群：《校园反性骚扰行动手册》，张老师出版社，1993。

女的影响。① 人们一向认为家是最私密、安全的场所，但是由于猥亵电话的入侵，受访者会觉得家变成一个受到陌生人监视的场所。谢菲尔德（Sheffield）发现绝大多数受访者接到猥亵电话时的反应是感到愤怒、害怕、担心、可耻、被虐待，只有极少数的受访者觉得无所谓、讨厌或幽默。其反应受到时间与地点的影响。有其他人在身旁时觉得比较安全；在工作场所接到时，觉得厌恶、受侵犯，但是比较不会害怕；若晚上接到电话则较会害怕。如果是陌生人打的电话威胁较小；最怕这通电话不是乱打的，如果对方掌握你的姓名、地址等资讯，受害者害怕电话可能进一步变成身体的攻击。受害者不知道打电话的人是谁，却觉得自己受到监视。有的人因此晚上睡不着觉，不敢一个人单独在家，又不敢出门。部分受访者因此换了电话号码；但是也有一个受访者不敢换，怕对方因电话打不进来，而找上门来。

（六）研究问题

根据以上的文献回顾，我们觉得在探讨妇女安全感与都市公共空间的问题时，必须将之放入物质与意识形态层面的脉络去理解维系和复制性别权力不平等的控制机制。这些机制存在于家庭之中，也遍布于公共空间，交织而成女性对于公共空间之恐惧的脉络。本研究期望透过深入访谈、危险地图描绘与新闻报道分析，对社会与家庭对于妇女进入与使用公共空间的控制机制，妇女身处公共空间的实际经验与感受，此经验与公共空间特质的关系，妇女遭受性侵害的经验及其影响，妇女警戒与预防性侵害的策略等，做更深入的理解与分析。

参考文献

台湾"行政院"主计处：《台湾地区时间运用调查报告》，1987。

周文生：《计程车驾驶人被害与加害之分析》，《警车学报》1994年第7期。

---

① Sheffield C. J., "The Invisible Intruder: Women's Experiences of Obscene Phone Call", *Gender and Society* 3, 1989: 483–488.

黄富源：《强暴问题之探讨与防制》，《警政学报》1987 年第 11 期。

Crowe T. D. , *Crime Prevention through Environmental Design*: *Applications of Architectural Design and Space Management Concepts*, Boston: Butterworth-Heinemann, 1991.

Day K. , "Conceptualizing Women's Fear of Sexual Assault on Campus: A Review of Causes and Recommendations for Change", *Environment and Behavior* 26, 1994: 742 – 765.

Fischer C. T. & Wertz F. J. , "Empirical Phenomenological Analyses of Being Criminally Victimized", *Duquesne Studies in Phenomenological Psychology*, eds. A. Giorgi, R. Knowles & D. L. Smith, Pittsburgh: Duquesne University Press, 1979, Vol. Ⅲ, 135 – 158.

Franck K. A. & Paxson L. , "Women and Urban Public Space: Research, Design, and Policy", *Public Places and Spaces*, eds. I. Altman & E. H. Zube, New York: Plenum, 1989, 122 – 146.

Katz S. & Mazur M. A. , *Understanding the Rape Victim*: *A Synthesis of Research Findings*, New York: Wiley, 1979.

Kelly L. , "The Continuum of Sexual Violence", *Women, Violence and Social Control*, eds. J. Hanmer & M. Maynard, N. J. : Humanities Press International, 1987, 46 – 60.

Kirk N. L. , "Factors Affecting Perceptions of Safety in a Campus Environment", *Safety in the Built Environment*, ed. J. D. Sime, New York: Spon, 1988, 285 – 296.

Klodawsky F. & Lundy C. , "Women's Safety in the University Environment", *Journal of Architectural and Planning Research* 11, 1994: 28 – 135.

Nasar J. L. & Fisher B. , "Design for Vulnerability: Cues and Reactions to Fear of Crime", *Sociology and Social Research* 76, 1992: 48 – 58.

Poyner B. & Webb B. , *Crime Free Housing*, Oxford: Butterworth Architecture, 1991.

Radford J. , "Policing Male Violence: Policing Women", *Women, Violence and Social Control*, eds. J. Hanmer & M. Maynard, N. J. : Humanities Press International, 1987, 30 – 45.

Ramazanoglu C. , "Sex and Violence in Academic Life or You Can Keep a Good Woman Down", *Women, Violence and Social Control*, eds. J. Hanmer & M. Maynard, N. J. : Humanities Press International, 1987, 61 – 74.

Scollard P. Ed. , *Crime Prevention through Housing Design*, New York: Spon, 1991.

Van der Wurff A. & Stringer P. , "Locations of Fear: Public Places, Fear of Crime, and Feelings of Insecurity", *Safety in the Built Environment*, ed. J. D. Sime, New York: Spon, 1988, 297 – 308.

三　科学/科技与性别检视

检视社会学教科书

——女性主义的观点*

曾嬿芬、吴嘉苓、杨芳枝、张晋芬、范云、
黄淑玲、成令方、唐文慧**

前言（吴嘉苓）

到底女性主义理论对于不同领域的知识建构会产生什么影响？社会学门的女性主义革命尚未成功，这是1980年代以来性别社会学家越来越关心的课题。朱迪斯·斯泰西（Judith Stacey）和巴里·索恩（Barrie Thorne）在1985年所写的《社会学中女性主义革命的缺失》（The Missing Feminist Revolution in Sociology）一文中，标杆性地指出了社会学门未能彻头彻尾改变的景况。一方面，女性主义观点已经给予了男流社会学一些冲击：点出社会学研究的男性中心偏见（例如阶层化研究只关心男人的阶级流动）、重新定位过去男流社会学视为猫狗小事的研究课题（包括母职、家务劳动、避孕堕胎等）、开创过去男流社会学根本缺乏关注的议题（如性骚扰、异性恋霸权、女性贫穷化等）。然而另一方面，斯泰西（Stacey）和索恩（Thorne）更观察到1980年代中期整个社会学门并未因此被撼动，性别观点限于"聊备一格"的处境——要么就开一门性别社会学，要么就是在社会

---

* 致谢辞：本文作者感谢周碧娥教授在本文初稿发表之1991年女学会年会中担任评论，提供许多对日后修改的宝贵意见。也要感谢《女学学志》的匿名审查者所提供的修改意见。

** 曾嬿芬，台湾大学社会学系；吴嘉苓，台湾大学社会学系；杨芳枝，东华大学英文系；张晋芬，台湾"中央研究院"社会学研究所；范云，台湾"中央研究院"社会学研究所；黄淑玲，"国防医学院"人文社会科；成令方，高雄医学大学性别研究所；唐文慧，成功大学政治经济研究所。原文刊于《女学学志：妇女与性别研究》2004年第17期。

学教科书中加入性别一章，除此之外，社会学充满性别偏见的架构并未改变。以马克思主义社会学为例，她们就点名伊曼纽尔·沃勒斯坦（Immanuel Wallerstein）在《资本主义世界——经济》（The Capitalist World - Economy）一书中根本忽略了性别分工的状况。女性主义理论即使发展得轰轰烈烈，烽火也少能燃及其他社会学概念。斯泰西（Stacey）和索恩（Thorne）所谓的革命尚未出现，用琼·艾克尔（Joan Acker）的话来说，就是没有发生"典范的转移"。① 亦即这些女性主义社会学家要的不仅是把女人纳入研究样本搅和，也不满足于将女性主义列于主流社会学的边缘角落，她们要求的是彻底地改变社会学。②

自斯泰西（Stacey）和索恩（Thorne）之后，视察革命进度，就成为女性主义社会学家持续努力的目标。③ 以大学入门教科书作为"主流"社会学论述的指标，是性别社会学家检视革命成功与否的一大策略。这引发我们在此检视台湾第一本立基于本土研究的社会学教科书《社会学与台湾社会》，以之讨论社会学门中女性主义革命进展的构想。④

一种检视教科书的方式为，搜罗所有的作品进行总体检。米拉·马克思·费里（Myra Marx Ferree）和伊莲·J. 霍尔（Elaine J. Hall）以 1983 ~ 1988 年美国出版的 35 本社会学教科书为分析样本，发现主流社会学窄化了性别。首先，费里（Ferree）和霍尔（Hall）发现，在教科书中，性别比阶级和族群，更频繁地与"社会化"的概念相牵连。同时，女性比男性更频繁地被描述为社会化的对象，包括教科书所呈现的照片大多为女童的情况，却没有一本教科书讨论类似男性如何学习展现异性恋阳刚气质的过程。这

---

① Acker J., "Making Gender Visible", Feminism and Sociological Theory, ed. R. Wallace, Newbury Park, CA: Sage, 1989, 65 – 81.
② Abbott P. & Wallace C., An Introduction to Sociology: Feminist Perspectives, New York: Routledge, 1990.
③ Stacey J. & Thorne B., "The Missing Feminist Revolution in Sociology", Social Problems 32, 1985: 301 – 316; Acker J., "Making Gender Visible", Feminism and Sociological Theory, ed. R. Wallace, Newbury Park, CA: Sage, 1989, 65 – 81; Alway J., "The Trouble with Gender: Tales of the Still - Missing Feminist Revolution in Sociological Theory", Sociological Theory 13, 1995: 209 – 228; Ferree M. M. & Hall E. J., "Rethinking Stratification from a Feminist Perspective: Gender, Race, and Class in Mainstream Textbooks", American Sociological Review 61, 1996: 929 – 950.
④ 王振寰、瞿海源编《社会学与台湾社会》，台北：巨流，2000。

种将"性别"集中于关注女性"特质"的社会化讨论,易使我们忽略结构因素限制女性的面向,而将女性处于弱势的情况偏向以女性"特质"来讨论。其次,没有一本教科书把性别的社会化视为创造女性联结的可能性,但是只要谈到种族社会化,就会描述社会化形成正面认同的过程。而谈到男性的社会化后果,就倾向强调其背负的负担,而非所获的利益。从跨国讨论的分量来看,性别又远比阶级的章节欠缺跨国比较。这些教科书讨论性别的分析,使费里(Ferree)和霍尔(Hall)认为主流社会学仍将性别不平等的现象与归因局限于个人层次,未能将性别视为一个阶层体系来考虑。如果说当今社会学典范强调结构与行动的并重,提出在个人、团体、社会等分析层次的交互作用,那么教科书倾向于将性别窄化,从个人层次来分析,忽略女性主义文献对于父权体制的诸多讨论,正是主流社会学忽视女性主义理论贡献的铁证。杰夫·曼扎(Jeff Manza)和范诗黛尔(Van Schyndel)针对38本更新版(1995～1999出版)的社会学教科书进行过类似的研究。费里(Ferree)和霍尔(Hall)还指出,20世纪80年代教科书中性别比阶级、种族与社会化概念联结更弱的状况,到了90年代后期仍然没有太大改变。①

除了广纳教科书样本做调查研究外,女性主义学者也针对个别的"经典"教科书提出了批判。例如,舒拉米特·雷恩哈茨(Shulamit Reinharz)就以彼得·伯格(Peter Berger)著名的《社会学的邀请》(*Invitation to Sociology*)一书中对女性的描述与隐喻,来彰显社会学家如何在书写中反映社会将女人视为"愚蠢、没有性吸引力的太太"或是"性欲望与暴力对象"的价值观。② 在讨论社会学的观察力时,伯格(Berger)提出:"也许有些从小就充满好奇心偷看他家女仆人洗澡的男孩,会成为好奇心不减的社会

---

① Manza J. & Van Schyndel D., "Still the Missing Feminist Revolution? Inequalities of Race, Class, and Gender in Introductory Sociology Textbooks (Comments on Ferree and Hall, SAR, December 1996)", *American Sociological Review* 65, 2000: 468 - 475; Ferree M. M. & Hall E. J., "Rethinking Stratification from a Feminist Perspective: Gender, Race, and Class in Mainstream Textbooks", *American Sociological Review* 61, 1996: 929 - 950.

② Reinharz S., "Feminist Distrust: Problems of Context and Content in Sociological Work", *Exploring Clinical Methods for Social Research*, eds. D. N. Berg & K. K. Smith, Beverly Hills, CA: Sage, 1985, 153 - 172.

学家。"① 讨论"文化震撼"的概念时，援引之例为："一个西方探险家在晚饭吃到一半的时候，人家告诉他，他正在吃前几天与他闲谈的善良老妇人的肉。"② 在讨论社会流动造成的社会关系后果时，伯格（Berger）举例："一个青少年梦寐以求的女孩，转变为无知但还漂亮的村姑。"③ 雷恩哈茨（Reinharz）提出，这些作者认为根本不需要解释的隐喻、例子，更能看出其对社会预设的性别偏见。费里（Ferree）和霍尔（Hall）则以安东尼·吉登斯（Anthony Giddens）所写的第二版社会学教科书为例，说明固然书中提到许多性别差异非源于生物性，但书中只将造成差异的来源诉诸日常生活的人际互动，而未能提及结构性不平等的影响。④ 与之形成对照的是，吉登斯（Giddens）在该教科书中提到种族差异时，就能将之放在宏观层面来讨论。费里（Ferree）和霍尔（Hall）以这本"大师"所写的教科书来彰显，性别在主流社会学中仍局限在微观层次的讨论，未能采纳更全面的"性别关系"观点。

为什么革命仍未成功？为什么社会学基本架构如此难以撼动？为什么社会学的典范没有转移？为何——如芭芭拉·莱斯勒特（Barbara Laslett）和索恩（Thorne）所观察到的——很多社会学家还对女性主义理论抱持敌意或忽略，或普遍认为与自己的教学和研究无关？首先，许多女性主义社会学家都提及功能论的收编，大力批判主流社会学将性别局限于"性别角色"造成边缘化性别研究的现象。⑤ "性别角色"不同于"社会角色"的概念，常忽略角色的情境性，强调其普同性，使该概念暗藏对性别的本质化的观

---

① Berger P. L., *Invitation to Sociology: A Humanistic Perspective*, New York: Anchor Books, 1963, 19.
② Berger P. L., *Invitation to Sociology: A Humanistic Perspective*, New York: Anchor Books, 1963, 23.
③ Berger P. L., *Invitation to Sociology: A Humanistic Perspective*, New York: Anchor Books, 1963, 59.
④ Giddens A., *Introduction to Sociology*, New York: Norton, 1996, 2nd ed.
⑤ Laslett B. & Thorne B., "Life Histories of a Movement: An Introduction", *Feminist Sociology: Life Histories of a Movement*, eds. Barbara Laslett & Barrie Thorne, New Bruswick: Rutgers University Press, 1997, 1-27; Connell R. W., *Gender and Power*, Stanford: Stanford University, 1985; Ferree M. M. & Hall E. J., "Rethinking Stratification from a Feminist Perspective: Gender, Race, and Class in Mainstream Textbooks", *American Sociological Review*, 1996; Hall E. J., "Developing the Gender Relations Perspective: The Emergence of a New Conceptualization of Gender in the 1990s", *Current Perspectives in Social Theory* 20, 2000: 91-123.

点。另外,从"性别角色"出发,分析单位容易关注个人而非社会,容易导致对两群人(男与女)特质的讨论。更重要的是,从功能论发展出的"性别角色"概念,常以女性表达性的角色、男性工具性的角色进行互补功能研究的取向,本身已暗藏性别偏见,又忽略了性别不平等的权力角力与结构性因素。其次,研究取向也是解释革命未成的重要面向。斯泰西(Stacey)和索恩(Thorne)就认为,性别在社会学研究中成为变项,而非变成一个基本的理论类别,是女性主义观点被窄化、边缘化的最好例子;而社会学与文学、历史学相比,较少在学门上改头换面,也与社会科学的实证主义取向有关。她们认为强调工具理性的社会科学,比起强调诠释的文学、历史学等,比较不容易对知识来源进行反省。再次,一些女性主义学者特别强调整个学术领域的权力与组织形态造成了典范转移的困难。[1] 例如,学术组织形式并不鼓励做典范的转移,因为安全快速地出版著作以升等的快捷方式,依循的是旧的典范。即使 20 世纪 90 年代以来,女性主义社会学更加建制化——至少在美国如此,[2] 但只要未号称自己做性别研究,仍然可以忽略女性主义的理论成果。最后,女性主义理论本身的不足,也是这些学者检讨的方向。例如,仍有不少女性主义社会学家只在女人出现的议题中才研究性别[3](如针对"妇女社会学""女性主义社会学"到"性别社会学"演变的讨论)。广被批判的性别角色理论也仍是一些女性主义社会学家抛弃不掉的研究取向,使分析单位仍仅限于微观(micro)而无法触到中观(meso)与宏观(macro)的层次。[4] 艾克尔(Acker)则认为典范的转移往

---

[1] Acker J., "Making Gender Visible", *Feminism and Sociological Theory*, ed. R. Wallace, Newbury Park, CA: Sage, 1989, 65–81; Laslett B. & Thorne B., "Life Histories of a Movement: An Introduction", *Feminist Sociology: Life Histories of a Movement*, eds. Barbara Laslett & Barrie Thorne, New Brunswick: Rutgers University Press, 1997, 1–27.

[2] Laslett B. & Thorne B., "Life Histories of a Movement: An Introduction", *Feminist Sociology: Life Histories of a Movement*, Eds. Barbara Laslett & Barrie Thorne, New Brunswick: Rutgers University Press, 1997, 1–27.

[3] Franklin S., "Introduction", *The Sociology of Gender*, ed. Sarah Franklin, Cheltenham: An Elgar Reference Collection, 1996, IX–XVII.

[4] Hall E. J., "Developing the Gender Relations Perspective: The Emergence of a New Conceptualization of Gender in the 1990s", *Current Perspectives in Social Theory* 20, 2000: 91–123.

往必须涉及知识论与方法论的转移，女性主义理论在这方面仍未发展成熟。① 如果要更建设性地来讨论女性主义理论的发展与典范转移的关系，也许我们应接着来看看出路在哪里。

艾克尔（Acker）在那篇《使社会性别可见》（Making Gender Visible）的名文中，提出了四只更进一步撼动社会学现有框架的"潜力股"，在此援引为讨论的起点。一是马克思主义理论取向，作为以解决压迫和达到解放为目的的理论，即使问题仍多，还是一个值得开拓的起点。二是女性主义观点论，可以作为女性主义理论开创的方法论，艾克尔（Acker）特别推崇多萝西·史密斯（Dorothy Smith）强调的以边缘女人的实际生活经验（而非文本论述）作为观察社会统理的研究方法。三是强调所有社会关系都牵扯性别的研究取向，历史学家琼·瓦拉赫·斯科特（Joan Wallach Scott）提出性别并非限于女人出现之处，性别在政治，在经济，在仅有男人劳动的工厂，② 无所不在。③ 四是把再生产视为社会学的核心概念，强调再生产不应限于狭隘的家务劳动的政治经济学或是照护活动的分析，而应是维持人类生计大业的重要组成部分。艾克尔（Acker）在 1980 年代后期提出的四只"潜力股"，经过十几年女性主义理论家的耕耘，其实都有卓然的进展。例如，女性主义观点论历经了数次的大辩论（例如 1997 的 *Signs* 专辑）。从不同分析层次的互动全方位讨论性别（而非仅局限于结构层面或互动层面）、理论化性别的，也有不少专著。④ 连向来只谈女体的生殖研究，也进而借由凝视男体，丰富了性别概念的讨论。⑤ 这些女性主义理论上的进展，都更彰

---

① Acker J., "Making Gender Visible", *Feminism and Sociological Theory*, ed. R. Wallace, Newbury Park, CA: Sage, 1989, 65-81.
② Cockburn C., *Brothers: Male Dominance and Technological Change*, London: Pluto Press, 1983.
③ Scott J. W., "A Useful Category of Historical Analysis", *Gender and the Politics of History*, NY: Columbia University, 1988.
④ Lorber J., *Paradoxes of Gender*, New Haven: Yale University Press, 1994; Connell R. W., *Masculinities*, Cambridge, UK: Polity, 1995; Hall E. J., "Developing the Gender Relations Perspective: The Emergence of a New Conceptualization of Gender in the 1990s", *Current Perspectives in Social Theory* 20, 2000: 91-123.
⑤ Annandale E. & Clark J., "What Is Gender? Feminist Theory and the Sociology of Human Reproduction", *Sociology of Health and Illness* 18, 1996: 17-44; Daniels C. R., "Between Fathers and Fetuses: The Social Construction of Male Reproduction and the Politics of Fetal Harm", *Signs*, 22, 1997: 580-616.

显了"女性主义观点的社会学"才是"社会学",因为女性主义观点的社会学能更充分地解释社会。

我们在此以女性主义观点检验台湾第一本强调本土研究的社会学教科书,探查缺乏性别视野会如何对台湾社会欠缺理解。如同范云在先前已经发表的书评所指出的,这本教科书代表社会学门的权威性呈现,也告诉读者社会学与台湾社会的关系为何,我们以此教科书作为主要的检视对象,即是着眼于其重大的影响力。[①] 我们的检视分为两部分。第一部分"女性主义观点的缺席"以该书特定的篇章作为分析案例,彰显女性主义观点如何在社会学的重要领域缺席,并探讨其原因及其后果。我们选取的篇章包括"文化"、"社会阶层化"、"社会运动"与"全球化的社会变迁",分别由杨芳枝、张晋芬、范云以及曾嬿芬撰写。[②] 我们希望利用这几个章节的详细讨论,彰显出女性主义观点的缺席,如何使该议题与相关概念的讨论有所限制。第二部分则提出"性别研究的新视野"。黄淑玲、成令方、唐文慧分别介绍了该本教科书几乎完全缺席的"男性研究"、"性别—技术"与"社会福利"面向,借此呈现这样的新视野如何可以同时活化社会学以及女性主义理论本身。透过这两个部分的讨论,我们试图提出性别化社会学的具体做法。我们希望这样的检视工作,可以成为加速社会学门的女性主义革命的有效策略。

第一部分 女性主义观点的缺席

一 文化(杨芳枝)

《社会学与台湾社会》中有关文化的部分,很不幸地,吻合了史密斯

[①] 范云:《导论:评王振寰、瞿海源主编〈社会学与台湾社会〉》,《台湾社会学刊》2001年第26期。我们于2002年女学会与高雄医学大学性别所合办的"检视大专教科书性别意识研讨会"上初次发表此文,当时主要以《社会学与台湾社会》于2000年出版的版本作为分析对象。该书第二版虽于2003年出版,但是本文作者群认为,本文的论点仍然适用于第二版。

[②] 想要说明的是,我们选取这四个篇章,主要是依照工作团队成员的研究兴趣,而并非其他篇章不值得讨论。

(Smith)对传统主流社会学以男性化抽象式语言建构知识的批判。① 传统社会学常常抽离与女人经验息息相关的日常生活,而以抽象语言、理论、思考模式来"客观"地谈论社会。在这篇文章里,作者以主流社会学里的功能论为其理论发展基础,宏观而且客观地定义/解释"文化"的概念,然而,如史密斯(Smith)所论,这种理论是建构在排除/忽略女性日常生活经验的基础上的。在这里,笔者以黄金麟的文章《文化》为例,分析所谓看似客观的"文化"定义其实是建构在性别盲目的基础上的,而这样的"文化"定义的生产维持/巩固了史密斯(Smith)所谓的"统治关系"(relations of ruling)。②

这篇文章的主要目的是以社会学的观点解释"文化"概念并探讨与"文化"相关的议题。笔者在此先解释作者对"文化"的定义,此文主要以功能论为其理论出发点并发展出了一套对社会整合有利的"文化"定义。"社会整合"常常是一种男性的概念,其结果往往是合理化现有的不平等。笔者在此举一个以女性经验为出发点的例子来问题化作者对"文化"的概念。然而在探讨集体记忆这个议题时,作者偏离功能论的主轴而引用了"文化权力"的概念,强调文化的动荡过程和权力斗争。笔者认为只有以权力运作为出发点的"文化"概念才可能开启一个批判的论述空间,而让我们重新去思考性别宰制的议题。

(一)"文化"

作者在这篇文章里强调的是文化和社会的关系。他认为文化具有"社会生成"的性格,也因此,"它的发展和演变与人类的意志和需要,有着非常紧密的关联"。③ 于是,作者以社会整合的观点来定义"文化",把文化视为整合社会的一种"作用"。这种以"功能"来看文化和很多社会学者以"性别角色"(gender role)来谈性别一样,他们把文化或是性别当成"已经存在"(already existing)的事实来谈,并强调这个角色在社会形成里所扮演的功能。而这种观点所缺乏的是批判这个"角色"或"功能"之所以变成

---

① Smith D., *The Everyday World as Problematic: A Feminist Sociology*, Boston: Northeastern University Press, 1987.
② 黄金麟:《文化》,载王振寰、瞿海源编《社会学与台湾社会》,台北:巨流,2000。
③ 黄金麟:《文化》,载王振寰、瞿海源编《社会学与台湾社会》,台北:巨流,2000,第65页。

"角色"或"功能"的过程。也就是说,功能论或整合论常常都是以现行社会结构为出发点,为常态规范,而忽略在这个社会里面,角色和功能的形成过程常常充满权力斗争,而且角色和功能的定型多被用来合理化现有不平等的社会结构。

举例来说,从所谓的功能论出发,黄认为所有的文化存在都是因为某一特定社会所需存在并符合大众利益①而发展出来的,因此文化并无优劣之分,只有是否满足社会需求之分。例如,谈到语言时,黄主张作为沟通工具的"语言本身没有强势或弱势的分别"。② 它们的差别只是"相对应的需求而已"(亦即,有需求才有语言)。同样,就文化而言,作者主张"以社会生成的角度而言,文化之间存在差异是一件很正常的事。刻意的区辨某个文化为优、某个文化为劣的做法,并没有办法改变文化的存在是为了符合人的生活需求这个事实"。③

这种以功能论为出发点所发展出来的"文化"定义,强调的是文化是否满足社会需求,于是,所有被边缘化的文化都可以被解释成不符合大众的需求,这样的论点不但无视边缘化过程所涉及的权力斗争,并且合理化了现有的不平等结构,让我们误认为现有的结构满足了大众的利益。另外,这种强调"需求"的说法违反了作者所认为的文化为"社会建构"的基本看法。马克思"意识形态"的概念就是在解释"需求"这个欲望(不管是社会的还是个人的)的建立其实和权力阶级有密切的关系。我们的需求欲望和我们的利益没有一定的关联,相反,我们的欲望和利益常常是互相矛盾的,也因此在谈到符合"大众的""人类的"欲望/利益时,很多时候其实指的是少数利益团体的利益与需求。而"意识形态"这个概念就是解释少数利益团体的需求如何变成"我们的"或是"人类的"需求的,也就是在探讨文化与权力的关系。

然而探讨集体记忆时,作者采用了"较"非功能性的方式探讨文化这

---

① 黄金麟:《文化》,载王振寰、瞿海源编《社会学与台湾社会》,台北:巨流,2000,第69页。
② 黄金麟:《文化》,载王振寰、瞿海源编《社会学与台湾社会》,台北:巨流,2000,第75页。
③ 黄金麟:《文化》,载王振寰、瞿海源编《社会学与台湾社会》,台北:巨流,2000,第79页。

个议题。也就是说，相对于前面把文化语言当成一种纯粹的工具，作者认为集体记忆和价值规范、符号语言有关，可是"它们并非同一件事"。① 不同在哪里？作者以"二·二八事件"为例，认为在探讨集体记忆时，要注意有哪些集体记忆在历史的过程中被有意无意地消灭，谁从这种系统性的建构中获益，谁又受到了不公平的对待。也就是说，我们要探讨权力机制以及"操纵这些机制的现实力量"。② 在这里，我们看到作者对"文化"的定义已经不是以功能论为出发点（虽然作者在这里仍一直不愿意放弃功能论的基本看法）了，而是以认同与权力斗争为其理论发展的领域。亦即文化不再是单纯的工具，而是认同形成的基本要素，而认同的形成又是和权力结构紧密相连的。

笔者在这里指出了作者因采用不同的"文化"定义所产生的矛盾。虽然作者探讨集体记忆时并没有清楚地指出他在此处对"文化"的定义以及所依赖的认识论基础，而只是强调应该注意权力的运作，然而这样的论调和他所强调的功能论互不兼容。指出这样的矛盾主要是为了提出，以女性或是弱势立场为出发点的文化或社会理论必须放弃功能论，因为这样的"文化"定义无法指出社会现存的不平等权力结构；反之，文化理论与定义的建构应从弱势族群经验出发，并以权力运作场域为分析重点。

（二）颠覆"文化"

虽然黄在这篇文章里皆以描述性的语言来"客观"地定义/解释文化，可是，任何一种描述/实践都是建基在某一种理论/认识论之上的。也因此理论与描述/实践不能被看成对立二分的。笔者在前面即指出功能论为黄理论/描述"文化"定义的基础。然而，如前指出，功能论是以现状为平衡点的，因此，作者所用的理论/描述常常以目前的权力阶级为出发点，并且用"人类"来代指这一群精英的、通常是男性的部分人类，并用"人类"的需求解释文化的存在。

---

① 黄金麟：《文化》，载王振寰、瞿海源编《社会学与台湾社会》，台北：巨流，2000，第76页。
② 黄金麟：《文化》，载王振寰、瞿海源编《社会学与台湾社会》，台北：巨流，2000，第78页。

在叙述、解释"文化"的概念时，我们看不到女性的经验，听不到女性的声音。例如，在谈价值时，作者认为在以资本主义生产体系为发展模式的社会里，妨害"竞争"和"成就"的社会价值都会被排斥。然而此论调是以男性化的公领域为出发点所得到的结论。如果我们考虑女性在资本主义体系中所扮演的角色，将得到一幅全然不同的图像。资本主义（工业革命）的发展是建基在公私领域、男女分隔的意识形态上的。所有和公领域不符合的价值观全被归类于私领域、女人的范畴，包括情感、合作、和谐、牺牲、互助互爱等。亦即资本主义其实不只是鼓励竞争等价值观，还依赖于互助互爱的价值观，只是它把这个价值观编派到私领域的家庭范畴里。也因此，当作者说价值观建立在"大多数人的想法和利益的价值"上时，[①] 这个大多数人没有包括女性，因为，女人在资本主义体系里被导向为关爱和情感付出者的角色，而不是以自我为中心的自私、具竞争力的角色。

这个例子显示如果我们从女性经验观点出发，那么作者对"文化价值"的定义便不能成立。同样，作者在探讨文化帝国主义和文化相对论等议题时，所依赖的理论也是建立在排除女性经验的基础上的。如果我们把女性经验放入这些议题，则我们所关心的面向不会只限于国/种族文化，还必须触及父权、种族、阶级如何和帝国扩张、现代化紧密相连。也就是说，当我们开始思考性别议题时，我们发现作者以功能论所发展出来的"文化"定义和所思考的文化议题都无法触及女性或弱势族群的经验。

（三）文化与权力

作者所发展的"文化"定义建立在排除女性及弱势族群的生活经验上。唯有把文化当成权力斗争的场域并强调文化和权力运作的关系，我们才能发展出新的批判语汇来思考女性的日常生活经验，并指出社会上的不公平如何在文化领域中复制与传承。也唯有如此，我们才能思考改变现有不平等结构的可能性。亦即我们应该回到作者在探讨集体记忆时所表现的文化观——以研究权力机制运作为主轴的文化观点——来探讨文化。只有这样的"文化"定义才能开启我们探讨性别、阶级、种族的权力落差并提出改

[①] 黄金麟：《文化》，载王振寰、瞿海源编《社会学与台湾社会》，台北：巨流，2000，第69页。

变现状的可能性。

因此，在教科书的书写上，除了探讨以功能论为基础所发展出来的"文化"定义，作者更应该提出不同的"文化"定义及其背后的认识论基础，并探讨这些定义的限制与潜力。文化研究从20世纪70年代以来就针对"文化"的定义做了深入的讨论，探讨文化与权力的关系。然而，在这篇介绍文化的文章里，我们看不到这些重要的、深具批判性的学术辩论。在教科书的书写当中，为一个概念下定义是最重要也最基础的工作，因为我们如何下定义不但影响我们观看与分析问题的方式，也同时决定我们所能使用的批判语言与想象空间。我们如果把"文化"定义在工具/功能说上，便无法探讨文化和社会不平等的复制关系。反之，如史密斯（Smith）所言，我们如果从女性/弱势族群的日常经验着手，并强调文化与权力的关系，那么我们所关怀的文化议题将不只是宏观的、抽象的国族文化，而是和女人息息相关的议题，包括女人的家庭角色和女人的温柔、体贴等价值观与父权、资本主义、甚至国族之间的关系，女人日常生活的形成与消费文化、父权的关系，女人集体记忆、历史书写与传统/国族文化的关系等。作为一本引介用的教科书，我们需要更多的批判角度与语汇来思考文化和社会不平等结构之间的关系。

二 没有女人和性别关系的社会阶层化（张晋芬）

（一）议题说明

女性主义社会学者米拉·马克思·费里（Myra Marx Ferree）和伊莲·J. 霍尔（Elaine J. Hall）曾搜集1982~1988年出版的美国社会学教科书，分析性别、族群和阶级如何被讨论。她们发现在讨论性别议题时，教科书的作者很少提及集体性的不公平现象；此外，性别的差异仍用社会化解释，缺乏对个人能动性和总体结构的检讨。[①] 费里（Ferree）和霍尔（Hall）的研究反映了1980年代美国学者处理社会阶层化的模式。我们会很惊讶地发现，关于阶层化的社会学知识，21世纪初台湾学者提供给学生的似乎与20

---

① Ferree M. M. & Hall E. J., "Rethinking Stratification from a Feminist Perspective: Gender, Race, and Class in Mainstream Textbooks", *American Sociological Review* 61, 1996: 929-950.

年前美国的教科书作者相距不远。

作为一个具有批判性格的学门，社会学对于社会不公平现象及其成因自然极为关注。几乎在所有国内外大学部社会学的教科书和学程中，对社会阶层化或社会不公平都有专门的章节或课程进行讨论。以强调在地性的《社会学与台湾社会》为例，对于社会阶层化即有专章讨论，是由谢雨生和黄毅志主笔的。对于该章的内容，已有学者写过整体性的评论。[①] 所触及的论点包括缺乏对于流动机制的讨论、例证及较少历史感等，此处不欲重复这项工作。然而，不论是在原来的篇章中还是在评论中，性别、族群和年龄等阶层化结构中的内在差异和彼此间的交错关系都未被提及。我们或许可以理解这是作者的不得已和评论者的体贴，也就是依据社会学教科书的传统，性别、族群和年龄反正都会有专章讨论，不需要在同一章中再讨论这些议题。然而即使这种设身处地的了解也不免出现许多破绽。在《社会学与台湾社会》一书中，并没有专章讨论年龄，而在"族群"一章中亦几乎没有讨论社会阶层化的问题。蔡瑞明随后在另一本教科书中负责"社会阶层化"的撰写。[②] 和谢、黄版最大的不同是，蔡版用了较多的篇幅谈论教育成就的取得。不过，整体而言，以下的讨论同时适用于这两个版本。

社会阶层化的讨论可以不谈性别，而仍然能够有效地传达相关的概念和命题吗？对于多数刚自高中毕业，就读社会学系一年级的学生而言，社会阶层化应该包含哪些内容才能够让他们觉得教科书的内容和社会现实是有所关联的呢？斯泰西（Stacey）和索恩（Thorne）及艾克尔（Acker）曾强调，女性主义不能只是检讨他人，而不提出替代性架构的批评。本研究拟从以下三个角度说明为何"社会阶层化"应该凸显性别关系与女人的经验：（1）从理论的角度，有哪些重要面向或议题应该受到重视；（2）从社会现实的角度，可以如何呈现台湾女人的经验；以及（3）跨国阶层化的角度。

（二）理论、台湾经验与跨国的阶层化现象

先人的智能和用功当然是社会学知识和研究成果得以进步的基础。但是如果每次谈到阶层化的议题时，都要从金斯利·戴维斯（Kingsley Davis）

[①] 蔡瑞明：《评谢雨生、黄毅志"社会阶层化"》，《台湾社会学刊》2001年第26期。
[②] 蔡瑞明：《台湾的社会阶层化过程》，载王振寰编《台湾社会》，台北：巨流，2000。

和韦伯特·E. 摩尔（Wibert E. Moore）以及三大家谈起,在篇幅固定的情况下,关于近代的理论发展和实证研究结果自然就着墨有限。① 学生即使不知道结构功能论和相关的批评,或许也不会影响他们了解社会不公平现象的成因。马克思阶级理论的时空背景是工业时代初期的英国和欧陆,和现代社会的经济体系有极大的差异,在教科书中应有适当的提醒。

也是囿于当时社经脉络的缘故,古典社会学理论所谈的劳雇关系主要是以生产工具作为界限划分的基础的,所考虑到的对象也都是出外工作的中年男性。未受雇于正式劳动力市场的女性,包括家庭主妇和无酬家属工作者,都没有个人的阶级或地位。这样的推论显然立基于至少三种错误的假设：在人群分类中有形资本的优位性、家户结构的单一性及家户成员之间阶级认同的齐一性。

现代社会的不平等现象当然并不能用所有权一分为二。于是在埃里克·O. 赖特（Erik O. Wright）的分析架构中,加入了权威、专业要求和是否雇佣其他人等区隔概念,反映出现实社会中社会阶层化的复杂性。② 这些修正其实仍有性别盲点存在。因为女性很少成为资产所有者,而多数的女性受雇者集中在半专业白领、低层白领和蓝领的工作。赖特（Wright）的分类可以区辨男人之间的阶层差异,但并不能区辨女性之间的阶层差异（少数的女性专业人士和更多的女性半专业人士被归为同一类）,也不能区辨性别间的差异（专业人士中多数是男性,女性则是半专业占多数）。阶层结构的性别差异和在社会及家庭中的相对位置,应该被传达。

一对夫妻和子女同住的家户结构也不是现代家庭的唯一模式。以台湾为例,根据人口学家的推估,③ 上述的"核心家庭"仅占了所有家户形态的40％。许多单亲家庭或是独居家庭,其实户长为女性。而夫妻都有正式工作的家庭,和只有丈夫是唯一经济来源的家庭也会有所不同。此外,夫妻之间阶级地位和认同的差异、子女和父母之间认同和消费习性的差异等,都可显示以"职业"划分阶级的错误。撰写教科书的作者需要提醒同学,已

---

① Davis K. & Moore W. E., "Social Principles of Stratification", *American Sociological Review* 10, 1945: 242–249.

② Wright E. O., *Class Counts: Comparative Studies in Class Analysis*, Cambridge: Cambridge University Press, 1997, 98.

③ 杨静利、曾毅：《台湾的家户推计》,《台湾社会学刊》2000 年第 24 期。

有的阶级研究对于家户组成形态的认知，并不能反映社会的全貌。国内学者实不宜在教科书中持续采用约翰·戈德索普（John Goldthorpe）不符合现状且已被赖特（Wright）系统性批判过的阶级分类架构。[1]

除了没有女人之外，教科书的讨论也很少触及阶级关系和其中的性别差异。阶层或阶级分类的意义并不只是可以进行社会流动的研究，主要还有"后果"的不同，包括阶级意识、阶级认同和所得。在古典的冲突论中，主观的阶级态度是重要的议题，但除了异化之外，这两本教科书甚少谈到这些主题。费里（Ferree）和霍尔（Hall）在分析美国1980年代的教科书时，也批评有些作者对于阶级偏见、阶级偏差、阶级认同和阶级冲突的议题避而不谈（如果不是从未意识到这些问题的话）。社会学强调结构的影响，但也不能让同学几乎看不到主观意识和认同的存在。即使相关的研究还不够多或是还没有达成定论，[2] 女性的阶级位置、认同或意识，和男性之间的差异，仍应被讨论。而且目前已有一些研究可供参考。根据贝弗利·斯凯格斯（Beverley Skeggs）对一群从事照顾工作的英国女性的研究，主观上，这些女性认同自己是劳工阶级，但阶级意识却有别于男性工人。她们学习中产阶级女性的品位或嗜好，但并不代表她们已认同自己是中产阶级。[3]

台湾产业结构的特殊性是中小企业的比例甚高，而且其中多数由家族或家庭拥有和经营。女性往往扮演举足轻重的角色，例如是掌管会计和人事权的老板娘，或是不支薪的家庭工作者。这些妇女表面上附属于先生或父亲的阶级地位，但实际上其个人的阶级认同未必会与表面上的阶级位置一致。[4] 也有研究从政治经济学的角度分析工人阶级女性的地位，这与都市中产阶级是有所差异的。[5] 台湾地区研究阶层化的学者，也曾经提到过去阶级认同的研究对于女性样本的忽视，而主张从个人生命历程观察阶级认同

---

[1] Goldthorpe J., "Women and Class Analysis: In Defense of the Conventional View", *Sociology* 17, 1983: 465-488; Wright E. O., *Class Counts: Comparative Studies in Class Analysis*, Cambridge: Cambridge University Press, 1997.

[2] 蔡瑞明：《评谢雨生、黄毅志"社会阶层化"》，《台湾社会学刊》2001年第26期。

[3] Skeggs B., *Formations of Class and Gender: Becoming Respectable*, London: Sage, 1997.

[4] 吕玉瑕：《性别、家庭与经济：分析小型家庭企业老板娘的地位》，《台湾社会学》2001年第2期。

[5] Hsiung, Ping-chun, *Living Rooms as Factories: Class, Gender, and the Satellite Factory System in Taiwan*, Philadelphia: Temple University Press, 1996.

的性别差异和变化。①

此外,因为就业部门的不同,相同阶级或职业的地位也会有所不同。在台湾,公部门的工作相对比私部门稳定,边际福利措施也较为优厚,女性在公部门中所受到的歧视和不平等待遇相对较不严重;教科书中虽然经常提及劳动区隔理论,但公私部门的划分其实更能说明劳动结果的性别差异。社会学界已累积了许多立基于性别观点的劳动市场研究。② 这些应可考虑纳入对阶层化的讨论中。

在强调本土化的同时,大学的社会学教科书似乎甚少提及跨国研究的成果或经验。关于社会阶层化的讨论也很少触及全球资本主义的影响。1970年代,许多跨国企业到第三世界(例如台湾)的投资均为劳动密集产业,包括汽车厂、电子厂及计算机企业,其基层劳动力几乎都是女性。不论在国际资本还是本国资本中,女性的阶级总是在最下层。另外,富裕的国家和地区,如过去的西欧、北美、日本,甚至今天的台湾、新加坡,都吸引了许多东南亚国家的女性入境帮佣。这些女性帮佣多半从事家务工作、监护工作等,形成了国际上的"全球保姆链"。这些社会阶层化的超国界现象不应该略而不谈,因为任职于外资工厂的女工是台湾经济奇迹的创造者,外籍女佣也是解决许多中产阶级家庭照护困境的帮手,同时在街头上也随处可见。修习社会学的学生需要了解这些女性的经验所传达出的阶层化意义。

(三)结语

关于如何将女性主义和性别观点加入社会阶层化和阶级研究中,本研究第二节中所提到的一些文献,都可作为参考,尤其是艾克尔(Acker)、费里(Ferree)和霍尔(Hall)、沃特·科比(Walter Korpi)以及赖特(Wright)的

---

① 薛承泰、简文吟:《再就业妇女的职业流动初探》,《人口学刊》1997年第18期。
② 张晋芬:《女性员工在出口产业待遇的探讨——以台湾1980年代为例》,《台湾社会研究季刊》1996年第22期;蔡淑铃:《职业隔离现象与教育成就:性别之比较分析》,《中国社会学刊》1987年第11期;刘梅君:《我国女性人力资源低度利用之析探:现况检讨与政策发展》,《劳动学报》1992年第2期;严祥鸾:《性别关系建构的科技职场》,《妇女与两性学刊》1998年第9期。

研究。① 笔者想要强调，第二次世界大战之后，女性意识的觉醒和女性劳动参与率的大幅提高，对于社会制度，尤其是家庭、组织、政治和劳动市场的冲击是深层的。女性的浮现不只是增加了一项研究变项，而是改变、甚至撼动了社会整体和我们对于人际关系及人类发展的想象。由此观之，目前教科书的讨论架构和内容已显然不合时宜。

三　性别与社会运动（范云）

（一）前言

比起其他的学门，社会学相对重视社会结构中的行动者以及社会变动的可能性，因此，社会运动早已是社会学教科书中不可或缺的一章。然而检视欧美各门各派的传统教科书，我们可以发现社会运动似乎是一个女性主义理论的化外之地，性别观点在这个领域中可谓低度发展。直到过去五年，女性主义学者才开始积极介入、反省传统社会运动研究中的性别。除了《性别与社会》（Gender and Society）期刊中的专题探讨外，晚近出版的社会运动读本与教科书也开始在选用的运动案例上注意性别的平衡。② 并不令人意外的是，在王振寰与瞿海源两位所召集编写的第一本本土社会学教科书《社会学与台湾社会》的社会运动专章里，我们不仅"看不见"妇女运动，全文也没有关于性别的观点。

与其他的社会运动相比，台湾妇运可以说起步得相当早，甚至可以追溯至20世纪70年代，在战后台湾社会运动的历史中，其地位不可说不重

---

① Acker J., "Making Gender Visible", *Feminism and Sociological Theory*, ed. R. Wallace, Newbury Park, CA: Sage, 1989, 65-81; Ferree M. M. & Hall E. J., "Rethinking Stratification from a Feminist Perspective: Gender, Race, and Class in Mainstream Textbooks", *American Sociological Review* 61, 1996: 929-950; Korpi W., "Faces of Inequality: Gender, Class, and Patterns of Inequalities in Different Types of Welfare States", *Social Politics* 7, 2000: 127-191; Wright E. O., *Class Counts: Comparative Studies in Class Analysis*, Cambridge: Cambridge University Press, 1997.

② McAdam D. & Snow D. A., *Social Movement: Reading on Their Emergence, Mobilization, and Dynamics*, Los Angeles: Roxbury. McAdam & Snow, 1997. 在1997年出版的社会运动读本 *Social Movements: Readings on Their Emergence, Mobilization, and Dynamics* 中，便在最前面列表显示其所收录的37篇研究论文中，共有6篇是与性别相关的个案研究。

要,相关的研究也已累积了不少(战前的可参见杨翠、游鉴明;① 战后的可参见顾燕翎、周碧娥、范碧玲、卢蕙馨、梁双莲、顾燕翎、张辉潭、王雅各布和范云等②)。但是,为何在这篇由王甫昌所撰写的社会运动专章中,却不见妇运的身影?原因有几个,首先,这当然和作者撰写的风格有关,作者倾向于将社会运动做整体性的探讨。在这样的探讨方式下,社会运动被迫被同质化地对待,不仅不见妇运,也无法考察其他个别社会运动的身影。其次,文中倾向于将社会运动等同于社会抗议(social protests)。在这样的操作化量表中妇女运动充其量只能是聊备一格或相对"弱势"的社会运动。③ 然而,除了关心妇女运动的读者会重视"看不见妇运"的学术缺陷外,其他人为什么要关心这个现象?为什么我们必须从性别的角度来反省、批判社会运动的理论与研究?

(二) 为什么要在社会运动中"看见性别"?

其实,台湾的社会运动研究不仅没有看到性别,也没有看到族群,在这些社会类属中,只有阶级特质,较常被研究者提出。如果我们同意性别不平等的阶层体系至少有一部分是透过组织性的实作所共同创造出来的,

---

① 杨翠:《日据时代台湾妇女解放运动:以〈台湾民报〉为分析场域(1920-1932)》,台北:时报文化,1993;游鉴明:《台湾地区的妇运,〈近代中国妇女运动史〉》,台北:近代中国出版社,2000。
② 顾燕翎:《从周期理论与阶段理论看我国妇女运动与女性意识的发展》,《中山科学译粹》1987年第2卷第3期;周碧娥:《性别体制、政经结构与妇女运动的多元化》,《思与言》1990第28卷第1期;范碧玲:《解析台湾妇女体制:现阶段妇女运动的性格之研究》,"国立"清华大学社会人类学研究所硕士论文,1990;卢蕙馨:《两个妇女团体的"谈心"聚会:挑战男性霸权的仪式表演》,"中央研究院"民族学研究所集刊》1993年第72期;梁双莲、顾燕翎:《台湾妇女的政治参与:体制内与体制外的观察》,载刘毓秀编《台湾妇女处境白皮书》,台北:时报文化,1995;张辉潭:《台湾当代妇女运动与女性主义实践初探:一个历史的观点》,"国立"清华大学社会人类学研究所硕士论文,1995;王雅各布:《台湾妇女解放运动史》,台北:巨流,1999;范云:《政治转型过程中的妇女运动:以运动者及其生命传记背景为核心的分析取向》,《台湾社会学》2003年第5期。
③ 当然,这并非只是该专章作者个人的偏见。事实上,许多社会运动研究者都忽略了妇女运动与同志运动在运动形式与风格上的异质性。在这篇专章中,其所引用的资料主要来自针对20世纪80年代报纸所报道的社会抗议风潮所做的系统性研究。这样的研究方法倾向于以公开报道的抗议事件作为研究的对象,研究者关注的是抗议的频率、平均的参与人数以及所使用的警力等的历年演变。结果,我们不仅看不见性别,连妇女运动的整体轨迹也模糊得难以观察,因为,20世纪从80年代到90年代妇女走上街头公开抗议的次数屈指可数。

那么，我们可以想象，性别及其与种族、族群、阶级和性取向的相互切割（intersections），不仅是所有制度的组织原则，也会是所有社会运动的组织原则。因此，忽略性别，无法通盘而精确地了解集体行动。即使那些看似无关性别的社会运动，性别的阶层化同样在社会运动过程中扮演着相当重要的角色，它甚至会直接影响运动的成败，然而这些面向却经常被目前主导解释社会运动的性别中立的论述所蒙蔽。这是运动中的性别。此外，性别的权力关系，不仅存在于运动中，也已成了运动企图抗争、改变的目标。如今，一个缺乏性别敏感度的理论取向，再也难以驾驭和解析新时代里缤纷舞动的各色认同运动。这几年的本土研究，已有愈来愈多旨在处理妇女运动或同志运动争议中的性政治。①

（三）性别如何形塑社会运动？

到底，性别是如何形塑社会运动的呢？社会运动所面临的外在环境，很多时候，本身即是性别的。过去主导社会运动研究的资源动员论以及政治过程论倾向于以组织的形式、运动的策略以及外在的政治环境来解释运动的成败。简单地说，他们关切在怎样的政治条件下，运动者如何组织、做了什么行动。他们鲜少关心谁是运动者，以及"谁是运动者"又如何影响运动的结果。另一群新社会运动论者关注运动的意义、认同以及认知架构，但也鲜少探索运动者的身份如何影响社会大众对该运动意义的认知。

性别，是运动者身份中一个非常外显的社会类属。它不像许多研究者以为的只发生在与性别直接相关的运动如妇女及同志运动中，其影响力遍及各种运动，同时，绝非仅是众多的变项之一。运动者性别化的形象会影响社会对运动诉求的意义建构、归因及抗争的正当性，同时，抗争者与被抗争者之间的性别互动，也扮演了重要的角色。

---

① 林芳玫：《当代台湾妇运的认同政治：以公娼存废为例》，《中外文学》1998 年第 27 卷第 1 期；顾燕翎：《台湾妇运组织中性欲政治之转变——受害客体抑或情欲主体》，《思与言》1997 年第 35 卷第 1 期；Chao, A., 2002, "How Come I can't Stand Guarantee for My Own Life?: Taiwan Citizenship and the Cultural Logic of Queer Identity". Inter - Asia Cultural Studies. 张毓芬、张茂桂：《从公娼事件看台湾反对运动与国族问题》，载张茂桂、郑永年编《两岸社会运动分析》，台北：新自然主义，2003；朱伟诚：《同志·台湾：性公民、国族建构或公民社会》，《女学学志：妇女与性别研究》2003 年第 15 期；赖钰麟：《台湾同志运动的机构化：以同志咨询热线为例》，《女学学志：妇女与性别研究》2003 年第 15 期。

一位研究动物权益运动的学者瑞秋·恩沃娜（Rachel Einwohner）就发现同样是争取动物权益的两个抗争团体，一个主要由女人组成，另一个有男有女，两个团体同样都要求停止对动物的残暴，但是，前者易被视为"只关心可爱的毛茸茸的动物，却不关心国家大事……""柔弱、感情用事的女性，无法清楚表达对打猎的意见"，男女混合的组合则被不少受访者视为具社会良心与同情心的公民，为了让动物得到人道与安全的对待方式而努力。[1]

在对抗一个被视为"雄性的"打猎文化的讨论中，运动者的女性形象，从一开始就使其运动诉求被轻易地、合理化地漠视了。相反，另一群男女混合的运动团体则未被轻易地忽视。如果运动者连诉求都无法被"严肃地"对待，运动还可能有效吗？社会运动的目的即是介入公共领域进行意义与理念的辩论，然而，公共领域自亚里士多德的时代以来，就是非常"性别"的领域，一个男人说话的分量，和一个女人说话的分量，从来不被等同地对待，社会运动的研究岂能不考虑这个因素？

社会运动学者经常以政治机会结构讨论其对社会运动的兴起与发展轨迹的影响，然而，政治机会结构中的国家（state）和地区，本身就不是性别中立的。它甚至是性别政权（gender regime）中最后的看门员。举例来说，当福利国家和地区在处理其性别政策时，其本身即具有性别的立场，同时，也不断地再制性别的分殊化与阶层化。[2] 近几年来，台湾的妇女运动研究也看到了这种性别特质。[3] 另外，运动的内部过程，也是相当的性别化（gen-

---

[1] Einwohner R., "Gender, Class and Social Movement Outcomes: Identity and Effectiveness in Two Animal Rights Campaigns", *Gender and Society* 13, 1999: 56 – 76.
[2] Orloff A. S., "Gender in the Welfare State", *Annual Review of Sociology* 22, 1996: 51 – 78.
[3] 张静伦：《台湾的妇女议题与国家的性别政策：诉求与回应》，载萧新煌、林国明编《台湾的社会福利运动》，台北：巨流，2000；唐文慧、王怡君：《父权社会 V.S. 母性社会：台湾社会福利运动中的妇女角色》，载萧新煌、林国明编《台湾的社会福利运动》，台北：巨流，2000；张毓芬：《女人与国家——台湾妇女运动史的再思考》，"国立"政治大学新闻学研究所硕士论文，1998。例如，张静伦在针对台湾妇运和国家与地区性别政策的研究中，发现国家和地区仅愿意支持一些并未深层挑战性别机制或传统性别角色的政策议题，且未涉及其他既得利益群体（如资本家、男性）的利益再分配的政策。因为，对国家和地区而言，这样的议题政策反而可以显示国家和地区对女性的关心及重视。唐文慧与王怡君也发现在福利的议题上，不同于妇运团体从两性平等的角度来介入福利政策，进入政治领域的女性，通常倾向于选择以母亲的形象诉求母性保护的理念。

dered）的。性别并不是只在妇女以及性别运动中产生作用。社会运动并不是在真空中发生的，无论哪一种运动，它的运动者身上，都会带着运动所抗争的社会中既有的性别文化。而这样的性别因素，必然与其间的阶级、族群等其他因素相互作用。①

道格·麦克亚当（Doug McAdam）大概是唯一处理过性别与社会运动这个主题的男流社会学家。② 他针对美国民权运动自由夏天（freedom summer）的研究发现，不论在运动的人员甄补、参与过程上还是在运动后的政治态度与生命史上，性别皆是一个显要的媒介变项。在人才的增补上，女性比男性面对着更高的参与门槛；在运动内部的分工上，女性仍是担任符合其传统性别角色的工作，例如秘书等柔性工作；在运动结束后，女性的意识形态倾向比男性更容易激进化，她们在工作、婚姻以及育子这些个人生命史的重要选择上，皆会比男性更大幅度地偏离寻常人的规范性人生轨道。③

除了上述在运动过程中人与人的互动仍然充满了性别的张力外，在集体行动的剧目选择上，也有性别的差异。著名的社会运动实践理论家阿林斯基（Alinsky）所提倡的许多运动模式就被认为是相当男性化的。我们也发现在台湾的经验中，妇女运动相对于劳工与环保运动，较少使用如街头游行等传统抗争剧目；台湾的妇运创造出了以立法、文宣、社会服务为主的行动策略。④

（四）性别观点对于社会运动研究的可能贡献

我们不仅要挑战传统社会运动研究在处理运动者与社会的意义互动、

---

① Fan Y., *Activists in a Changing Political Environment: A Microfoundational Study of Social Movements in Taiwan's Democratic Transition, 1980s – 1990s*. Ph. D. Dissertation, Dept. of Sociology, Yale University, 2000.
② McAdam D., "Gender as a Mediator of the Activist Experience: The Case of Freedom Summer", *American Journal of Sociology* 97, 1992: 1211 – 1240. 张辉潭可以说是男性学者为台湾妇运的研究奠下良好基础的一个示范。
③ 可能的解释原因有两个：一个是，女性参与运动要付出更高的代价。另一个原因是，20世纪60年代兴起的女性主义对传统父权价值体系的批判，整体而言，是与新左等社会运动标举的反传统价值有着内在一致性的，但是，在人生的选择上，作为性别结构上的既得利益者，男性在婚姻与家庭的选择上仍然较倾向于走一条符合传统的人生道路。
④ 范云：《政治转型过程中的妇女运动：以运动者及其生命传记背景为核心的分析取向》，《台湾社会学》2003年第5期。

运动的外在环境、运动内部的人员甄补及参与过程，甚至运动者之后的政治态度与人生选择上的"性别盲"，我们更以为，一个具有性别敏感度的研究取径将带给社会运动研究全新的视野。这两三年来，社会运动研究中最具有发展潜力的主题"运动中的情感"（emotion in social movements）即是来自女性主义学者的贡献。

"理性抉择论"（rational choice）在过去 30 年一直主宰着社会运动理论中对行为者的基本假设，这样的假设，某种程度上，在新社会运动理论出现后遭遇了根本的挑战。新社会运动论质疑资源动员论与政治过程论对于策略、组织与理性的强调，相对而言，它关注运动的意义、认同与文化的社会建构面，并提出了"运动的认知框架的过程"等概念。[1] 然而，晚近的女性主义学者对社会运动所进行的开拓性研究则质疑新社会运动理论所提出的认知框架只看到了运动动员过程中的知识性框架（intellectual framework），没有看到在认知解放的过程中有另一个情感性的框架（emotional framework）。[2]

当情感被认可为社会运动认知框架中不可分割的一部分时，"愤怒"（anger）就被发现是一种具有特殊意义的情感。兰德尔·柯林斯（Randall Collins）曾说"愤怒的核心足以产生战胜阻力所需要的能量动员"。[3] 女性主义许多活动的功能是将女人的挫折、郁闷、自责等负面情绪转化为针对父权体制的正面愤怒。如维尔塔·泰勒（Verta Taylor）针对产后忧郁症母亲的自助聚会所做的研究发现，运动组织在这过程中所扮演的角色就是帮助这些新手母亲将对母职的畏惧、害怕、耻辱以及忧虑等毁灭性情绪，转化为愤怒的情绪以挑战被医生所主导的医疗体制及其所处的婚姻与家庭结构中的父权意识形态。[4]

---

[1] Snow D. A., Rochford E. B., Worden S. K. & Benford Robert D., "Frame Alignment Processes, Micromobilization, and Movement Participation", *American Sociological Review* 51, 1986: 464–481.

[2] 卢蕙馨（卢蕙馨：《两个妇女团体的"谈心"聚会：挑战男性霸权的仪式表演》，《"中央研究院"民族学研究所集刊》1993 年第 72 期）针对妇女团体"谈心"过程的研究是其中少数的例外。

[3] Collins R., "Stratification, Emotional Energy, and the Transient Emotions", *Research Agendas in the Sociology of Emotions*, ed. Theodore D. Kemper, Albany: State University of New York Press, 1990, 32.

[4] Taylor V. A., *Rock-A-By-Baby: Feminism, Self-help, and Postpartum Depression*, New York: Routledge, 1996.

愤怒是运动动员的必要元素,但是,在社会的两性情感分工中,女人往往不被鼓励也不被认可具有表达愤怒的正当性。如同之前在动物权运动的研究中,女人虽然被认为是情感取向的,但是,更为精确地说,女人所被鼓励表达的情感是具有关爱性质的、温柔的、不具攻击性的,女人在情感的分工中经常被期待与要求进行这类柔性的情感工作(emotion work)。谢丽尔·贺克斯(Cheryl Hercus)就在女性主义运动的研究中发现这群女性主义者经常要被迫经营情感工作:这些女人,在女性主义的理念中学会愤怒,却经常要在日常生活的政治里面对同事、先生、小孩、姻亲家庭时,进行"情感的自我节制(self-restraint)与自我辩护(self-assertion)"。[1] 她必须小心翼翼地选择正确的场合表达或收敛自己的女性主义意识形态,她也必须在面对不友善的环境中,以自信的姿态自我辩护。这些高密度的感情工作使女性主义运动者们常经历情感上的精疲力尽,这时,运动中的各种活动与网络,就成了情感的重要活水源头。在这些场合,她们得以自由自在不受拘束地宣泄被认为乖离的情绪。

如果,参与运动的"代价",是日常生活战役里为了维持女性主义认同而反复进行的"情感工作";参与运动的"报酬",是个人在姊妹情谊的"情感加油站"里所获得的情绪盈满,那么,社会运动理性选择模型里传统的代价与报酬的选项,是不是该被修正?

最后,从女性主义的理论战场来看,性别与社会运动的研究也将贡献于一般性的理论建构。社会运动研究将社会建构视为一个动态的过程,在这个动态分析中,父权体系从此不再是僵化的铁板一块。这样的视野有助于弥补狭义的文化与解构女性主义论述分析中缺乏行动者的缺陷。简单地说,在理解性别现实的知识取径上,社会运动研究有助于我们建造一个多重层次的模型(multilevel model)。唯有将行动与结构、个人与组织、认知与文化这三个不同面向的互动适当地坐落在此多层次的模型中,我们才能掌握性别社会建构的历史性与脉络性。

在台湾,性别与社会运动仍是一个有待女性主义学者与社会运动研究者携手开发的新领域。

---

[1] Hercus C., "Identity, Emotion, and Feminist Collective Action", *Gender and Society* 13, 1999: 44–46.

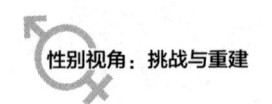

四 发展与全球社会变迁（曾嬿芬）

本节的写作目的有三个，第一，发展与性别关系的议题经常被主流论述忽视，而教科书则是一典型代表，这样的情形在英语语系的社会学教科书中非常明显，但在此笔者将检讨《社会学与台湾社会》这本教科书中讨论发展的"全球化的社会变迁"章节。第二，笔者希望进一步强调发展领域中被低度发展的女性主义观点。第三，笔者要运用这一论点来呈现台湾发展经验中的性别议题。

（一）发展是发展什么？

"全球化的社会变迁"这一章的作者一开始就举出这样的事实："在1970年，全球最富有的五分之一人口的收入是最贫穷人口的30倍，而到了1989年这个差距扩大到60倍。"其实早在1970年以前，为了拉近全球不平等的差距，第一世界的各种援助计划与第三世界的政治精英们，就无不极力推行各种发展策略以使第三世界赶上第一世界的脚步。但是，几十年来追求发展的结果也没有能改变富国与穷国经济落差加速扩大的现实。因此，一方面，"发展"可作为一种现实、意识形态及社会计划，另一方面，这样的发展主义意识形态认为经济的增长是社会进步的先决条件，这一观点在近30年来持续遭到批评。

本章处理发展问题只局限在比较狭义的"发展"上，也就是工业化的过程与类似国民所得这种产出结果的比较。其实，狭隘定义下的经济发展手段已经带给包括台湾在内的多个地区各种社会后遗症，如贫富差距拉大、工人集体行动的无力、环境污染的持续以及阶级权力不平等的恶化等。所以笔者认为讨论发展的社会学知识，更应跨出对"发展"狭义的定义方式，并纳入以下两个方向。

1. 发展对人的后果以及影响：近10年来许多对国别之间"发展"的衡量标准加入了生活质量的讨论，发展经济学者阿马蒂亚·森（Amartya Sen）更提出发展的目的即是自由的观点，强调发展的目的是要扩张社会中每个个人的能力，而这样的能力扩张更应普及各社会群体，此观点和20年前发展理论只谈国家大异其趣。如果忽略这些讨论，我们无法判断相异社会群体的不同发展经验。以1990年联合国发表的《人类发展报告》(*Human Development Reports*)为例，① 这个报告显示每一个国家女性的生活质量都比男性差，这个衡量标准包括了健康、教育机会、就业机会以及政治权利等指标。

2. 讨论的三种发展理论（即现代化理论、依赖发展理论、世界体系理论）在1980年以前即已定形，好像发展议题在20年来没有新的理论，其实生态保护以及女性主义对发展的反省正是这20年来最有贡献的理论。

尝试考虑发展的这些面向，则发展的议题可以被导入更贴合人类在发展过程中的具体经验，而不是抽象的国民所得、GNP数字的比较。工业化转变了人类的生计活动，这个过程影响所及是性别、种族与各社会群体分工的改变。以发展与性别分工的关系而言，许多论点早就在将近20年的时间里被陆续提出，但仍长期为发展领域的主流所忽略。笔者想强调"全球化的社会变迁"一章对发展所造成的性别处境缺乏反省，牵涉到的正是作者并未将"发展"的理论与经验延伸出去。因此笔者主张我们应在这样的社会学概论中，加入女性主义的观点和经验研究的结果，协助我们诘问并反省发展的经验。尽管女性主义有各种观点，但这些观点都共同指出以下的事实：在不同社会中，女性的地位皆被不当地用人为的方式贬为比男性还低，女性主义就是要努力去披露这种不当与人为的机制，并试图扭转之。以下就是女性主义加入发展社会学可以扩展讨论领域的两项例证。

1. 发展是发展什么？一般的理解，发展是为了经济的成长，发展的意思就是更多的经济产值，产值衡量的是一个国家和地区的经济产出在市场上交易的总额，也就是国民生产总额GNP或GDP，被包括在GNP里面的活动，就排除了没有市场价值的各种经济产出，而这一部分大部分由女性为之。女性主义认为用GNP来显示一个社会的发展程度是有问题的，因为女性的经济产出包括了各种再生产活动，如家务劳动和生计活动(subsistence activities)，完全没有被计入GNP中，不只如此，第三世界的女性大量投入

---

① United Nations Development Program, *Human Development Report*, New York: Oxford University Press, 1990.

非正式经济的部门,而此部分的产值也完全被 GNP 排除。结果,女性不但没有参与在发展中,能力未被发展提升,她们的经济贡献还被贬低到比"前发展"阶段更卑微的地步。

2. 谁得到发展?女性主义者认为,在西方以及非西方社会的发展经验中,工业化带来的是男主外女主内的截然分工,家庭与工作场所的分离、工作时间与生活时间的划分,都带来了清楚的性别分工,即男性在家以外的工作场所工作,并得到养家的薪水,而女性则留在家中付出无偿的劳动,即使后来女性走进职场,或者在非正式部门工作,她们仍然被认为需要从事家务劳动。简言之,大部分女性并没有得到"发展的机会"。

(二) 发展领域中被低度发展的女性主义观点

正如简·帕帕特(Jane Parpart)所言,女性——特别是第三世界的女性——不但没有分享发展的成果,还经常受发展之害。[1] 发展领域开始重视妇女的遭遇是从埃丝特·博斯拉普(Ester Boserup)在 1970 年写的《妇女在经济发展中的角色》(Women's Role in Economic Development)开始的,她以强而有力的证据指出,各类发展计划均未改善第三世界女性的生活,反使其原本在生产食物时的重要角色完全被发展计划排除。不过,发展理论一直持续地忽视性别的问题。以现代化理论而言,哈勒·阿夫沙(Haleh Afshar)就曾指出:"在后殖民时代的首 20 年(20 世纪 50 及 60 年代),有关发展的理论和实践都忽视女性,认为现代化一旦开展,第三世界男性将会采取现代化的路线,学习如何组织他们的社会,到时候妇女最终都会被迫采纳比较'先进'的立场。"[2]

即便是批判现代化理论的依赖发展理论与世界体系理论也只是大力批判国家与国家之间的剥削关系,那就是,第三世界的低度发展如何被长期存在的世界体系发展出来。玛丽亚·米斯(Maria Mies)指出,在依赖发展

---

[1] Parpart J., "Post-Modernisim, Gender and Development", *Power of Development*, ed. Jonathan Crush, London and New York: Routledge, 1995.

[2] 《女性主义东方论述与发展》,许宝强、汪晖译,载许宝强、汪晖选编《发展的迷思》,香港:牛津大学中文出版社,1999,第 228 页。译自 Apffel-Marglin, Frederique., "Feminist Orientalism and Development", *Feminist Perspectives on Sustainable Development*, ed. Wendy Harcourt, London and New Jersey: Zed Book Ltd, 1994, 26 – 45.

理论之后，对现代化理论的批评论述将在发展中的其他受害者一并包括进来讨论，这些受害者还包括自然生态、女性、受殖民的人。① 为什么发展理论家长期看不到性别？那是因为不管是依赖发展理论、世界体系理论还是现代化理论、左派或右派，都不将性别视为一种社会阶级。在马克思主义学者的论述中，性别不平等被视为资本主义的副产品，他们认为父权体系乃是附属于资本主义体系的。

（三）台湾的发展经验——性别篇

在此，笔者要讨论从女性主义的观点如何帮助我们理解台湾的发展经验及特色。台湾发展经验的一些实证研究都已经显示，台湾的发展特色之一在于它的生产组织并未像现代化理论所预测的那样，将脱离家族而运作，相反，台湾的经济活动大部分仍以家族企业为经营单位，② 在这样的家族经济中，性别、家族、经济活动交织起来赋予了台湾发展经验中各种公私领域、生产与再生产难以区分的特色。那些勤奋且顺服的劳工多是"赚自己的工"的家族成员，李悦端和柯志明讨论五分埔成衣业和性别分工的文章，就详细地讨论了家庭式小商品生产的场域中，女性作为妻子、母亲、姊妹、女儿，如何地付出劳动力，但并未取得经济及权力地位的情况。③

另外在与世界市场相关的产业中，对积极参与新国际分工阶段的台湾而言，作为西方资本与市场的"工厂"，不论是加工出口区还是小型工厂，廉价、顺服的女性劳动力都是台湾经济起飞的最大"资产"，台湾女性在工作场所以及在家庭中的附属地位是父权资本主义运作的结果，对"国家"、父权体系、资方以及跨国公司有利。支持此一论证的是熊秉纯的研究，她的研究发现，"国家"有计划地做了一些调和女性同时作为全职劳动力以及家庭主妇可能带来冲突的工作，比如 1968～1981 年政府开展了一系列小区发展计划，其中的"家庭即工厂"以及"妈妈教室"的政策，即是在缓冲

---

① Mies M., "Gender and Global Capitalism", *Capitalism and Development*, ed. Leslie Sklair, London: Routledge, 1994, 108.
② Winckler E. A. & Greenhalgh S., *Contending Approaches to the Political Economy of Taiwan*, New York: ME Sharp, 1988.
③ 李悦端、柯志明：《小型企业的经营与性别分工：以五分埔成衣业小区为案例的分析》，《台湾社会研究季刊》1994 年第 17 期。

女性投入生产活动时可能会和父权文化产生的冲突，借由女性在家工作，一方面动员边缘女性更廉价的劳动力，降低生产成本；另一方面让她们仍然可以符合父权体系中的性别角色。[1]

缺乏这样的理解，我们会无法解释台湾的"经济奇迹"如何可能。所谓的台湾经济奇迹乃在于，台湾从事的出口导向工业化所接的订单多属于季节性起伏很大的产品市场（比如圣诞灯泡），为这样的产品市场生产，其特色就是生产者利润低、交货期限短、淡季旺季分明，淡季时工人往往需从事其他生计活动（比如农业）才能维生，旺季时则常需不眠不休长期加班，对工人而言是做半年工赚一年的钱，再者因为生产主要供应世界市场，汇率起伏大，交货期限经常要缩短，赶工加班就更平常。要在这样不确定性高、压力大、低利润的状况下从事生产，这就是"台湾的奇迹"。这些"奇迹"发生，靠的不是什么别人学不来的秘密，而是传统的性别关系提供的廉价并愿意加班的女性劳动力。

发展与性别关系的互动，台湾并不是特例，李静君（Ching Kwan Lee）在她对大陆南部经济奇迹的研究中，指出女性移工在外资生产线中，性别逻辑被运用来产生有效率的顺服劳动。[2] 阿兰·利比兹（Alain Lipietz）亦言，在第三世界转型成为新兴工业国家的过程中，女性被征召进入初级的泰勒化生产线，同样运用了许多社会原有的性别分工。[3] 在此之前，琼·纳什（June Nash）以及费尔南德兹·凯莉（Fernandez-Kelly）的前驱性研究已讨论过这样的观点，之后更有许多研究陆续加以阐述。[4]

（四）结语

诚如米斯（Mies）指出，在大部分国家，发展计划可以说是以男性为

---

[1] Hsiung, Ping-chun, *Living Rooms as Factories: Class, Gender, and the Satellite Factory System in Taiwan*, Philadelphia: Temple University Press, 1996.

[2] Lee C. K., *Gender and the South China Miracle: Two Worlds of Factory Women*, Berkeley: University of California Press, 1998.

[3] Lipietz A., *Mirages and Miracles: The Crises of Global Fordism*, London: Verso, 1987.

[4] Nash J. & Fernandez-Kelly M. P. (eds.), *Women, Men, and the International Division of Labor*, Albany: State University of New York Press, 1983; Pearson R., "Gender Relations, Capitalism and Third World Industrialization", *Capitalism and Development*, ed. Leslie Sklair, London: Routledge, 1994, 339-358; Ward K. Ed., *Women Workers and Global Restructuring*, Ithaca: ILR Press, 1990.

主导的，但笔者认为对发展的论述也是充满"男性中心主义"的，发展理论的许多预设让我们忽视了发展所导致的性别分工如何可能进一步弱化女性在家庭以及劳动力市场中的地位。① 事实上，在各个社会中，首先得到"发展"的是男性，是男性在公领域得到了正式薪资的职业，而女性则被家庭主妇化（housewifization），将女性与私领域彻底联结的结果是为资本提供了各种廉价的、半正式或非正式的劳动力。② 女性主义对发展的基本问题意识，就是想了解传统的性别关系如何影响发展，然后进一步了解发展又如何影响传统的性别关系。笔者希望这里的讨论已经足以说服后继的教科书撰写者，女性主义的观点应被广泛地用来分析、解释发展的经验。

第二部分 性别研究的新视野

一 男性研究需要被纳入教科书与性别研究课程（黄淑玲）

众所皆知，社会学系与其他人文社会学科的学生素来阴盛阳衰。这些女学生正值青春年华，她们极为感兴趣的一项议题是性别关系。然而，2000年出版的社会学教科书《社会学与台湾社会》及2002年新版的《台湾社会》都只用"性别"一章来处理性别相关议题，其他探讨族群、阶级、社会运动、家庭、政治、经济等主题的章节，则大都出现了"性别盲"的问题。"性别"专章虽取名"性别"，但关怀的焦点是台湾妇女不平等的处境，对于男性的经验几无着墨，可见"性别研究"在台湾学术界（gender studies），还是以"女性研究"（women's studies）独占鳌头。

---

① Mies M.，"Gender and Global Capitalism"，*Capitalism and Development*，ed. Leslie Sklair, London: Routledge, 1994.
② Sassen S.，*The Mobility of Labor and Capital：A Study in International Investment and Labor Flow*, Cambridge: University Press, 1988.

"男性研究"(men's studies)在西方学术界方兴未艾,① 近年也渐为台湾学界所重视,过去两三年间,探讨本土男性经验的论文(不包括男同志研究)陆续出版,素材涵盖了:男性情欲、父职经验、当兵经验、不孕症、男性性别意识形成、媒体中的男性形象、性侵害加害人,以及在女性为主的职业中的男性如国小老师与男护士等。②

(一) 男性研究

本文的目的有二:其一,呼吁女性主义学者积极主导男性研究,并在性别相关课程中加入男性研究的题材。其二,说明"男性研究"无论是在知识论、方法论、理论典范还是在运动目标上,都与女性研究殊途同归,现阶段的女性主义研究应该致力于统合男性研究成果,以期深化女性主义理论,而能更清楚了解性别关系现况及性别压迫的再制机制。

男性研究是在1970年代中期尾随女性研究而诞生的,③ 又被冠以"新男性研究"(The New Men's Studies)的名称,以凸显既存的科学与学术世界本身就是"旧男性研究"(The Old Men's Studies)。④ 男性研究被学术界认可

---

① 在过去10年间,美国已经有50多所大学开设男性研究的课程,两种探讨男性研究的期刊诞生,以及500本的相关书籍出版。20年前还很少看到带有批判观点的男子性研究,如今男性的各种生活经验都有人在研究(Whitehead, S. M. & Barrett, F. J., The Sociology of Masculinity, In S. M. Whitehead, & F. J. Barrett Eds., *The Masculinities Reader*, Malden, Mass: Polity Press, 2001, 1, 4)。

② 徐宗国:《拓边照顾工作:男护士在女人工作世界中得其所在》,《台湾社会学刊》2001年第26期;毕恒达:《男性性别意识之形成》,《应用心理研究》2002年第17期;吴嘉苓:《受污名的性别、性别化的污名:从台湾"不孕"男女处境分析污名的性别政治》,《台湾社会学刊》2002年第29期;王雅各布:《大学学生社团中男性社员的性别意识及其影响》,《本土心理学研究》1998年第9期;陈佑任:《父权意识形态下的男性经验探究:以三位"国小"教育人员为例》,《应用心理研究》2003年第17期。其他论文参见《男性气概的当代观点》,毕恒达(毕恒达:《导言》,载刘建台、林宗德译《男性气概的当代观点》,台北:女书店,2003)在《导言》中所列的延伸阅读;王雅各布主编《应用心理研究》2002年第17期"男性研究专题"。

③ Kimmel M. S. & Messner M. A. (eds.), "Introduction", *Men's Lives* (5th ed.), Boston, MA: Allyn and Bacon, 2001, XV.

④ Mirande A., "'And ain't I a Man?' Toward a Chicano/Latino Men's Studies", *The Masculinities Reader*, eds. S. M. Whitehead & F. J. Barrett, Malden, Mass: Polity Press, 2001, 341-350. 在女性主义研究兴起之前,西方学术研究的体材与理论几乎都是以男性的政治经济活动为中心的。若依循此定义,《社会学与台湾社会》及《台湾社会》中的许多章节都可以算是男性研究。

为一门新兴的研究领域，其学术地位的合法性，最早是建立在使用女性主义作为理论典范及分析工具基础上的，所以我们常见男性研究学者不忘在作品中感谢女性主义，并声明支持妇女运动。① 男性研究出现在心理学、人类学、历史学、社会学、文学等各种传统学门中，一方面吸纳了女性主义理论融合跨学科知识的精华，另一方面也受到了本学门知识论及方法论的影响，在分析取向上出现了南辕北辙的情形。② 但男性研究近年来不断茁壮，正逐渐建构出有别于女性研究的独特理论与研究方法。③

男子性是男性研究的核心体材（所以男性研究又称为男子性研究 masculinity studies），在概念上与男道（manhood）、男性认同（male identity）、男子气概（manliness）、男性角色（men's roles）相关。"男子性"的定义在各个学门也极为殊异，不过大都隐含了下列一种以上的概念：（1）凡是男人所做或所想之事。（2）凡是男人认定身为男人当做与当想之事。（3）特指拥有"铁汉特质"的男人。（4）强调男子性与女子性（femininity）是以

---

① Rotundo E. A., *American Manhood: Transformations in Masculinity from the Revolution to the Modern Era*, New York: Basic Books, 1993; Connell R. W., *Masculinities*, Cambridge, UK: Polity, 1995; Kimmel M. S., *Manhood in America: A Cultural History*, New York: The Free Press, 1996; Kimmel M. S. & Messner M. A. (eds.), "Introduction", *Men's Lives* (5th ed.), Boston, MA: Allyn and Bacon, 2001, IX - XVII; Whitehead S. M. & Barrett F. J. (eds.), "The Sociology of Masculinity", *The Masculinities Reader*, Malden, Mass: Polity Press, 2001, 1 - 26.

② 例如台湾坊间有几本讨论男子气概的翻译书籍，就是采取大众心理学的分析角度，其中以 *Iron John*《铁约翰》（Bly, R., *Iron John: A Book About Men*, MA: Addison-Wesley, 1990）最负盛名。《铁约翰》一书强调男子性与女子性是人类普同的心理结构，但女性主义的高涨导致了女性在亲密关系中过于强势，且许多家庭中的父亲角色由强势的母亲取代，男性的内在心性因为受到压抑而陷入了男性认同的危机。社会学者猛轰 Bly 忽视社会文化结构造成性别不平等的事实，反倒指摘现代女性逾越女子心性，造成男性成为无法适应现代社会的受害者 [Haywood C. & Mac an Ghaill M., *Men and Masculinities: Theory, Research, and Social Practice*, Philadelphia, PA: Open University Press, 2003, 6 - 7; McLean C., Carey M. & White C. (eds.), "The Politics of Men's Pain", *Men's Ways of Being: New Directions in Theory and Psychology*, Boulder, CO: Westview Press, 1996, IV; Connell R. W., *Masculinities*, Cambridge, UK: Polity, 1995, 13; Kimmel M. S. & Kaufman M., "Weekend Warriors: The New Men's Movement", *Theorizing Masculinities*, Thousand Oaks, eds. H. Brod & M. Kaufman, CA: Sage, 1994, 290]。

③ Connell R. W., "Masculinities and Globalization", *Men's Lives* (5th ed.), eds. Michael S. Kimmel & Michael A. Messner, Boston, MA: Allyn and Bacon, 2001; Haywood C. & Mac an Ghaill M., *Men and Masculinities: Theory, Research, and Social Practice*, Philadelphia, PA: Open University Press, 2003.

关系的形式存在。① 社会学最重视的是第四项的概念，所欲探讨的社会学知识重点在社会结构与社会体制所反映的性别权力关系。据社会学家康奈尔（R. W. Connell）的定义，男子性是行动者在"性别结构"中操演性别关系的过程与结果，表现在个人的感觉、目的与行为上。性别结构指的是含括了性别间的权力关系、生产/劳动关系以及爱欲关系等各种社会制度的组合体。

也有社会学者认为性别角色理论是"男子性社会学"（sociology of masculinity）的肇始。② 性别角色理论出现于 1950 年代，以塔尔科特·帕森斯（Talcott Parsons）为鼻祖，采纳功能学派的观点，将男子性与女子性界定为一组分别具有工具性与情感性的角色和性格，可以放诸四海，人人皆同。康奈尔（Connell）批评性别角色理论过分强调两性差异及性别社会化是一致的、静态的、功能性的，因而忽视了个人的能动性、性别权力的冲突性，以及不同阶级、族群、性偏好的男性彼此间存有的差异性与支配性。今日的社会学男子性研究已经扬弃了性别角色理论，改采用以女性主义为基石的社会建构论（注重个人主体、环境互动与社会结构的关系），并融入后现代理论，发展出以下三项广为大家接受的概念共识。

第一，研究方法不再独尊性别角色理论偏好的、强调中立客观的量表与问卷，转而重视历史方法与质性研究。

第二，强调男子性是在男女及男男的关系中生成的，所以以复数的、多元的形式存在。自 1980 年代迄今，许多文献探讨男子性如何受到阶级、族群、年龄、性取向、教育程度、职业、外表、生命经验等因素的交错影响；③ 也有理论认为操演男子性的过程形塑了殖民主义、种族主义、阶级霸

---

① Gutmann M., "Trafficking in Men: The Anthropology of Masculinity", *Annual Review Anthropology* 26, 1997: 385 – 409.
② Whitehead S. M. & Barrett F. J. (eds.), "The Sociology of Masculinity", *The Masculinities Reader*, Malden, Mass: Polity Press, 2001.
③ Adams R. & Savran D. (eds.), *The Masculinity Studies Reader*, Malden, Mass: Blackwell, 2002; Connell R. W., "Masculinities and Globalization", *Men's Lives* (5th ed.), eds. Michael S. Kimmel & Michael A. Messner, Boston, MA: Allyn and Bacon, 2001; Kimmel, M. S. & Messner, M. A. (comp.), *Men's Lives* (5th ed.), Boston, MA: Allyn and Bacon, 2001; Whitehead, S. M. & F. J. Barrett Eds., *The Masculinities Reader*, Cambridge. Malden, Mass: Polity Press, 2001.

权、男性支配、异性恋、恐同症及其他的压迫制度，而男子性也在这些压迫制度形成的过程中得以建构。① 另外，后现代与后结构取向的研究则较重视自我、主体性、身体及男子性认同形成的过程。②

第三，强调男子性是个人在各种社会制度中不断与人互动，终其一生不停地被创造、学习、运用、重塑的产物；每个时代的男子性都随着经济结构与文化脉络的发展而出现不同的样貌，对于当时的社会制度与政治体系都会产生深远的影响。例如，迈克尔·梅斯纳（Michael Messner）探讨美国男孩加入组织运动（organized sports）之后，逐渐发展出对于男子性的认同；这是因为组织运动内的次文化元素，包括教练、球员、规则与结构，都充斥着阳刚的价值观，强调男子气概的重要性与优越性。③ 针对工厂④、军队⑤、学校⑥、兄弟会⑦，及媒体⑧等的研究，也都发现这些社会制度是培养男子性认同的温床。历史学者安东尼·罗腾达（Anthony Rotundo）的研究则指出，自17世纪到19世纪末，美国白人中产阶级的"男道"（manhood）共经历了

---

① Connell R. W., "Masculinities and Globalization", *Men's Lives* (5th ed.), eds. Michael S. Kimmel & Michael A. Messner, Boston, MA: Allyn and Bacon, 2001; Haywood C. & Mac an Ghaill M., *Men and Masculinities: Theory, Research, and Social Practice*, Philadelphia, PA: Open University Press, 2003.

② Gutterman D., "Postmodernism and the Interrogation of Masculinity", *The Masculinities Reader*, eds. S. M. Whitehead & F. J. Barrett, Malden, Mass: Polity Press, 2003, 1 – 26; Haywood C. & Mac an Ghaill M., *Men and Masculinities: Theory, Research, and Social Practice*, Philadelphia, PA: Open University Press, 2003.

③ Messner M. A., "Boyhood, Organized Sports, and the Construction of Masculinities", *Men's Lives*, (5th ed.), eds. Michael S. Kimmel & Michael A. Messner, Boston, MA: Allyn and Bacon, 2001, 88 – 99.

④ Willis P. E., *Learning to Labour: How Working Class Kids Get Working Class Jobs*, Hampshire, England: Gower Publishing, 1977.

⑤ Morgan D., "Theater of War: Combat, the Military, and Masculinities", *Theorizing Masculinities*, eds. Harry Brod & Michael Kaufman, Thousand Oaks, CA: Sage, 1994, 165 – 182.

⑥ Macan Ghaill M., *The Making of Men: Masculinities, Sexualities and Schooling*, Buckingham: Open University Press, 1994.

⑦ Boswell A. A. & Spade J. Z., "Fraternities and Collegiate Rape Culture: Why Are Some Fraternities More Dangerous Places for Women?", *Men's Lives* (5th ed.), eds. Michael S. Kimmel & Michael A. Messner, Boston, MA: Allyn and Bacon, 2001, 167 – 177.

⑧ Hollander J. A., "Doing Studies: The Performance of Gender and Sexuality on Late-night Television", *Men's Lives* (5th ed.), eds. Michael S. Kimmel & Michael A. Messner, Boston, MA: Allyn and Bacon, 2001, 477 – 493.

三次阶段性的转变。19世纪男性被要求重视理性、权威与竞争，这些阳刚特质也塑造了美国的联邦体系与法律、医学等专业的特性。[1]

此外，社会学男性研究也探讨了一些男子性的显著特性，例如他律性、男性友谊的联结模式等。迈克尔·金梅尔（Michael S. Kimmel）指出两个世纪以来美国中产阶级的男子性一直呈现出一种核心现象，即普遍受到一股趋力的鞭策，不断地要向其他男性证明自己拥有男子性，且时时紧抱着模模糊糊的男子汉标准；害怕失败，担心不够男性化，以及畏惧别人会认为自己性格软弱、胆怯等。[2] 法国社会学家皮埃尔·布迪厄（Pierre Bourdieu）使用"他律性"一词来形容这项男子性的特征，指出男性为了要证明自己是一条硬汉，往往变得无比冲动与暴力，可以不顾生命而从事各种冒险行为，甚至杀戮、折磨、强暴、剥削、压制他人。[3]

"男性连带的模式"（male bonding）是另一项备受关注的议题。研究发现男性联结经常是透过歧视女人或抨击男同性恋者的语言与行为而产生的。例如，沃克（Walker）发现日常生活中美国男性经常抱怨自己的太太或女友是如何小气与爱操纵人，相互强化性别刻板印象。[4] 彼得·莱曼（Peter Lyman）指出男性有意借由歧视女性的谈笑关系，来调节潜藏在男性彼此间的紧张与侵略性。[5] 克里（T. J. Curry）报道男性运动员在更衣室中，为了表现出男子气概，话题总是脱离不了客体化女人或攻击男同志，但假若讨论亲密的异性关系则会遭到讪笑。[6] 博斯韦尔（Boswell）和斯贝德（Spade）

---

[1] Rotundo E. A., *American Manhood: Transformations in Masculinity from the Revolution to the Modern Era*, New York: Basic Books, 1993.

[2] Kimmel M. S., *Manhood in America: A Cultural History*, New York: The Free Press, 1996, 2-9.

[3] Bourdieu P., *Masculine Domination*, Cambridge, UK: Polity Press, 2001.

[4] Walker K., "'I'm Not Friends the Way She's Friends': Ideological and Behavioral Constructions of Masculinity in Men's Friendship", *Men's Lives* (5th ed.), eds. Michael S. Kimmel & Michael A. Messner, Boston, MA: Allyn and Bacon, 2001, 367-379.

[5] Lyman P., "The Fraternal Bond as Joking Relationship: A Case Study of the Role of Sexist Jokes in Male Group Bonding", *Men's Lives* (5th ed.), eds. Michael S. Kimmel & Michael A. Messner, Boston, MA: Allyn and Bacon, 2001, 157-166.

[6] Curry T. J., "Fraternal Bonding in the Locker Room: A Profeminist Analysis of Talk about Competition and Women", *Men's Lives* (5th ed.), eds. Michael S. Kimmel & Michael A. Messner, Boston, MA: Allyn and Bacon, 2001, 188-201.

剖析美国大学兄弟会的次文化，发现他们强调女人是威胁兄弟联结的外人，所以不鼓励成员发展亲密的异性恋关系；哪个兄弟表现出将女性视同平等的言行举止，就会受到其他兄弟的骚扰。① 安妮·埃里森（Anne Allison）探讨了日本企业招待干部到俱乐部冶游的现象，指出色情场所的妇女可以提振干部的男子气概。② 黄淑玲也发现台湾男性小团体在公私领域的社交应酬中，普遍利用在酒色场所"一起玩女人"，而产生一种大家共享男性雄风的哥们儿间的联系关系。③

（二）性别教育需要加入男性研究教材

女性主义研究在1980年代后期输入台湾后，在各种人文社会学门持续发展，到了1990年代后期已呈现出蓬勃的景象。然而，至今大部分的研究依旧集中在找回女性的声音与经验，而大专院校的性别课程也大都强调提高女学生的自觉与加力（empowerment），④ 上课内容比较偏重女性经验与性别压迫的理论。这些课程无法贴切地反映男女学生在现实生活中的性别经验，以至于吸引不了男学生的兴趣，甚至还会在课堂上招来学生们的反感与敌意。根据笔者的经验，如果上课教材提供生活化的男性研究实例，配上女性主义犀利的分析观点，学生较易从具体实例中抽丝剥茧并结合自身的经验，了解到男女两性关系权力的真实面向，进而减低对女性主义的误解。

就妇女运动的终极目的而言，女性主义的教育目标，亟须同步实施提升女学生的意识及唤醒男学生自觉的工程。在妇女团体的积极创导下，"教

---

① Boswell A. A. & Spade J. Z., "Fraternities and Collegiate Rape Culture：Why Are Some Fraternities more Dangerous Places for Women?", *Men's Lives*（5th ed.）, eds. Michael S. Kimmel & Michael A. Messner, Boston, MA：Allyn and Bacon, 2001, 167 – 177.

② Allison A., *Nightwork：Sexuality, Pleasure, and Corporate Masculinity in a Tokyo Hostess Club*, Chicago：University of Chicago, 1994.

③ 黄淑玲：《男子性与喝花酒文化：以Bourdieu的性别支配理论为分析架构》，《台湾社会学》2003年第6期。

④ empowerment，过去较常见到"赋权"或"充权"的翻译名词，这其中似乎蕴含有外力强加、他人给予的意涵，会抹杀了主体增长、培养出权能的能动过程，所以近来已渐化为"增权"/"增能"/"培力"/"彰权益能"/"权力"/"加力"等概念名词所取代。——编者注。

育部"已经规定公立中学与小学必须实施性别平等教育课程。女性主义学者责无旁贷，必须担负起提供教材的责任。然而，现有的女性主义研究缺乏剖析男孩与男人经验的素材，恐不敷所需。

社会学教科书有太多理由需要放入男性研究：男性研究探讨男性的生活经验是学生最切身的题材；男子性是社会制度、团体组织、国家机器的组织基础；男性研究探讨男子性认同的形成过程，丰富了社会学的社会化理论；男子性概念彰显阶级、族群与性别如何互动与互构；男子性的他律性容易引发男性集体暴力，为社会学犯罪理论添加了新思维等。简言之，男子性的概念在社会学探讨的每种议题上都能够加入新视野。

（三）结语

男性研究援引女性主义观点作为分析工具，其结果一样清楚地显示出性别宰制的机制如何在行动者与社会体系之间运作。然而，吴嘉苓在前言中提及的文献鲜少讨论男性研究对于女性主义理论的贡献，或者承认男性研究是女性主义研究的支流。不过，近年来已有女性主义女学者认真看待男性研究与女性主义理论的关系。[①] 男性研究学者则不断深耕男子性的理论与研究方法，试图与女性研究并驾齐驱，共同拓展性别研究的疆域。[②] 女性主义希望能在社会学里产生"典范转移"的革命，这个宏愿至少得到了男性研究学者的响应。女性主义学者应该接受并接收男性研究的成果，借以进一步深化女性主义理论，继续尚未完成的革命。

二　需要重视性别与技术的社会关系（成令方）

台湾近50年的工业化和经济发展，都是以技术为重心的，加上家电用品的普及，计算机手机的大量使用，医疗药品的大量倾销，台湾社会大众的日常生活运作完全依赖各种各类的技术产品。这几年来造成社会争议和

---

① Gardiner J. Ed., *Masculinity Studies and Feminist Theory*: *New Directions*, New York: Columbia University Press, 2002.
② Haywood C. & Mac an Ghaill M., *Men and Masculinities*: *Theory*, *Research*, *and Social Practice*, Philadelphia, P. A.: Open University Press, 2003.

引发关心的焦点，例如核四①存废问题，河流土壤的污染，土石流和地震的预防，威而钢②和养生食品的广受欢迎等，都与技术（包括医疗技术，下面就以"技术"指称）有关。为什么在一本具有本土性的社会学教科书中，除了没有"技术"独立一篇的讨论外，③ 其他各篇的内容，除了"经济与工作""全球化的社会变迁"两章外，也只字不提技术？

技术在台湾社会学研究中不被重视可能与台湾社会学者的背景有密切关系。绝大多数的社会学者都是文科出身，对技术的理解与一般的路人甲（"使用者"）相去不远，加上对"两个不同的文化"分工的认知，认为科学技术应留给科技专家去关怀。因技术的知识生产、权力运用及其使用未被纳入社会学检视和研究的范围，社会学最常讨论的议题出现了盲点和残缺，例如，我们看不到网络形塑社群的认同及其对城乡差距的影响、家电使用如何转变家庭分工、技术教育中的性别/阶级/种族盲点、医药技术如何改变人们对身体的看法、生殖科技如何造成人口结构以及亲属关系的重构、技术产业与民主政治的关系、全球化与在地技术的相互型构等。社会文化与技术的相互作用就在我们的认知地图上消失了，不被呈现也不被了解，更谈不上在政策面上社会学家与技术专家对话，涉入技术教育的规划，或对技术造成的社会影响发表看法。④

若将技术纳入社会学的研究，而不与性别角度结合，则不仅忽略了人类半数与技术的关系，还忽略了技术发展内涵的独断异性恋阳刚特质对人类造成的负面影响。辛西娅·科伯恩等（Cynthia Cockburn）指出："若不提及性别，我们就不能完全理解技术。"⑤ 笔者在这里要指出：若不了解技术

---

① 核四，即台湾第四核电厂的简称。——编者注。
② 威而钢，是万艾可（viagre）台湾和香港的注册名，医学用名西地那非（sildenafil），是一种研发治疗心血管疾病药物时意外发明出的治疗男性勃起功能障碍的药物，在大陆的俗名为"伟哥"。——编者注。
③ 在编写此书时，台湾社会学界早有台大社会学系的孙中兴（其研究领域之一是"知识社会学"），听说他早期在台大开这样的课，但没有学生修。另外，还有研究"技术社会学"的清华大学社会所的吴泉源（现在这方面的研究者已经增加好多位了），编者不能以无人可以写为托词。这里又印证了一个论点：教科书的内容反映了该领域的主流价值观。这里牵涉到一个问题，教科书是为了反映市场需求，还是为了拓展学术认知领域而写？
④ 技术与社会的研究与台湾民主发展有密切的关联，见雷祥麟《剧变中的科技、民主与社会：STS（技术与社会研究）的挑战》，《台湾社会研究季刊》2002 年第 45 期。
⑤ Cockburn C. & Ormrod S., *Gender and Technology in the Making*, London：Sage, 1993, 32.

的性别面向，我们对社会重要的变化就不能掌握，也很难在技术被男性中产阶级专家垄断的当今，提出对女性、阶级、族群和文化弱势者比较有利的对策。

由于本土教科书几乎没有对技术的讨论，本文将在诸位作者的原有架构下，提出建议讨论"性别—科技"的方向。在进入讨论前，笔者先简单说明目前此领域的研究特色。

（一）性别的技术，技术的性别

首先我们要问，"技术"一词意涵为何？若我们借用唐纳德·麦肯齐（Donald MacKenzie）和朱迪·瓦吉克曼（Judy Wajcman）对"技术"一词的解释，它包括下面三层含义：（1）"技术"最基本也最狭义的意涵是指器物和硬件本身，例如汽车，计算机。（2）"技术"指的是人利用、使用器物和硬件的活动。例如如果人不开车，汽车只是一堆铁和玻璃；计算机没有程序设计师和软件，也顶多是一堆铁片、塑料和晶体。（3）"技术"指的是知识（know-how），[1]是关于使用、设计、维修物体和硬件的知识，它的传播可能是视觉形象的，可能是观察练习操作的，也可能是口传教授或书写阅读的。既然含义如此广泛，并不是仅指狭义的硬件物体，还包括人的活动与知识的承传，那么，技术与性别的关系就呈现在多重领域中。

"性别的技术，技术的性别"的讨论可以分成两类。

1. "性别和技术"（gender and technology）即以技术对男女的影响，男女如何使用技术，使用者与技术的关系为主，就是把使用者视为接受技术的一方，而不是发明设计技术的一方。例如，柯望（R. S. Cowan）的经典研究指出，家庭技术用品的发明对家庭主妇的工作方式而言，并没有减轻她们的工作量，反而扩张了她们母职的范围，让她们更疲于奔命。[2]这方面的研究很重要，因为大多数的男女往往处于技术使用者的位置，他们与技术的关系很可能与他们在家庭中的位置、教育的内容和政策、工作的训练

---

[1] MacKenzie D. & Wajcman J., *The Social Shaping of Technology*, Milton Keynes: Open University Press, 1985.

[2] Cowan R. S., *More Work for Mother: The Ironies of Household Technology from the Open Hearth to the Microwave*, New York: Basic Books, 1983.

和环境都有关系。研究"性别和技术"有助于联结社会文化的各个面向，可以扩张人们对日常生活的认识。另外，这方面的研究可以转移和改变人们对"技术"的狭隘认知，以为只有飞弹、汽车、高科技才是"技术"，忽略了技术与日常生活的紧密关系。

2. 讨论"性别—技术相互生成"（coproduction of gender and technology）、相互形塑的关系，比较注意将性别镶嵌在技术设计中，使技术带有性别的联想，以及使用者个人认同的面向。在科伯恩（Cockburn）和瓦吉克曼（Wajcman）等人的经验研究和理论讨论中，研究"性别—技术"关系的基调逐渐浮出。[1] 温迪·福克纳（Wendy Faulkner）对此领域的英语文献做出总结：分析"性别—技术"关系有三个面向要考虑：社会结构、性别象征、性别认同。她指出技术的性别意涵有六点：（1）技术是性别的，因为设计技术器物和技术系统的绝大多数是男性。（2）在技术领域中，性别分工非常明显，往往把技术技巧与异性恋阳刚特质等同。（3）技术器物在物质和象征方面都充满性别意涵，但在使用时有很多弹性解释的空间。（4）技术的文化形象强烈地与主流男性特质相结合，但是外在形象与实作之间有很大的差距。（5）技术知识和实作的细节是有性别特质的，但以复杂和彼此矛盾的方式呈现。（6）技术是那些倚赖技术为生和作为技术玩家的男性的性别认同的重要成分。[2]

（二）"性别—技术"的思考方向

以上面的讨论作为笔者检视教科书内容的架构，笔者看到至少有七个领域还有许多讨论"性别—技术"的空间。

"社会化"一章中，笔者建议可以加入关于性别社会化中认定男生对技术一定行、女生对家务一定有兴趣的讨论；以及在媒体传播和在工作场所

---

[1] Cockburn C., *Brothers: Male Dominance and Technological Change*, London: Pluto Press, 1983; Cockburn C., *Machinery of Dominance: Women, Men and Technological Know-How*, London: Pluto Press, 1985; Cockburn C., *Two Track Training: Sex Inequalities and the Youth Training Scheme*, London: Macmillan, 1987; Cockburn C. & Ormrod S., *Gender and Technology in the Making*, London: Sage, 1993; Wajcman J., *Feminism Confronts Technology*, Pennsylvania: The Pennsylvania State University Press, 1991.

[2] Faulkner W., "The Technology Question in Feminism: A Review from Feminist Technology Studies", *Women's Studies International Forum* 24, 2001: 79-95.

中，对男女使用技术的评价有高下之分（例如，护士的技术不被重视）等的讨论。在刻板印象中，可举的"性别—技术"例子更多，例如，某些器物的使用（计算机、机车、电话）与其性别意涵对男女性别认同的养成有何影响等？①

"家庭"一章中，现代的家务劳动也有很多以机器代劳，例如洗衣机、吸尘器、熨斗等。若从"性别—技术"的面向来看，笔者建议可以追问：使用这些机器是否改变了家务的性别分工和家庭的互动关系？这些器物的性别形象如何？使用者的性别与这些器物的关系如何？

"教育"一章中，"教育与性别"一节内，笔者建议可以加上：各类科技教育的性别意涵如何？科技课堂教学对男女生的对待有无差异？科技教育有无强化技术能力与男性气质的紧密关系？②

"健康与医疗"一章中，医疗技术与药物的研发、使用和性别间相互型构的关系值得讨论。例如避孕丸、威而钢、HRT（荷尔蒙替代疗法）、生殖科技的研发与使用和性别的关系相当密切。③ 另外，医疗使用者也积极维护其健康，其中女性更积极地投入另类医疗科技的传播与使用中。④

"经济与工作"一章中，作者给予好几页的篇幅讨论与技术相关的社会现象，技术虽不是本章的重心，本章的内容却肯定了技术在台湾经济发展中的重要性。作者从1965年外销低技术的工业制品谈起，女工就出现在引言的第一段，到1980年代的后工业社会，以知识、信息和服务为主的面貌开始呈现，技术从未缺席。若读者细看就可以发现台湾前25大制造及服务业排名，可能除了7-Eleven便利商店外，其他都是与技术密切相关的产业。若从性别—技术的角度出发，这些制造业和服务业雇用的工程师，技术人

---

① 方念萱：《性别与电话：从传播领域中的电话研究到女性主义研究中的性别化科技研究》（手稿），STM工作坊，2002；林鹤玲：《虚拟互动空间设计中的权力及控制：一个MUD社会创设的经验》，《台湾社会学》2001年第2期。

② 成令方：《医"用"关系的知识与权力》，《台湾社会学》2002年第3期；傅大为、王秀云：《台湾女性科学家的九零年代风貌——试析"科学/女性/社会脉络"诸相关领域》，《台湾社会研究季刊》1996年第22期。

③ 傅大为：《战后妇产科的手术技艺与性别政治》，第二届"性别与医疗"工作坊，"国防"医学院，2001；吴嘉苓：《台湾的新生殖科技与性别政治，1950-2000》，《台湾社会研究季刊》2002年第45期。

④ 成令方：《医"用"关系的知识与权力》，《台湾社会学》2002年第3期。

员与技术的关系,女性技术人员和工程师的处境,以及各产业技术的性别关系都非常值得注意,①建议作者应给予有分量的讨论。

"都市化、小区与城乡关系"和"全球化的社会变迁"两章中,更应该讨论信息科技和互联网在重建在地小区与国际信息文化交流中的重要角色。其中,女性、同志、原住民等虚拟小区的出现,助长了松动资本主义父权社会的生机。②

"性别—技术"关系的研究,其实可以响应吴嘉苓在前言中提倡的脱离"性别角色"转向"性别关系"的分析角度。从"性别关系"的角度来分析,我们才可能在社会各个层面看到"性别—科技"的关系。有些科技并没有女性出现,但是仍有性别关系/意涵的面向,例如,形塑某技术或技术的使用者其异性恋阳刚气概的过程。这样把"性别"当成动词而不再是名词,从性别关系的角度研究,就可以挖掘出女性被排除、被边缘化、被隐形化,以及被男性气质主导的过程,为性别研究开拓出更宽广的视野。

三 社会福利(唐文慧)

不管在西方学界还是在台湾,有许多社会学学者不约而同地指出,一个国家的社会福利制度,和妇女弱势处境的改善之间有十分密切的关联,③

---

① 严祥鸾:《性别关系建构的科技职场》,《妇女与两性学刊》1998年第9期。
② 林鹤玲、郑陆霖:《台湾社会网络经验:一个探索性的分析》,《台湾社会学刊》2001年第25期。
③ Lewis J., *Women's Welfare: Women's Rights*, London: Croom Helm Press, 1983; Lewis J., *Women and Social Policies in Europe: Work, Family and the State*, England: Edward Elgar Press, 1993; Gordon L. Ed., *Women, the State, and Welfare*, The University of Wisconsin Press, 1990; Tang, Wen-hui Anna, *Explaining Social Policy in Taiwan Since 1949: State, Politics, and Gender*, PhD Dissertation of Harvard University, 1997; 胡幼慧:《三代同堂——迷思与陷阱》,台北:巨流,1995;傅立叶:《建构女人的福利国》,载刘毓秀编《台湾妇女处境白皮书》,台北:时报出版社,1995;刘梅君:《建构"性别敏感"的公民权:从女性照顾工作本质之探析出发》,载刘毓秀编《女性、国家、照顾工作》,台北:女书文化事业有限公司,1995;张晋芬、黄玟娟:《两性分工观念下婚育对女性就业的影响》,载刘毓秀编《女性、国家、照顾工作》,台北:女书文化事业有限公司,1997;唐文慧、王宏仁:《社会福利理论——流派与争议》,台北:巨流,1993;唐文慧:《国家、妇女运动与妇女福利——1949年后的台湾经验》,《社会政策与社会工作学刊》1999年第3期;唐文慧、王怡君:《父权社会 V.S. 母性社会:台湾社会福利运动中的妇女角色》,载萧新煌、林国明编《台湾的社会福利运动》,台北:巨流,2000。

然而这样的见解和研究成果，却常常为社会学主流的学术圈所忽略。检视社会学教科书的内容，可以清楚地看见这样的现象。因此这里要问的是，社会学领域知识的发展，并作为实践的工具，长久以来对于妇女的弱势处境有没有足够的关照和实质的帮助呢？社会学教科书是知识传授非常直接的工具，也会间接影响社会改革的方向，为什么会忽略社会福利的主题和性别观点的重要性呢？这的确值得女性主义研究者深入理解与探讨。

观察台湾社会福利作为学术分工体系中的一个主题或学门可以发现，它常被视为"微观的"社会工作领域，这可由目前大学学院内的社会学系和社会工作学系的课程内容得知。同时，社会福利也成为以女性研究者为多数的一个领域。再以社会学教科书为例，检视其中的章节，我们会发现，过去20年以来的许多教科书根本不谈它，最近出版的教科书，虽出现社会福利的内容，篇幅和字数内容却非常少，不仅不将其直接列为一章来谈，还往往将其放在"国家"等相关的章节中包含之。

以最近颇受欢迎、宣称着重台湾本土研究实例的《社会学与台湾社会》[①]一书来看，社会福利的议题只在第十四章"权力与政治体系"一章当中有小篇幅的出现。只用一小节说明西方福利国家的理论和经验，与一个方块简单带过说明台湾的发展，总共大约三页半、约三千字的篇幅（本书共有671页）。对于西方早已经蓬勃发展的福利国家的"性别观点"，与台湾一些学者关于社会福利制度的发展经验如何影响女性公民生活机会的研究结果，完全没有谈到。

试问，这样的一本教科书，其内容会造成什么样的影响呢？研究者认为这将会使教授或修习社会学课程的师生们，不但忽略社会福利的议题对整体社会产生的重要影响，更欠缺对社会福利理论在性别观点方面的理解；许多福利制度与性别关系的研究成果未被重视，女性在父系社会中居于弱势的社会地位被视而不见，深化父权社会的意识形态，无法改善性别不平等的社会现况。这样的教科书内容使阅读者容易轻忽社会政策对于个人——尤其是女人——社会地位和阶级身份的重要影响。

社会福利制度作为国家形成（state formation）的一种形式，也是政体

---

① 王振寰、瞿海源编《社会学与台湾社会》，台北：巨流，2000。

(polity)类型的一种,是政治社会学领域中十分重要的一个主题,在西方社会的学术领域中已经渐渐成熟茁壮也受到相当的重视。然而在台湾这样一本新的又标榜台湾社会主题的教科书中,却仍然不被瞩目,为什么?笔者认为主要原因有二:第一,台湾的社会学长期以来追随西方学术的发展,而成为"男流"的社会学。第二,与台湾福利制度的设计有关。在过去50年来社会发展的过程当中,受政经局势和执政官僚主导的影响,台湾发展成为低度的福利地区,福利议题并不受重视,间接影响到社会福利在学术分工上成为隶属社会工作的科目之一,偏向"微观"的心理学学科性格,无法被纳入社会学主流教育当中。因此,甚少社会学系的学者研究"福利国家"的宏观议题,较多社会工作或社会福利学系的教授学者研究个人的福利议题(如妇女、老人、儿童等)。福利议题不被放在宏观(macro)层次关照,也就容易被从重视宏观层次的社会学教科书中排除。

由以上的讨论可知,台湾本土的社会学教科书很少谈到社会福利这个主题,纵使谈到,也是小篇幅的触及,更需要反省的是常忽略"性别观点"的探讨。那么以英文为主的教科书又如何呢?美国知名的社会学家尼尔·斯梅尔瑟(Neil J. Smelser)在其所著的《社会学》(Sociology)一书中,有一章直接提到"社会福利",他的标题是:社会福利制度及其限制(Social Welfare System and Their Limits),这本教科书全书共有四大主题,社会福利议题被放在"政体与社会"(Polity and Society①)的主题当中。② 这章虽然提出了"社会福利"的基本概念、理论与福利国家的历史发展,并回顾了对许多不同国家福利制度研究的结果,然而,对于由"性别观点"角度切入的理论探讨和研究成果,却仍然视而不见。

另外,以中外社会学教科书都很喜欢引用的福利制度的研究学者戈斯塔·埃斯平·安德森(Gosta Esping-Andersen)的著作为例,他在《福利资本主义的三个世界》中,③ 完全不谈性别与社会福利制度之间的连带关系,其"性别盲"的现象依然不例外,然而社会学者在引用其研究成果时,

---

① 此书四大主题为:Fundamentals, Polity and Society, Economy and Society, Institutional and Cultural Process,共十九章。
② Smelser N. J., *Sociology*, Blackwell Publishers, MA, USA, 1994.
③ 古允文译《福利资本主义的三个世界》,台北:巨流,1999。译自 Gosta Esping-Andersen, *The Three Worlds of Welfare Capitalism*, Cambridge, UK: Polity Press, 1990.

却没有同时指出女性主义福利研究学者对他的批评。例如，他分析全球有三种主要的福利模式，分别为：盎格鲁-撒克逊国家的自由主义、斯堪的纳维亚国家的社会民主主义，与欧陆国家的组合主义式福利国家。然而，这样的分析模型和分类模式，早已遭到许多女性主义福利研究学者的猛烈批评。挑战埃斯平·安德森（Esping-Andersen）性别盲的福利国家观点的人不在少数，如欧陆和美国的学者戴安娜·塞恩斯伯里（Diane Sainsbury）、安·绍拉·奥洛夫（Ann Shola Orloff）等，然而，她们丰富的性别观点的研究成果，都不被中外的主流教科书青睐，为什么？以下笔者将进一步说明。[1]

虽然，近来有许多女性主义社会学家都选取福利议题为主要的研究领域，更可不约而同地看到，研究社会福利与社会政策，若没有照顾到女性的特殊处境和采取性别敏感的角度，很容易沦为性别盲，而对整体社会的解释有所偏颇。例如，男性社会学家研究福利的学者就会简化地归纳，高度福利国家相较于低度福利的国家，比较没有阶级对立的问题。这样的论述其实有一个很强的预设，仿佛认为"福利国家"是一个整体、一个一致而没有差异的政体制度，也就没有性别不平等的问题。然而，许多后起年轻的女性主义社会福利政策研究者对福利国家从性别角度切入后的研究成果发现，其实在一些福利程度较高的社会，其女性公民生活的机会、在社会中或家庭里的地位，还是未达到男女平等的程度。再者，北欧许多同样被归类为福利国家类型的社会，妇女地位的差距也可能颇大。尤其，各个国家所偏重的政策类型，也有非常大的差异存在，对女性有相当不同程度的影响。

因此，对于社会福利体系的研究，许多学者皆提出应该把"性别"（gender）带回到分析的范畴（category）。[2] 以西达·斯考切波（Theda Skocpol）对美国福利制度的研究为例，她指出，早在19世纪南北战争时，妇女虽还没有政治上的投票权，但是，以男性为主要成员的国家官僚体系，却已经为妇女订定了大量的福利照顾政策，例如母亲津贴、儿童津贴、寡

---

[1] Sainsbury D., Ed., *Gendering Welfare State*, Sage Publication, 1994; Orloff A. S., "Gender in the Welfare State", *Annual Review of Sociology* 22, 1994: 51-78.

[2] Gordon L. Ed., *Women, the State, and Welfare*, The University of Wisconsin Press, 1990; Skocpol T., *Protecting Soldiers and Mothers: The Political Origins of Social Policy in the United States*, The Belknap Press of Harvard University Press, 1992.

妇年金等。因此，她称19世纪的美国为"母性福利国家"（maternalist welfare state）。① 总的来说，在福利国家研究的"性别观点"兴起之后，最近有两个主要的途径主导着性别关系和福利国家的研究，一是关注国家对女性社会再生产的贡献的看法和立场，二是关注国家如何以政策介入改善人类社会长期以来的性别不平等现象。近来，研究主轴更着重环绕在强调社会政策对性别关系和女性地位的影响。福利国家会从许多方面影响性别关系，当代跨国比较研究，可以定义出福利国家的"体制类型"或者"福利资本主义的三个世界"，但是比较研究对性别却没有系统性的整理，因此性别关系和福利国家到底如何互相影响，国际比较研究呈现何种成果？一直是较缺乏研究的一个领域。

例如，奥洛夫（Orloff）指出，性别关系会镶嵌在性别分工的制度当中，福利制度如何影响一个社会的性别关系，就是一个明显的例子。② 强制性异性恋的程度、母职、公民身份的性别形式和政治参与、男子气质和女子气质的意识形态，这些变量都会深深地影响福利国家制度设计的特色。而同样，社会保护的制度，例如社会救助和社会保险计划的设计，亦即全民应享的权利（我们称之为福利国家政策），也会影响性别关系。她对美国近几年的福利改革的研究指出，③ 美国1996年的福利改革方案《个人责任与工作机会协调法案》（Personal Responsibility and Work Opportunity Reconciliation Act，PRWORA）把传统属于母亲作为照顾者可以受到政府福利救助补助的权利剥夺了。现在的制度改革期待所有的母亲拥有就业者身份，只有如此才给予福利的补助，其实反而忽略了母亲选择的权利，剥夺了过去贫穷的单亲妈妈选择担任全职母亲的可能性，且把过去属于女性身份的社会公民权转换为社会救助形式，其实对女人的地位更为不利。加上期待母亲成为经济市场上的专职受薪工作者，家庭中照顾工作的公共、社会意义更被政策领域边缘化。政策上强调的是性别的相同（sameness），而忽略了男女在家庭照顾工作上的不同，隐含了照顾工作还是"私"领域的范畴，也就是

---

① Skocpol T., *Protecting Soldiers and Mothers: The Political Origins of Social Policy in the United States*, The Belknap Press of Harvard University Press, 1992.
② Orloff A. S., "Gender in the Welfare State", *Annual Review of Sociology* 22, 1996: 51–78.
③ Orloff A. S., "Explaining US Welfare Reform: Power, Gender, Race and the US Policy Legacy", *Critical Social Policy* 22, 2002: 96–118.

女性的责任，传统压迫女性的照顾工作仍未被社会政策整体所考虑。女人承担照顾工作的主要负担的现况没有改善，对女性是相当不利的。结论是，她对美国近年来的福利改革对女性权益的影响相当悲观。另外，女性主义经济学家南希·佛伯尔（Nancy Folbre）也用"照顾者反得惩罚"来形容美国的福利制度对女性的不公平待遇。[①] 她指出，右派人士对福利制度不友善，将福利国家比喻成"保姆国家"，不赞成政府承诺和实践积极的"照顾角色"，使女性成为无偿的劳动者，忍受低劣的社会地位和经济弱势角色，因此以女性为主的"照顾者"，在美国成为被惩罚的一群人。一个国家福利制度的设计和女性地位的重要关系由此可以清楚地看出。

因此，由以上的研究成果我们可以知道，欧美的社会科学界已经逐渐将性别纳入社会福利和福利国家的研究和讨论，成果也越来越丰富。这些陆续发表的研究成果，当然也就能逐渐地被呈现在主流的社会学教科书内容当中。例如，社会学家斯考切波（Skocpol）对美国社会福利政策史的研究成果，就不断地被社会学教科书所引用。例如，在斯梅尔瑟（Smelser）的教科书中，斯考切波（Skocpol）的研究成果和性别观点就被清楚地引用了。[②] 除了斯梅尔瑟（Smelser）的性别敏感观点外，笔者相信这也与斯考切波（Skocpol）稳固的学术声望和地位有关。

如果我们要问，为什么台湾的主流教科书不能更完整地呈现、讨论女人的经验和呈现研究的结果呢？我们要先了解，是谁在撰写教科书？以目前台湾本土的社会学教科书为例，大部分作者是已位居学术最高职位的正教授或研究员，而这些学者多半是男性。同时，从事批判男流社会福利的研究者多属较年轻、职位较低的女性，她们的声音还未能在主流的学术领域内大鸣大放，因此，要能更完整地呈现或讨论女人的经验，从研究再进而使之成为教科书的内容，一方面需要这批学者假以时日的茁壮成长，另一方面则需这些女性主义学者的加紧努力。

---

① 《心经济、爱无价？：家务该不该有给？爱心如何计价？》，许慧如译，台北：新新闻出版社，2002。译自 Nancy Folbre, *The Invisible Heart: Economics and Family Values*, New York: New Press, 2001, 55。

② Smelser N. J., *Sociology*, Blackwell Publishers, MA, USA, 1994, 99.

第三部分 结语（曾嬿芬、吴嘉苓）

本研究以第一本以台湾社会研究作为基本素材所写的大学教科书为镜，映射女性主义至今未能被学界视为一种如功能论与冲突论般，可以贯穿社会学各主题的主要理论观点的现状，我们希望我们已经透过此篇评述，检讨了女性主义被社会学基本教学忽视所带来的局限。我们在这样的教学素材中，看到性别在主流社会学中还是局限在微观层次的讨论，未能在宏观层次被呈现出来。另外，女性主义仍然被视为只与性别关系的研究相关，而非对各个社会学领域均有重大影响的观点。

如果以教科书作为社会学门成果精华的呈现，我们发现这个呈现往往"看不见女人"：社会运动遗漏了妇运，阶层化讨论未能纳入家庭主妇，发展的讨论忽略了边缘的女性劳动力，等等。从"看不见女人"出发，这里的集体检视也彰显出，"女性主义观点"的缺席如何使社会学诸多概念因此不够完整，无法充分解释台湾社会。如同曾嬿芬所指陈的，如果不讨论家庭性别分工、职场性别逻辑，以及"国家"如何介入调和女性同时从事家务劳动与全职工作可能产生的冲突，我们无法充分解释台湾所谓的"经济奇迹"。又如范云所分析的，如果能看到"国家"的性别特质、社运成员的性别身份，以及运动剧目选择的性别差异，将能更充分解释社会运动的生成、进行与影响。本研究对几个社会学教科书的章节检验，强调的女性主义视野的缺席，以及女性主义研究成果（也包括台湾本土女性主义研究的成果）并未受到重视，都显示出从社会学角度来理解台湾社会的努力，并不完整。

本研究作者群也提出了彻底撼动社会学门的做法。这里试从前言部分所提出的四只"潜力股"来讨论。（一）马克思主义理论取向的修正。例如，张晋芬讨论阶层化理论如何修正翻新，以便能够充分解释女性阶级的身份与经验。曾嬿芬则从性别关系与发展如何交互影响的女性主义研究成果，彰显了发展社会学如何扩充、厘清"发展是什么"以及"谁得到发展"等重要问题。（二）从女性主义认识论着眼。例如，杨芳枝即指陈，如果能把女性日常生活经验作为理论"文化"的基础，则较容易发展出以研究权力机制运作为主轴的文化观,也较可能发展出文化与社会结构不平等之间的关系。范云则从女性主义运动的女人经验,提出了"情感性框架"概念,有助于修正传统社会运动理性选择模型。(三)性别关系的无所不在。例如,黄淑玲与成令方即分别从"男性研究"与"性别—技术"的理论视野,提出了"性别"如何作为动词而非名词的分析策略,彰显了性别如何作为一个组织社会的原则,如何介入认同形成过程(不只是性别认同,还包括阶级、族群、性偏好等身份认同)与社会制度的形塑(家庭、教育、经济、医疗、全球资本主义等)。(四)再生产作为核心的指标。唐文慧从重视社会福利的讨论出发,借此彰显再生产如何作为分配社会资源的关键轴线,应成为理解社会运作的重要概念。

这些讨论点出了我们应该继续努力的方向,当帕梅拉·艾伯特(Pamela Abbott)和克莱尔·华莱士(Claire Wallace)在 1990 年写《社会学导论:女性主义视角》(*An Introduction to Sociology: Feminist Perspectives*)时,她们的想法正是将女性主义对社会学的重大贡献记录下来,因为她们主张有必要重建社会学的理论、方法和解释,她们的书就是在实践这样的主张,期待未来我们也会产生这样的一本书。

由一本本土教科书延伸出去的反省,最重要的还是要回到一个基本的问题——我们需要更多采用女性主义观点的研究。理论只是一种世界观,理论让我们能开始从不同的角度去理解事情,但是,理解世界仍须用研究的成果说出具体的、有血有肉的故事。在写这篇论文的过程中,我们看到,女性主义观点的社会学研究成果并不是没有,而是经常被忽略,不被整合到教科书的内容之中。但是,我们也同时看到,由于某些主题领域严重缺乏从女性主义观点所做的经验研究,女性主义的观点就比较不容易在教科书的这几个章节中被放进来讨论。所以,更多具有女性主义观点的知识生产仍然是推动一个有女性主义观点的社会学教科书的最好推手。

参考文献

王秀惠:《种族歧视中的性别意涵:美国白人洗衣业主眼中的华人洗衣馆(1870 - 1920)》,《近代中国妇女史研究》1999 年第 7 期。

王浩威:《台湾查甫人》,台北:联合文学,1998。

雷祥麟:《剧变中的科技、民主与社会:STS技术与社会研究的挑战》,《台湾社会研究季刊》2002年第45期。

蔡诗萍:《男回归线》,台北:联合文学,1994。

Afshar, H. Ed., *Women, State and Ideology: Studies from Africa and Asia.*, London: Macmillan, 1987.

Boserup, E., *Women's Role in Economic Development*, New York: St. Martin's Press, 1970.

Ferree, M. M. & Hall, E. J., "Gender Stratification and Paradigm Change (Reply to Manza and Schyndel, ASR, 2000)", *American Sociological Review* 65, 2000: 475–481.

插花的女人

——台湾的教育社会学教科用书性别意识之检视

杨巧玲[*]

前 言

著名的美籍英裔教育社会学家桑德拉·艾克（Sandra Acker）检视了 1960～1979 年英国三大社会学刊物[①]中与教育有关的文章之后，以"没有女人的土地"作为该时期英国教育社会学领域的写照，全文名称为 No-Woman's-Land: British Sociology of Education 1960－1979。[②] 如果将时空转移到 20 年后的台湾，教育社会学这块领土又是什么样的风貌？本文将从女性主义的视角，以教育社会学大学教科书为范围，论述女性议题/性别研究如何在教育社会学学门中处于"插花"的位置。

关于教科书的性别意识检视，台湾已经累积了相当的成果，[③] 例如 1980 年代，妇女新知基金会在其会讯中展开了一系列对教科书中的性别歧视之批判。[④] 到 1990 年代，相关的书籍、文章、研讨会陆续出现，例如李元贞

---

[*] 杨巧玲，时为台湾高雄师范大学教育学系副教授。原文刊于《女学学志：妇女与性别研究》2004 年第 17 期。致谢辞：笔者要向两位匿名审查人致上诚挚的谢意，由于二位的宝贵意见，本文得以更为完整而周延，文责由笔者自负。

[①] 这三大刊物分别为：British Journal of Sociology、Sociological Review、Sociology。

[②] Acker S., "No-woman's-land: British Sociology of Education 1960－1979", Sociological Review, 29, 1981: 77－104.

[③] 方德隆等：《国民小学中年级教科书（七、八册）是否符合两性平等教育原则检视报告书——国语科、道德与健康、社会科、数学科、自然科》，台北："教育部"，2000。

[④] 妇女新知基金会：《我们都是这样长大的——教科书的性别歧视系列》，《妇女新知》1988 年第 71、73、76、77、78 期。

以两性的观点针对国小①教科书进行了体检,②吴嘉丽从性别的角度检视了国中③的数理化教科书;④另外,中正大学成人教育中心、台湾大学人口与性别研究中心妇女研究室和高雄医学院两性研究中心,于1994年在中正大学举办"两性平等教育与教科书"研讨会,会中多位学者提出了不同阶段、不同学科的教科书性别检视,例如黄囇莉评析了坊间幼儿园教材中的两性社会角色,⑤谢小芩、王秀云分析了国中健康教育教科书的性别意识形态,⑥魏惠娟分析了国中国文教科书中的两性形象与角色。⑦

即使国小教科书自1996学年度逐年开放民间审定版,这样的努力也并未松懈,例如张珏等检视了道德与健康教科书⑧、苏芊玲、刘淑雯探讨了国语科教科书⑨、庄明贞分析了自然科新教材,⑩而谢小芩则针对国中各科新版教科书进行了评论。⑪根据方德隆等的研究,无论是旧版还是新版的教科书,整体而言,普遍存在性别偏见,虽然在学者、民间团体的呼吁、监督之下,新版已经较为改善,但是性别均衡的理想仍有待继续努力。⑫

尽管如此,对于教科书的性别检视多集中在国民教育阶段,相较之下,高等教育阶段的教科书较未受到注意,故高雄医学大学性别研究所与女性学学会于2002年9月28、29日两天举办的"检视大专教科书性别意识"研

---

① 国小,相当于大陆的小学。下同。——编者注。
② 李元贞:《体检国小教科书——主体体检"两性观"》,台北:台湾教授协会,1993。
③ 国中,相当于大陆的初中。下同。——编者注。
④ 吴嘉丽:《从性别角度看国中数理化教科书》,《两性平等教育季刊》1998年第2期。
⑤ 吴囇莉:《我国坊间幼稚园教材中两性社会角色之评析》,"两性平等教育与教科书"研讨会,台湾中正大学,1993年5月。
⑥ 谢小芩、王秀云:《国中健康教育教科书之性别意识形态分析》,"两性平等教育与教科书"研讨会,台湾中正大学,1994年5月。
⑦ 魏惠娟:《国中国文教科书两性形象与角色分析》,"两性平等教育与教科书"研讨会,台湾中正大学,1994年5月。
⑧ 张珏等:《国民小学道德与健康教科书内容符合两性平等教育原则检视报告书——第一册至第三册》,台北:"教育部",1999。
⑨ 苏芊玲、刘淑雯:《检视国小一年级国语科新教材两性观》,"体检国小教材"座谈会,台北市政府教育局,1997年6月。
⑩ 庄明贞:《国民小学自然科教科书内容符合两性平等教育原则检视报告书——第一册至第三册》,台北:"教育部",1999。
⑪ 谢小芩:《检视国中一年级教科书是否符合两性平等原则》,台北:"教育部",1999。
⑫ 方德隆等:《国民小学中年级教科书(七、八册)是否符合两性平等教育原则检视报告书——国语科、道德与健康、社会科、数学科、自然科》,台北:"教育部",2000。

讨会，就显得格外重要。在该研讨会中，多位学者针对专长的学术领域检视了大专教科用书的性别意识，包括教育学、政治学、哲学、社会学、法学、心理学、传播学，本文初稿曾发表于该研讨会。

文献探讨

女性主义观点或论述花了相当长的时间才出现在教育学领域，即使在西方社会亦然。[1] 根据约翰·亚伯拉罕（John Abraham）的研究，由于20世纪六七十年代女性主义运动（the feminist movement）扩大、社会关系中性别主义（sexism）的研究增加，从1970年代起，有关男人和女人如何在语言和文本中被再现的研究有了相当程度的成长。[2] 舒拉米特·雷恩哈茨（Shulamit Reinharz）也指出，女性主义者的文本研究包罗万象，诸如儿童书籍、神仙故事、广告招牌、文学作品、儿童艺术作品、流行时尚、女童军手册、美术创作、报纸言论、医疗记录、研究出版等等，教科书也是其中之一。[3]

教科书是学校中教学活动的主要材料，以美国为例，一个学生从小学到中学大概要读超过32000页的教科书，但是在这么多页的教科书里，究竟女人呈现出怎样的意象呢？若干1970年代的教科书研究显示，女性在历史和其他社会研究（Social Studies）的学科中很少出现，即使出现，也都倾向于负面的刻板印象，如依赖的、驯服的、被动的形象，虽然整个1980年代，女人在教科书中的出现频率增加，但是不管就量还是质来看，都仍然不够充分。[4] 在英国，许多研究者也致力于对学校教科书的检视，如英语、数学、物理、化学等，不管哪个学科，大抵都有类似的发现：文本都由男性占重要位置（例如绝大多数的主角是男性），文本中人物的活动和角色都严

---

[1] Purvis J., "Feminist Theory in Education", *British Journal of Sociology of Education* 15, 1994: 137-140.

[2] Abraham J., "Teacher Ideology and Sex Roles in Curriculum Texts", *British Journal of Sociology of Education* 10, 1989: 33-51.

[3] Reinharz S., *Feminist Methods in Social Research*, New York: Oxford University Press, 1992.

[4] Holt E. R., 1990, "Remember the Ladies" —Women in the Curriculum. *ERIC Digests*, 1990, ERIC code: ED319652. [Online]. 2004/3/4. available: http://search.epnet.com/direct.asp?an=ED319652&db=eric&lang=zh-tw.

守二元对立的、刻板印象的性别分际（例如男性参与户外冒险，女性则是被动的，从事室内活动和照顾小孩），格兰尼斯·洛班（Glenys Lobban）甚至在1975年就已主张不需要更多的教科书研究，因为它们承载着大量的、实质的性别歧视内容是不争的事实。①

不过，这个事实迄今未变。克莉丝汀·戈尔斯基（Christina Gorzynski）、安娜·多洛夫斯基（Anna Wendolowski）、让·莫泽（Leta Moser）和艾米丽·薛多伦（Emily Shadowens）在美国询问一群小学四年级学生，从历史课本、社会研究课堂记得哪些重要的女性、男性，大多数的学生都能轻易列举三位以上的男性人物，却难以忆起任何女性人物。② 在研读了小学历史教科书后，她们指出国小教科书遗忘了女士们（Elementary school texts fail to "remember the ladies"）。③

值得一提的是，国外的教科书性别检视并不局限于中小学阶段，也涉及高等教育层级，例如加拿大学者戴安娜·史卡利（Diana Scully）和保罗·巴特（Pauline Bart）在1971发表的对妇科医学教科书的检视结果，指出产科医师和妇科医师往往把女人描绘成心理有病的；④ 美国学者伊莲·霍尔（Elaine J. Hall）分析了1982～1988年出版的36本社会学入门教科书，发现相较于1970年代中期，妇女已在某种程度上被纳入教科书，于是问题便不再是妇女是否被包含在书中，而是被放在哪里，结果显示基本上有关女性或女性议题的信息都被孤立（ghettoized）在一章（如性别或妇女）中，或者被置于传统的女性主题（如家庭或性别角色）中。⑤

从搜集所得的文献来看，社会学入门教科书较常受到检视，除了霍尔

---

① Abraham J., "Teacher Ideology and Sex Roles in Curriculum Texts", *British Journal of Sociology of Education* 10, 1989: 34.
② Gorzynski, C., Wendolowski, A., Moser, L. & Shadowens, E., "Elementary School Texts Fail to 'Remember the Ladies'", *New Moon Network* 8, 2000: 9.
③ "*Remember the Ladies*"是一本书的书名（Harness, C., *Remember the Ladies: 100 Great American Women*, New York: Harper Collins Publishers, 2001）。
④ Scully D. & Bart P., "A Funny Thing Happened on the Way to the Orifice: Women in Gynecology Textbooks", *American Journal of Sociology* 78, 1971: 1045–1050.
⑤ Hall E. J., "One Week for Women? The Structure of Inclusion of Gender Issues in Introductory TextBooks", *Teaching Sociology* 16, 1988: 431–442.

(Hall)的研究,① 还有马奎斯(Marquez)、斯顿(Stone)以及纳吉扎德(Najaftzadeh)和曼尼瑞克(Mennerick)等也做过这方面的工作,值得注意的是,这些1990年代的教科书检视不再以性别面向的分析为限。② 马奎斯(Marquez)以美国亚利桑那州州立大学于1990~1993年采用的6本社会学入门教科书为范围,指出西班牙裔妇女(Hispanic women)在那些文本中的呈现经过了人为的扭曲;③ 斯顿(Stone)以1982~1994年出版的25本社会学入门教科书为样本,关心的是种族与族群的包含程度;④ 而纳吉扎德(Najaftzadeh)和曼尼瑞克(Mennerick)的研究则着眼于22本出版于1990年或1991年的社会学入门教科书中关于教育的篇章,批评那些教科书充满种族中心主义倾向,以美国和其他北半球工业化国家为中心,忽略了世界上另外3/4人口的教育议题。⑤

虽然未能找到直接检视教育社会学教科书的相关文献,但是我们可以推论:在教育社会学这个次领域中,就像在社会学与教育学领域中一样,女性主义的观点或论述在1970年代后才逐渐出现,而对教科书的性别检视便是其中之一。此外还包括对课程设计的批判,指出学校提供性别区隔的正式课程、性别差别待遇的潜在课程等;⑥ 对教学历程的研究,发现教师与

---

① Hall E. J., "One Week for Women? The Structure of Inclusion of Gender Issues in Introductory Textbooks", *Teaching Sociology* 16, 1988: 431-442.

② Marquez S. A., "Distorting the Image of 'Hispanic' Women in Sociology: Problematic Strategies of Presentation in the Introductory Text", *Teaching Sociology* 22, 1994: 231-236; Stone P., "Ghettoized and Marginalized: The Coverage of Racial and Ethnic Groups in Introductory Sociology Texts", *Teaching Sociology* 24, 1996: 356-363; Najaftzadeh M. & Mennerick L. A., "Sociology of Education or Sociology of Ethnocentrism? The Portrayal of Education in U. S. Introductory Sociology Textbooks", *Teaching Sociology* 20, 1992: 215-221.

③ Marquez S. A., "Distorting the Image of 'Hispanic' Women in Sociology: Problematic Strategies of Presentation in the Introductory Text", *Teaching Sociology* 22, 1994: 231-236.

④ Stone P., "Ghettoized and Marginalized: The Coverage of Racial and Ethnic Groups in Introductory Sociology Texts", *Teaching Sociology* 24, 1996: 356-363.

⑤ Najaftzadeh M. & Mennerick L. A., "Sociology of Education or Sociology of Ethnocentrism? The Portrayal of Education in U. S. Introductory Sociology Textbooks", *Teaching Sociology* 20, 1992: 215-221.

⑥ Best R., *We've all Got Scars: What Boys and Girls Learn in Elementary School*, Bloomington, IN: Indiana University Press, 1983; Measor L. & Sikes P. J., *Gender and Schools*, London: Cassell, 1992; Thomas K., *Gender and Subject in Higher Education*, Buckingham: Open University Press, 1990.

学生的互动因学生的性别而有质与量的不同;① 对行政结构的检验,指出女性多任基层教师而少当行政主管;② 也有学者分析男女学生在学校中的教育机会、成就与经验,发现性别因素举足轻重,进而会影响其就业选择与生涯规划。③

教育社会学在台湾的发展可以说是最近几年的事,诸如1997年南华管理学院(现已改制为南华大学)成立教育社会学研究所、1999年开始每年举办两次的台湾教育社会学论坛,2000年台湾教育社会学学会正式成立、2001年该学会发行学术期刊《台湾教育社会学研究》。④ 前台湾教育社会学学会理事长陈奎憙在其最新的著作《教育社会学导论》一书中明言,"目前师范校院及大学教育学程在其教育专业课程的设计中,多将教育社会学列为必修或选修科目之一。许多研究生亦以教育社会学作为其研究领域并撰写论文。因此,教育社会学已逐渐在教育学术领域中占有一席之地,诚为可喜的现象"。⑤

然而,如果从女性主义的观点检视影响既深且广的大学教科书,教育社会学学门的蓬勃就未必那么可喜,甚至可能堪忧!何以见得呢?就新近所出版的教科书而言,其出版年份已经是远在女性主义发声、妇女运动开展之后了,即使仅就教育的部分而言,也已经存在不少女性主义的相关论述⑥与性别

---

① Sadker M. P. & Sadker D. M., *Sex Equity Handbook for Schools*, New York: Longman, 1982.
② Bradley H., *Men's Work, Women's Work: A Sociological History of the Sexual Division of Labour in Employment*, Minneapolis, MN: University of Minnesota Press, 1989.
③ Measor L. & Sikes P. J., *Gender and Schools*, London: Cassell, 1992; Sanders J., Koch J., & Urso, J., *Gender Equity: Sources and Resources for Education Students*, Mahwah, NJ: Lawrence Erlbaum Associates, 1997; Whitehead, J. M., "Sex Stereotypes, Gender Identity and Subject Choice at A Level", *Educational Research* 38, 1996: 147 – 160.
④ 陈奎憙:《教育社会学导论》,台北:师大书苑,2001。
⑤ 陈奎憙:《教育社会学导论》,台北:师大书苑,2001,第257~258页。
⑥ 李元贞:《反对性别歧视的国民教育——国民教育两性平等教育手册》,台北:妇女新知,1988;李元贞:《体检国小教科书——主题体检:两性观》,台北:台湾教授协会,1993;谢小芩:《性别与教育机会——以二所台北市国中为例》,《国科会研究汇刊》1992年第2期;谢小芩:《教育——从父权的复制到女性的解放》,载刘毓秀主编《台湾妇女处境白皮书》,台北:时报,1995;张珏:《女性意识与妇女教育》,《成人教育》1991年第4期;魏惠娟:《国中国文教科书两性形象与角色分析》,"两性平等教育与教科书"研讨会,台湾中正大学,1994年5月;黄囇莉:《两性平权教育的进路——从女性主义的理念谈起》,《教师天地》1997年第90期;潘慧玲:《检视教育中的性别议题》,《教育研究集刊》1998年第41期;游美惠:《性别平权的性/别教育——社会学的观点》,《妇女与两性研究通讯》1999年第50期。

平等的积极行动,① 但是女性的教育、性别的议题在上述的教科书中或隐而不见,或若隐若现,或勉强出现,或扭曲再现,各种偏颇现象将于下文研究发现中分别举例说明。

研究方法

本研究所采用的理论观点为女性主义,但是要定义何谓女性主义并非易事,诚如雷恩哈茨(Reinharz)所言,女性主义的定义因人们的阶级、种族、世代、性取向的差异而有所不同,对于特定的议题如施虐/受虐狂、色情,女性主义者的见解互不相同,学术界与妇运界的女性主义者也不等同。② 事实上,学术界之内也存在各种不同的流派,例如传统上所区分的自由主义女性主义、激进女性主义、社会主义/马克思主义女性主义,对于性别主义的起源有不同的解释,对于如何克服性别主义也有不同的建议。而这样的差异是好事,因为缺乏所谓的正统更能允许思想与行动的自由。雷恩哈茨(Reinharz)也因此主张复数的女性主义研究与研究方法,指出与其问什么是女性主义、什么是女性主义研究、什么是女性主义研究方法,还不如问女性主义者实际上是如何从事研究的,而她对女性主义研究方法的定义之一便是,由认同自己为女性主义者或妇女运动的一部分的人所做之研究。

笔者同意雷恩哈茨(Reinharz)的看法,本文所称的女性主义观点并不企图置放于某一特定的流派脉络,而是取其共通的论述:关心性别不平等现象,探讨性别的社会、文化、政治、经济意涵,呼吁去除性别偏见以促进性别正义。③ 而本研究的实际做法为女性主义内容分析(feminist content analysis),④ 以文化人工制品(cultural artifacts)为研究对象,这种研究对象

---

① 苏芊玲:《台湾推动两性平等教育的回顾与前瞻》,《两性平等教育季刊》2001年第14期。
② Reinharz S., *Feminist Methods in Social Research*, New York: Oxford University Press, 1992.
③ 杨巧玲:《问题导向教学与合作学习教学策略之理论与实际》,《课程与教学季刊》2000年第3期。
④ 内容分析这个方法在不同的领域有不同的名称,社会学家倾向用内容分析,历史学家用文件档案研究(archival research),哲学和文学领域用文本分析(text analysis)或文学批评(literary criticism),其余还包括 discourse analysis, rhetoric analysis, deconstruction(Reinharz, S., *Feminist Methods in Social Research*, New York: Oxford University Press, 1992, 148)。

有两大特点：具自然性，因为它们不是为了研究而形成的；非互动性，不需要询问人们问题或观察其行为。本研究的对象为教科书，尽管透过女性主义理论的窗口检验各类文化人工制品，通常会揭露父权的甚至是厌恶女人的文化，尽管已有很多教科书的性别检视研究也指出了类似的发现（如文献探讨的部分所述），但是如果这些揭露与发现尚未带来可欲的改变，以女性主义观点检视教科书仍有价值与必要。

女性主义内容分析的核心在于解构既有文化产品中的性别框架，可以是量或质的分析，雷恩哈茨（Reinharz）归纳广泛搜集而得的女性主义内容分析研究，发现女性主义研究者大抵使用量的内容分析去指出作者、主题、方法和诠释方面的模式，而女性主义历史学家、社会学家、文学家多进行质的内容分析，更多是跨越学术领域边界的研究。① 简言之，女性主义研究源自一个体认：有关特定女性或整体女性的信息不见了，指陈这种排除、擦拭和消失正是很多女性主义研究的特色，女性主义内容分析也不例外，除了看什么被说，也看什么没被说。

本研究兼采用量与质的内容分析，量的部分主要以目次、索引的出现层次（如章或节）与次数及所占篇幅为规准，质的部分则有赖对文本内容的仔细阅读与诠释。检视时首先着眼于五本教科书的目次与索引，如果直接标明女性或性别与教育，便详读内容，再进行分析，如果未标明，则逐章逐节浏览。检视的对象包括五本教育社会学教科书，选择的标准有二：一为出版年份，所选书目皆为晚近的出版品，② 也就是教育社会学学门在台湾的教育学术领域取得一席之地的时期。二为书目名称，所选书目皆为教育社会学或教育社会学导论，大抵以概括介绍这个学门为主要旨趣。③ 这五本书按出版年份的先后顺序分别为：林义男、王文科《教育社会学》（台北

---

① Reinharz S., *Feminist Methods in Social Research*, New York: Oxford University Press, 1992.
② 其中林义男、王文科一书修订自1978年由台北文鹤出版的教育社会学一书，林生传一书的初版于1982年由高雄复文出版。
③ 陈奎憙（陈奎憙：《教育社会学导论》，台北：师大书苑，2001）一书附有教育社会学主要著（译）作目录，分为台湾方面、大陆方面、英文部分。台湾方面的著作，有些并不只以教育社会学为名，如《社会再造与教育改革：教育社会学政策观点》（蔡璧煌：《社会再造与教育改革——教育社会学政策观点》，台北：师大书苑，1998）、《教育社会学：知识使用取向》（陈添球：《教育社会学：知识使用取向》，高雄：复文，1999），不在本文检视的范围。

五南)、吴康宁《教育社会学》(高雄复文)、林生传《教育社会学》(第3版)(台北巨流)、郑世仁《教育社会学导论》(台北五南)、陈奎熹《教育社会学导论》(台北师大书苑)。①

研究发现

检视上述五本教育社会学教科书之后,可以看出女性的教育、性别的议题在其中或隐而不见,或若隐若现,或勉强出现,或扭曲再现,兹分述如下。

一 隐而不见的女性/性别与教育

从目次来看,五本教科书中有两本完全没有出现"性别"一词,遑论女性的教育议题。林义男、王文科合著的《教育社会学》(以下简称林、王书)全书分为五章,包括一、绪论:教育社会学的性质,二、文化与教育,三、社会阶层化与教育,四、社会组织、科层体制与教育,五、社会变迁与教育革新。除了第四章分七节,其余各章分三节,就像各章的标题一样,各节的标题都没有提及性别或女性。郑世仁所著的《教育社会学导论》(以下简称郑书)全书分为四个部分:教育社会学的学科论、教育的社会决定因素、教育自身的社会系统分析、教育政策与教育问题的社会学分析,第一部分包括三章:教育社会学的学科本质、教育社会学的演进与发展、教育社会学的典范与派别,第二部分包括社会期待、社会化、社会阶层化、社会制度及科层体制五章,第三部分包括教师角色的社会学分析、学生角色的社会学分析、课堂教学的社会学分析三章,第四部分只有一章:台湾当前教育改革的社会学分析,"女性/性别"的字眼在各章之下的节次中也隐而不见。

索引的部分呢?五本教科书中只有两本编有索引:② 林生传所著的《教

---

① 林义男、王文科:《教育社会学》,台北:五南,1998;吴康宁:《教育社会学》,高雄:复文,1998;林生传:《教育社会学》第3版,台北:巨流,2000;郑世仁:《教育社会学导论》,台北:五南,2000;陈奎熹:《教育社会学导论》,台北:师大书苑,2001。
② 号称要与世界接轨、与国际同步或至少交流的台湾,到21世纪,很多大学教科用书仍然没有索引!

育社会学》(以下简称林书)以及陈奎憙所著的《教育社会学导论》(以下简称陈书),二者都有与性别相关的索引条目,将于下文讨论。

二 若隐若现的女性/性别与教育

有些书并不完全排除"性别"这个词,其做法大抵是在全书中拨出一个节次的篇幅,摆进性别的议题,例如吴康宁所著的《教育社会学》(以下简称吴书)便是如此。该书分为四篇:教育社会学学科论、教育的社会背景、教育自身的社会系统、教育的社会功能。第一篇有两章:教育社会学的学科要素以及教育社会学的学科发展;第二篇有三章:社会结构——教育格局的决定因素、社会差异——教育机会不均的主要根源、社会变迁——教育变迁的根本动力;第三篇包括教育中的基本社会角色1——教师、教育中的基本社会角色2——学生、教育中的主要社会组织1——学校、教育中的主要社会组织2——班级、教育中的特殊社会文化——课程、教育中的核心社会活动——课堂教学等六章;第四篇包括教育的社会功能诸论述评以及教育的社会功能述要两章。"性别"一词要到节次的层级才出现,而且不难猜到会出现在哪一章,就像很多社会学教科书一样,[①] 吴书在社会差异——教育机会不均的主要根源一章中的第三节(最后一节,次于地区差异与阶层差异)标示"性别差异与教育机会偏斜"。事实上,另外两本教科书(林书和陈书)也是在讨论教育机会的时候才纳入性别的考虑,与吴书不同的是,陈书和林书都在章的层级就出现了"性别"一词(紧接于下文说明)。

三 勉强出现的女性/性别与教育

与之前的隐而不见、若隐若现相比,陈书与林书将性别的议题放在章的层次,算是相对提高其能见度了(visibility),为何仍称之为"勉强出现"

[①] 在高雄医学大学性别研究所与女性学学会主办的"检视大专教科书性别意识研讨会"中,社会学领域的教科书也在检视的范围之内(参见该研讨会论文集中吴嘉苓等《社会学教科书检视——女性主义的观点》,"检视大专教科书性别意识"研讨会,高雄医学大学,2002),另外国外学者如 Joan Acker (Acker J., "Making Gender Visible", *Feminism and Sociological Theory*, ed. R. Wallace, Newbury Park, CA: Sage, 1989, 65 – 81)、Myra Marx Ferree & Elaine J. Hall (Ferree, M. M. & Hall, E. J., "Rethinking Stratification from a Feminist Perspective: Gender, Race, and Class in Mainstream Textbooks", *American Sociological Review* 61, 1996: 929 – 950) 曾经从女性主义的观点提出了对主流社会学教科书的批判。

呢？陈书全书含十六章，"性别"二字出现在第五章，完整的章名为"教育机会均等：性别与族群"，本来可以说性别占该书的1/16，可是因为在同一章的有限篇幅之内，还必须顾及族群方面的议题，于是又得打对折，如果仔细阅读该章的内容，将发现性别议题的出现是多么勉强。该章共有三部分：教育机会均等的意涵，性别、族群与教育机会不均等，促进教育机会均等的措施，性别只出现在第二部分，第二部分又分成三点，第一点解释教育机会不均等的原因，第二点说明性别与教育机会不均等，第三点则分析族群与教育机会不均等，第二点只占第73、74两页（全书共260页，不包括14页的附录）。这也不令人意外，因为作者引用高强华（2000）的说法，将性别与职业、社会阶级或地位、种族、生理特质、宗教、地区、经济等七项共列为导致教育机会不均等的因素，既然只是八大因素之一，又能期望多少篇幅？

之前曾提及，陈书附有索引，与性别相关的有二：两性平权教育（页75）、性别（页75），相较而言，林书的索引中有较多的性别相关概念，包括"性别"（页86）、"性别区隔"（页96）、"性别主义"（页97）、"性别角色的刻板印象"（页89）、"性别偏颇的语言"（页97）等；因为林书投注了一整章（第四章）的篇幅探讨性别与教育机会均等。[①] 该书共有十三章，就量而言，相关内容占了全书的1/13，乃五本教科书中对性别与教育的议题最为注重者。尽管如此，其分量仍显十分薄弱。诚如该书作者所言："女性，占有人类一半以上人口，影响性别机会的问题，是半数以上人口的权益，及全人口和谐幸福之所寄。"[②] 那么，我们不禁要问：以1/13的篇幅处理1/2以上的人口之权益是否过于勉强？

四 扭曲再现的女性/性别与教育

截至目前，检视的焦点在于性别议题在教科书中的能见度，但是这绝对不是"肤浅""皮毛"的问题，因为将女性/性别议题"隐藏不见"正是以男性知识为主的教科书一贯的手法，而"以男性知识为主的教科书"则是教育历程中性别阶层化的主要现象之一。林书指出"教科书充满着父权

[①] 该书为第三版，"性别与教育机会均等"一章是在这一版才加入的。
[②] 林生传：《教育社会学》（第3版），台北：巨流，2000，第85页。

意识形态支配色彩，无论国内、外皆有相同的发现"，① 接着引用了史崔迈特（Streitmatter）和赛德克等人（Sadker et al）所归纳出的六类教科书中的性别偏见（第一类便是隐藏不见，其余则包括：不符事实、刻板印象、零碎孤立、性别偏颇的语言、偏狭失衡）来说明教育历程中的性别不平等。②

矛盾的是，虽然林书知觉到教科书以多种形态呈现出性别偏见、父权意识，但是该书并未用这些形态进行自我检验并予矫正，兹举数例说明如下。

（一）刻板印象

林书的第九章探讨"教育与家庭变迁"，论及现代家庭的父母角色，在解释"角色期望"时，举父母亲的角色期望为例："母亲角色固然是喂哺婴儿，但同时也涵盖扮演此种行为时所应具备的特性，如温柔、慈祥、和蔼；父亲的角色固然是期望能领导全家保养子女，但也包括其能表现勇敢、坚毅、忍耐、果断的特性。"（页209）这样的陈述很难避免对性别刻板印象的复制。接着该书探讨了角色期望互不相容的两种形式：冲突形式与竞争形式，后者以母亲为例："两种期望并不悖反，但由于时间与精力的限制可能无法兼筹并顾，母亲要同时扮演职业妇女与幼龄子女的母亲可能难顾周全，两得其美。"（页210）作者似乎忘了在第四章强调过性别平等的重要，此处的举例并未质疑为何职业妇女与其母职角色有所冲突，难道就业男性与其父职角色就不会冲突？如果不会冲突，又是为什么？该章最后讨论"现代核心家庭父母角色分化"及"现代父母角色扮演与教育"，以作者进行的"现代父母角色期望问卷"调查③所得之结果为例，④ 父亲角色期望偏重于代表与领导，而母亲角色期望偏重于对子女的养育教导。结论是："近年

---

① 林生传：《教育社会学》（第3版），台北：巨流，2000，第96页。
② Streitmatter J., *Toward Gender Equity in the Classroom: Everyday Teachers' Beliefs and Practices*, New York: State University of New York Press, 1994; Sadker, M. P. & Sadker, D. M., *Sex Equity Handbook for Schools*, New York: Longman, 1982.
③ 林生传：《现代社会变迁中的父母角色期望研究》，《教育文萃》1982年第8期。
④ 该问卷调查于1982年进行，对象包括国中男生329人、女生298人，大学男生63人、女生89人，父亲60人、母亲60人，旨在了解父亲母亲的自我角色期望与角色伙伴的角色期望（引自林生传《教育社会学》（第3版），台北：巨流，2000，第213～214页）。

来，台湾社会更趋向开放与多元，妇女运动及两性平权方兴未艾，父母角色的分化可能有相当调整，亲子的相互期望可能也受到相当的冲击。然而，不论如何改变，我们不能不重视父母扮演适当角色在教育上的重要性。"（页214）换言之，虽然作者体认到社会形态的改变，但是仍然呼吁父母要扮演"适当的"角色，不过，究竟怎样的父母才算适当呢？是否要像他在1982年调查所得的结果才算适当的父母角色？

林书的第十二章以教师社会学为主题，在进行教师工作特质的社会学分析时，作者参考美国国家教育协会（National Education Association，NEA）于1970~1971年所做的调查，指出教师地位降低、经济收入不足，但是仍然吸引了许多人员，原因有七，其中包括"对于兼为家庭主妇的女性及出身贫寒的男性来说，教师收入虽然偏低，但已经勉强可以，且已足敷生活的需要""教师古来地位清高、神圣，从事此种工作的女性益显清白崇高""吾人也可发现一般妇女，担任教师有助于教育自己的子女，至少不会妨碍到子女的教育"。[①] 从性别意识的角度来看，这三项因素都呈现了对女性的刻板印象，但是铺陈却如此地理所当然、毋庸置疑，言下之意是：女性应以家庭、子女为重，即使就业，也不要太有"雌"心壮志，当老师就可以，收入足以"补贴"家用（而非家庭主要经济来源），形象又"清白崇高"（为什么女性从事教职可以益显清白崇高？），最重要的是有助于子女的教养（从事其他职业可能无助甚至有碍）。

（二）零碎孤立

如前所述，林书将性别议题单独成章，焦点放在教育机会的均等议题，其余篇章鲜少涉及性别议题，一旦涉及，大多着眼于性别差异的现象描述，并未提出解释或批判。例如第六章论及"教育与政治社会化"时，引用英国教育社会学者马斯格雷夫（P. W. Musgrave）的说法，[②] 指出两性对于政治的热衷程度不同是因为男女孩政治社会化的过程有所差异；[③] 第十一章介绍师生互动研究及学生同辈团体互动研究时，前者的部分指出"男女生处

[①] 林生传：《教育社会学》（第3版），台北：巨流，2000，第284页。
[②] Musgrave, P. W., *The Sociology of Education* (3th ed.), New York: Methuen, 1979.
[③] 林生传：《教育社会学》（第3版），台北：巨流，2000，第139页。

在同一班级，教师对之常给不同对待方式"（页264），后者的部分则引用若干美国 1960 年代的相关研究呈现性别差异，例如"高中男生以运动（athletics），女生以受人欢迎（popularity），决定同学间地位高低，而不是以学业成就""男生尚运动、女生崇尚爱慕悦人外表与悦人性格"（页267）。针对这些早期的研究结果，林书未能以女性主义或性别研究的论述，引导读者重新省思诸多性别差异的社会意涵，进一步提出建议改变的行动策略，委实令人感到遗憾。

（三）偏狭失衡

最明显的例子是在林书的前两章：绪论与教育社会学的方法论，作者在绪论的第三部分试图向读者介绍"社会学与教育社会学的观点与概念"时，举了一个例子：

> 一位淑女，如果是作为我们认知对象的话，也可以用许多不同观点去认识她。用某一种观点可能看到的是身材匀称、仪态万千而叹曰："窈窕淑女君子好逑。"所谓三围、风度，就是在此所用的概念。如果用另一种观点（如当这位淑女去看医生），医生用来认知她的往往是体温、血压、脉搏、呼吸频数、血红素、白血球、肝糖等概念，这种观点显然是医学的观点，与前面的美学观点不同，因此所认识的是不一样的构面，所用的概念也是不同的。又如使一位心理学家来看一看这位淑女，可能采用的又是另一种的观点与不同的概念，例如使用智力、气质、人格、情绪、动机、性向、记忆力、知觉等等概念，而所探求到的又是另一个她。一位社会学家来认知这一位淑女，会使用什么样的概念来认知她呢？①

从这样的例子可以看出什么样的性别议题？首先，谁在看这位"淑女"？"君子"为男性应该没有争议，"医生""心理学家""社会学家"即使不全是男性，也占绝大多数；其次，看什么？从对"身材仪态"的凝视

---

① 林生传：《教育社会学》（第3版），台北：巨流，2000，第 10~11 页。

到对"三围风度"的评论,都可能物化进而规训女性的身体,在这个例子中,女性很明显是认知的客体而非主体,认知主体是男性,而且很可能是异性恋、中上阶级的男性。这似乎呼应了前文所说的"以男性知识为主的教科书",也如同著名的社会学家彼德·伯格(Peter Berger)广为流传的著作 *Invitation to Sociology*:*A Humanistic Perspective* 开头的一个影像:"也许有些充满好奇地观看在浴室中洗澡的阿姨的小男孩,以后会成为令人尊敬的社会学家。"[1] 这使雷恩哈茨(Reinharz)了解到,原来之前所被定义的"社会学"其实是男人的社会学。[2]

在介绍教育社会学的方法论时,林书的架构分为传统的与新兴的教育社会学、结构功能与冲突分析模式、教育社会学的巨观与微观研究、教育社会学量与质的研究,除了完全排除女性主义的观点与论述,所引介的学派代表人物也几乎都是男性,这种性别偏狭失衡的导论性教科书本身就是影响两性取得均等教育机会的一大障碍。不过,这也是教育社会学的源头即社会学这个学门的问题,就像迪根(Deegan)所说的,所有的社会学入门书所传承的都是男性创设者(male founders)的学说、理论〔举其荦荦大者,例如韦伯(Max Weber)、马克思(Karl Marx)、涂尔干(Emile Durkheim)、米德(George Herbert Mead)〕,而同样重要的女性创建人则不曾出席,她呼吁针对女性在社会学中的历史进行教学,以超越一个父权的过去。[3]

行文至此,似乎是把检视的焦点放在了五本教科书中最重视性别议题的一本,但是这其实彰显出一个意涵:"能被看见"并不是女性主义、性别研究的唯一或最高诉求,除了要能被看见,还要省思如何被看见?被谁看见?看见什么?上述的刻板印象、零碎孤立、偏狭失衡都可以算是对女性/性别议题的扭曲再现,其伤害未必低于隐而不见的处理手法,以下针对

---

[1] Berger P. L., *Invitation to Sociology*:*A Humanistic Perspective*, Garden City, N. Y.:Doubleday, 1963.

[2] Reinharz S., "Feminist Distrust:Content and Context in Sociological Work", *The Self Social Inquiry*:*Researching Methods*, eds. D. Berg & K. Smith, Beverly Hills, CA:Sage, 1985, 153 – 172.

[3] Deegan M. J., "Transcending a Patriarchal Past:Teaching the History of Women in Sociology", *Teaching Sociology* 16, 1988:141 – 150.

"扭曲再现"的部分再分成两个主轴并举例说明。

(四) 谴责女性

教科书中常见两个归咎于女性的问题,其一是社会变迁所带来的子女管教问题,其二是教职"女性化"所形成的教师地位低落问题。归咎的逻辑过于化约,甚至因果倒置。第一个问题的逻辑大抵是:如今青少年问题日益严重乃肇因于母亲外出工作,例如郑书第七章论及"我国家庭制度的演变与特征"时,有一段如下的文字:

> 随着双薪家庭的出现,妇女走出厨房去谋生之后,也带来了许多新的社会问题,其中最为常见的就是子女的照顾及教育问题。职业妇女的育婴工作,很难获得兼顾,大部分的孩子都无法得到充分的亲情照顾,出生后不久,就被送到奶妈家去受人照顾,因此,甚少有婴儿可以获得喂食母奶。至于就学的孩子放学之后,也因为父母亲都在上班,只好单独在家,或被送到所谓的"安亲班"去,直到父母下班为止。此种亲子之间聚少离多的现象,对于孩子的人格正常发展具有不利的影响。①

从这段文字可以看出,作者无视已婚妇女如何以及为何被拉扯于职场与母职之间,反而一味责怪女性走出厨房之后形成很多"后遗症",诸如孩子未能得到充分的照顾(包括无法喂食母乳)、人格未能正常发展。殊不知女性主义者早已对母职(motherhood 或 mothering)提出了严厉的批判,认为传统上往往将母职视为自然的、普遍的、不变的,这本身就是一种社会建构,借由将母职本质化(essentialized)而钳制女性于僵固的母职角色,导致女性的发展受到局限、停滞不前。② 安菊·瑞曲(Adrienne Rich)更在1976年就把母职(motherhood)区分为两种互相依附的意涵,其一是任何女

---

① 郑世仁:《教育社会学导论》,台北:五南,2000,第243页。
② Dally, A., *Inventing Motherhood: The Consequences of an Ideal*, London: Burnett, 1982; Gordon, L., "Why Nineteenth-Century Feminists did not Support 'Birth Control' and Twentieth-Century Feminists Do: Feminism, Reproduction, and the Family", *Rethinking the Family: Some Feminist Questions*, eds. B. Thorne & M. Yalom, New York: Longman, 1982, 40-53.

人与生殖和儿童的潜在关系（potential relationship），其二是确保那样的潜在关系维持受制于男人的制度（institution），[①] 而这样的制度创造了危险的公私领域的分裂，免除了男人真正的父职责任与义务，[②] 何以郑书置之不顾、视若无睹？

林、王书于第五章第二节提及变迁中的现代社会问题时，也有类似的陈述，指出十大与教育密切相关的问题，第一项为"单亲家庭数增多"。"主要原因在于离婚率提升，与非婚生子女或未婚生子（女）的比例提升。此类家庭以女性为主者，所占比例较高，尤其是低社经地位家庭和少数族群的家庭更是如此。负担该家庭生计者，常因健康因素、无一技之长、子女所需费用多、自己又无法找工作，而产生焦虑。"（页183）第二项为"母亲外出工作机会增多"。"由于经济压力造成双薪需求，使得母亲外出工作已非新奇，影响所及，其子女须托付他人或机构照顾的比例增加；父母与子女互动的机会便相对减少，其质量也会随之降低。"（页184）第五项为"同侪[③]文化兴起"。"与单亲家庭、母亲在外工作、家庭解构等息息相关。此种文化具有成员间彼此出乎内心的相互照应、精神上彼此相互寄托、趋向自主的强烈需求、关切处于不利地位者、对变迁格外感到兴趣等特质，值得关注。尤其是违反社会的同侪犯罪文化，造成的问题，更值得吾人寄以重视。"（页184～185）

虽然这些归因乃引用自国外学者丹尼尔·莱文（Daniel U. Levine）和罗伯特·哈维格斯特（Robert J. Havighurst）的说法，[④] 但是作者却未加以质疑挑战，即使要照单全收，也应提出佐证资料，否则不就等于毫无根据地责备女性"不守妇道"（离婚、非/未婚生孩子）、"愚蠢无知"（贫穷、缺乏谋生能力）、"未尽母职"（外出工作、孩子交由他人照顾）、"促成犯罪"（母亲未能亲自照料子女，导致子女转向同侪、走向犯罪），而男性/父

[①] Rich A., *Of Woman Born: Motherhood as Experience and Institution*, New York: W. W. Norton, 1976.

[②] 台湾学者对于母职的讨论可以参考唐文慧、游美惠（唐文慧、游美惠：《社会母职：女性主义妈妈的愿景》，《妇女与性别研究通讯》2002年第63期）、蓝佩嘉（蓝佩嘉等：《颠覆母职》，《当代》1991年第62期）、萧苹、李佳燕（萧苹、李佳燕：《母职的社会建构与解构》，《妇女与性别研究通讯》2002年第63期）。

[③] 同侪，指与自己在年龄、地位、兴趣等方面相近的平辈。——编者注。

[④] Levine D. U. & Havighurst R. J., *Society and Education*, Boston, MA: Allyn & Bacon, 1992.

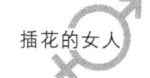

亲则得以毫发无损地缺席!

至于第二个问题的推论更是谬误,例如陈书第十五章"教育专业的社会学分析",认为"女性教师比例偏高,形成教师为女性职业的印象"乃影响教师专业地位的三大因素之一。① 兹将其说明摘录如下:

> 女性担任教育工作原是很适合的,因为女教师天性较为温柔、和蔼,并且有耐心。但是如果女性教师比例太高,是否对于学校行政及教学、训导等工作有所影响,则值得加以检讨。从社会学观点看来,女教师常由于家庭因素,难免在学校工作方面,或因生产而请假,或因养育子女而间断服务;而且比较能满足现状(包括职位与待遇),以致常被认为他们的"事业心"或专业精神不如男教师。因此,如果女教师比例愈高,一般人会愈认为教学为女性工作,形成教师为女性职业的刻板印象。②

这样的说明充斥着性别偏见、刻板印象与歧视,简直是女性主义、性别研究、妇女运动的反挫!首先,为什么女性适合从事教职而且原因是"天性较为温柔、和蔼,并且有耐心"?其次,就算女性"较为温柔、和蔼,并且有耐心",又如何得知那是"天性"?再次,虽然作者强调从社会学的观点来看,女性常因家庭因素而无法如男性一样投入职场、追求专业,但是却不去质疑阻碍女性事业发展的社会结构与文化机制(为何女性会/要因养育子女而间断工作),反而指责女性容易满足现状、缺乏进取精神,因此降低教师的职业或专业声望与地位;③ 最后,在两性工作平等法通过的今日,女性请产假、育婴假被视为"事业心"不够、"专业精神"低落,岂不

---

① 另外两个因素分别是"师资培育规划不当,造成供需失调,素质不齐"以及"教师待遇偏低,影响教师社经地位"(陈奎憙,2001,《教育社会学导论》,台北:师大书苑,第244~245页)。
② 陈奎憙,2001,《教育社会学导论》,台北:师大书苑,第244~245页。
③ 类似的言论也出现在林、王书第四章,只是不像陈书那么直接地将教师专业地位的低落归咎于女性教师从事教职(详见陈奎憙《教育社会学导论》,台北:师大书苑,2001,第155页)。

是一大讽刺！而且陈书并未注明以上摘录的文字是引自或参考哪些数据，难道只是作者个人的经验、观察、期望？但是当个人的看法以教科书的形式呈现时，就可能成为学子/女奉为圭臬①的论点。从序言中可以看出，该书企图成为师资培育机构中修习教育社会学者最基本的参考用书，而该书之得以完成，乃由博硕班同学"帮忙构思主题，搜集数据，计算机打字，并仔细校对"，其影响之广之深实在难以评估！

事实上，有关教职女性化（the feminization of teaching）已有不少讨论，② 如鲁里（Rury）分析美国殖民时期到 1980 年代末的教师组成结构，发现在殖民时期，教师多由出身于中上阶级家庭的男性担任，因为女性与黑人当时备受歧视，到了 19 世纪（1800~1850 年代），都市化程度较高的地区才开始有明显的教师女性化现象，原因包括男性在市区可以找到收入比教职更高的其他职业、传统的"女主内"观念限制了中等阶级年轻女性职业选择的机会，而到了 20 世纪初期，教师已被视为女性的工作。③ 至于台湾中小学教师的性别分布，根据符碧真的研究，中小学均是女性教师多于男性教师，而且小学教师女性化的情形比中学明显，但是就像美国一样，原先中小学教师多为男性，随着时代的变迁，女性教师逐渐增加，而且教职女性化的现象在小学先发生、中学后发生，城市地区先于乡村地区。④ 可

---

① 圭臬，指土圭和水臬，古代测日影、正四时和测量土地的仪器。引申为某种事物的标尺、准则和法度。奉为圭臬，即把某些言论或事当成自己的准则。——编者注。
② 包括境内外学者，诸如侯务葵、王慧婉（侯务葵、王慧婉：《我们是一群女老师：集体认同—教育实践的故事》，《应用心理研究》1999 年第 1 期）、师琼璐（师琼璐：《选择成为校长主任或继续留在教室：国小女性教师的生涯转换》，《两性平等教育季刊》2000 年第 13 期）、黄燕萍（黄燕萍：《我是谁？一个女准教师性别主体意识的启蒙过程》，《两性平等教育季刊》2000 年第 13 期）、Apple（Apple M.,"Work, Gender, and Teaching", *Teacher's College Record* 84, 1983: 611–628; Apple M.,"Teaching and 'Women's Work': A Comparative Historical and Ideological Analysis", *Teacher's College Record* 86, 1985: 455–473)、Bradley（Bradley, H., *Men's Work, Women's Work: A Sociological History of the Sexual Division of Labour in Employment*, Minneapolis, MN: University of Minnesota Press, 1989)、Lather（Lather P., "The Absent Presence: Patriarchy, Capitalism, and the Nature of Teacher Work", *The Education Feminism Reader*, ed. Lynda Stone, New York: Routledge, 1994, 242–251)。
③ Rury J. L., "Gender, Salary and Career: American Teachers, 1900–1910", *Issues in Education* 4, 1986: 215–235.
④ 不过，以台湾 1990 年与美国 1991 年的资料相比，台湾教师女性化的程度低于美国，整体而言，台湾有 57.78% 的中小学教师为女性，而美国则有 72.10% 的教师为女性（符碧真：《谁来当老师？》，《"国家科学委员会"研究汇刊：人文及社会科学》1999 年第 9 期）。

见教职女性化的现象并非独立于时空背景的,与其说女性比例过高阻碍了教师专业的建立,不如说性别角色刻板印象影响了男女的职业选择,男性有其他更具声望、地位的职业(如医学、法律、工程、大学教职)可供选择,而教职逐渐被等同于母职的照料工作,于是又"自然地"被归类为女性的工作。①

(五) 贬抑女性

从上述的分析可以看出,在谴责女性的论点中其实已经充分显示了对女性的贬抑,此处再针对贬抑女性的部分进一步说明。郑书第九章分析教师角色时,虽然不像陈书直指比例过高的女性老师有碍于教师专业地位的提升,但是也提及女性担任老师(尤其是小学老师)的种种好处,包括教书与女性的家庭责任冲突较小、教书受人尊崇故对其结婚对象的选择有益、第二份薪水对家庭的经济有帮助、享有育婴假且回到学校时工作改变不大、教职与母职容易同时承担("孩子上学与母亲上课时间没有冲突,长时间的放假容易在家照顾小孩")、教师证书是最好的生活保障等。② 其实这些所谓的"种种好处"是大有问题的!首先要问的是这些"好处"究竟对谁是"好处"?对女性的家庭责任冲突较小对女性而言是好处吗?如果家庭责任是指白天到学校上课、回家以后带孩子,那么女老师如何能有专业成长的空间与公共参与的可能?最明显的贬抑在于:女性从事教职"有助其婚姻对象的选择、其收入只是补贴家用、是最好的生活保障"等论点,言下之意似乎是,职业对女性而言只是一种婚嫁的筹码,因为教师是一种"能够兼顾家庭"的工作,所以女性从事教职就等于握有优势的筹码。另外,男性通常是家庭经济的主要来源,教职的收入不多但稳定,所以适合女性,而这也就解释了为何男性小学老师常因职业焦虑感而转换跑道(例如报考医师、中医、法官、建筑师、会计师等)。作为一本导论性的教科书,这样的说法与推断究竟能带给初入学门的读者一些什么?是性别偏见、性别刻

---

① Clifford, G. J., "Man/Woman/Teacher: Gender, Family and Career in American Educational History", *American Teachers: Histories of a Profession at Work*, ed. D. Warne, New York: Macmillan Publishing Company, 1989, 293–343.

② 郑世仁:《教育社会学导论》,台北:五南,2000,第308页。

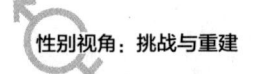

板印象与性别歧视!

另一种更深层的贬抑在于否定女性学者、女性主义对（教育社会学）理论的贡献。之前曾经提到，五本教科书在介绍社会学或教育社会学理论发展时，大多没有纳入女性主义的观点，甚至完全不见"女性主义"一词，吴书是例外；在第四章第三节讨论"性别差异与教育机会偏斜"时，有一段说明：

> 性别差异研究是在女权主义（Feminism）的逐步影响下，从80年代初期起才开始在教育社会学研究中真正占有重要位置的，但其发展却迅猛异常。在改造教育与社会、促进实现男女真平等的大旗之下，"性别与教育"问题研究者们很快便在西方教育社会学中也形成了一种女权主义的"神圣同盟"，掀起了一股颇为强劲的"女权主义教育社会学"（Feminist Sociology of Education）的浪潮，以至于时常被人们看成继功能主义、冲突论及解释论等学派后出现的又一大学派。①

这段说明出现了"女权主义"（feminism，又译女性主义）② 一词，似乎也肯定了女性主义的重要，但是其实不然。在该段说明的脚注中，作者明言不倾向于将女性主义视为教育社会学的一大学派，只称其为一种思潮，因为"很难说女权主义有可与功能主义、冲突论及解释论等学派相媲美的一套相对独立的理论与方法。事实上，女权主义教育'理论'中感情色彩过浓，科学成分不足，她们（女权主义教育'理论'研究者多半为女性）对'理论'的界定本身就是极为宽泛的"。③

看来作者对于女性主义学者在认识论、方法论上的努力与成果，不是一无所知就是有意轻蔑，其实发现性别主义这个行动本身就具有革命性的贡献，④ 值

---

① 吴康宁：《教育社会学》，高雄：复文，1998，第145页。
② 吴书作者为大陆学者，译词用法与台湾学界不尽相同，他在第五十八个脚注标明他所称的女权主义又译女性主义。
③ 吴康宁：《教育社会学》，高雄：复文，1998，第145页。
④ Reinharz S., *Feminist Methods in Social Research*, New York: Oxford University Press, 1992, 11.

得被认可。况且何谓"相对独立的理论与方法""科学成分足够"?① 根据马赫(Maher)和特雷奥特(Tetreault),自1980年代中期以来,女性主义理论家已开始阐释认识论或认识的方式(ways of knowing),主张女性在社会中被压迫的位置足以成为合法知识与真理的来源之一,认为所谓的客观并非基于分离的公正性(detached impartiality),而是基于对一个信念的承认:特定的脉络与历史是建构真实看法的基础。② 不过从上述吴书所言来看,这样的主张与信念尚未撼动男流(male-stream)知识,只见作者将女性(主义)学者归为"他者",再以刻板的性别属性加以贬抑;就像陈瑶华所指出的,在哲学教科书中有一个基本内容对于女性主义的哲学造成严重的阻碍,那就是不少女性主义哲学的研究者常常会质疑:真的有女性主义的伦理学、知识论、形而上学、政治学等等吗?她认为这个提问本身呈现出研究者未能严肃地看待女性主义哲学的发展。③

结论与建议

本文采用女性主义观点,针对五本教育社会学入门教科书进行内容分析,结果发现:1990年代末到2000年代初这段时间,在台湾的教育社会学这块领土上(至少就教科书的部分而言),女人即使不再无立足之地,充其量也不过是处于"插花"的位置,具体而言,女性主义或性别议题在这五本教育社会学入门教科书中,不是隐而不见,就是若隐若现、勉强出现,或是扭曲再现。值得注意的是,虽然女性主义的内容分析着眼于欠缺的部分(what is missing),但是能见度(visibility)并非最终目的,还要看什么被见到了?在哪里被见到?以什么形式被见到?以林生传所著一书为例,

---

① 本文也可以宣称男性教育社会学学者大抵都是"感情色彩浓厚""科学成分不足"的,因为这五本教科书的作者皆为男性。从本文的检视可以看出,他们对于教育的性别相关议题并未进行深入研究,所发言论缺乏学术论证,多为自己的意见与评议(反映出的是性别偏见、刻板印象与歧视),有意无意地捍卫父权思想、巩固现有体制(展现出的是相当浓厚的"男性"同胞情谊)。

② Maher, F. A. & Tetreault, M. K. T., *The Feminist Classroom: Dynamics of Gender, Race, and Privilege*, Lanham, Maryland: Rowman & Littlefield, 2001.

③ 陈瑶华:《哲学教科书的检视》,"检视大专教科书性别意识"研讨会,高雄医学大学,2002年9月。

虽然该书是五本教科书中出现女性或性别议题最多的（尽管以全书篇幅估计仍被归类为"勉强出现"），但是经过检视，可以发现诸如"刻板印象""零碎孤立""偏狭失衡"的"扭曲再现"问题。有趣的是，即使林义男、王文科所著一书与郑世仁所著一书在目次与索引中皆未出现女性主义或性别议题，因而被归类为"隐而不见"，但是仍能在行文中找到"谴责女性""贬抑女性"之处。吴康宁所著一书只在目次中看到一节性别相关议题（教育机会均等的），而被归类为"若隐若现"，亦不乏"贬抑女性"的例子。陈奎熹所著一书将性别议题提升到章的层次，究其实却只有两页提到性别（也是关于教育机会均等的），而被归类为"勉强出现"，也可以发现"谴责女性"的论述。

从五本教育社会学教科书的检视结果来看，要改变既有的女性或性别议题在教育社会学入门教科书中被排除、被孤立、被扭曲的现状，提升能见度是极为重要的，而同样重要的是去扭转添加式（add－and－stir）方法，朝向性别平衡（gender balanced）甚至以女性观点为主发展，这也是伊莲·霍尔（Elaine J. Hall）所谓的性别包容（gender inclusion）三阶段：第一个阶段，妇女和妇女的议题以边缘化女性经验的方式呈现，例如把女人的经验加进既有的、男性中心的模式中，强调性别差异却不提供解释或讨论其含义，把女性议题孤立在传统的主题内容中；第二个阶段，女性的经验被公正而恰当地描述与讨论，但是大部分的主流社会学维持不变；第三个阶段，女性经验的理论分析成为重建主流社会学中基本概念、模式、理论之基础。[1]

女性主义的教育社会学如何可能？或许可以从教科书开始，教科书的重要性无须赘言，一个初学者往往得借由教科书窥得学门的架构。而具有性别意识或女性主义观点的教育社会学教科书之样貌为何？重新发现并认识社会学或教育社会学领域中的女性作品，可能是一个超越父权的过去之开始。[2] 教科书撰写人要承认并学习女性主义者在性别与教育方面的议题之

---

[1] Hall E. J., "One Week for Women? The Structure of Inclusion of Gender Issues in Introductory Textbooks", *Teaching Sociology* 16, 1988: 431–442.
[2] Deegan M. J., "Transcending a Patriarchal Past: Teaching the History of Women in Sociology", *Teaching Sociology* 16, 1988: 141–150.

论述与研究，以扭转以男性知识为中心的现象，桑德拉·艾克（Sandra Acker）认为女性主义的理论对于性别与教育的相关研究贡献良多：自由主义女性主义者（liberal feminists）在教育方面的论述包括机会均等、社会化和性别刻板印象、性别歧视，行动策略涉及制定相关法规、改变社会化的实际、扭转社会对女性的态度；社会主义女性主义者（socialist feminists）致力于分析学校教育如何巩固资本主义下的性别分工、性别分工如何在家庭与职场被复制；激进女性主义者（radical feminists）主要的关心议题为男性在文化与知识上的宰制与支配、学校中日常生活的性别政治，行动策略上力主将妇女和女孩的需要放在优先顺位、必要的时候实施单性教育（single sex education）、将对之前被忽略的主题如性取向与性骚扰的讨论合法化。① 桑德拉·艾克（Sandra Acker）也提到不同学派的女性主义教育论述与策略对彼此的批评以及女性主义理论发展的两难，② 但是她相信正是透过这些批评与两难，女性主义理论才得以前进。③ 问题在于以往女性主义理论甚少在教育上着力，性别与教育的议题较难进入主流的（教育）社会学领域，④ 这也是有待努力的方向。

除了教科书，当然还有许多其他面向有待努力，例如让更多女性走进大学院校、研究机构，从事著作，由她们做有影响性的决定，增加女性意识提升的可能，女性学者不要等待男性学者良心发现、意识觉醒，不要任凭男性学者把性别议题、女性福祉视为仅供点缀与装饰的花卉，何况他们往往错置或扭曲，而要主动去插花，甚至深耕一片土壤，让美丽的花朵得以绽放，撰写教科书应该是耕耘的开始。

---

① Acker S., "Feminist Theory and the Study of Gender and Education", *International Review of Education* 33, 1987: 419–435.
② 指的是结构 vs 能动性（structure vs agency）、普同 vs 歧异性（universality vs diversity）的争议。
③ 前文提及吴书在脚注中宣称女性主义尚不足以构成理论，所根据的理由之一是他在加拿大安大略教育研究学院时与桑德拉·艾克（Sandra Acker）交谈所得的印象，并列出她所写的一篇文章作为参考，而那篇文章正是本文此处所引用的（Acker, S., Feminist Theory and the Study of Gender and Education, *International Review of Education*, 33, 1987: 419–435），但是笔者的解读与吴完全不同，吴将 Acker 所言的"不同学派女性主义相互批评"误解为"女性主义无法形成一套相对独立的理论与方法"，事实上，Acker 认为那正是女性主义理论得以建立的契机。
④ 这是桑德拉·艾克（Sandra Acker）对英国的观察，但是在台湾似乎也有类似的情形。

"女性主义教育学"的1998~2004[*]

杨幸真[**]

一 前言

这是一篇回顾性质的文章,针对台湾地区现有的女性主义教育学文献做初步的评析与探讨,以了解女性主义教育学在台湾地区运用的情形,包括在台湾地区的发展与所处的位置;在教育研究中,特别是性别教育方面,生产了什么样的论述或如何被论述与实践;在其重要核心议题上,如教师角色、权力与权威、沉默与发声、关怀伦理等方面,台湾地区现有文献对于这些议题讨论的情形。

二 "女性主义教育学"文献概况与初步分析

台湾地区有关女性主义教育学的文献最早出现约是在1998年,有2篇,1999年有7篇,2000年有几近倍数的增长,有15篇。2000年后到目前,

---

[*] 本文内容摘录与改写自杨幸真《当西方到了东方:女性主义教育学的回顾与前瞻(首部曲)》(该文首次宣读于2004年8月台湾"教育部"两性平等教育学术研讨会,树德科技大学人类学研究所,2004)。这两篇文章皆为台湾"国科会"专题研究计划(NSC93-2413-H-366-002)之一部分,承蒙台湾"国科会"经费补助,谨此致谢。

[**] 杨幸真,时为树德科技大学人类性学研究所助理教授。

虽有一定的发表数量却无显著甚或大幅的增长①（详见表1）。

表1　1998~2004年女性主义教育学论文数量：以发表年限分

单位：篇

年份 数据库	1998	1999	2000	2001	2002	2003	2004
STICNET	1	5	5	4	6	0	0
台湾"国图"期刊论文	1	0	8	4	3	1	1
台湾"国图"博硕士论文	0	2	2	2	4	3	4
合　计	2	7	15	10	13	4	5

　　游美惠指出，1995年台湾"行政院"教改会将两性平等教育议题纳入教育改革的议程，是女性主义教育论述进入体制的第一步；而1997年，对于性别与教育在台湾地区的开展无疑是一个关键性的年代，该年3月台湾"教育部""两性平等教育委员会"成立，"两性平等教育"第一次成为主流教育界必须正视的课题，不仅获得教育体制的正式认可成为台湾教育政策，连带促进了各级学校在课程教学或辅导活动方面积极推动两性平等教育，也间接影响或开展了台湾性别教育学术方面的研究。② 我相信这一点可以从1998年女性主义教育学的文献首次以学术会议论文的方式出现，1999年两篇硕士论文生产出来，尔后在硕士论文上始终保持稳定的成长数量等方面看出来，显示性别教育的开展确实需要特定的教育学论述以激发各级学校或教师在课程与教学上新的见解与思维。性别与教育的文献在这十年

---

① 数据收集的范围以台湾地区最具规模与权威性的三大数据库为主：台湾"行政院国家科学委员会"科学技术数据中心"台湾科技信息网络"（简称STICNET）与台湾"国家图书馆"的"中华民国期刊论文索引影像系统"及"台湾博硕士论文摘要检索系统"，以女性主义教育学、女性主义教室、女性主义教学、女性主义教师、女性主义教学者、女性主义教育者等为检索字符串进行关键词、摘要或不限字段之搜寻，并将重复、无关的内容删除。
② 谢小芩、杨佳羚：《教育研究中的性别论述：十年来台湾性别与教育的文献回顾》，"跨世纪台湾社会与社会学学术研讨会论文集"，东吴大学社会学系、台湾社会学社，1999；游美惠：《从方法论的要求到女性主义方法论的追求：检视教育研究期刊中的性别论述》，《教育研究方法论学术研讨会论文集》，台湾师范大学教育研究中心，2003，第198~215页。

以来，质的部分虽仍有待加强，在量上却有丰沛的发展与成长，① 然而与性别教育切身相关的女性主义教育学在量上却没有显著的提升，遑论在质的方面是否有进展，这是一个值得关注与探讨的现象。

是什么原因形成这个现象呢？也许从目前所发表的文献性质来分析可看出些许端倪。从 STICNET 及"期刊论文"中与女性主义教育学相关的文献来看，合计有约 36 篇，② 在这 36 篇中纯粹为女性主义教育学理论介绍或论述的有 17 篇（约占 47%），以探究教师角色、沉默与发声、权力与权威、关怀伦理等核心议题为主的有 4 篇（约占 11%），有关女性主义教育学实践经验研究的有 10 篇（约占 28%），作为一种分析架构的有 5 篇（约占 14%）。若从"博硕士论文"来看，纯粹理论引介或探讨的仅有 1 篇（约占 6%），实践经验研究的有 7 篇（约占 41%），作为一种分析架构的有 9 篇（约占 53%）（详见表 2）。

表 2　1998～2004 年女性主义教育学论文数量：以性质区分

单位：篇

数据库 \ 论文性质	理论介绍	探究核心议题	经验研究	作为分析架构
STICNET & 台湾"国图"期刊论文	17（47%）	4（11%）	10（28%）	5（14%）
台湾"国图"博硕士论文	1（6%）	0（0）	7（41%）	9（53%）

以"理论介绍""探究核心议题""经验研究"及"作为分析架构"等四个面向，作为分类女性主义教育学论文性质的依据并非事先规划，而是在阅读文献过程中逐渐形成的概念。西方女性主义教育学的发展已渐趋成熟，相关的文献可用汗牛充栋来形容，因此有非常多的文献（无论是理论论述还是经验研究）常只针对一个或两个核心议题为探究的焦点。

---

① 谢小芩、杨佳羚：《教育研究中的性别论述：十年来台湾性别与教育的文献回顾》，"跨世纪台湾社会与社会学学术研讨会论文集"，东吴大学社会学系、台湾社会学社，1999；游美惠：《从方法论的要求到女性主义方法论的追求：检视教育研究期刊中的性别论述》，《教育研究方法论学术研讨会论文集》，台湾师范大学教育研究中心，2003，第 198～215 页。
② 这两类资料库中有关文献为 39 篇，删除重复的 3 篇，以这 36 篇文章作为性质归类范围。

本文将"探究核心议题"与"经验研究"作为两个不同性质的类属，二者之间或许有若干重叠，如核心议题的探究实际既涉及理论论述亦涉及经验研究，与后二者并非绝对互斥，做此区分一来是想提供台湾地区女性主义教育学日后发展的一个相对参考。

二来是想指出，从现有的文献与研究来看，台湾地区已有学者针对与女性主义教师、女性主义教学或女性主义教育学有关的特定议题做了深入的经验研究与探讨，[1] 但目前只有点的呈现而未能有线的联结与面的拓展。因此，未来如何发展，是否会影响既有研究的探究方式与取向，如何将实践的成果返回至理论的扎根、丰富与厚实，实有待后续的观察与关注。

三来，更重要的是，它提供了一个区辨的空间，笔者在阅读文献过程中观察到，在 STICNET 与"期刊论文"中关于女性主义教育学理论介绍的论文数量最多，对核心议题的经验研究却相对非常少，而"博硕士论文"中经验研究的论文很多，关于理论探讨的却仅有一篇。若将此一情况镶嵌在 STICNET、"期刊论文"与"博硕士论文"三种不同性质与数据来源的数据库中，笔者认为其反映出数据库背后所代表的知识生产体系与关系，关乎知识的生产来源、生产者、生产与传播的机构与位置，当然也包括知识如何被生产、再生产与传播。另外，若就这些女性主义教育学知识生产者、生产论文的机构与位置来看，或许如卯静儒所言，讲求性别平等的教育论述，往往是在高等教育里能得到最大回响，如女教授、女研究生。女性主义教学论述在某种程度上只流传（circulate）在某一少数女性知识分子的言谈与生活中，大多数基层女性教师在两性平权的教育论述里是沉默的，甚

---

[1] 游美惠：《女性主义教学法之应用》，《大专院校两性平等教育课程与教学研习会论文集》，高雄医学院，1998，第 34~39 页；游美惠：《多元文化/女性主义/教学》，《多元文化、身份认同与教育学学术研讨会论文集》，台湾花莲师范学院第四届教育社会学论坛，2000，第 89~104 页；杨幸真：Teaching beyond Women's Silence: A Case Study of Three Women Graduate students' Ways of Knowing，《成人教育学刊》2000 年第 4 期；杨幸真：《女性主义的教室》，《千禧年"全国"两性平等教育学术研讨会论文集》，高雄师范大学性别教育研究所，2000；杨幸真：《女性主义教育学与女性主义教室：再思权力与权威》，《教育研究月刊》2003 年第 109 期；杨幸真：《重构女性主义教室：爱、信任、伦理与关怀》，《意识、认同与实践：2003 年女性主义学术研讨会论文集》，台湾女性学会，2003；杨幸真：《看见学生、看见自己：再思女性主义教室中的权力与权威》，《两性平等教育季刊》2004 年第 26 期；卯静儒：《个人的/政治的：艾波的权力、知识与教育》，载苏峰山编《意识、权力与教育：教育社会学理论导读》，嘉义：南华大学教育社会学研究所，2002，第 77~116 页。

至是抗拒的。① 或说是，只存在于少数女性知识分子的言谈与研究中吧？因为笔者也曾为文提出类似的心得，笔者认为相较于西方女性主义教育学文献中，学者几乎都披露自身的教室经验或师生互动历程用以说明建构女性主义教室与检视女性主义教育学的做法，台湾地区类似的文献尚处于待开发阶段，女性主义教育学的教学知识似乎还只是一种"流传"。② 就目前既有文献的生产来源与相互关系来看，是否真的存在知识生产的权力关系呢？是否印证了"流传"的说法呢？为何会有如此的呈现与分野呢？而这跟2000年之后女性主义教育学相关研究并无显著的成长有关吗？

此外，还有一个值得注意的现象是，台湾地区的硕士论文研究中，女性主义教育学主要呈现在两个领域，一是成人妇女教育与妇女学习（这些论文的作者也全在成人教育相关系所学习），这一部分的论文以探讨成人女性认识与学习的方式为主，以女性主义教育学知识论，特别是玛丽·布兰恩克（Mary Belenky）、布莱斯·克林奇（Blythe Clinchy）、南茜·戈德伯格（Nancy Goldberger）和吉尔·塔如尔（Jill Tarule）之 Women's Ways of Knowing (WWK)③ 作为了解妇女学习方式之参照与分析架构。④ 二是性别教育的教学应用，包括了解教师的性别意识及其教学实践，女性主义教育学融入性别教

---

① 卯静儒：《从女性主义位置性的概念谈女性教师的教学》，《性别、知识与权力研讨会论文集》，高雄师范大学性别教育研究所，2002，第275页。
② 杨幸真：《女性主义教育学与女性主义教室：再思权力与权威》，《教育研究月刊》2003年第109期，第125页。
③ Belenky, M., Clinchy, B., Goldberger, N. & Tarule, J., Women's Ways of Knowing: The Development of Self, Voice, and Mind, NY: Basic Books, 1986.
④ 张静文：《参与读书会之成年女性其母职角色认同与转换历程之研究》，台湾师范大学社会教育研究所硕士论文，1999，Available：http://datas.ncl.edu.tw/theabs/1/（台湾博硕士论文摘要）；朱雅琪：《国中女性教师认识论及其教育实践之研究》，台湾师范大学公民训育研究所硕士论文，2000，郑滟妏：《女性教学者女性意识转化及其教学实践之研究》，中正大学成人及继续教育研究所硕士论文，2001，Available：http://datas.ncl.edu.tw/theabs/1/（台湾博硕士论文摘要）；林洒津：《偏远地区妇女教育方案规划实施与评鉴之行动研究》（电子档），"国立"中正大学成人及继续教育研究所硕士论文，2002，Available：http://datas.ncl.edu.tw/theabs/1/（台湾博硕士论文摘要）；潘佳华：《社区大学女性学员电脑学习历程之研究》，台湾师范大学社会教育研究所硕士论文，2003；刘瑾雯：《在职硕士专班已婚妇女进修历程之研究》，台湾师范大学社会教育研究所硕士论文，2004，Available：http://datas.ncl.edu.tw/theabs/1/（台湾博硕士论文摘要）；严素娟：《保姆训练班学员经验学习之研究——女性主义的观点》，"国立"台湾师范大学社会教育研究所硕士论文，2004，Available：http://datas.ncl.edu.tw/theabs/1/（台湾博硕士论文摘要）。

育课程与教学的程度,研究的层级遍及小学①、国中②、高中③与大学④。

有意思的是,在硕士论文中被大量引用的 *WWK* 一书的四位作者在10年之后(也就是1996年,请注意年份,这个年份早于台湾地区第一篇发表的相关期刊或会议论文或硕士论文),又合作出版 *Knowledge, Difference, and Power*(《知识、差异与权力》)一书(以下简称 *KDP*)。她们以 *WWK* 出版后所得到的回应(包括与时共进理论与学说之演变,如受到后结构/后现代主义的影响),作为她们各自在理论与研究方面的修正与转向,因而集结成《知识、差异与权力》。让笔者好奇的是,为何在如此多的理论引介文章中,少有人提及 *KDP*,遑论其对女性认识方式看法的调整及后来在女性主义教育学知识论与实践上的转变?而以 *WWK* 作为分析架构的研究也甚少将 *KDP* 关于 *WWK* 理论转向观点的说明纳入考虑,这样的现象反映了什么?此外,西方女性主义教育学在教育领域的运用,向来在高等教育或成人妇女教育中占有很重要的地位,但在中小学也已有一定且深入的发展,⑤ 而在台湾地区女性主义教育学与性别教育的研究上,硕士论文以小学作为研究场

---

① 洪美莲:《女性主义教学的实践——女性历史单元教学活动之发展》(电子文件),花莲师范学院多元文化教育研究所硕士,2000,Available: http://datas.ncl.edu.tw/theabs/1/(台湾博硕士论文摘要);陈建民:《性别平等教育的实践——女性主义教育学融入国小班级教学之质化研究》,屏东师范学院教育心理与辅导研究所硕士论文,2002,Available: http://datas.ncl.edu.tw/theabs/1/(台湾博硕士论文摘要);钟佳芳:《国小职前教师女性主义教育学知能之研究——以屏东师范学院为例》,屏东师范学院国民教育研究所硕士论文,2002;陈静琪:《女性主义教育学之实践——以"破除性别刻板印象"的统整课程设计为例》,新竹师范学院职业继续教育研究所硕士论文,2003,http://datas.ncl.edu.tw/theabs/1/(台湾博硕士论文摘要);张志明:《性别平等教育融入国语科教学之研究——以国小六年级为例》,屏东师范学院国民教育研究所硕士论文,2003。
② 林昱贞:《性别平等教育的实践:两位国中女教师的性别意识与实践经验》(电子档),台湾师范大学教育研究所硕士论文,2001,http://datas.ncl.edu.tw/theabs/1/(台湾博硕士论文摘要)。
③ 张芬兰:《心与心交融的行动列车——我在性别教育实践的闪亮日子》,高雄师范大学性别教育研究所硕士论文,2004。
④ 施悦欣:《师生性别意识与教师教学立场——以性别相关课程为场域》,成功大学教育研究所硕士论文,1999,http://datas.ncl.edu.tw/theabs/1/(台湾博硕士论文摘要);林怡萱:《女性主义教育学与媒体识读教育:一个行动研究的成果》,中山大学传播管理研究所硕士论文,2004。
⑤ Weiler, K., *Women Teaching for Change: Gender, Class, and Power*, NY: Bergin & Garvey, 1988; McCormick, T. M., *Creating the Nonsexist Classroom*, NY: Teachers College Press, 1994; Brady, J., *Schooling Young Children: A Feminist Pedagogy for Liberatory Learning*, NY: State University of New York Press, 1995.

域或以基层教师为对象的研究一枝独秀，无人以高等教育教师或教室作为研究焦点，而 STICNET 与"期刊论文"中的经验研究则几乎全集中在高等教育情境中，这又代表了什么呢？

三 理论的反省，是最有效的偷窥利器

翟本瑞于"影像文本的分析方法"一文中，提到了关于文本分析的几个问题：如何才能发现规律？如何才能发现意义？如何才能看懂异例？如何才能看到自己所承载的文化？如何才能看到别人？如何才能看到自己？①

当笔者在文献堆中来回穿梭地阅读时，这几个发问常常浮印在脑海里。如何才能发现规律？笔者并不想去发现规律，诚如游美惠所指出的：

> 女性主义的立论与思想其实是相当的多样化且具有异质性，而站在女性主义立场来谈教育学，若想要求得所谓的典律，或一套可普遍运用的教学指引似的指导手册，也是不可能的，或说不必要的！②

女性主义教育学的知识立论是情境式的建构，就其认识论基础与深受后现代主义发展之影响而言，笔者不期待去发现规律却老是读到某种一致性，这是种意义，还是种异例？因此，笔者将这些文献视为文本并置落在"部分与整体"③的循环理解中而梳理出几个要点，然在此处限于篇幅，仅

---

① 翟本瑞：《影像文本的分析方法：以中国古典春宫画及网络自拍为例》，载林本炫、何明修编《质性研究方法及其超越》，嘉义：南华大学教育社会学研究所，2004，第 123~156 页。
② 游美惠：《女性主义教学法之应用》，《大专院校两性平等教育课程与教学研习会论文集》，高雄医学院，1998，第 345 页。
③ 诠释学循环，作为文本诠释之理解原则，主张对文本之理解与诠释，必须通过部分与整体之间的连续辩证关系达成。就诠释学传统，或具体地说古典诠释学而言，这种部分与整体间的辩证关系乃限于文本的部分段落与整体文本之间，易言之，构成文本的每一部分与所构成的整体脉络之间有着不可分离的辩证关系，部分与整体之间，不是简单的从属结构关系，而是一种有机的与循环的相互参照辩证关系，如此才能真正理解整体文本以及其中每一段落的意义（刘育忠：《朝向教育研究中认识论立场之转变：主体性的认识论立场及其教育研究取向的相关发展》，《教育研究月刊》2004 年第 117 期）。在这里，笔者引用诠释学部分与整体的概念，将所有搜寻而得的文献视为整体，个别单一的文献（文本）视为构成整体的部分，以求脉络性地理解女性主义教育学在台湾的发展。

就其中两点来说明：（1）重新发问"什么是女性主义教育学"，（2）女性教师与关怀的"爱恨情仇"与"陷入泥沼"。

1. 重新发问"什么是女性主义教育学"

首先，理论引介的文献很多，① 却没有扩展笔者对于女性主义教育学的认识与了解，如果提到定义，不论是直接引用还是间接改写都是卡洛琳·什鲁斯伯里（Carolyn M. Shrewsbury）！如果提到女性主义教育学的模式，就是伊丽莎白·迪斯德尔（Elizabeth J. Tisdell）！如果论及沉默在东西文化中的差异与不同看法，就是南茜·戈德伯格（Nancy Rule Goldberger）！如果讨论女性认识与学习的方式，毫无疑问就只有 WWK！如果女性主义教育学知识立论的基础是反对普遍性的真理，那么为何在我们论证它时却都采用唯一的定义、分类的模式或参考架构？

尤有甚者，当资料的引用限于几个人的论点与文献资料时，② 逐渐形成的问题是，这样的引用、转引与再引用不仅逐渐生成一个封闭的知识系统

---

① 以下所谈的这个现象，不仅限于理论引介的文章中，在许多经验研究与硕士论文中的文献探讨与研究发现部分亦是如此。只是，笔者认为作为纯理论论述的文章，更需在理论介绍上力求观点的更新并了解理论的发展，如此的介绍内容才能让读者一窥究竟并阅尽全貌，而非将前人所做过的理论说明拿来重新排列组合一番，这就与女性主义教育学的立论基础与精神相违背了。

② Tisdell, E. J., "Poststructural Feminist Pedagogies: The Possibilities and Limitations of Feminist Emancipatory Adult Learning Theory and Practice", *Adult Education Quarterly* 48, 1998: 139 – 156; Shrewsbury, C. M., "What is Feminist Pedagogy?", *Women's Students Quarterly* 3, 1993: 9 – 16; Goldberger, N. R., "Cultural Imperatives and Diversity in Ways of Knowing", *Knowledge, Difference, and Power*, ed. N. Goldberger, NY: Basic Books, 1996, 335 – 371; Belenky, M., Clinchy, B., Goldberger, N. & Tarule, J., *Women's Ways of Knowing: The Development of Self, Voice, and Mind*, NY: Basic Books, 1986; Maher, F. A., "Toward a Richer Theory of Feminist Pedagogy: A Comparison of 'Liberation' and 'Gender' Models for Teaching and Learning", *Journal of Education* 169, 1987: 91 – 100; Luck, C., "Feminist Pedagogy Theory in Higher Education: Reflections on Power and Authority", *Feminism Critical Policy Analysis: A Perspective from Post – secondary Education*, ed. C. Marshall, London: Falmer Press, 1997, 180 – 210; 潘慧玲：《教育学发展的女性主义观点：女性主义教育学》，《教育科学：国际化或本土化国际学术研讨会论文集》，台湾师范大学教育系，1999，第 344～359 页；庄明贞、魏云仪：《女性主义教育学》，《两性平等教育季刊》2000 年第 10 期；杨幸真：Teaching beyond Women's Silence: A Case Study of Three Women Graduate Students' Ways of Knowing，《成人教育学刊》2000 年第 4 期；杨幸真：《女性主义的教室》，《千禧年"全国"两性平等教育学术研讨会论文集》，高雄师范大学性别教育研究所，2000；游美惠：《多元文化/女性主义/教学》，《多元文化、身份认同与教育学学术研讨会论文集》，台湾花莲师范学院第四届教育社会学论坛，2000，第 89～104 页。

(女性主义教育学变成同质与封闭的论述,开始支配我们对它的理解或形成对它的唯一理解),也有将第一手资料去情境化、去历史性与去脉络化的危险。① 举张如慧《色情媒体的转化:以高中团体辅导课程之实施为例》文中的一段引用文字为例:②

> 本文尝试将女性主义教育学的观点放入自己教学之中,并企图验证理论与教学实践之间的兼容程度。首先,<u>女性主义教育学所强调的解放权威</u>,③ 究竟其限制与范围应如何界定?如同潘慧玲指出,女性主义教育学是以大学生或成人为对象的教育论述,是否也能适用于中等学校以下的学生,实须进一步探究。④

西方女性主义教育学的开展确是始于高等教育(特别是高等教育中的成人教育、妇女教育)与妇女研究课程的,但其后也在高中、甚至国中和小学有一定程度且深入的发展,然而,台湾的研究者引用的西文资料几乎都是以高等教育作为研究场域的,或许研究者未能察觉或使用更适切的参考文献,如何能将"女性主义教育学放入自己的教学来验证理论与教学实践之间的兼容程度"呢?不同教育层级所要面临的教学挑战不能以化约性或简化的概念来应用,事实上,女性主义教育学的核心理念也没有办法这样用,举例来说,当笔者在回顾既有文献时,笔者从朱雅琪(2000)的论文中发现,家长力量的干预与介入是国中⑤女性教师教学时所面临的主要教

---

① 无可否认的,这些举例中被引用的资料(笔者将之视为一手资料)都是具有相当代表性与重要价值的文献。笔者想要进一步说明的是,所谓生成封闭知识系统的问题并不在于这些一手数据,而在于后续的研究或论述只局限于对这些重要文献的参考,并且在引用、再引用之转引过程中逐渐不再关注原始数据的讨论情境与脉络,以及所讨论的对象、重心与焦点。
② 张如慧:《色情媒体的转化:以高中团体辅导课程之实施为例》,1999。
③ 画线处为笔者所加。如果研究者查证文献,或许会发现女性主义教育学不仅强调"解放权威",还强调"去除权威""分享权威"(如 Belenky et al., *Women's Ways of Knowing: The Development of Self, Voice, and Mind*, NY: Basic Books, 1986)、"善用权威"或"追踪权威的影响"(如 Fisher, B. M., *No Angel in the Classroom: Teaching through Feminist Discourse*, N. Y.: Rowman & Littlefield, 2001)。
④ 潘慧玲:《教育学发展的女性主义观点:女性主义教育学》,《教育科学:国际化或本土化国际学术研讨会论文集》,台湾师范大学教育系,1999,第546页。
⑤ 国中,相当于大陆的初中。——编者注。

学挑战，这种教学情境是很不同于高等教育环境的，面对不同的权力结构交错系统，女性教师在教学时对权力/权威的行使会如何相同与相异呢？而对不同教学情境下权力关系的描绘与掌握，在其中的因应与发展出来的女性主义教学策略，不正是我们要着墨与研究的吗？①

女性主义教育学来自女性主义与妇女运动对于教育的影响，而女性主义与妇女运动本身就具有复杂（复数）性与多元价值，包含多元价值间的冲突与不同立场。立基于不同女性主义流派、受到各种教育哲学与理论影响的女性主义教育学，本身价值就相当多元化。当我们将之运用于课程上时，我们要时常面临选择或要做出决定，因应课堂进行的每一个互动做出选择，多种信念与价值之间时常是矛盾或冲突的，取舍当中不仅应依视自己当时所持的女性主义教学论述/立场，更应依视我们想要借此女性主义教学达成何种行动或结构上的改变。

因此，当女性主义教育学提倡另一种知识建构与学习方式时，若我们仍用传统的知识论证方式来传述它，笔者想这将会造成一种理论上的疏离与矛盾，更将与其精神及所要强调的教学实践渐行渐远甚而异化。而当理论只是一种空谈或抽象得像在"空中飞的话"② 时，理论就会变成咬文嚼字，会变成一种已经异化或是正在异化中的"废话"；③ 当然，如一味讲求行动或实践，没有理论与反省，那也会变成一种盲动。

女性主义作为一种社会运动并不是在真空中发展出来的。女性主义教

---

① 朱雅琪：《国中女性教师认识论及其教育实践之研究》，台湾师范大学公民训育研究所硕士论文，2000。
② Apple（1989）形容早期批判教育学和课程社会学理论刚在美国学术界取得一席之地时，由于其颇具深度的理论性格，与过于抽象，研究者往往无法将其分析和政治的工具应用到实际的政策与教育实施中（引自卯静儒《个人的/政治的：艾波的权力、知识与教育》，载苏峰山编《意识、权力与教育：教育社会学理论导读》，嘉义：南华大学教育社会学研究所，2002，第97页）。
③ Freire 说，对话具有字词的本质，而反省与行动构成字词的两个面向。在不真实的字词（其中反省与行动是二分的）中，个人无法改变现实。当字词只是空谈时，它就变成咬文嚼字，变成一种已经异化或是正在异化中的"废话"。这种空话不能谴责世界，因为单只有谴责而不实地投入改造工作，这种谴责是不可能的。而没有行动，也不可能有改造的发生。然而，另外，如果只强调行动，导致对于反省的妨碍，字词就会变成一种盲动，盲动是为了行动而行动，会造成对于真实实践的否定，也会使对话成为不可能（《受压迫者教育学》，方永泉译，台北：巨流，2002。译自 Freire, *Pedagogy of the Oppressed*, New York: Continuum, 2000, 127-128）。

育学是一种实践哲学,是一种以实践为基础的教育思想体系,必须由批判实践去理解。实践女性主义教育学者,必须从自己的教学位置、教学知识与研究中来诠释什么是女性主义教育学。另外,"女性主义教育学"的定义没有办法单独成立,当我们定义出"女性主义教育学"是什么时,此一回答也伴随着知识、权威、关怀、安全、差异等出现在女性主义教室,像连体婴般难以切割。因此,关于"女性主义教育学"是什么的界定,还必须同时包括定义者如何回答关于教室内所发生的种种女性主义教学议题。

将女性主义教育学进行定义或分类、分派,并不会增进我们对于它的理解。而缺乏对于教学现场权力关系的了解与描绘,也不能使我们的女性主义教学优于传统教学,或对实践多少的解放理想与产生多大的影响或改变产生期待。如同贝丽莱茜·费舍尔(Berenice Malka Fisher)所说的:①

> Spelling out our various feminist positions would not be sufficient for us to understand our different approaches to teaching. Lived politics rarely falls into neat packages.
>
> Feminist pedagogies do not divide neatly into distinct political and educational philosophies. The complications of political identity and the continuous interaction between educational theory and practice make it difficult and to some extent misleading to divide feminist teachers into clear-cut camps ("She's a radical feminist teacher" or "She's a Freire-type feminist teacher").

因此,女性主义教育学不能只停留在理论描述或论述的层次,特别是理论论述已逐渐形成一个封闭系统,女性主义教育学必须与实践结合,透过实践落实过程中与理论来回辩证及思考的历程,以发展建立出女性主义教育学的学问。我们所要掌握的是女性主义教育学的哲学精神与知识立论思维,不是一个僵化的条理或原则。人的主观能动性,能创造性地运用知识,因此,我们当然不乐见一个典范系统不假思索地被改成或进入另一个典范系统。对女性主义教育学精义的理解及其进展有赖于我们对生活于其

---

① Fisher, B. M., *No Angel in the Classroom*: *Teaching through Feminist Discourse*, N. Y.: Rowman & Littlefield, 2001, 24, 45.

中的脉络情境做实践的推理与掌握。女性主义教育学的知识论述并不独立存在于论述本身之中，也不存在于自在的和自为的现实中，它只存在于那些企图改变教学现场与进行社会解放的人们的互动关系与历史中。

笔者相信目前这种趋于同构性与封闭性的女性主义教学论述，跟女性主义教育目前在台湾地区的发展仍处于一种新生阶段、从事研究的学者与教学实务者还不甚普及有关，相较于西方女性主义教育学以十年为一进程的发展，① 笔者相信若要丰富我们的女性主义教学知识与实践经验，我们必须引介更多的女性主义教育学（如不同教育层级的女性主义教学知识与实践经验）、投入更多的经验研究与教学实践，从这些当中逐渐累积与发展出属于在地性的女性主义教学知识。

2. 女性教师与关怀的"爱恨情仇"与"陷入泥沼"

关于女性主义教师的女性、教师及女性主义者三种角色的交错在父权结构与教育机构下的探讨是非常重要的，然而台湾地区女性主义教育学在这方面的文献实属相当有限。事实上，教师作为教育的主体，本身就是一个相当重要的探讨议题；而女性主义教育学的知识立论基础与所关怀的核心议题，如权威、发声、关怀、知识建构与差异政治等，皆涉及教师在教学上如何应用与实践这些理念，教师的角色至为重要！特别是女性教师抑或女性主义教师在教育结构里的身份位置与社会/自我的认同。

此外，老师，在中国文化价值体系之下，不仅表示教师的社会身份与功能，还是一个具有崇高社会地位与受到他人尊崇的象征。老师不仅是一个传授知识者，而且是一个照顾者，照顾学生的身心发展，如中国人所言"一日为师，终身为父"。然而，事实上笔者开始思考"一日为师，终身为父"的意涵是什么？如果教师除了是一个知识传授者还被视为一个照顾者，那么传统的"父/职"与"为师为父"之间的意义是什么？"男师为父"与"女师为父"有没有什么差别呢？还是"父严母慈"呢？为什么教师的角色与母职如此关联（连用词用语都相关，如 caring, nurture, nurturing, maternal/nurturant authority）并被女性化成女性的工作？为什么"关怀"的责任与关怀是女性教师较关心的议题并联结至情感层面的需求如此"母性"的

---

① 杨幸真：《看见学生、看见自己：再思女性主义教室中的权力与权威》，《两性平等教育季刊》2004年第26期。

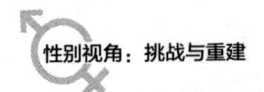

特质，而男性教师被赋予知识上的启蒙如此"父性"的特质呢？①

女性主义教育者质疑理性主导的知识，忽略了情感的面向，而提出关怀以重构涉及理性的各种假设。然而，如果女性主义教育学强调的关怀照顾伦理，是重视关怀学生的情绪/情感以及教学过程中的相互性，② 留意学生的需求，③ 为激发诱导学生，教师应要充分了解学生以因应出更适当的响应，④ 那么当学生的需求与我们自己的需求有所冲突时，女性主义教师应如何处理？特别是教师所置身的教育结构并不重视教师在情感上的劳动与付出，尤有甚者，教育体制将关怀与知识工作（intellectual work）分开，并且不视关怀为知识工作的一部分。因而女性主义教师能够透过对学生的关怀而获得或建立某种权威吗？或反而被视为"妈"？⑤

---

① 事实上，笔者认为 Freire 在谈论教师的角色时也挺具有关怀取向的，只是他用"爱"不用"关怀"这样的字眼，如他在 Teachers as Cultural Workers: Letters to Those Who Dare Teach 中所说的："我为文说明教师的工作意图，试着说明教师也是个学习者，教学与学习是愉快且严肃的工作——这项工作需要严正以对，以及科学上、生理上、情绪上、情感上的能力准备，所以需要那些可以投注其身于教育岗位者，发展出不仅是对他人的爱，亦是对教学工作的爱，从事教学不可能没有勇气去爱，不能在试过千遍之前，就轻言放弃。"[Freire, P., Teachers as Cultural Workers: Letters to Those Who Dare Teach, London: Westview, Press, 1998, 3; 引自杨幸真（2003）] 而他在"受压迫者教育学"中也提到"爱"，那是一种为解放受压迫者的革命之爱。笔者开始思索，为什么受批判教育学影响甚深的女性主义教育学在谈爱与关怀时和批判教育学者会发展出如此不同的对教师角色的期待？前者讲教师的关怀照顾，后者强调教师作为转化型的有机知识分子，前者因而陷入女性/母性特质、good girl feminism 的泥沼面临两难，后者却挥刀霍霍、继续披荆斩棘地向传统教师角色挑战且迭有所获？

② 游美惠：《多元文化/女性主义/教学》，《多元文化、身份认同与教育学学术研讨会论文集》，台湾花莲师范学院第四届教育社会学论坛，2000；杨幸真：《重构女性主义教室：爱、信任、伦理与关怀》，《意识、认同与实践：2003 年女性主义学术研讨会论文集》，台湾女性学会，2003。

③ Noddings. N. "An Ethic of Care and Its Implications for Instruction Arrangement", The Education Feminism Reader, ed. L. Stone, NY: SUNY, 1994；杨幸真：《重构女性主义教室：爱、信任、伦理与关怀》，《意识、认同与实践：2003 年女性主义学术研讨会论文集》，台湾女性学会，2003。

④ Noddings. N., "An Ethic of Care and Its Implications for Instruction Arrangement", The Education Feminism Reader, ed. L. Stone, NY: SUNY, 1994.

⑤ Fisher (Fisher, B. M., No Angel in the Classroom: Teaching through Feminist Discourse, N. Y.: Rowman & Littlefield, 2001) 在 No Angel in the Classroom: Exploring the Ethic of Care 中，谈论到一个很有趣的事件。她说在一个毕业典礼后的餐会中，她跟几位一起相处且工作很长一段时间的博士班学生交谈，其中一位博士生，Barrie，对于在经历多年（转下页注）

另外，女性主义的教学通常涉及意识的觉醒，意识的觉醒常经由经验的分享，经验的分享又涉及情感、经验、想法、行动间的交流与分享。女性主义的教学因而引发出许多需求：需要开创出一种友善、安全的教室情境或气氛（然而，女性主义教学实践知识也会告诉你，友善与安全是视情境的，依学生的组成、教学的进行而改变的，所以有时候冲突情境的塑造反而会促进女性主义教学的进行，但安全的教室环境仍是解放教育的基底），需要响应学生被召唤出的情绪/情感（如果老师鼓励学生谈论或书写自己的生命经验，学生也许需要老师在情感上的支持或者是对经验赋义，以作为学生个人智识与课堂上知识的建构），需要对于解放行动的支持等等，这些都直指一个核心：女性主义的关怀。也因此，相对于强调阶层、威权式的权威、客观与个人竞争之父权思维的传统教育学，女性主义教育学的贡献在于提出了一种性别敏感的教学论述，反对传统的权力与权威，重视差异、女性知识与认识的方式，强调合作学习与主观经验。然而，这也使女性主义教师在行使权力/权威与付出关怀之间，陷入了一个两难的困境。

女性主义教育者对于传统"理性"的批判，而另强调情感对于认知的重要性，简成熙以"爱恨情仇"来形容，他指出：①

（接上页注⑤）努力后终于获得博士学位感到非常兴奋与喜悦，Barrie 由衷地向 Fisher 表示她的感谢，Barrie 说："I could not have done it without you. You are the mother of us all." Fisher 说一听之后她开始感到相当的不安与不自在，因为她从来没有当过母亲，而且她也不欣赏有些女性主义学者强调女性比男性重视"关联"（relational）或将关怀作为母职的核心概念及那个被镶嵌在家庭中的天使形象。因此，她对于学生感激的赞美感到不舒服的首因与立即的反应是感到害怕，怕学生想要把她塞回那个像母职般的天使角色，而忽略了她作为一个教师与学者的真正贡献与工作/职责（to diminish my "real" work as a teacher and scholar）。笔者与一些女性主义教师朋友也有过类似的经验，学生以"像妈妈一样的温暖"来回馈我们在教学上的认真努力，以为这样的说辞是最高级的赞美，然而往往会让人有如 Fisher 的反应或产生小丸子的三条线，殊不知这样的说法是让女性主义教师陷入一个情感劳动与知识工作二分的处境与世界。对于女性教师抑或女性主义教师母职形象的颠覆，或许 Andrienne Rich 在 *Of Women Born: Motherhood as Experience and Institution* 中所提出的将母职的概念区分为制度（institution）与经验（experience）两个不同层次，可以作为思路上的参考。借用 Rich 的概念，笔者认为该批判的是父权制度与教育体制下的女性/教师定义与限制，而非关怀/情感之于认知的成长。

① 简成熙：《重构批判思考——教育分析学者与女性主义学者的论辩》，《性别、知识与权力研讨会论文集》，高雄师范大学性别教育研究所，2002，第 298 页。

当女性主义教学论要质疑传统教学时，她们必须从权力的角度，强调对抗的关系，当强调不同学生经验的分享时（包括男生）又必须营造一平等温馨的气氛，……为了要凸显男性教室文化霸权，女性主义教学论者必须采取分离、对抗、批判的思考方式，以解构性别权力之不公，而这种认知的方法正是其自身所要反对的。在另一方面，女性主义教学论的教师又必须在异己平等的基础上，去营造一个温馨的班级气氛，以免又流于另一种权力的宰制。"批判思考"要同时体现这两种目的，的确是一困难的挑战。

批判思考是否就缺乏情感的关照？批判思考是否会忽略了情绪？或二者彼此间反之亦然呢？简·盖洛普（Jane Gallops）认为，那些偏重于传统女性化或情感/养育式特质所产生的女性主义教学，忽略了环绕于教育机构之权力、权威、欲望等有关的政治议题对于性别与族群差异的影响，以及这些影响如何再对教学产生更深层的影响，对此，盖洛普（Gallops）以 good girl feminism 来形容。[①] Gallops 认为女性主义的论述或实践一定会冲撞现行的体制和权力核心，而 good girl feminism 式的教育学，会忽略教育机构或体系中教师因性别与种族在权力、权威与欲望方面的政治差异，以及这样的差异对教学方式与策略使用的影响。更具体地说，good girl feminism 式的教育学，忽略了研究若是反映学术社群的共识，自然也脱离不了社群所处社会脉络中的文化信念、价值观等的影响；忽略了现行体制与学术规范的影响，忽略了女性主义教师在学术界或教育机构中的处境，分享权威的宣称必定处于颠簸之中。

因此，简成熙指出，笼统地使用"关怀"也可能有害，必须仔细省思关怀在理性与批判思考上所扮演的角色，如关怀中所涉入的情绪、责任的程度为何？费舍尔（Fisher）认为女性主义教师对关怀的承诺好比踏在泥巴水中，必须对关怀是什么先有所了解，才有办法从关怀的关系中获得自

---

① Gallops, J., "The Teacher's Breasts"（Jane Gallop seminar papers）, *Humanities Research Center Monograph Series*, ed. J. J. Matthews, Canberra, Australia, The Australian Nation University, 1994, 1 – 12.

由。① 笔者则认为我们不仅该检视"关怀"是如何被教室内的世界所构筑起来的，更必须检视教育机构及更大的社会结构与外在世界如何编组它。因为，如果我们忽视权力结构与文化规范对于关怀的形塑与影响，我们将无法透过女性主义的教学在社会改造上有任何的突破与解放；如果不先厘清我们的教育文化如何看待女性教师的权威或对权威的运用，未能明辨女性主义教育知识论上的矛盾论证与未加思索即使用女性主义的关怀，笔者想不仅如上述几位学者所言，亦会如弗莱雷（Freire）所形容是一种"盲动"，这些都将让自己陷入未明知识论的矛盾与教学实践的冲突之进退两难的混沌泥沼中。

因此，如何梳理女性主义教师的女性、教师、女性主义者间的多种身份认同与主体建构及厘清其间的权力关系？女性主义教师如何看待权威与运用权威？如何理解女性主义教师善用权威与关怀情感间的矛盾与冲突？如何突破女性主义的关怀伦理与母职的联结？如何实践女性主义教育学关怀伦理的矛盾论辩而得以找到立足之地，不会陷入两难？实有赖于更多教学实践经验的揭露及理论与实践间的对话。

四 暂结语

本研究由台湾地区最具规模与权威性的三大数据库中检索及回顾女性主义教育学的相关文献，得知台湾地区于1998年开始出现女性主义教育学方面的文章，从该年至今女性主义教育学方面的文献以理论探讨的性质居多。然而本研究认为，若要发挥女性主义教育学的精神并进一步扩展其在教育或教学（特别是性别教育与教学）实践中的影响力，则需要更多的经验研究并从中累积与发展扎根于本土的理论知识与实践。

---

① Fisher, B. M., *No Angel in the Classroom*: *Teaching through Feminist Discourse*, N. Y.: Rowman & Littlefield, 2001.

性别权力与知识建构

——《亲职教育》教科书的论述*分析

游美惠**

一 前言

"亲职教育"的课程在台湾的各大专院校相关科系,① 甚或高职的幼保(教)科系是常见的一门课,相关的教科书也出版了不少,本文所检视的这一本《亲职教育》② 教科书,③ 可以说是出版时间最早的一本长销型教科书,初版已经印刷了十次以上,④ 发行量惊人,所以也可以推测出使用过此书的学生不少,而若另外再将可能阅读与亲职教育主题相关的书籍的人,

---

* 英语的"discourse"在大陆译为"话语",在台湾译为"论述"。——主编注。
** 游美惠,时为台湾高雄师范大学性别教育研究所副教授,原文刊于《女学学志:妇女与性别研究》2004 年第 17 期。致谢辞:本文作者感谢两位匿名审查人的宝贵意见,同时感谢研究助理易言媛、吴怡卿与黄贞蓉三位在本论文的资料搜集期间、写作和修改过程中所提供的协助。本文之观点与缺失由作者自行负责。
① 根据研究者所做的初步资料搜集,相关科系(含师资培育机构)开设"亲职教育"一课程者,至少有以下几个系所:台湾师范大学人类发展与家庭学系、高雄师范大学辅导所与特教系、暨南大学成人教育研究所、彰化师范大学教育研究所、辅仁大学儿童与家庭学系、台北师范学院、市立台北师范学院幼教系、新竹师范学院通识课程、台中师范学院谘商与教育心理研究所、嘉义师范学院家庭教育研究所、台南师范学院国民教育研究所与初教系、屏东师范学院初教系、花莲师范学院心辅系、台东师范学院初教系等。而相关的课程如"父母与子女""父母效能训练""家庭教育学研究""家庭与亲职教育""特殊学生亲职教育"等更是不胜枚举,可见在台湾的师资培育机构的课程规划理念与架构中,课程规划者认为准教师们需要拥有"亲职教育"的基本知识。
② 王连生:《亲职教育》,1997,台北:五南。
③ 以下将因行文所需,有时会以"王书"来指称之。
④ 这本书自 1988 年三月初版一刷以来,至 2001 年八月是初版十刷。

如现职的幼保、幼教、社教或是家庭教育相关专业的工作人员等包括在内，读者群就为数更大了！其所造成的实质影响虽难估计，但至少我们可以确定地推论：王书作为一本教科书，不论是在学校教育的课堂学习场合还是在社会教育与成人教育等"充电"过程之中，抑或是在形塑基本观念与认知的效果上，都可能会占据"先入为主"的有利位置，让人以为它所传递的"知识"是唯一"真理"，或相信特定形貌或行为内涵的亲职教育才是正当的、适宜的、进步的。

诚如泰图斯（J. J. Titus）1993 年在一篇分析教育基础教科书的专文之中所言：教科书中对于性别的描述会对准教师们造成影响，包括他们会如何看待他们自己受教经验中的性别关系，及他们未来所从事的教学实务中所需要的相关知识与技能。① 换言之，教科书中的性别信息的确会直接或间接地影响（或说形塑）学生们的性别观。如何诠释社会中的性别关系？如何进行性别教育？应教导学生什么课程？这都是应该延伸思考的重要议题。本文便想针对亲职教育教科书进行检视，耙梳出性别政治与知识建构的互动关系。

二 理论观点与相关文献

以下对相关文献的回顾，将分两方面进行：首先研究者将回顾女性主义观点的亲职与亲职教育相关立论，彰显出性别敏感的观点是如何有别于既有的亲职（教育）论述的；而后将针对知识的建构及其中的权力运作，做相关的理论探讨，以作为本研究后续分析之基础。

（一）女性主义观点的亲职教育

因传统父权意识形态的深远影响，性别不平等似乎早已内化为人们的信仰和生活习惯，而在抚育教养小孩的理论与实践上也不例外；直到晚近受到妇女运动与女性主义思想之影响，我们才看到有性别分析意涵的亲职教育论述渐渐发展出来。

---

① Titus J. J. , "Gender Messages in Education Foundations Textbooks", *Journal of Teacher Education* 44, 1993: 38.

性别视角：挑战与重建

首先，我们可以将传统亲职教育所蕴含的性别偏差（gender bias）问题归因至公私领域二分的性别分工模式上。女性主义挑战社会文化建构下刻板僵化的性别意识形态，指出："男强女弱"的性别特质和"男主外、女主内"的性别分工观念是导致"男尊女卑"的原因之一，也是父权社会控制女性的手段之一。① 而关于家庭，女性主义者毕琪（Beechy）更提出有所谓的"家庭意识形态"存在，其中包含了两种默认值得批判：一夫一妻的核心家庭是普遍的、大家都想追求的家庭形式；性别分工使女人成为家庭主妇及母亲，主要生活在家庭的私人世界里，男人则成为养家糊口的人，主要生活在雇佣工作的公众世界里，而性别分工也是普遍的、大家想要的形式。② 另外，其他的女性主义者也同时检视了女人在各式家庭里所扮演的角色，研究她们如何受到"家庭意识形态"的影响，譬如，现今女性多外出工作，但是绝大部分职业妇女都扛负工作与家务双重重担，因为人们认为操持家务、照顾小孩是女人的事。社会也假设不管夫妻双方如何协议分摊家务与养育责任，出了差错，就是女人的责任。就是因为这样的观念，社会才会认为单亲妈妈是"有所欠缺的"。③

晚近由于受到酷儿研究（queer studies）的挑战，关于家庭的形式与功能等论述所蕴含的父权模式性别分工更被明白揭露，例如凯瑟琳·渥得伍德（Kathryn Woodward）和吉尼弗·哈丁（Jennifer Harding）都撰文指出母亲可以是女同性恋、异性恋、已婚、单身或者是已离婚的人，个人的主体位置会影响她们的母职经验，而文化所界定的意义，再伴随着论述的运作，更会导致某些位置的母亲被视为"有问题的"。④ 但是我们在之后的检视教科书的分析之中，也发现亲职教育的文字倾向于将母亲刻画成特定样貌：一夫一妻的异性恋核心中产阶级家庭中照护小孩的家庭主妇，造成有一些

---

① 游美惠：《性别意识 & 性别意识形态》，《两性平等教育季刊》2001 年第 15 期。
② 俞智敏、陈光达、陈素梅、张君玫译《女性主义观点的社会学》，台北：巨流，1996。译自 Pamela Abbott & Claire Wallace, *An Introduction to Sociology: Feminist Perspectives*, New York: Routledge, 1990。
③ 何颖怡译《家庭》，《女性研究自学读本》，台北：女书，2000，第 203~237 页。译自 Joy Magezis, *Teach Yourself Women's Studies*, McGraw-Hill Companies, 1996。
④ Woodward K., *Identity and Difference*, London: Sage Publications, 1997, 240. Harding J., *Queer Families. In Sex Act: Practices of Femininity and Masculinity*, London: Sage Publications, 1998, 110.

母亲，因不符合前述"家庭意识形态"所期待的形象，而被排挤为他者（the other），被视为"棘手问题人物"，所以亲职教育的论述也可能会成为压迫弱势的共犯结构。

其次，正视执行亲职的苦处，不将之过度神圣化与浪漫化也是女性主义者讨论亲职（特别是母职）时的另一重点。英国的女性主义者邓米斯芮利（Denise Riley）为了提醒大家更重视亲职的社会支持，曾经指出："对大多数女人来说，要同时兼顾工作与照顾小孩，尽管是有着乐趣在其中，但是这的确是一场苦涩且令人精疲力竭的战役。"[1] 所以，女性主义观点的亲职论述不同于过往的一项主张，可以说是除了肯定为人父母所带来的意义与目的之外，更不回避去承认与强调：照顾与教养小孩其实也是一种充满挫折与烦扰的经验，孤单、罪恶感、负荷太重与焦虑不安仍是大多数母亲真实的感受。[2] 美国的女性主义者凯瑟琳·斯蒂姆坡森（Catharine R. Stimpson）直截了当以浅显的语言指出：在没有任何孩子挨饿（不管是心理上还是身体上）、被打的情形下，让父母亲说出自己的心声，并且有足够的金钱和具弹性的公共服务来解决生活琐事，让担任亲职者有隐私、有空间，可以再持续蕴生出爱和关心的语言。[3] 也就是说：未让孩子受伤害，亦未让担任亲职者消耗殆尽，其实是女性主义一项基本的主张。

最后，均等亲职（equal parenting）也可以说是西方女性主义横跨各种不同派别的共同的基本主张。[4] "任何将家事和养儿育女工作浪漫化的行为，都会伤害女性，除非我们有办法将照顾工作的责任平均分担，并且让提供照顾的人得到更好的报酬。"这是引述自南希·弗尔贝（Nancy Folbre）探讨照顾工作的专书中的一段话。[5] 其中的"将照顾工作的责任平均分担"正

---

[1] Riley D., "The Serious Burdens of Love? Some Questions on Childcare", *What Is to Be Done about the Family*, ed. Segal, Harmondsworth: Penguin Books, 1983, 155.

[2] 洪惠芬、胡志强、陈素秋译《家庭社会学》，台北：韦伯文化，2003，第377页。译自 John Muncie et al., *Understanding the Family*, London: Sage Publications Ltc, 1999.

[3] Stimpson C. R., *Where the Meanings Are: Feminism ad Cultural Spaces*, London: Routledge, 1989.

[4] 蔡明璋译《亲密关系：现代社会的私人关系》，台北：群学，2002，第62页。译自 Lynn Jamieson, *Intimacy: Personal Relationships in Modern Societies*, Cambridge: Polity Press, 1998; Hooks B., *Feminism is for Everybody*, Cambridge, MA: South End Press, 2000。

[5] 许慧如译《心经济，爱无价？家务该不该有给？爱心如何计价？》，台北：新新闻，2002 第49页。译自 Nancy Folbre, *The Invisible Heart: Economics and Family Values*, New York: New Press, 2001。

好可以彰显出女性主义者一项重要的诉求，而"让提供照顾的人得到更好的报酬"更是社会主义女性主义者所要积极努力的一项工作目标。而不管是要求为人父者、社会支持网络、企业组织还是国家政府多担负一些照顾工作的责任，我们都可以发现女性主义者其实并不是要扬弃关怀、爱心或责任感等"家庭价值"，反而是希望能透过各种努力的途径，包括观念的转变、制度的设计等，达到积极回馈照顾工作，而同时又促进性别平权的目的。因此简单汇整女性主义观点的亲职教育论述，各流派的着重点或有不同，但大致可以归纳为：挑战父权模式的性别分工与亲职角色扮演，提倡均等亲职，不将亲职过度神圣化与浪漫化，正视且要努力改善执行亲职所伴随而来的苦处，让提供照顾的人得到更好的报酬。

（二）知识论述与权力运作

大多数家长除了透过请教亲友、互相交换经验心得来思索自己所面临的亲职教养问题外，也常借由阅读书籍来获得子女管教的信息，我们可以由自助式亲职教育书籍的普遍存在，略知端倪。[1] 所以亲职教育书籍传递内容的影响力和重要性不能忽视，因为它是为大多数父母（亲人）提供教育子女（孩子）的信息与知能的主要来源，其知识内涵在传递基本的"协助孩子正向发展"的教育知能之外，同时也提供了具有父权意识形态的知识库存，让亲职教育的执行者习得了一种特定的知识，这也是值得进一步检视和探究的。

知识论述所蕴含的与持续生产出来的权力，是后结构主义的理论观点在分析"权力"时会仔细探究的重点。根据卯静儒的回顾整理：后结构主义所强调的一种扩散的（divergent）、微观的权力关系，着重于权力的技术（technologies of power）如何借由权力/知识共生而循环的关系，经由各种管道无所不在，使人们在一种不自觉的权力与意识形态运作的情况下，内化这些意识形态运作的价值观，使特定的价值观成为理所当然的生活常识

---

[1] 对于台湾地区自助式亲职教育书籍的初步分析，基本上亲职教育书籍可分为指导手册式的实用书籍和经验分享类的小品文集。举例来说，台湾地区素具声望的张老师出版社便出版过一系列相当畅销的"亲子系列"书籍，而坊间亲职角色扮演或亲职教育的相关书籍，亦不胜枚举。相关的讨论可以参考游美惠、易言嬡《亲职教育与性别平等教育——检视自助式亲职教育书籍的性别平等意识》，2003，未发表手稿。

(common sense)。① 南希·福莱赛（Nancy Fraser）和毛琴菊（Chin-Ju Mao）在她们的研究中都试图结合新马克思主义的"霸权"（hegemony）概念和后结构主义的权力/知识共生的观点，提出"具有论述形貌的霸权关系"，指出霸权关系借着论述进入行动者的知识库存，从而建构行动者的行动意识，而使行动者积极主动地内化、维持与再制霸权关系的意识形态。②

若据此来分析亲职教育论述，许多女性主义者都曾指出：亲职教育的专家论述其实充斥着性别刻板化与不平权的预设，③ 那些由男性专家主导立论的亲职教育知识，过度强调母亲与幼小子女应有的亲密联结，或是过度强调母爱天性与养育子女的天职，反而让女人跟养育小孩的"理论"疏离，而进一步造成父权意识形态的维持与再制。以下分析就将指出亲职教育的教科书正是此类霸权论述运作与再生的重要场域之一。

三 数据与方法

如上所述，检视教科书的内容，可以帮助我们了解在知识传递过程中，什么内容被定位成"必要的"基本认知，这内容之中蕴含着什么样的意识形态，而这意识形态又如何透过在学校的课堂中，借由教科书的使用，教师按章节顺序逐步教授，要求学生背诵熟记内容，而后用纸笔评量的方式来评估学生的学习成效，而成为相关知识的主要来源，以致论述的霸权共识更易生根茁壮。因此本研究拟以王连生所写的、台湾地区最早出版的这

---

① 卯静儒：《台湾近十年来课程改革的政治社会学分析》，《台湾教育社会学研究》2001 年创刊号。
② Fraser N., *Unruly Practice: Power, Discourse, and Gender in Contemporary Social Theory*, Minneapolis: University of Minnesota Press, 1989; Fraser N., *Justice Interrupters: Critical Reflections on the Post Socialist Condition*, New York & London: Routledge, 1997; Mao, C., "Construction Taiwanese Identity: The Making and Practice of Indigenization Curriculum", Unpublished Ph. D. Dissertation, University of Wisconsin – Madison, 1997.
③ Jaggar A. M., "The Politics of Socialist Feminism", *Feminist Politics and Human Nature*, Totowa, NJ: Rowman & Littlefield Publishers, INC, 1988, 303 – 350; Jamieson L., *Intimacy: Personal Relationships in Modern Societies*, Great Britain: Polity Press, 1998; Nicolson P., "Motherhood and Women's Lives", *Introducing Women's Studies: Feminist Theory and Practice*, eds. V. Robinson & D. Richardson, Washington Square, NY: New York University Press, 1997, 375 – 399; Richardson D., *Women, Motherhood and Childrearing*, London: Macmillan, 1993.

一本《亲职教育》教科书为主,以其他具有按章节编排的教科书形貌的亲职教育书籍为辅(如,林家兴在 1997 年和黄德祥在 2001 年出版的著作),排除通俗性经验分享与自助式手册类的亲职教育相关书籍,只选择教科书作为本研究论述分析的对象。① 研究者将从女性主义的观点出发,运用论述分析的方法,② 检视亲职教育教科书中的文字内容所呈现或隐含的性别不对等的关系,期望借由本研究的探讨,激发出更多有性别平权观点的亲职教育论述的出现。

四 性别化的知识建构:《亲职教育》的检视与分析

黄圣桂在探讨亲子管教的文章中,曾经从性别敏感的观点发出如下的感叹之语:"在代代相传之中,人们宛如被植入了性别芯片般",③ 笔者以为这一句话用来形容台湾的亲职教育论述——不管是在教科书的书写还是相关经验研究的呈现上,也很贴切。

黄心怡在其从多元文化的观点探讨高职亲职教育课程的研究中,曾经指出王连生所著的《亲职教育》教科书有以下三点问题值得批判:(1)教科书中所提供的母亲或是父亲形象都过度完美,与现实社会家庭父母的形象颇有差距,该去质疑还是去相信呢?(2)书中父母亲的样貌充满意识形态需要去反省与解构。(3)男性对于父职的角色需更具弹性。④ 笔者则认为,这三个问题其实根本就可以视为同一个问题,那就是,父权意识形态主导的亲职角色观念。从女性主义的观点来检视现有亲职教育论述中的男女角色/功能二分,会发现其中的母亲与父亲形象根本不是过度完美,而是过度偏颇。依笔者之见,此本《亲职教育》教科书之内容论见太拘泥于功

---

① 林家兴:《亲职教育的原理与实务》,台北:心理,1997;黄德祥:《亲职教育》,台北:伟华,2001。
② 游美惠:《内容分析、文本分析与论述分析在社会研究的运用》,《调查研究》2000 年第 8 期。
③ 黄圣桂:《对青少年子女亲子管教的文献回顾:性别敏感的观点》,《中华心理卫生学刊》2001 年第 14 期,第 105 页。
④ 黄心怡:《高职"亲职教育"课程之探究——从多元文化观点出发》,台湾花莲师范学院多元文化教育研究所硕士论文,1999,第 47~48 页。

能论的视野，讨论的参照点总是局限于传统的生理性别区分与性别角色分工，完全忽略了社会文化之变异性，也排除了权力与资源分配所造成的影响，以致生产出来的知识相当的去政治化（depoliticized）且具有性别盲（gender-blind）特征。因此，本研究拟从女性主义社会学家所发展的"社会建构性别"论点出发，检视大专院校教科书之论述内容中所蕴含的性别偏见（gender bias）。更何况，若是将亲职教育从系统观点来理解，则分析探讨的层次就应区分出个人、人际与社会结构之层次，① 不能只看个人特质或属性，应该从关系双方所处的社会脉络来进行了解，② 所以若是只拘泥于"男女之分"来谈亲职教育，是相当有问题的。以下对有关教科书的分析，针对这一点，研究者会配合实证的经验资料做更进一步的阐释。

诚如《女性主义观点的社会学》一书作者帕梅拉·艾伯特（Pamela Abbott）和克莱尔·华莱士（Claire Wallace）所言："以科学为名，男流社会学家帮助维系一种意识形态，主张女人继续居于从属地位。"③ 许多专家论述也都有类似的问题，以这一本《亲职教育》的内容为例，研究者就发现专家的建言透过知识生产，结合社会上其他的性别建构机制，让女人继续居于从属地位。以下笔者就将分成"问题矫正取向的专家建言"、"常觉'男女有别'的刻板性别角色"和"父母与子女之间的主客体关系"三点来对这一本《亲职教育》教科书做更详尽的检视与分析。

（一）问题矫正取向的专家建言

这一本《亲职教育》在正文之前，收录了多篇作者为每一新版本发行所写的序言，在这多篇序言之中，作者不止一次明言："推广亲职教育是根治问题儿童与不良青少年最有效的唯一途径"（见再版序言），"源于社会治安问题的一大恶疾，青少年犯罪种因于家庭，如其不尽速加强亲职教育的

---

① 赵淑珠：《家庭系统研究中之性别议题》，《应用心理研究》1999年第2期。
② Bartle-Haring S., "The Relationship among Parent-adolescent Differentiation, Sex Role Orientation and Identity Development in Late Adolescence and Early Adulthood", *Journal of Adolescence* 20, 1997: 553 – 565；吴明烨：《青少年初期父亲与母亲管教行为之比较》，《东吴社会学报》1998年第7期。
③ 俞智敏、陈光达、陈素梅、张君玫译《女性主义观点的社会学》，台北：巨流，1996，第288页。译自 Pamela Abbott & Claire Wallace, *An Introduction to Sociology: Feminist Perspectives*, New York: Routledge, 1990。

推广，做好家庭教育，健全新生代儿童的成长，也许不良青少年问题，不但无法减除，可能反而会更趋严重"（见第六版序言），"人的教育始于家庭的扎根，长于学校的陶冶，成于社会的服务，乃教育学家的共同看法。也有教育学者指出：问题儿童与不良青少年的产生，'种因于家庭，显现于学校，恶化于社会'。这两种看法，都强调家庭、学校、社会三方面……"（见第七版序言）。由以上的引言，我们可以发现作者王连生一再地将亲职教育与问题青少年和社会治安做联结，其预设本身就值得质疑：作者设定亲职教育的功能是要教好子女，改善治安，社会生病了是家庭教育式微、亲职教育推广不彰所致，所以亲职教育若做好，社会（治安）就不会有问题——更具体地说，是不会有青少年犯罪的问题。

但是这其中的申论逻辑是有问题的。首先，要思考的是：作者为了合理化自己的"专家立论"以及强调亲职教育的重要性，将青少年建构成为问题产生的源头，在书中却未提供充分证据说服读者"健全"亲职教育与青少年偏差行为的关联，何况社会治安问题也不全是青少年的问题，青少年在这些论述之中似乎成了代罪羔羊；其次，做好亲职教育，或说亲职教育之重要性绝不只是在犯罪防治的方面，例如，可以让爱心、责任、关怀与照顾这些无可取代的家庭价值更获彰显，而且若是让男人与女人都重视亲职教育，则每一个人都可以一方面从事生产、另一方面从事养育，拥有开发潜能与更充实完整生活的机会。

然而常可发现，既有的亲职教育研究所设定的研究议题，总是倾向于将亲职教育与青少年犯罪联结在一起谈，例如，王丽容的论文，便提出相关的青少年犯罪统计数字，而后归结出"如何透过亲职教育，协助父母扮演亲职角色，发挥亲子教育功能，是因应青少年犯罪趋势中，不可忽视的课题"。[①] 在此文之中，虽然也明白指出保守人士将青少年犯罪现象归咎于"妇女上班"是过度简化的归因，但是该文作者却又语焉不详地立即接着指出："虽有不当，但反映了亲职教育功能的社会期待性。"如此用社会期待与社会功能来合理化亲职执行的性别偏见，是应该批判的；更何况同一篇论文之中，作者又立即辟一节专门讨论"妇女就业和亲职功能的关系"，认

---

① 王丽容：《社会变迁中的亲职教育需求、观念与策略》，《台湾大学社会学刊》1994年第23期，第200页。

为"纯粹从母亲就业与否来断定对小孩发展之影响是太草率的推断,因为其间的影响变量相当多,此乃推动亲职教育时有必要澄清的课题之一,其中最重要的莫过于教育职业妇女提供'质量时间'的亲子互动"。笔者不禁要问,为何不去多做些父亲的亲职教育角色(或功能)与子女之行为(或成就)关联之研究呢?专家之立论可以间接形塑社会现实,那么不出几年,研究方向与问题化的目标都会转变呢!

另外,赖尔柔的研究也有如上所述的问题,在研究中探讨家庭亲职功能及其与青少年学业成就的关系,其中的基本假设就有"……父亲工作较不忙、母亲未就业、家庭社经地位较高以及父母关系较佳者,较可能对其父母之亲职功能有较高的评价"与"……父亲工作较不忙、母亲未就业、家庭社经①地位较高以及父母关系较佳及亲职功能较好者,学业成就可能较高",② 姑且不论其所得的数据是否能够支持其假设,笔者以为这种假设本身就有性别偏见与阶级偏差,"母亲忙不忙"为何不是考虑的重点?为何假设父亲一定有工作,且只有忙或不忙的问题?再说,当今社会现实(social reality)的情形是:一个母亲可能工作忙,但也花很多时间在教导子女的功课;一个父亲也可能一点都不忙于支薪工作,③ 却也没有花很多时间在子女学业的督促或教导上?一个社经地位低且母亲就业而父亲又工作忙碌的家庭,这样家庭中的小孩,有可能对父母之亲职功能执行情形满意,而地位低、父母忙碌的家庭,子女虽有对父母不满意的可能,却也未必会影响其学业表现。赖尔柔这个研究结论是说,母亲就业对于亲职功能或青少年学业成就的影响是负向的,并且作者也在文中声称这个结果与文献的发现相同。虽然行文到后来的结果与建议的部分,作者也意识到这中间的偏见效应并想要平反,提道"然而作者相信,妇女就业对子女可能也有正面的效果,……故未来的研究也许可以将家庭外支持系统(如亲戚的协助)纳入分析……"。④ 但是问题就是在于:为何不先考虑父亲的亲职执行效果、参与育儿之程度或教导子女所花的时间,马上就跳过父亲的职责而想到亲戚的协助?而所设想的

---

① 即"社会经济"之简称。——主编注
② 赖尔柔:《家庭亲职功能及其青少年学业成就关系之研究》,《思与言》1989年第26期。
③ 即大陆的"工薪工作"。——主编注
④ 赖尔柔:《家庭亲职功能及其青少年学术成就关系之研究》,《思与言》1989年第26期,第111页。

这亲戚是男性还是女性？是谁？其中的性别偏见相当明显且值得批判！总之，笔者以为，这种量化研究常会起一种误导效果，昧于既有父权结构因素之影响力，错误界定或归因问题之所在，造成父权文化之再制。

事实上，依笔者之见，具有父权意识形态的"专家"所推广的"亲职教育"，其实同时也在加剧另一种社会问题的严重程度：那就是刻板僵化的性别角色与传统封闭的婚姻和家庭关系，间接巩固社会不平等与形成压迫，这是值得加以批判的。英国社会学家莱茵·伽米森（Lynn Jamieson）在其讨论亲密关系的著作中，曾有专章特别探讨亲职的相关问题，她特别指出："十九世纪晚期，在工业化国家，母亲已成为公共政策与辩论的议题。母亲成为焦点的必然后果是父亲的边陲化。在期望母亲密集照顾子女的同时，也暗示了父亲是与此不相干的人。母子之间，特别是母亲与幼小子女之间的关系，应该比父子之间的关系更亲密才对。鼓吹这个观点的专家，多数是男性。"① 所以当这些专家生产出这些"专业知识"，企图形塑人们对于母职的想法、引导人们的亲职实践之时，国家也就可以利用这些专家知识逐渐介入私人生活，以便培养它所"想要的"公民，并且防止或控制它"不想要"的分子。前述之亲职教育之论述以一种矫正"青少年犯罪"、"治安问题"或改善"青少年学业成就"问题为主要目标的"专家建言"形貌出现，正好可在此脉络中去做诠释与理解。

另外，回到教科书之检视问题，什么是"健全"的亲职教育？若从女性主义关心妇女权益的立场出发，王书中所主张的亲职教育事实上是相当具有性别偏见的（gender bias），一点都不健全。更何况多元家庭形式早已是社会的既存现实，亲职教育的论述实不宜再对各形各样的另类家庭做出文化价值贬抑的评价，并进而形成性别解放的障碍。② 这是本节第二部分将

---

① 蔡明璋译《亲密关系：现代社会的私人关系》，台北：群学，2002，第 52 页。译自 Lynn Jamieson, *Intimacy: Personal Relationships in Modern Societies*, Cambridge: Polity Press, 1998。

② 虽然不是针对亲职教育的论述做批判分析，有许多文章都曾经针对家庭形式的多样性以及主流异性恋中心父权体制之单一价值进行批判。例如，何颖怡译《家庭》，《女性研究自学读本》，台北：女书，2000，第 213～221 页，译自 Joy Magezis, *Teach Yourself Women's Studies*, McGraw-Hill Companies, 1996；俞智敏、陈光达、陈素梅、张君玫译《女性主义观点的社会学》，台北：巨流，1996，第 118～121 页，译自 Pamela Abbott & Claire Wallace, *An Introduction to Sociology: Feminist Perspectives*, New York: Routledge, 1990；吴嘉苓：《看见家的多样性》，《两性平等教育季刊》，2001 年第 14 期。

深入探讨的重点。

在《亲职教育》第一章之中,作者析论亲职教育的重要性之时提道:

> 从亲职教育基本观念的析述,可知它是现代社会一种新形态的家庭教育,旨在试图唤醒时下为人父母者调整亲子关系,改变过去父母教养子女的态度与方法,尝试用以辅导学为基础的民主式的家教方式,对子女思想和行为的改变,做顺性利导的推进及寓教的实行。这是新时代家庭教育的一大转变,也是一种进步。……从台湾地区目前社会实际状况来看,现代为人父母者的教育子女,是否大多按照上述亲职教育的基本概念来实施,可能是一个大问题。现代父母欲要能自如地以亲职教育的学理原则来教养子女达到前述"好"的发展目标,似有必要对"怎样做父母"的亲职教育课程,做一番自我进修和研究。①

首先,当书中所讨论的学理原则,只是局限于功能论的视野,当立论者只是以当前社会的性别角色刻板印象来作为教育子女的基础,如何能"用以辅导学为基础的民主式的家教方式,对子女思想和行为的改变,做顺性利导的推进"并宣称这是进步的家庭教育?另外,作者用"辅导学的基础"和"学理原则"来强调亲职教育的重要性,事实上就是要以专业知识包装作者个人的立论,但是从性别敏感的观点来分析作者的见解,会发现这种辅导学是相当"性别盲"的。罗宾·赛桑(Robin Sesan)曾经明白指出在谘商辅导中所蕴含的性别偏见,其中的两点——"传统性别角色被刻意的强化"以及"对女性案主有双重标准的期待与歧视"——正好在这一本《亲职教育》教科书中展现出许多论述实例,下文笔者将会有进一步的分析。② 晚近,台湾地区也有学者开始讨论辅导与谘商专业本身所蕴含的性别盲点与偏见,例如谢卧龙、骆慧文与赵淑珠等。但是这些论述似乎仍未能影响到亲职教育的论述,至少在这一本教科书中,我们看不到关于辅导

---

① 王连生:《亲职教育》,台北:五南,1997,第14页。
② Sesan R., "The Development of an Instrument to Study Sex Bias in Psychotherapy with Clients", Unpublished doctoral dissertation, Michigan State University, 1983.

学上的讨论有任何的调整或修正。①

其他实际的例证就是在该书的第二章之中，作者分七节分述亲职教育的生态学、人类学、伦理学、社会学、心理学、辅导学与艺术哲学基础，独缺女性主义的学理基础；而在全书之中，我们也无法找到任何一篇具有性别分析视野的亲职教育相关文献或女性主义研究成果。对社会学基础一节，笔者也做了更进一步的检视，发现这一本书的作者仅是将亲职教育的"社会学基础"界定为社会变迁、社会情境净化、社会关系良好和小区建设，因此论道：

> 一个人社会化的过程及其社会生活适应，与社会变迁、社会风气、社会情境和小区建设②等因素，有相当密切的关系。因此，为人父母应本社会学原理，在子女发展社会成熟的过程中，应尽心尽力督导其"社会化"的完成，建立"社会的我"（socialized self），与人和谐相处，和衷共济，共谋社会福利，造福人群。③

社会学所能提供的亲职教育理论基础，在该书作者的诠释之下，功能论的理论视野成为唯一的世界观，让读者只从和谐关系为考虑来理解问题、诠释事情、建构世界。④ 社会关系的冲突面向以及社会中确实存在的地位不平等所造成的权力倾轧，作者都只字不提，个中缘由？恐怕可以从知识生产者本人的立场检视做起，当然也可以思考相关的知识建构的议题。

诚如功能论一再受到的批判："过于保守，旨在卫护现状；过于强调均

---

① 谢卧龙、骆慧文：《很多的问题，很少的答案：谘商辅导历程中的性别偏见》，见王雅各布主编《性性关系》，台北：心理，1999，第 203~223 页；赵淑珠：《性别意识：对谘商员的反省与提醒》，《两性平等教育季刊》2001 年第 16 期。
② 即社区建设。——主编注。
③ 王连生：《亲职教育》，台北：五南，1997，第 72 页。
④ 作者的功能论观点，还可以从书中论到亲职教育永远是"从传统到现代"的直线进化说法，得到验证，例如，在第七版之第 17 页中写道："目前大多数的父母，已体认社会变迁中与子女相处之道及教养态度与方法，似不宜因袭'传统单一的角色'，渐自动急于寻求'现代多元角色'调适的新知与方法。"又如："一个国家的进步繁荣、富裕强大，一个社会的安定和谐、康乐福利……"这其中强调进步，尤其是和谐的进步与稳定的成长，正是功能论的基调。

衡，不能解释变迁；只注重系统层面，忽略人际互动层面。"① "过于强调文化在社会秩序中解决问题的地位，尤其加强所谓的价值和规范的观念的功能。"② 以及艾莲·强生（Allan Johnson）所指出的：

>　　功能观点没法看到的是：规范可以被用来排除或压迫社会上的某类人。这观点在解释一个体系需要对人们的作为有所规范时，很行得通，但在解释一个体系必须以人们的肤色作为规范的对象时，就行不通了。我们很难理解为什么一个社会需要有这样的安排，让其中有些团体取得优势，而让其他的成员承受痛苦。③

据此而论，《亲职教育》的论述采用功能论之视野，强调价值和规范，同时也再提供了一种规范供人遵循，但昧于历史之变迁。这一本《亲职教育》教科书，是台湾地区出版年份最早的一本教科书，根据五南出版社最新资料，此书目前的出版年份是2001年；但事实上只要稍加翻阅，做一番对照与比较，就可以发现该书自1988年首次出版以来，版权页上所显示的均是初版，而内容也没有什么大修改（如果不是只字未改的话）。这其中可能产生的问题就是，其中的亲职教育论述与社会变迁的脚步，是否会有落差太大之虞？

而在教科书的第一章中谈到"亲职教育的目的"时，也有这种专家立论的文字。作者指出亲职教育的目的有三：促进未婚男女自我教育、成为称职的父母，指导现代父母扮演适当的角色，以及提供现代父母调整亲子关系的方法。其中的第二项，就很明显是以"专家指导"的口气，在叮嘱父母不要固守传统的理念，及时调整自己的角色，运用多元角色扮演来教育子女。④ 其实这也可以说是一种唱高调的讲法，说来容易；而实际上呢？

---

① 孙中兴：《结构功能论的营建者：帕深思》，载叶启政主编《当代社会思想巨擘》，台北：正中，1992，第228页。
② Cuff E. C., Sharrock W. W. & Francis D. W., *Perspectives in Sociology*, London and New York: Routledge, 1998.
③ 成令方、林鹤玲、吴嘉苓译《见树又见林：社会学作为一种生活、实践与承诺》，台北：群学，2001，第55页。译自 Allan G.. Johnson, *The Forest and the Trees: Sociology as Life, Practice, and Promise*, Philadelphia: Temple University Press, 1997。
④ 王连生：《亲职教育》，台北：五南，1997，第33页。

作者王连生在这本教科书之中每每以刻板而不多元的性别角色论述赋予母亲（相较于父亲）更重的职责，在下一节之中笔者再对此做进一步的检视分析。

笔者以为，女性主义的论点可以在此提供批判的基础："女性主义的理论批判男性所生产出来的范畴是如此抽象而自圆其说，掩饰了女人所受的压迫。"① 所以这种不考虑或探讨父权结构现实的亲职教育论述，呈现出来的是片面的男性优位价值观与双重标准的规范，让许多已婚且为人父的男性从中得利、取得优势，而女性的权力（利）也就间接被排除了，所以我们可以发现性别政治的运作是有意地安排或无意地隐藏在这些专家论述的文字之中。

从女性主义的角度来检视这一本《亲职教育》教科书，依笔者看来，最大的问题就是作者不假思索地接受男女之间的生理差异，并用之来解释、合理化，甚至是加强不平等的性别分工。事实上，本书虽名为"亲职教育"，却是旁及许多相关议题的探讨，例如，夫妻恩爱和乐之原则、婆媳相处之道，以及对青少年的性教育和男女交往恋爱应有的认识等。② 其中，我们可以很容易地发现专家"由上而下"的训诫言词遍布全书，而这种训诫言词又是以"男主外——公领域"相对于"女主内——私领域"的预设为基础的。例如，关于"夫妻恩爱和乐之原则"，作者指示：

> 因为婚姻是男女二性亲密的结合，心连心，手牵手，甜甜蜜蜜地走在人生的道路上，一心一意，同心同德，快乐地走到人生的尽头，是男女结婚的最大心愿。现代夫妇的居家相处，宜以婚姻上的理想——"既无心理上的隔阂，也无意见上的冲突，更无情感上的失和"——为精神指标，在生活信念上，不妨参考如下的要点来试行，或会有意想不到的效果：1. 相互适应，千万不要和别家比。2. 中断依赖。3. 完全接受，避免爱之深责之切，尤其不应要求对方完美。4. 体贴对方，常怀感激赞美

---

① 俞智敏、陈光达、陈素梅、张君玫译《女性主义观点的社会学》，台北：巨流，1996，第284页。译自 Pamela Abbott & Claire Wallace, *An Introduction to Sociology: Feminist Perspectives*, New York: Routledge, 1990。

② 王连生：《亲职教育》，台北：五南，1997，第160~161、168~176、220~224、215~220页。

之心，不要将对方的努力视为理所当然。5. 美丽迷人，永远为悦己者容，特别是职业妇女切忌"回家像糟糠，外出美又娇"。①

如果我们将其中的前四点都视为同时在要求夫妻双方的话，那么第五点就直截了当地反映出作者的性别歧视——片面要求一方（女方）努力迎合另一方（男方）。辅佐的例证是在"教养子女辅导化"一节之中，作者言及夫妻关系的角色，就"以太太为例"，要太太扮演主妇、秘书、贵妇、恋人、情妇、顾问等多重角色，笔者不禁要问：为何只以太太为例？为何不以先生为例？②

此外，作者对于职业妇女的顾忌与担忧，更是明显出现在书中的各处。例如在谈到亲职角色的角色运作之时，作者论道：

> 现代社会女性角色隐忧之处，在于家庭与事业无法兼顾之时，时下女性往往牺牲家庭，发展事业，趋于"女强人"之辈，此一风气未必是国家社会之福。自古以来，国之本在家，如果为人母亲在社会上做事，疏于家庭照顾，一味以"女强人"之姿强出头，不仅对其先生开创事业，无法做到襄助有方，而且对其子女的教养，无法做到用心周到，其结果往往造成家庭的不和谐，破坏家庭的温馨幸福。所以，新时代女性，不管上班工作与否，与其做个"女强人"而伤家庭和睦快乐，不如做个"模范母亲"，即使身为"家庭主妇"，在家中亦不宜扮演"女强人"的角色。女性的特质，原本就是温顺柔和，倔强、好强、好胜、逞强，到头来落至硬弓弦先断的结局。③

其中充满对职业妇女的偏见，以及对传统"女主内"性别规范之眷恋。

---

① 王连生：《亲职教育》，台北：五南，1997，第160页。
② 这也就是笔者一直认为量化的内容分析研究取向，在计算同一字词出现的次数多寡时，常会忽略了上下文脉络的问题；而且，次数多寡真的很难证明作者的用心或是论述的主旨，以此本教科书为例，作者总是以太太、母亲、妇女为例，却看不出任何以女性经验或看法为本的用心，反倒是更呈现出其男性专家教训女性的立意，因此我们需要指出"数字"呈现的可能是一种假象。
③ 王连生：《亲职教育》，台北：五南，1997，第142~143页

这与前文所探讨亲职教育研究对于妇女就业之"偏见"——将妇女就业与青少年犯罪问题做不恰当的联结,可以互相呼应!

至于婆媳的相处之道,这位专家更是发挥"训人"本事之极致,左右开弓,责备媳妇也告诫婆婆:

> 现代的媳妇,也不能太新潮,只管小两口,不顾公婆的死活,未免太个人主义,有亏为媳的职责。尽管婆婆不像自己的母亲,但她毕竟是自己先生的母亲,既然爱自己的先生,当然也得孝敬她老人家。爱屋及乌,饮水思源,光爱先生,不孝顺婆婆,能叫做真爱吗?为人媳的,总不能让自己的先生,罔顾伦理道德,背着"娶了媳妇忘了娘"的痛苦心理,试想父母辛辛苦苦地把儿子抚养长大,原本不希望给他娶妻后,一定要得到什么报酬,一定要媳妇百般侍奉,但为媳在可能的范围内,侍候婆婆,代先生报恩,这才有人情味,才是做人最起码的条件,才算是真正热爱自己的先生。……也许现代有些媳妇,过分精明能干,不理不问公婆已是够糟了,却又尽做出违背伦常的缺德事,如:媳妇看见婆婆土里土气,在朋友面前不叫她婆婆,而喊她佣人,家里所有一切的事务,全部由婆婆来做,这岂不太不像话,简直天地颠倒,哪里还有人伦呢?这样媳妇未免太不聪明,也不贤惠了。……基于以上的说明,可知现代为人婆婆的,应了解时代不同了,对媳妇不要要求那么多严、苛;为人媳妇的,应尊重传统的伦理道德,对婆婆尽可能贡献那么多柔、敬,这样彼此的自我调节相处的态度,婆媳的代沟也就不复存在,而成为母女般的感情了。①

如上所示,王书抽象地将"现代社会的媳妇"与"现代社会的婆婆"当成训诫的对象,搬出老掉牙的"仿连续剧剧目",父权大家长"居高临下"教训人的意味颇为浓厚,终究其关心的是"才不致让身为夹心饼的儿子,左右为难,痛苦万分",② 这就是"男性中心"!这就是"专家知识"

---

① 王连生:《亲职教育》,台北:五南,1997,第170~171页。
② 王连生:《亲职教育》,台北:五南,1997,第171页。

以客观的"假面"来包装"父权"的具体证据。

即使对于书末谈到的"男女交往恋爱应有的认识",我们若做仔细的检视,也可以发现,作者特别提及"少女社交应有的原则"和"少女恋爱应有的认识",却没有相对应的少男原则或认识,出现了"女人"之字眼,却是为了要告诫、训示与恐吓威胁女性,这似乎也反应出作者的性别偏见和差别待遇。

就像西方一些女性主义研究者所观察到的,这些男性专家在形成何谓"优质母职"的看法时,往往对母亲的母职经验一无所知。① 社会主义女性主义者在讨论女性的异化经验时,也提到"母职"的部分,其中养育子女对大多数女性来说就是一种具有异化作用的经验,因为养育的规则是由科学家(其中大部分是男性)来订定,而非由女性自己来决定的。② 对照以上之教科书检视结果,正可与这些西方女性主义论述做一呼应,提供一个具体的本土实例。其他出现在这一本教科书之中的性别偏见例证则将在下面继续说明。

(二)"常觉男女有别"的刻板性别角色

作者在书中申论夫妇相处之道时,③ 洋洋洒洒列出十二点六字诀,④ 其中一项就是要"常觉男女有别"。有关这"常觉男女有别",其实在女性主义的思想之中,就曾经引起许多争议。到底要强调女性特质的独特价值,还是主张阴阳同体(androgyny)、不刻意区分性别特质,或是强调男女本无

---

① Ehrenreich B. & English D., *For Her Own Good*: 150 Years of the Experts' Advice to Women, London: Pluto Press, 1988; Nicolson P., "Motherhood and Women's Lives", *Introducing Women's Studies: Feminist Theory and Practice*, eds. V. Robinson & D. Richardson, Washington Square, NY: New York University Press, 1997, 375 – 399; Richardson D., *Women, Motherhood and Childrearing*, London: Macmillan, 1993; Woollet A. & Phoenix A., "Psychological View of Mothering", *Motherhood: Meanings, Practices and Ideologies*, eds. A. Phoenix, A. Woollet, & E. Lloyd, London: Sage, 1991.
② Jaggar A. M., "The Politics of Socialist Feminism", *Feminist Politics and Human Mature*, Totowa, NJ: Rowman & Littlefield Publishers, INC, 1988, 312.
③ 王连生:《亲职教育》,台北:五南,1997,第 122~125 页。
④ 这十二点六字诀都以"常"字为首,例如:"常怀恋爱之情""常保新婚之蜜""常守坚贞之操"等。依笔者看来,行文之间没看到作者提出任何理论基础或支持性的研究文献。作为一本教科书,这中间的训示教勉意味浓厚,若是教师再以纸笔考试作为这一科目的学习评量指标,我们不难想象亲职教育的知识是如何没有生命地在被传递与复诵。

差别?这些,都可能是思索如何促进性别平权的立论基础。

但是本书作者的所谓"男女有别,古有明训",① 笔者以为其实是此本教科书作者假借男女之间的生理差异,扩大、延伸其效果,将之变成合理化不合理的父权模式性别分工的说辞,根本就掩饰了女人所受的压迫。这类生理决定论或生理化约论最应被批判之处就是其借"自然"或"传统"之名,为不平等的现状行辩护之实。② 诚如西方社会主义女性主义者梅斯(M. Mies)所言,只是强调性别角色刻板化的作用,并意图借由改变性别角色刻板化,实施非性别歧视的社会化来解决女性问题,可能只会更增强既有结构的安排,与"各居其位、各司其职"之迷思。③ 这其中的意涵是:若是社会的性别分工模式原本就蕴含偏见与歧视,则性别社会化根本无法解决这个问题。例如,传统父权社会拒绝女人从事公共事务,要求女人在家操持家务、相夫教子,却又不肯定家务工作之贡献,认定其为"婆婆妈妈"的私领域小事,比不上公领域的政治经济大事来得重要,所以主掌公领域事务的(男)人,可以在历史留名,传颂千古,而女人则变成默默无闻、"无才便是德"的"第二性"。④

以下举出书中数个实例:

> 现代民主自由的开放社会,女权运动方兴未艾,新女性主义的思想,不断地增强,但是现代社会父亲角色的期望,并不因之而大转变。也许新女性思想的盛行,会促使夫妇角色某种程度的改变,带动夫妇家庭生活方式的某些变化,然而,这种角色的变动,基本上不宜丧失两性原有的本性。⑤

---

① 王连生:《亲职教育》,台北:五南,1997,第118页。
② Andersen M. L., *Thinking about Women: Sociological Perspective on Sex and Gender*, New York: Macmillan, 1993. 林芳玫、张晋芬:《性别》,载王振寰、瞿海源编《社会学与台湾社会》,台北:巨流,1999,第222页。
③ Mies M., *Patriarchy and Accumulation on a World Scale: Women in the International Division of Labour*, Highlands, New York: Zed Books Ltd, 1986, 13.
④ 法国女作家西蒙·德·波伏娃(Simone de Beauvoir)之语,她在《第二性》一书之中对于屈居次等地位的女人的身体、心智和灵魂做了一个全面性之描述与剖析。在书中她说明社会如何制造并维持男女的差异,如何以种种禁忌限制女性,严重阻碍妇女之发展,让女人成为"第二性"(见陶铁柱译《第二性》,湖南人民出版社,1999)。
⑤ 王连生:《亲职教育》,台北:五南,1997,第140页。

现代社会母亲的角色，基于新女性主义的日渐抬头，及工商社会提供妇女更多就业的机会，已不完全是传统社会严守女主内的职分。现代已婚妇女喜爱走出厨房，并无意图与男性在社会上、职业上争一长短，也无全为经济独立的企图，其主要的原因，似在增加学习的机会。现代社会力倡男女平等，原本无可厚非，但父母在家庭中、社会中的角色，依然有所不同。现代婚姻非常注重互补功能，追求圆满。所以，现代母亲角色的扮演，欲达到先生、子女及现代社会期望的圆满目标，她需有传统社会女性的温柔、耐性与美德，也需有现代社会女性的精明、独立与能干。①

心理学家及儿童教育家的实验研究显示，母亲是子女最初且最亲密接近的人，其言行与做人处世的态度，影响子女的人格成长最大。如果为母能修持己身，克己复礼，温柔体贴，高贵典雅，端庄稳重，大方得体，给子女树立为人处世的样本，则子女在此母德母教之下，自能陶冶成完美的人格。……由于父亲事业心重，在外应酬多，在家时间少，母亲教养子女的责任，无形中加重，所以为母尤要给子女安排最好的家庭生活环境，使他们受此环境的熏陶，培养乐观进取，积极奋斗和善待人的习性。因为母亲是子女最亲近的，接触机会最多的人，其言行对他们所发生的影响，也是最广最深。所以为母者在家中的言谈行为，不可不谨慎。②

为母的传统角色，在于"相夫教子"，时至今日，纵然婚后职业妇女日多，但如其能肯定并奉行此角色，始可配称"良母"。……就相夫而言，为妻的职业与家庭，宜尽力兼顾，似不宜只顾职业，罔顾家庭。爱情是女人生命的全部，她要以家庭为重，即使不愿放弃职业，仍须保持为人妻原有的"主内"角色，安排、布置及保持家庭的清新、温暖、情趣的气象。男女结婚是天作之合，女人结婚为的是拥有不褪色的恋情，一个温情满室香的爱情天地，幸福美满的家，是她心仪向往的最好归宿。所以她治家有道，理家有法，就是相夫有成，襄助先生一心开拓事业，力求鸿图大展，不需要有后顾之忧，便是良母相夫的

---

① 王连生：《亲职教育》，台北：五南，1997，第140～141页。
② 王连生：《亲职教育》，台北：五南，1997，第158页。

最好表现。……就教子而言，为母的职责，主要在于生育儿女，抚养及教导儿女等三项。一个成功的良母，当尽善生、善养、善教之责，前者为后二者之本。在善生方面，为人母需注重胎教，让子女来到人间，就有健全的身体，作为其日后良好成长与发展的根本。在善养方面，为人母需注重营养卫生，妥切照顾及良好保健，使子女有蓬勃的生机。在善教方面，为人母需重视子女身心健康，表现于外在行为坦荡笃实，内在行为率真无机，享受美好的生活与大好的人生。①

由以上引文可知，作者认为"由于父亲事业心重"，所以母亲理当担起教育子女的责任，他说道："为母当本温柔、坚忍、牺牲、细心的天性，对子女善加教导。"② 这种男女天生有别的论调，事实上可以说是男性的夫子之道，刘仲冬曾经为文讨论性学的女"性"建构，就是以此语指出男性的幻想与迷思如何影响性学理论中的女"性"界定，她批判道：

一般女性及男性在基因、染色体、贺尔蒙、性腺、内外生殖器等各方面虽有不同，但是这些生物差异与成人性别认证（identity）、行为、角色及渴望等整个建构结果之间的距离，往往不可以道里计。……可以说性学对女性"性"的理论及概念，不但承继当时社会既有的价值判断，而且在性学发展过程之中出现前后截然相反的状况：从否定到赞颂艳美。在性学理论中，女性的"性"可以说完全由男性专家随意界定。③

若应用此一论点来检视亲职教育教科书中的论述，似乎也完全可以适用：当作者说道"为母当本温柔、坚忍、牺牲、细心的天性，对子女善加教导"之时，其实就可以说是父权思维下的一种创造发明，以专家权威来巩固传统的性别分工模式，无视社会的变迁与历史的演进其实已经对传统的性别关系与分工模式产生了巨大的冲击。但是，具有讽刺意味的是，作

---

① 王连生：《亲职教育》，台北：五南，1997，第159页。
② 王连生：《亲职教育》，台北：五南，1997，第161页。
③ 刘仲冬：《从人猿到昆虫——性学批判分析》，《女性医疗社会学》，台北：女书，1998，第246~248页。

者在书中讨论亲职教育时却一再强调"社会变迁""家庭新形势""现代化""进步"等,在此可以质疑的就是:为何在其论述之中一切都在变,而就只有"性别"是不变的?是作者认为不应变,还是什么其他的因素让论述以此形貌出现?而且,讨论到社会变迁,依笔者之分析,该书的论见似乎是在说:男生要知道社会在变迁,但要坚守"男儿本性",以不变应万变,女性则要弹性一些,多多做自我调整以扮演多重角色。这中间的双重标准,正是父权社会一贯的运作机制——让众人接受不同且不平等的待遇,而不以为疑,甚或甘之如饴。

承上之讨论,作者在论及母职与父职之时,是相当具有性别刻板性的,其中性别化的意涵,更有如下的例证:

> 理想父亲与理想母亲在角色扮演上却各具其特色,略有不同。兹将父亲和母亲理想形象的角色构图,暂构思描绘如下:父亲角色理想形象的构图,真爱种子的播种者、甜蜜家园的耕耘者、欢笑人生的灌溉者、活力生命的施肥者……,母亲角色理想形象的构图,1.母亲的主妇行为:贤慧的母亲站在主妇的立场,力行家庭伦理,是先生家庭上的贤妻,孩子教养上的良母,公婆侍奉上的孝媳。2.母亲的多重角色:成功的母亲需灵巧地变换角色,对先生而言,她是其感情上永不褪色的爱侣,事业上共商策划的顾问,社交上广结善缘的秘书;对子女而言,她是其成长上爱护备至的褓姆,管教上善导善教的良师,困扰上排难解纷的益友。3.母亲的牺牲奉献:母亲的伟大,在于母爱,这种爱是母亲与生俱来的一种无私的、利他的高尚情操与德性。由于母亲发挥母爱,才能为家庭、先生和子女,不辞辛劳,牺牲奉献,期能齐家报国。……"慈母颂"就是赞扬母爱最好的写照。[1]

由以上的引文我们可以发现在作者的笔下:牺牲奉献、被动利他的"慈母"角色相对于主动出击、有生命活力的"父亲"角色,就是所谓的"理想形象"!而另外在该书的第四章第二节之中,作者陈述慈父角色扮演

---

[1] 王连生:《亲职教育》,台北:五南,1997,第118~120页。

之道，开宗明义地就指出"尤其要做一个具有'角色尊严'的'现代父亲'"① 并不容易，而后明列出七项角色扮演要则，其中第一项竟是"实行家庭计划"，强调要从优生学与教育学的观点着眼来提高人口质量，所以必须加强生育的控制。"实行家庭计划，二个恰恰好，……教育成功才是宝，是做父亲首要的工作。"

这样的论述所隐含的问题，除了漠视女性的生育自主权之外，② 笔者认为就如英国女性主义社会学家莱恩·嘉梅森（Lynn Jameison）所言：当这些专家生产出这些"专业知识"，企图形塑人们对于母职的想法、引导人们的亲职实践之时，国家也就可以利用这些专家知识逐渐介入私人生活。③ 家庭计划在该书初出版时是重要的国家政策，但随着社会的变迁，相同的政策与论述已不合时宜时，却未见书中内容做任何的修改，这其实就是一个有昧于历史变迁的问题；再者，作者由于男人身份在性别体制当中的特定立场，又延伸出特定的论调，生产出男性中心的知识，却名之为"价值中立"、"科学客观"或"开放民主"，这是本文要积极揭发并加以清楚阐明的"事实真相"。

笔者也在检视这一本教科书的同时，搜集了一些其他的教科书与文献资料，针对父母亲角色的扮演这一部分，发现普遍都或多或少有角色刻板化的文字描述或立论出现。举例来说，在黄德祥所著的《亲职教育》一书之中，谈论到"父亲与母亲的角色发展"之时，也有如下具性别偏差（gender bias）的文字：

> 传统母亲为子女所提供的哺乳、喂食、清洁等工作，恐仍无法替代，因此现代社会仍期盼母亲继续提供能充分满足子女生理需求的环境，使子女的生理获得充足的营养，并保持卫生与健康。……有工作的妈妈常以工作的成就替代家庭子女教养的成就，对子女的教养或与子女的亲密度不若过去家庭主妇密切。也有工作过于忙碌的妇女，疏

---

① 王连生：《亲职教育》，台北：五南，1997，第153页。
② 因为生育子女或说实行家庭计划，本不应是由父亲片面决定的；对照该书讨论母亲的部分，完全不提生育的问题，却将实行家庭计划列为慈父角色扮演之第一项原则，着实可议！
③ 蔡明璋译《亲密关系：现代社会的私人关系》，台北：群学，2002，第52页。译自 Lynn Jamieson, *Intimacy: Personal Relationships in Modern Societies*, Cambridge: Polity Press, 1998。

忽了教养子女的责任，无法充分满足子女身心与情绪上的需求……①

从女人哺乳，可以延伸到期盼女人包办喂食，清洁，提供给孩子的营养、卫生与健康的环境与条件，男人（或说父亲）因而得以置身事外，这是所谓的"角色发展"论调？同样，谈到职业妇女的亲职责任，就是以告诫口吻来要求克尽传统母职，父亲就在子女教养的职责分配之中全身而退，用"在子女教养上仍担任边缘角色"与"父亲与子女的亲密度比不上母亲与子女的关系"来合理化父亲的透过卸责；虽然作者黄德祥也似乎无法自外于性别解放的社会趋势，会提到父亲要调整、扮演更积极的父亲角色，但仔细分析作者在这部分的行文语调，总是鼓励或强调"点"（片段时间点）的表演（例如，提到拉梅兹生产法和提到父亲模拟穿着厚重的孕妇装）而非"生活面的实践"。②

此外，坎达斯·威斯特和董·查末曼（Candace West & Don H. Zimmerman）也曾经明白指出，"性别角色"与"社会化"的概念太过于强调社会的"共识、稳定及连续性"，无法解释历史的变迁，且也无法解析权力政治的运作；例如，性别角色规范为何会随时空之变异而有不同的内涵，而又是什么因素让性别角色规范变或不变。而这样的分析观点，我们在亲职教育的教科书之中亦无法见到，其只是将"现代化""社会进步"当作浮泛的修饰语词。③

事实上，教科书对亲职实践的内涵和理想优质亲职的界定，应该随着时空之变异而有所不同。台湾本土曾经出现过类似的论争，举例来说，一群女性主义学者所组成的"母职狂想曲"于2001年母亲节在《中国时报》人间副刊发表了文章《请不要祝我母亲节快乐》，其中申言了母职（亲）神话如何建构出母亲的罪恶感与好妈妈的神圣光环，以致让当代母亲被强加育儿枷锁，缺乏被理解和被支持的快乐，此文被何怀硕于2001年以"母爱

---

① 黄德祥：《亲职教育》，台北：伟华，2001，第49页。
② 黄德祥：《亲职教育》，台北：伟华，2001，第46~47页。
③ West C. & Zimmerman D. H.，"Doing Gender"，*The Social Construction of Gender*, eds. J. Lorber & S. A. Farrell, Newbury Park: Sage Publications, 1991, 27.

贬值了吗？"为题，撰文批评当代母亲之懒惰卸责与自私偏狭，① 而"母职狂想曲"的回应则是"母爱的价值，谁来定义？"，其中争议的焦点之一，其实就在于社会变迁因素如何影响仍在担负主要照顾责任者的母亲之生活与生命，当代母亲的母职扮演其实可以要求更有自主空间与更多社会支持而不需引以为耻，母爱未贬值但母职制度与内涵需要重构。② 社会学家莱恩·嘉梅森（Jamieson）也有类似的观察与主张，她提道："虽然有更多母亲进入劳动力市场，但并没有因此出现一个公开故事，强调'母亲'不是那么重要"，③ 以致密集母职④的意识形态升高了工作与母职之间的紧张，成为许多母亲在日常生活中必须处理的问题。要批判的是：既有的、流传广泛的亲职教育论述（几乎所有中西文献，包含大专院校相关主题的教科书）由于其中所蕴含的父权意识形态，多强调生母应是小孩的主要照顾者，应该始终如一地担负养育责任，所以根本无法帮助女人，特别是身为母亲的女人，更加理解自己的处境，遑论能达成女性主义知识论之理想——让知识成为解放的资源。⑤

另外，该书所犯的另一个严重的错误，则是将男性与女性分别先加以普同化（universalized），预设类属之内的个体都是同质的，而后视二者为两个对立的性别类属（dichotomous gender categories），所以作者会说"现代已

---

① 该文认为如果现代社会所有人都不快乐，母亲的不快乐就不能归咎于社会特别"苛待"母亲，主张"个人"要有智慧和加倍勤劳来克服事业工作和家庭子女之间的矛盾两难。笔者以为这种论述其实也是一种既有父权体制运作的"男流"思想，与本文所批判的教科书属于同一立场的论调，是一般缺乏性别意识的男性知识分子的武装响应，企图以"男人也命苦"或"人生苦"等说辞来抵消女性的发声。何怀硕：《母爱贬值了吗？》，《中国时报》2001年6月6日，第23版。
② 母职猜想曲：《请不要祝我母亲节快乐》，《中国时报》2001年5月13日第23版；《母爱的价值，谁来定义？》，《中国时报》2001年7月18日第23版。
③ 蔡明璋译《亲密关系：现代社会的私人关系》，台北：群学，2002，第57页。译自 Lynn Jamieson, *Intimacy: Personal Relationships in Modern Societies*, Cambridge: Polity Press, 1998。俞智敏、陈光达、陈素梅、张君玫译《女性主义观点的社会学》，台北：巨流，1996，第284页。译自 Pamela Abbott & Claire Wallace, *An Introduction to Sociology: Feminist Perspectives*, New York: Routledge, 1990。
④ 哈斯认为"密集母职"是当代美国的理想母职，强调以子女为中心，听从专家的指导，情绪投入，劳力密集，并且花费昂贵。见 Hays, 1996, *The Cultural Contradictions of Motherhood*. Yale: Yale University Press。
⑤ Alcoff L. & Potter E., "Introduction: When Feminisms Intersect Epistemologies", *Feminist Epistemologies*, eds. L. Alcoff & E. Potter, New York and London: Routledge, 1993, 3.

婚妇女喜爱走出厨房,并无意图与男性在社会上、职业上争一长短,也无全为经济独立的企图""时下职业妇女婚后期望扮演如下的角色……""因伦理道统思想的影响,有孝心的儿媳,仍深盼与父母同住""爱情是女人生命的全部"等话语,其中所谓的"现代已婚妇女""时下职业妇女""有孝心的儿媳"有千百种,会因其社经地位、工作性质、族群文化、居住在城乡或是宗教信仰等而有差别,作者何以能用全称来概述并推论女人的喜好、企图、生命内涵与价值观?而关于男性,作者就论道:"男人结婚成家,无不期盼自己的太太,是为贤慧的家庭主妇,也是他事业发达最好的得力助手。"可以质疑的是,难道没有已婚男人是期盼妻子工作赚钱或是能够发展自我与生涯的吗?作者刻意以偏概全地将女人定位为男人的助手,居心叵测,应该批判!又例如,在论到要如何教养子女时,作者就强调要"肯定性别的角色",① 男孩要"勇于积极的开创""负责任感""心情开朗",女孩要"善于消极的克制""文静温纯,妩媚娇羞",如此期许或引导"有效能的父母"来力行性别刻板化的教养子女之道,从女性主义的观点看来,不只是没有效能,还可以说这就相当于一种性别压迫与支配。

(三) 父母与子女之间的主客体关系

接下来,笔者想要探讨的是亲职教育论述中的父母与子女之间的关系。前文论及"密集母职"观念时,曾经提到其内涵包括"以子女为中心,听从专家的指导",这其中的寓意似乎就很明白:父母是客体;子女的需求与专家的指导才是亲职扮演的行动指引,西方的亲职教育有一个相关问题就是:心理学家对"优质母职"的看法,通常是从他们对儿童发展的知识推论出来的。② 而台湾的论述型构又如何呢?以下笔者将先从其他专家学者所撰写的教科书之中对于"亲职教育"之定义谈起:

> "亲职教育"(parent education)是成人教育的一部分,以父母为对象,以增进父母管教子女的知识能力,以改善亲子关系为目标,由正

---

① 王连生:《亲职教育》,台北:五南,1997,第 144 页。
② 蔡明璋译《亲密关系:现代社会的私人关系》,台北:群学,2002,第 57 页。译自 Lynn Jamieson, *Intimacy: Personal Relationships in Modern Societies*, Cambridge: Polity Press, 1998。

式或非正式的学校的亲职专家（parent specialist）开设终身学习课程。①

所谓"亲职教育"或"父母教育"就是一门教导父母如何了解与满足子女身心发展需求，善尽父母的职责，以协助子女有效成长、适应与发展的学问。换言之，亲职教育就是为父母提供子女成长、适应与发展有关的知识，增强父母教养子女的技巧与能力，使之成为有效能父母（effective parents）的历程。②

王连生所著《亲职教育》之教科书为"亲职教育"所下的定义则和以上的专家说法不尽相同，作者是以比较的取向来定义"亲职教育"的——说明在教育重心上，亲职教育是采孩童中心的立场，家庭教育是采父母中心的立场。言下之意，本书应该就是采孩童中心的立场来探讨为人父母者要学习如何做父母与教养孩子。但是在该书的正文第十页之中我们又发现一句语焉不详的话语："亲职教育的主客体是父母与子女。"到底谁是主体？谁是客体？还是互为主体？作者完全没有深入解析，只是以其一贯的告诫语气说"父母亲尤要留意角色的适当转换，以打破与子女沟通的障碍……"云云。在该书的正文第十八页之中，又发现一句话："亲职教育的主体是父母，其客体是子女。"此处，似乎笔者的疑惑才得到解答，原来孩童是亲职教育专家笔下的客体。这其中的权力关系，不被言明（可能根本也不被意会呢），笔者认为是因为该书作者笔下以及他所建构出的亲职教育太着重和谐与角色扮演，以致即使言及主客体，也未能触及"权力运作与主客体关系"这个关键问题。举例来说，该书是如此定义"亲职教育"的：

> 就广义的亲职教育而言，它是指一个家庭亲子关系的精神感染活动及情意陶冶过程，旨在使家庭成员的居家生活，透过亲情交流的运作，各尽本分，各司其职，扮演好"慈父、良母、子孝、孙贤"等各自的角色，构设出一幅"亲亲仁民、职职连心"的天伦之乐之美景。……就狭义的亲职教育而言，现代家庭中父母与子女之间的关系，③ 已经不完全

---

① 林家兴：《亲职教育的原理与实务》，台北：心理，1997，第1页。
② 黄德祥：《亲职教育》，台北：伟华，2001，第7页。
③ 此间的"水平关系"意为"横向关系"。——主编注

是上下隶属的垂直关系,而是趋于民主尊重的水平关系。所以,现代父母在家庭中对子女所扮演的角色,不完全是"严父慈母"的单一角色,而是随着子女身心发展阶段的递换,调整对待子女的态度和方式,扮演诸如教师、牧师、医生、心理专家、护士、法官、顾问、艺术家、游戏的伙伴或忠实听众等多重角色。①

该书强调父母是主体,孩童是客体。我们也许可以试问,孩童与父母是否可能互为主体呢?这其中存在的一个问题就如前述的"将性别简化为二元对立"的情形,该书也以同样的书写策略将父母对立于儿童,将所有儿童普同化之后再与父母这个类属二元对立化(dichotomized)。兹举实例继续分析如下。

"究竟现代儿童与以往儿童有何差别?"作者如此问道,而后如此自答:"现代儿童比过去儿童显著不同的特征,似可归结为如下的要项:1. 现代儿童体力精力旺盛,好动性强,……认知管道增多,……说话没分寸,……现代儿童孤寂,也没有耐性,……很怕吃苦,好玩好乐,……早熟,……人小鬼大。"② 总之,作者胪列了八点说出他个人眼中的"现代儿童",而后又列出六点"现代儿童"所期望在家庭中的角色,论及"他们恳切希望……""他们深切希望……""他们殷切希望……",不管是确切、热切或恳切,问题在于谁是"他们"?"现代儿童"是没有阶级、族群、性别或城乡、身心发展或任何个体差异的吗?同样,全称式的"现代青年男女""现代父母""现代家庭"等以偏概全的指称文字也常常出现在该书中,不胜枚举,罔顾差异莫此为甚!

而与主客体关系相关的议题之一,牵涉到儿童与父母亲所分别拥有的权益,以及彼此之间是否会产生冲突等问题。诚如莱纳·赛格尔(Lynne Segal)在其所著《家庭社会学》教科书中的一章"女性主义的家庭观点"中所言:

> 以公领域和私领域的区分来看,孩子的福利是一块模糊的地带。

---

① 王连生:《亲职教育》,台北:五南,1997,第 8 页。
② 王连生:《亲职教育》,台北:五南,1997,第 16~17 页。

> 在我们的社会中,孩子倾向于被视为"附属"于他们的父母亲(明确来说,应该是为父亲所有,但由母亲所照顾),……但是从另一方面来看,如同健康照护一样,教育大部分是由国家所提供。……除此之外,这"国家的孩子"在他们生命的不同阶段,都遭到各种不同的监督,这监督包括来自于助产士、医生、健康访视员、老师,有时还有教育心理学家及社会工作者……①

所以谈论亲职教育时,便关系到孩子的福利与权益是否受保障,但若始终将父亲或母亲(或是双亲)与孩童的权益做二元对立的论述,则恐怕也与现实脱节,甚且误导问题的所在。对父母与子女都好的双赢亲职实践难道是不可求的?此外,讨论权益保障或促进的问题时,又难免会牵涉到是谁在主导意见与是谁在界定"好坏优劣"等权力渗透与监督控制的议题,亲职教育的专家论述其实也正是这种"干预介入"的力量之一。

五 检视之后的重构:即将展开的女性主义知识革命与派典转换②(paradigm shift)

整体而言,在性别的面向上,亲职教育教科书中之内容论见太拘泥于传统的功能论观点,只着重于生理性别区分与性别角色分工,以致忽略了社会文化之变异性,也排除了权力与资源分配所造成的影响,如此的亲职教育不仅为性别盲,甚且可以说是一种性别歧视的论述实践。亲职不能简化成为母职,但是亲职教育教科书总是以双重标准期许母亲去学习更多教养小孩的知识、做更多努力去改善亲子关系或使小孩成才,这是有问题的!而另外,我们也要认知到:在社会既有的现实都仍是母亲担负较多养育子女之职责,观念也始终无太大改变的情况下,讨论母亲的处境,甚或发展更多让母亲增能③的亲职教育论述实属必要。

---

① 洪惠芬、胡志强、陈素秋译《家庭社会学》,台北:韦伯文化,2003,第397页。译自John Muncie et al., *Understanding the Family*, London: Sage Publications Ltc. 1999。
② "派典转换"也可译为"范式转换"。——主编注。
③ "增能"即"增长能力"之简称。——主编注。

其实，并非所有的亲职教育书籍皆有如此的问题，举例来说，林家兴所著的两本相关书籍：《亲职教育的原理与实务》（为教科书）和《天下无不是的孩子》（通俗书籍），虽然不是女性主义观点的论述，至少就同时论及父母双方应该如何或是父母要留意什么，作者较少（几乎没有）会如王连生所著《亲职教育》一书一般将父母分而论之，而后特别强调母亲在家庭之中的亲职责任；且作者也比较以孩童为中心而非视孩童为客体。① 因此，本文的分析结论是，王连生所著的《亲职教育》局限于功能论的观点，强调角色分工和国家社会发展，以致生产了如此性别化了的男流"亲职教育"知识。就如女性主义者多萝西·史密斯（Dorothy Smith）所言，这类将女性经验排除的知识是统治关系（the relations of ruling）运作的媒介，透过将知识中的意象、文字、概念与抽象术语整合进权力的操练，终至造成性别统治的结果。②

但是，在另一方面，其他的相关亲职教育教科书，如前文所提及的黄德祥与林家兴所著，虽然没有如此明显地展现性别偏见，但也只是在行文之中将父母并列，亦未处理父权社会中父职与母职实践的诸多差异面向与权力运作面貌，这都是男性专家所生产的"一面之词"的知识例证，多萝西·史密斯指出，这就是伪称之"普同"与"自然"的一面倒的立场（one-sided standpoint）。③ 此外，还有一点值得注意：根据嘉梅森（Jamieson）的看法，体制的缺失不被探讨，只是一味地歌颂母子连带的好处，是心理学传统亲职教育研究的一大缺失。

而笔者更认为，只是在专书之中申论个人努力学习做个好父母，也是

---

① 这个"以孩童为中心而非视孩童为客体"的内容当然也值得再细致深入地去探讨，否则也可能会流于性别盲。举例来说，张玉芬试图从儿童解放观点来评述台湾的女性主义母职论述，却是以"母亲 vs. 子女"二元对立且预设零合（zero-sum）结果的方式来提问"当母亲女性的权力地位得到改善之后，余下的小孩该如何？"，这种问题意识其实跟那些生产男流知识的专家如出一辙，"父亲缺席"的事实又在儿童解放的"美名"下，被置身事外了！（见张玉芬《从儿童解放观点看台湾女性主义母职论述》，"性别、知识与权力"研讨会，台湾高雄师范大学性别教育研究所，2002 年 5 月）。

② Smith D. E., *The Everyday World as Problematic*, Northeastern University Press, Boston: Massachusetts, 1987, 9 – 17.

③ Smith D. E., *The Everyday World as Problematic*, Northeastern University Press, Boston: Massachusetts, 1987, 19 – 20.

这类论述缺乏社会结构面的关照视野,采取"个人化"观点①所致。若是引入家庭系统的思维观点,则亲职教育除了可以探讨个别的父母如何扮演好亲职的角色之外,更可以谈到人际互动关系,如,小区中的邻里互助或是小区照顾体系之发展如何跟亲职教育配合,及社会福利政策或是社会制度的设计安排如何影响亲职教育的实践。但是目前看来亲职教育的知识所涵盖的内容仍只看到个别家庭中之双亲与子女。

此外,王连生所著《亲职教育》一书也明显忽略了亲职执行或实践的冲突面向,同时也没有在书中加入女性的母职经验和实际的父职经验。更重要的是,非传统家庭的存在愈来愈多,亲职教育之理论与实践都不应漠视此一事实,反倒应该积极响应,思索在非传统的分居、单亲、同性恋、隔代教养、跨国婚姻等家庭中,亲职教育应该如何进行?哈丁(Harding)就曾精辟分析了传播媒体的再现将一些另类(也是被视为"异己"者)家庭扭曲贬抑的问题。② 反观台湾的亲职教育教科书的内容,我们也可以思索:所谓的健全或有效能的亲职教育,是否在"性别平权"这种态度上"有所欠缺",也在"尊重差异"的实践上"缺乏效能"呢?

最后要强调的是:若是教科书的生产不经过一番女性主义知识革命与派典转换(paradigm shift),那么女人的经验在教科书之中永远会处于"呈现与不呈现都是问题"的窘境,以本文所检视的这一本《亲职教育》教科书为例,若是以相关字眼出现的次数或频率来计算,"女性"或"母亲"绝对是多于"男性"或"父亲"的,但这绝非代表女性之经验在此得到肯认,③ 而是适得其反,因为作者之针对母亲的片面要求多于针对父亲的,并使全书扭曲成为具有性别偏见的亲职教育教科书。

女性主义知识论者主张知识的适切性④在于它是否可以让我们更加理解我们身为女人的处境,并提供我们自我解放的资源。笔者由于珍视自己身

---

① 可以参考 A. Johnson 在《见树又见林》(*The Forest and the Trees:Sociology as Life,Practice,and Promise*)(成令方等译《见树又见林:社会学作为一种生活、实践与承诺》,台北:群学,2001)一书中的相关讨论。

② Harding J., *Queer Families. In Sex Act:Practices of Femininity and Masculinity*,London:Sage Publications,1998.

③ "肯认"即"肯定与认可"的简称。——主编注

④ "适切性"即"适应与切合性"之简称。——主编注

为一个女性（主义者）的经验与感觉，也相信自己身为女人的经验是具有知识效力的。所以，在本文最后，笔者想模仿朱迪斯·斯泰西和巴里·索恩（Judith Stacey and Barrie Thorne）的做法，提出一项邀请而非一项总结的论点：我们是否可以开始想象或开始行动，建构有女性经验在其中的亲职教育论述[①]（包括教科书），挑战与破除"男性主导"，让流传的亲职教育知识在促成性别平权上面相当"有效能"，让新建构的知识成为性别解放的资源！

[①] Stacey, J. & Thorne, B., "The Missing Feminist Revolution in Sociology", *Social Problems* 32, 1987: 301 – 316. 本土所生产的女性主义亲职教育相关论述仍不算多，除了前文所提及的母职狂想曲（母职狂想曲：《请不要祝我母亲节快乐》，《中国时报》2001年5月13日第23版；母职狂想曲：《母爱的价值，谁来定义？》，《中国时报》2001年7月18日第23版；母职狂想曲：《请祝我们母亲节快乐！》，《中国时报》2002年5月10日第36~37版）和游美惠、萧苹、李佳燕等所发表的零星文章（如《缺席的父亲角色，快乐何在？》，《中国时报》2001年8月8日第15版）与一些学位论文（例如蔡丽玲：《母职作为女性主义实践》，台湾清华大学社会人类学研究所硕士论文，1998；王舒芸：《现代奶爸难为乎？——双工作家庭中父职角色之初探》，台湾大学社会学研究所硕士论文，1996等）之外，苏芊玲所著的《不再模范的母亲》（台北：女书，1996）与《我的母职实践》（台北：女书，1998）也算是重要且较被广泛引用的论述。整体而言，仍需要持续去努力发展。

后　记

20世纪80年代以来，特别是在95世妇会以后，妇女/社会性别研究日益成为中国大陆学者的关注点，并逐渐进入学科建设的层面。近几年来，出版的诸多相关著述不仅包括妇女/社会性别学概论，还涉及社会学、历史学、教育学、政治学、文学/文化研究、伦理学、哲学、心理学、法学、民族学、人类学等学术领域，妇女/女性社会学、妇女史学、女性主义文学/文化研究等正在不断形成和展现自己的"妇女＋本土"的特色。这表明，包括学者在内的全社会更加关心妇女/社会性别议题，有关妇女/社会性别议题的研究进一步深入，学科建设进一步展开；也表明，中国大陆的学者在努力学习他国/他地区的优秀成果的同时，已开始注意凝集和提炼本土的经验和知识。

正是在这一背景下，近年来中国大陆的妇女/社会性别研究出现了如下若干特征。

其一，多学科性。作为一个性别群体，妇女的存在无疑是一种多样化的存在——经济存在、政治存在、法律存在、社会存在、民族存在、历史存在、文化存在、心理存在、性存在……。由此，妇女的生存与发展，妇女的过去、今天与未来也无疑成为经济学、政治学、法学、社会学、民族学、历史学、文学/文化研究、心理学、性学等各类学科研究的议题，妇女/社会性别研究逐渐渗透到每一个学科中，并在该学科中得以深化。

其二，跨学科性。正由于妇女的存在是一种多样化的存在，妇女是集多样化存在于一体的性别群体，妇女的某种存在是多面向的存在，因此，有关妇女/社会性别的研究成为一种跨学科的研究，不同学科开始互相影响

和渗透，学科疆界的严格性开始被冲破。

其三，多样性。妇女的多样化和多元化存在使妇女不仅是一个性别群体，也是一个阶级共同体、民族共同体、年龄共同体、区域共同体、职业共同体、文化共同体、性倾向共同体，如此等等，不一而足。因此，对妇女的研究不仅有综合性的研究，也有分层研究；不仅有宏观的研究，也有中观、微观的研究。而正是在这一基础上，中国大陆的妇女/社会性别研究获得了广泛和深入的发展。

其四，跨国/跨地区性。作为性别共同体，不同国家/地区的妇女有着作为妇女的共同经历和经验，具有作为妇女的共同需求和愿望。因此，在今天，无论在中国大陆还是在他国/他地区，妇女的生存与发展正在成为一个共同的话题。由此，中国大陆的妇女/社会性别研究议题不仅是中国大陆妇女/社会性别研究的议题，中国大陆的妇女/社会性别研究者的关注点也不限于中国大陆——中国大陆的妇女/社会性别研究正日益成为一项跨国/跨地区研究。

其五，本土性。除了共同性外，由于生活的社会—文化背景不同，不同国家/地区妇女的经历、经验、需求、愿望也当是具有差异性的。因此，在学习他国/他地区妇女/社会性别研究的成果与经验的同时，中国大陆的学者们也日益注重提炼本土妇女/社会性别研究的知识和经验，构建"本土妇女/社会性别研究"的概念和理论体系，本土妇女知识和经验的价值已开始获得应有的提升和凸显。

其六，责任感。在"出世"和"入世"的两极，中国知识分子形成了自我"怡心乐志"和"经世致用"的学术传统。中国的妇女研究始于"问题"研究，因此，中国大陆从事妇女研究，尤其是现实问题或现实议题研究的学者们往往具有较强的社会责任感，努力为解决问题贡献一己之智或一己之力。且不论实效性如何，综观中国大陆妇女研究的著述，一个很明显的特征就是文中大多有"倡导"的内容——大到有关政策/法律建议，小到个人行动建议，对社会和他人的关心跃然纸上。

其七，混杂性。中国大陆妇女/社会性别研究的思想库和学术资源十分庞大和复杂，从中国古代的阴阳和合文化、儒家文化到当今西方的后现代、后结构、后殖民理论，从作为主流的汉族文化到各具特色的少数民族文化，从一直渗透于民众日常生活的宗教思想到1949年以后形成的世俗生活政治化，从作为最高意识形态的马克思主义到最基层的民间规范，无不对中国大陆的妇女/社会性别研究产生了重大影响。甚至作为中国大陆妇女/社会性别研究主要武器之一的女性主义理论本身，也是流派众多、观点不一的。因此，今天的大陆妇女/社会性别研究及其成果表现出较大的混杂性，有站在女性主义立场上的，也有站在男权主义立场上的；有具有较高社会性别敏感度的，也有处于社会性别盲点之中的；有反性别本质主义的，也有坚持和倡导性别本质主义的；有力图提炼本土经验和知识的，也有生吞活剥西方理论的；有重视文化多样性的，也有将某一文化类型"一言以蔽之"地套用的。而许多研究相互间也有较多的包容和宽容，较少相互挑战和批评。

其八，交汇性。不同于其他带有某种单一倾向的研究或行动，中国大陆的妇女/社会性别研究具有较大的交汇性。它不仅是各种理论取向的一个交汇点，也是各种学术倾向的一个交汇点；不仅是各种研究的交汇点，也是许多社会行动的交汇点；不仅是理论的交汇点，也是研究、教学和社会行动的交汇点。从中国大陆妇女/社会性别研究的成果中，我们不仅可以听到具有不同理论和学术背景者多样化的声音，看到众多社会行动的成果，也可发现学者的行动化努力、行动者的学术化努力和双方的携手合作，以及由此而逐渐成长和丰富的足以构建学科大厦的"妇女的知识"。

与台湾相比，大陆的妇女/社会性别研究有着自己的特色，但起步较晚，学科化进程较迟。作为同源同种的族群，有着更多的文化相同性和共同的历史背景，两岸妇女/社会性别研究界的相互了解、沟通、交流当是十分有意义的；而与西方相比，台湾学界的经验和成果对于大陆同行的研究、教学和行动也当具有更高的适用性和有效性。由此，从上述中国大陆妇女/性别研究的现状特征出发，我们选编了这套台湾妇女/性别研究文丛，希望有助于大陆妇女/社会性别学的学科建设和发展，有助于大陆妇女/社会性别领域知识的行动化和行动的知识化。

本文选书系是大陆选编和出版的第一套台湾地区妇女/性别研究文选书系，意义重大。

第一，也是最重要的，打开了两岸妇女/性别研究沟通和交流的又一条通道，为两岸有关领域学者、教师和行动者的相互了解和理解打下了新的

基础。

第二，这套书较系统、全面地展示了台湾妇女/社会性别研究领域学者和教师们的研究理念、关注重点、重要的研究方法/手段等，为大陆同行进一步了解和学习台湾学者和教师相关的研究成果和经验提供了一个有利条件。

第三，大陆和台湾拥有相同的文化渊源和历史脉络，同是中国人的背景，使台湾妇女/社会性别研究的成果更易被大陆的读者理解，而不少概念和理论在大陆也有较高的适用性。因此，对于较多已开始怀疑西方女性主义的普适性，但尚未有能力和条件提炼本土概念和理论的大陆学者和教师们来说，这套书对于其提高研究和教学水平、提高行动能力当是效用性更高的。

第四，从另一方面看，与大陆相比，台湾毕竟有着不同的社会制度；而在1949年以后，其社会运行的轨迹也与大陆大不相同。透过本文选书系，读者可以看到在相同的历史—文化背景下，因着不同的社会制度，与台湾社会的运行相伴随，台湾妇女/社会性别议题及行动的特征，进而了解和理解不同的"社会力"如何构成"社会场"，不同的"社会场"如何形塑不同人的不同人生，而不同的人又如何有着不同的适应与抗争，从而习得一种新的知识和经验。

第五，台湾从事妇女/社会性别研究的学者和教师大多有在西方国家留学，接受西方女性主义熏陶的背景，具有鲜明的女性主义立场和社会性别敏感度。透过本文选书系，大陆的学者、教师和行动者可以较系统、全面、明晰地了解台湾同行们如何运用女性主义这一"批判的武器"，以社会性别的视角弥补、修正、质疑、挑战男性主流文化，重构主流知识体系，建设新的文化环境，进而习得一种学习和运用女性主义/社会性别理论的经验。

第六，台湾妇女/社会性别研究的优良传统之一是面向不同性别者，尤其是妇女生存与发展过程中出现的困境和挑战；之二是始终注重中国传统文化背景，以及传统文化作为思想资源在人们日常生活中的作用。由此，台湾本土女性主义/社会性别研究十分重视本土女性主义/社会性别概念和理论的建设，注重作为师范的国外女性主义，尤其是西方女性主义理论的"在地化"。台湾的这一经验，对于正在迈出本土女性主义/社会性别概念和理论建设第一步的大陆同行们，无疑具有重要的借鉴作用。

本文选书系是两岸妇女/社会性别学学者共同努力工作的结晶。对1~4册，我与时任台湾大学人口研究所妇女与性别研究室召集人的林维红老师共同选定了篇目，共同商定了每章的名称。在双方快乐而认真的研究探讨中，我看到了林维红老师具有的深厚的学术功底和高度的学科敏感性，真是十分钦佩！本文选书系1~4册能编选和出版还有赖于各位作者慷慨授予版权，时任台湾大学妇女与性别研究室研究助理的陈怡文小姐负责且有效的工作，以及社会科学文献出版社诸位编辑的辛勤而负责的工作。对此，作为编者之一的我并代表林维红老师唯有深深的感谢！

需说明的是，台湾的论文规范、行文习惯及一些译名、日常用语等与大陆有所不同。因本文选书系主要面对的是大陆读者，所以，从"第一，保持论文原貌，使读者不仅从内容，也可从其他方面尽可能多地获得来自台湾的信息；第二，做必要的注释或文字修改，使读者尽可能读通和读懂论文"这两个原则出发，我们对所选论文进行了必要的编辑，对一些名词进行了解释并注明了原文出处，以方便需要者查寻。具体分工如下：本文选书系第1~2册的注释由王金玲承担，浙江省社会科学院社会学所副研究员高雪玉承担了文字录入工作；第3~4册，由王金玲、浙江省社会科学院社会学所助理研究员姜佳将共同承担注释和文字编辑工作。其中，凡注明"主编注"者为王金玲注释，"编者注"者为姜佳将注释（有的词目在王金玲指导下进行注释）；高雪玉承担文字录入和版式编辑工作。

无论在学术研究、学科教育，还是在社会行动方面，大陆与台湾妇女/社会性别研究界的相互沟通、交流、学习和合作都是一件十分有意义和有价值的工作。希望以本文选书系的编选和出版为开端，这一工作能取得更快和更新的发展。

王金玲

浙江省社会科学院社会学所所长、研究员

浙江省社会科学院妇女&家庭研究中心主任

写于二〇〇七年十二月十二日，

修改于二〇一五年十一月十二日

图书在版编目(CIP)数据

性别视角：挑战与重建/王金玲，林维红主编. --北京：社会科学文献出版社，2016.8
（台湾妇女/性别研究文丛）
ISBN 978-7-5097-9064-9

Ⅰ.①性… Ⅱ.①王… ②林… Ⅲ.①女性-性别-研究-台湾省 Ⅳ.①D675.8

中国版本图书馆 CIP 数据核字（2016）第 086541 号

台湾妇女/性别研究文丛
性别视角：挑战与重建

主　　编／王金玲　林维红

出 版 人／谢寿光
项目统筹／王　绯
责任编辑／赵慧英

出　　版／社会科学文献出版社·社会政法分社（010）59367156
　　　　　地址：北京市北三环中路甲 29 号院华龙大厦　邮编：100029
　　　　　网址：www.ssap.com.cn
发　　行／市场营销中心（010）59367081　59367018
印　　装／三河市东方印刷有限公司
规　　格／开　本：787mm×1092mm　1/16
　　　　　印　张：23.25　字　数：365 千字
版　　次／2016 年 8 月第 1 版　2016 年 8 月第 1 次印刷
书　　号／ISBN 978-7-5097-9064-9
定　　价／95.00 元

本书如有印装质量问题，请与读者服务中心（010-59367028）联系

▲ 版权所有 翻印必究